天生不愛動

自然史和演化如何破除現代人關於運動與健康的12個迷思

EXERCISED

Why Something We Never Evolved to Do Is Healthy and Rewarding

DANIEL E. LIEBERMAN 丹尼爾・李伯曼——著 甘錫安——譯

推薦

德、智、體、群、美五育並重是我國的教育國策。其中「德、智、體」來自英國哲學家斯賓塞一八六一年出版的小冊子，由嚴復在甲午戰敗之後介紹到中國，化為「鼓民力、開民智、新民德」的救國口號。時隔兩甲子，亡國滅種的焦慮煙消霧散，運動成了追求健康的時髦話題。在現代都市裡生活，缺乏運動是自然的結果。於是我們想像古時候的生活——人人會自然而然地運動；我們甚至煞有介事地懷念那種生活，只因為我們周遭出現的老人越來越多，也就是病痛纏身的人。他們展示了健康的價值，以及運動的價值。

本書的主題是運動的自然史：原來演化不會驅使人——或任何動物——運動，追求健康也不是天擇塑造的價值。天地不仁，以萬物為芻狗。好在我們有能力自求多福。運動？還是不運動？真是個問題呢！

——王道還（生物人類學者）

如果給予這本書高水平養生書的評價，一點也不誇張。更值得推薦做為大專院校運動保健學類的教科書。讀者可別誤會，作者的用意並非提供養身運動的操作方式或任何保健食品，而是極具科學性地藉由生物演化和人類學參與觀察，以及比較研究分析所累積的資料，說明人類自七百萬年前朝「人」的生物和生理結構發展後，從原本每天必須依賴勞動才能獲取維生的食物資源，隨著不同地區、不同階段的文化演化，變得不是所有人都必須以勞動來覓食而存活。正因為如此，走到二十一世紀，人類因為缺乏運動而導致的身體疾病相繼發生。作者相當有心地在十三個章節裡，舉出現代人類對身體活動與缺乏活動之後果的迷思，鉅細靡遺地提供各項深入分析的論點來解套。讀了每一章節就能清楚理解造成目前人類的各種病症都其來有自。作者的筆調相當通俗，旁徵博引，深入淺出，確實能傳遞給我們許多忽略和忽視的不運動的觀念。值得推薦！

——李匡悌（中研院歷史語言研究所研究員）

對一個從國中到大學期間沒上過常規體育課程的人來說，本書標題：《天生不愛動》（*Exercised: Why Something We Never Evolved to Do Is Healthy and Rewarding*）的確引人好奇。

在拜讀全文之後，透過丹尼爾．李伯曼（Daniel E. Lieberman）教授特有的人類學和演化生物學視角，可以理解運動在狩獵採集及農業種植時代作為生活必需，逐步轉變成現代工業社會追求健康及休閒的活動的演進過程。同時，李伯曼教授在本書中引用了許多醫學的研究：包括能量代謝的分配、姿勢與人體動力學、睡眠週期分析、肌肉代謝生化學以及人體最大耗氧量等，提出對運動觀念的分析及說明。透過這些數據及解說，讀者對於作者提出的十二個運動迷思包括：久坐不健康，每天充足八小時睡眠，運動競技等於運動等等，有進一步的瞭解。

透過此一著作，李伯曼教授除了闡明人類運動的演化之外，也提出運動在現代工業社會的角色。同時，運動與疾病的關聯和過度運動的潛在風險也在本書中有深入的探討。這是一本值得現代人閱讀的書籍。

——林則彬（台北醫學大學醫學系教授、台灣大學電機系／生物醫學電子資訊研究所教授、天主教聖保祿醫院醫教部顧問、台大傑出教師）

從猴子在樹林間盪來盪去尋找食物與結交朋友，到史前人的狩獵採集都是在運動狀態，「動」讓人通體舒暢、充滿靈感，也難怪原住民傳說體內有「會動的靈」，打獵前要占卜，不動感覺快要生病了。

人們為健康而運動是近代的概念，不只跑步機還有健康食品，因為買不起健康食品和無法去健身房而焦慮，這本書預設的前提是演化和人類學觀點可以幫助我們進一步瞭解運動的矛盾，也就是人類未在演化中形成的某種行為，如何以及為何對健康有益？作者認為這些觀點能幫助對運動焦慮、困惑或是又愛又恨的讀者開始運動。

台灣學者近年也針對運動人類學有專刊討論，因此我推薦這本書給運動愛好者，也給對運動感到焦慮的社會多數人看。

——屈慧麗（自然科學博物館人類學組主任）

古代文明史中，源自古希臘奧林匹克運動會的競技比賽，背後有著複雜的歷史脈絡，運動競技的過程展現了藝術審美、宗教神話、城邦關係聯繫等要素，可說是古希臘文明拓展與維繫的其中一種手段，因此透過運動的「競技」顯然不只是展現強大的身體機能而已。現代的奧運，承繼古代的基本精神之外還加上了和平、友誼、團結與公平等運動精神，正因為本質上還是競技，有史以來的經驗告訴我們，背後恐怕無法避免有專利技術、作弊操弄、金錢商業、種族主義與政治宣傳上的成分。運動競技不論是對自己或是對社會言，從來就不是一件單純的事情，具有超越促進生理上身體健康之外的多重目的。

從「演化人類學」的觀點看來，人類在演化過程中絕不是靠著運動、肌肉耐力與爆發力在大自然中與其他動物一決勝負，進而邁向食物鏈的頂端與文明的開創；人類身體形態的演變也不全然是運動方式適應下的天擇結果。但是，人類即使自身子骨完全適應兩足直立行走、腦容量與現在差不多大以來，還是要為了維持基本生存而勞動，直到農業技術的發展與階級社會的形成，才有較多人可以不靠勞動身體來維持生活。人類從「不得已」的勞動到「刻意」進行運動的轉變其實相當矛盾，數千年來人類靠著兩足步行的直立身軀、大腦袋與靈巧的雙手，積極地朝向以最少力氣獲得最大的生存效益的目標而努力，不知道付出了多少代價才獲致今日成果，但卻反過來要多花一些力氣在運動上，豈不矛盾？因此，運動這件事顯然與現代人類發展的終極目標相違背，雖有益於健康卻又違反數千年以來追求的目標。

從「文化人類學」的面向來觀察現代社會中「運動」這個議題，恐怕能衍生出數不盡的切入視角，現代人的行為模式受到來自身體體質、生態環境與社會文化因素的交錯影響，運動這件事已超越單純身體健康的目的。我們如何化解許多迷思與矛盾而使運動對身與心都能健康呢？本書內容除了舉出許多運動醫學的實驗、生物演化理論、基因遺傳學等觀點供我們參考，用科學角度來說明運動這件事情對身體的損益；另一方面也分析了與運動相關的文化面向（教育養成、價值觀、職業、收入、行銷手段、審美觀等），是什麼原因讓我們不由自主地開始運動？運動到什麼程度才足夠？要當一個面面俱到的合格「人類」越來越困難，生理上要維持良好體態、肌耐力、爆發力等等運動員等級的要求，實際上大部分人做不到，但又希望能順從社會文化面的標籤符號。不論是為了健康、潮流或愧疚感而運動，運動有時雖是愉悅和健康的來源，但也常帶來情緒上的負擔與壓力，當本質上是免費的運動行為，更進一步轉變成商品，運動成為展現資本實力、品味與社交的工具，就免不了要產生更多層次的問題了。

現實生活中，運動對每個人的意義與價值，是不是絕對攸關身體健康？似乎不會有標準答案。而本書透過對各種刻板印象與迷思的剖析，希望能讓各位讀者從生物演化科學、運動醫學、遺傳學與古今的文化脈絡的角度來更清楚觀察運動的本質，讓讀者自我評估，思考自己從運動的過程中想要獲得的那個部分，是不是必要與值得？也正是這個原因，讓「勞動」多於「運動」以及「曾經」很愛運動的筆者，誠心推薦這本書給各位。因為，不論你現在愛不愛運動，都能在本書中找到屬於你個人在運動這件事情上的追求目標或藉口。

——邱鴻霖（清華大學人類學研究所助理教授）

獻給艾莉諾

三個有用的定義：

Physical Activity（名詞）：身體活動。意指骨骼肌消耗能量所形成的身體動作。

Exercise（名詞）：運動。指有計畫、有架構、重複性的自主身體活動，旨在維持或增進健康和體能。

Exercised（形容詞）：苦惱、焦慮、擔憂、煩心。

目次

第二部　速度、肌力和爆發力

第三部　耐力

序

二〇一七年六月剛開始撰寫這本書時，我飛到肯亞，買了一部跑步機，放上休旅車，送到一個偏遠的地方去。這個地方叫做佩加（Pemja），位於肯亞西部，海拔超過兩千公尺。佩加位於青翠的地區，有起伏的山丘和山谷中隨處可見的龐大花崗岩露頭，四處可見小片田地和簡陋的家園，通常是泥巴和糞便建造的單房小屋，屋頂是茅草或鐵皮。佩加是個很美的地方，但就算以肯亞的標準來看也是相當貧窮，而且地處偏遠。從最近的城市埃爾多雷特開車過去，距離只有八十公里，但卻要花上一天，而且越接近佩加，車子就越難開。天氣好的時候，這趟路程必須沿著陡峭蜿蜒的泥土路行進，不時得橫越散落著大石頭和其他障礙的溪谷。下雨時，道路就會變成陡峭黏稠的火山泥沙流。

儘管道路頗為可怕，近十年來，我還是每年都跟學生和肯亞同事們進行這趟旅程，前去研究人類的身體如何隨著世界迅速的現代化而產生變化。佩加人是自給農民，代代的生活方式都與祖先相差無幾，既沒有鋪面道路，也沒有電力和自來水。佩加人大多沒有能力購買鞋子、床墊、藥品、椅子，以及許多我視為理所當然的東西。看到他們不依靠機械輔助、努力工作、維持生存和改善生活，尤其是孩子的生活，真的很令人感動。比較他們與鄰近埃爾多雷特市內同屬卡倫金族的族群，可以探究我們在辦公室裡整天坐著工作，不再天天勞動維持生計或是打著赤腳在地上蹲坐時，身體會出現什麼變化。

於是我找了一部跑步機。我們的計畫是用它來研究該地區的女性頭上頂著沉重的水、食物和木柴走路的效率。不過，這部跑步機顯然是個錯誤，還錯得很有啟發性。我們讓當地女性站上機器，當皮帶開始轉動時，她們走得很刻意、很遲疑，而且很奇怪。若是我們第一次站上這種古怪、吵雜又強迫我們走路但哪裡都去不了的新玩意兒，大概也會走得不自在。雖然這些女性在跑步機上練習幾次之後，走路技巧略有進步，但我們發現若要測量她們頭頂東西和沒頂東西時的走路狀況，就必須放棄跑步機，請她們直接在地面上行走。

我正碎念著我們浪費了好多錢、時間和心力，才把跑步機運來佩加時，突然想到這類機器體現了這本書的主題：人類並未演化出運動的天性。

這是什麼意思？這麼說吧，現在對於運動最常見的定義是有計畫、有架構、重複性的自主身體活動，旨在維持或改善健康和體能。但這只是近年來的現象。不算久遠之前，我們祖先還是狩獵採集者和農夫時，每天必須活動許多小時才能獲得足夠的食物，他們有時候雖然也會因為社會理由玩鬧或跳舞，但基本上沒有人會為了健康而跑步或走路好幾公里。連「運動」這個單字，也是最近才被賦予對健康有益的意義。英文的運動（exercise）源自拉丁文的*exerceo*（工作、訓練或練習），最早出現在中世紀，用來指稱耕田等辛苦勞動。[1]這個單字雖然最早用來指稱為提升技能或健康而練習或訓練，但被動式的 exercised 也有煩悶、操心或憂慮的意思。

為健康而運動是近代的概念，跑步機同樣也是近代的發明，但它的起源與健康和體能完全無關。最先使用類似跑步機裝置的是羅馬人，用來帶動絞盤抬升重物。一八一八年，經維多利亞時代發明家威廉・柯比特（William Cubitt）改良後，用來對囚犯用刑並防止他們偷懶。有超過一個世紀的時間，英國囚犯每天必須在龐大的階梯型跑步機上走路好幾小時，其中包括名作家王爾德。[2]

對跑步機現在是否仍用於刑罰，目前大眾的看法不一，但這些看法說明了運動在現代工業化社會中的怪異特質。我該怎麼向狩獵採集者、佩加農民、或是我的曾曾曾祖父母解釋，我一整天大部分時間坐在椅子上，然後為了彌補自己的懶惰，又花錢上健身房站在跑步機上強迫自己耗費體力，但哪裡也去不了，還出了一身汗，搞得自己又累又辛苦。我該怎麼講才不會被對方當成瘋子或白癡看待？

除了跑步機的荒謬，我們的遠祖應該也會對運動變得商業化、工業化以及最重要的醫療化感到大惑不解。儘管我們有時候會為了好玩而運動，但現在大多數人花錢做運動，為的是進行體重管理、預防疾病，以及延緩衰老和死亡。運動成了龐大的產業。走路、慢跑以及其他許多運動本來都是免費的，但跨國企業慫恿我們花費大筆金錢、穿著特製衣服、使用特殊裝備、在健身俱樂部等特定地方運動。此外，我們還花錢看人運動，少數人甚至花錢參加馬拉松、超馬、鐵人三項和各種逼近體能極限、讓人勞累，甚至有潛在危險的體育活動換取痛苦。只要花幾千美元，我們也能跑兩百四十一公里，橫越撒哈拉沙漠。[3]不過最重要的是，運動已開始造成焦慮和困惑，因為每個人都知道運動有益於健康，但大多數人還是很難運動得夠多、夠安全或夠開心。我們對運動感到焦慮。

好，所以運動很矛盾。它有益於健康卻又違反常態。本質上免費但現在完全就是商品。它是愉悅和健康的來源，但也帶來不適、罪惡感和恥辱。這個體認為什麼促使我撰寫這本書？讀者們又為什麼想看這本書？

運動的迷思

我也是，這輩子大部分的時間都對運動感到焦慮。和許多人一樣，我從小到大都對自己投入身體活動的程度感到不確定又不放心。這已是老生常談，但我這種身材不高大的宅小孩，永遠是選拔校隊的最後人選。我雖然希望自己更擅長運動一點，但自卑感和對自己的運動才能缺乏信心，使我更加逃避體育活動。我一年級時曾在體育課躲進櫃子裡。對我而言，「運動」這個單字仍會喚起許多令人焦慮的記憶，包括體育老師在我拚命努力想趕上比我更快、更強、更有天分的同學，同時對自己的體格感到丟臉時，不停地罵我。我似乎還聽見B老師大聲吼著說：「李伯曼！爬上那條繩子！」我在學校時不完全是宅男，二十到三十幾歲時也偶爾會去慢跑和爬山，但我的運動量還是不夠，我不知道該做哪些運動、每週做幾次、做到怎樣的強度，以及如何提升能力，我常常為此感到焦慮。

我在運動方面雖然不行，但我在大學時代愛上人類學和演化生物學，決定研究人體如何以及為何演化成現在這個樣子。我的學術生涯起初只研究骨骼，在許多因素下，後來我也開始對人類跑步的演化產生興趣。這些研究促使我開始探討人類的走路、投擲、工具製作、挖掘和搬運等其他身體活動的演化。近十五年來，我有機會前往全球各地，觀察努力工作的狩獵採集者、自給農民和其他人如何運用身體。我很喜歡冒險，只要一有機會，我就盡可能參加這些活動。我在肯亞頭頂著水跑步、在格陵蘭和坦尚尼亞和原住民獵人一起追逐麝牛和扭角條紋羚、在墨西哥的星空下參加歷史悠久的美洲原住民賽跑、在印度鄉下赤腳打板球、在亞利桑那州山區靠雙腿跟馬賽跑。而在哈佛大學的實驗室裡，我和學生做了很多實驗，研究這些活動的解剖學、生物力學和生理學原理。

我的經驗和研究讓我逐漸斷定，美國等工業社會並沒有體認到運動是一個矛盾的現代化行動，卻偏偏有助於健康，所以我們對運動的想法和態度有許多迷思（所謂「迷思」是指許多人相信這說法，但其實它並不正確或誇大其詞）。說得更清楚一點，我的意思不是運動沒有益處或者關於運動的所有說法全都錯誤，如果這樣講就太過分了。不過我想證明，當代工業化社會的運動方式忽視或誤解了演化和人類學對身體活動的看法，因此充滿錯誤觀念、誇張言論、不通的邏輯、偶發的錯誤訊息，以及不可原諒的推卸責任。

其中最重要的一項迷思，就是認為人類應該喜歡運動。有一群我稱為「運動專家」的人喜歡吹噓運動的好處，經常提醒我們運動是良藥、是延緩老化和增加壽命的萬靈仙丹。我們對這種人都不陌生。根據運動專家的說法，人類天生就該運動，因為幾百萬年前，以狩獵採集維生的祖先必須從事步行、跑步、攀爬和其他身體活動才能存活。連不相信演化論的運動專家也認為我們注定要運動。上帝把亞當和夏娃逐出伊甸園時，也以一生必須勞苦耕作來懲罰他們：「你必汗流滿面才得糊口，直到歸土」。因此許多專家不斷提醒我們要運動，因為運動不只有益於我們，也是身為人類的基本條件。運動不夠的人被視為懶惰，而「一分耕耘，一分收穫」這類身體受苦被視為理所當然。

其他關於運動的迷思往往流於誇大。如果運動真像許多人所說的是治療或預防大多數疾病的「萬靈仙丹」，那麼現代人活動量比以前少，為什麼反而活得更長？人類不是本來就行動緩慢又弱小嗎？我們是否捨棄力量來獲取耐力？發明椅子是為了危害人類生命嗎？運動是否無助於減重？人類老化時活動量減少是正常的嗎？喝一杯紅酒的益處是否和在健身房裡運動一小時相當？[4]

不精確、草率又相互矛盾的運動觀念，讓我們無所適從，還造成困惑和懷疑。我們一方面看到有人說每天要走一萬步，不要一直坐著，絕不可搭電梯，但另一方面又有人說運動沒辦法幫我們減去多餘體重。專家要我們花更多時間活動，告訴我們不可懶散，但又要我們多睡一點，而且還要用椅子來支撐下背部。專家的共識是我們每週應該運動一百五十分鐘，但我們也常聽到有人說只要每天做幾分鐘高強度運動就足以維持體能。有些健身專業人士建議做自由重量訓練，有些則常常責怪我們心肺訓練做得不夠。有些權威人士要我們慢跑，有些則警告跑步傷膝蓋又容易導致關節炎。今天看到運動太多可能會讓心臟受損，所以需要舒適的運動鞋，明天又看到運動永不嫌多，簡單的鞋子最好。

許多運動迷思，尤其是人類天生就該運動的說法，除了散播困惑和懷疑之外，最糟糕的結果是我們既不幫助別人運動，又沒道理地恥笑和指責別人不運動。大家都知道要活就要動，但全世界最讓人受不了的就是被人要求運動、應該運動多少，以及用什麼方式運動。要我們「做就對了」，大概跟要毒蟲「向毒品說不」差不多一樣沒用。如果運動真的很自然，為什麼這麼多人花了好幾年的時間，都找不到一個有效辦法，幫助更多人克服這個根深柢固、不想多花力氣的自然直覺？依據二〇一八年一項涵括數百萬美國人的研究，大約有一半的成年人和四分之三的青少年表示自己沒達到每週一百五十分鐘的基本活動量，而表示會在休閒時間運動的人不到三分之一。[5]依據客觀標準，二十一世紀推展運動的成效非常差，部分原因是我們對身體活動和缺乏活動的理解不清。

好，抱怨夠了。我們該怎麼做得更好？我又希望讀者們從這本書獲得什麼？

為什麼是自然史？

這本書預設的前提是演化和人類學觀點可以幫助我們進一步瞭解運動的矛盾，也就是人類未在演化中形成的某種行為如何及為何對健康有益？我認為這些觀點也能幫助對運動焦慮、困惑或是又愛又恨的讀者開始運動。因此，這本書不只是寫給運動愛好者，也是寫給對運動感到焦慮又困難的大眾看的。

我先說明我研究這主題時不會採用的方法。如果你看過我的網站、文章或關於運動的書籍，應該很快就能理解現在我們所知的一切，大多來自於對美國、英國、瑞典和日本等現代工業國家所做的觀察。許多研究屬於流行病學領域，主要探討健康與身體活動在大量個人樣本中的關聯。舉例來說，有幾百項研究探討心臟病、運動習慣和年齡、性別和收入之間的關聯；這些分析呈現的是關聯而非因果關係。此外，還有很多實驗隨機分配參與者（大多是大學生）或小鼠到不同組別，短時間接受不同治療，測定特定變因對特定結果的影響。舉例來說，好幾百項這類研究探討各種運動量對血壓或膽固醇值的影響。

這類研究本身沒什麼錯，讀者們可以看到，這本書也經常引用這類研究，但它們對運動的定義太過狹隘。首先，所有關於人類的研究幾乎都以近代西方人或優秀運動員為主。研究這些對象當然也沒有錯，但美國人和歐洲人等西方人只占全人類的12%，而且通常無法代表人類演化史的過往。研究優秀運動員形成的人類生理觀點往往還更扭曲；有多少人能在兩分半鐘以內跑完一公里，或是仰臥推舉兩百多公斤？此外，人類的生理和小鼠有多少相似之處？同樣重要的是，這些研究沒考慮到若不確實說明「為什麼」的問題，運動根本是違反常態的事情。大規模流行病學研究和對照實驗或許可以說明運動對身體的影響、凸顯運動的益處，並呈現有多少瑞典人或加拿大人對運動缺乏興趣或感到困惑，但我們無從得知為什麼運動能影響身體，為什麼有許多人對運動又愛又恨，以及為什麼缺乏活動可能導致快速老化和提高患病風險。

為了彌補這些不足，我們必須在以西方人和運動員為主的傳統觀點外添加演化和人類學觀點。為此，我們將跳脫在美國和其他工業國家的大學校園和醫院觀察他們的工作、休息和運動狀況，轉而去觀察各個大陸、各種環境中的狩獵採集者和自給農民；也深入考古和化石紀錄，比較人類和其他動物，尤其是與人類親緣關係最近的猩猩，好進一步瞭解人類身體活動的歷史和演化。最後，我們將把人類生理和行為證據和正確的生態與文化背景結合起來。想要比較美國大學生、非洲狩獵採集者和尼泊爾揹工走路、奔跑、坐下和搬運物品以及這些活動對他們的影響，就必須先瞭解他們各自的生理和文化狀況。簡而言之，要真正瞭解運動，我們應該研究人類身體活動和缺乏活動的自然史。

因此在以下章節中，我們將以演化和人類學觀點，探究和重新思考許多關於身體活動、缺乏活動及運動的迷思。人類天生就會運動嗎？坐著的危害跟吸菸不相上下嗎？懶散真的不好嗎？我們真的需要八小時的睡眠嗎？人類真的動作緩慢又弱小嗎？走路對減重沒幫助嗎？跑步會傷膝蓋嗎？年齡漸長時運動減少是正常的嗎？說服別人運動的最佳方法是什麼？世界上有沒有一種最好的運動種類和運動量？運動對罹患癌症或傳染病有多少影響？這本書的宗旨在於運動的生物原理必須從演化角度來探討才有意義，運動這項行為也必須從人類學來探討才有意義。[6]

對於喜歡運動的讀者，我想提供新見解，說明各種缺乏活動和身體活動為何影響身體以及有哪些影響、運動為什麼不是萬靈丹但確實能增進健康，以及世界上為什麼沒有最好的運動種類或運動量。對於覺得運動很困難的讀者，我會說明其實你們很正常，並協助各位瞭解該怎麼開始動起來，以及協助各位評估各種運動的優缺點。不過這本書不是自我成長書籍，我不會列出「七種輕鬆提升體能的方法」，或是鼓勵各位爬樓梯、跑馬拉松或泳渡英吉利海峽。我的目的是抱持懷疑地探究，但不賣弄高深的科學原理，說明人類的身體在活動和休息時如何運作，運動對健康有什麼影響和影響原因，以及人類該如何協助彼此動起來。

以自然史而言，這本書包含四個部分。前言結束後，前三部說明人類身體活動和缺乏活動的演化歷程，每章各解答一個迷思。我們必須先瞭解身體缺乏活動，才能瞭解身體的活動，所以第一部將說明身體缺乏活動時會是什麼狀況。身體在我們休息時做些什麼，而在我們靜坐和睡眠時又做些什麼？第二部探討短跑、舉重和格鬥等需要速度、力量和爆發力的身體活動。第三部研究走路、跑步和舞蹈等需要耐力的身體活動，以及它們對老化的影響。最後卻很重要的第四部，則探討人類學和演化方法如何協助我們在現代世界中運動得更好。我們該如何更有效地運動？該採取哪些方式？對於可能危害生命的重大疾病，各種運動種類和運動量對於預防或治療的範圍、效果和原因分別是多少？

不過，要獲得結論還有很長的路要走。一開始，我們先探討讀者們讀到這裡時正在做的事——就是坐著不動，進而探討最大的迷思：人類天生就該運動。

第一章

人類天生會跑
還是天生不愛動

迷思 1：人類演化出運動的天性

確實沒有人因努力而死，但我不知道為什麼要冒這個險？

——一九八七年隆納德．雷根接受英國《衛報》（*The Guardian*）訪問。

我從來不是、也不想成為優秀的運動員，完全沒想過要游泳環繞曼哈頓島、騎單車橫越美國、登上聖母峰、仰臥推舉個好幾百公斤，或是撐竿跳過什麼障礙。在許多極端的肌力或耐力挑戰中，我絕不會嘗試的就是全程鐵人三項，絕不。但我對嚴苛的運動挑戰相當好奇。所以在二〇一二年十月，我滿心歡喜地接受邀請，到夏威夷參觀著名的鐵人三項世界錦標賽，並參加了賽前舉行的運動醫學研討會。

矛盾的是，這場嚴苛的耐力挑戰是在風光明媚的夏威夷可那島上舉行，而這個宜人小城的主要功能是讓遊客放鬆。在比賽前幾天，島上的每個人唯一的目標似乎就是追逐快樂。大家在風景如畫的海灘游泳、浮潛、衝浪、啜飲水果雞尾酒看夕陽、邊吃冰淇淋邊逛街，然後採買紀念品和運動用品。有些人還會在鎮上的酒吧和夜總會玩到深夜。如果想找個放鬆玩樂的熱帶度假村，可那島可說最合適不過了。

週六早上七點整比賽開始。就在早晨的太陽從俯瞰城鎮的藍色火山剪影後方升起、把天空染成一片通紅時，大約兩千五百名體態超級健美的選手從跳台上跳進太平洋，進行第一階段的比賽，也就是在海灣中游三・八公里的距離。讀者們若對此沒有概念，那我告訴你，這相當於在奧運標準泳池來回游七十六趟。當選手等待鳴槍時，許多人看來有點焦慮，但有一排夏威夷鼓手、數千名加油觀眾和大小堪比一輛汽車的喇叭播放激發腎上腺素的音樂，為他們鼓舞精神。他們下水之後，許多人雙腿踢著水面，看起來就像是瘋狂的鯊魚餵食秀。

大約一小時後，領先群首先回到岸上。他們從海裡濕漉漉地上來，衝進帳篷，換上高科技單車裝備（包括空氣力學安全帽），跳上價值上萬美元的超輕單車，一下子就衝出視線，進入比賽的第二階段，在熔岩沙漠裡騎上一百八十公里的路程。最快的選手也要花上四個半小時才能完成，所以我慢慢地走回飯店享用熱帶早餐，因幸災樂禍而更加開心。沒錯，當我想到島上還有兩千多人在烈日下努力騎著一百多公里的單車，還要保留體力完成這場試煉的最後一段——四十二公里全馬，我真的覺得我的水波蛋和咖啡美味多了。

休息恢復體力後，我回到賽事中心，觀看優秀的三項運動員們跳下單車、穿上跑鞋、開始沿著海岸跑四十二・一九五公里的英姿。選手們在酷熱潮濕的天候下（當時氣溫是攝氏三十二度）辛苦地跑馬拉松時，我悠閒地享用了午餐，還睡了個午覺。下午二點過後，我慢慢晃去看比賽結束，這是我見過最能量四溢的場面了。領先選手們回到大街時，先通過兩排夾道尖叫的朋友和粉絲身邊，他們全都在節奏強烈的音樂中進入瘋狂狀態。在終點拱門，響亮的聲音用聽過千百次的口號迎接每位完賽者：「你是鐵人！」觀眾跟著大聲喊叫。花上大約八小時完賽的優秀選手們面無表情地通過終點線，看起來不像人類，而像機械生化人。業餘選手完成這場試煉時，我們見識到這項成就對他們的意義。許多人喜極而泣，有些跪下來親吻大地，有些捶著胸口大吼大叫，有些看來很不舒服，立刻衝向醫護組。

最戲劇性的完賽場面出現在十七小時的比賽時限來臨的午夜時分。堅持到底的選手拚命鞭策自己，克服身體的劇痛和疲勞，用意志帶動雙腿往前跨出一步又一步。他們蹣跚地回到鎮上時，有些人看來只剩半條命。但終點拱門的畫面和賽道兩旁鬧哄哄的朋友、家人和粉絲的感情能量，把他們拉到終點。他們起先蹣跚而行，接著拖著腳步，最後跑了起來，衝進終點，然後狂喜地倒下。到了午夜，我們才真正領悟鐵人的格言為什麼是「沒有什麼是不可能的」。

埃內斯托

看業餘鐵人在午夜時分完成比賽頗具啟發性。但我搭飛機回家時心中的新想法卻是：不管給我多少錢，我都不會參加全程鐵人賽。此外，我也忍不住想，我看到的狀況不僅不正常，而且令人擔憂。是什麼因素促使一個人每天接受訓練，只為了讓身體經歷這種地獄般的考驗，好證明「沒有什麼是不可能的」？全程鐵人賽需要極大的執迷和財力，若加上機票、住宿和裝備，許多鐵人每年在這項運動競技上花費了好幾萬美元。儘管鐵人三項的參賽者遍布社會各個層面，包括曾經罹癌的人、修女和退休人士，但有很大一部分是財力雄厚的A型人格者；這類人對運動的投入程度，與他們對事業的投入程度不相上下。儘管我十分佩服這些鐵人三項選手，但他們是不是在傷害自己的身體？因運動傷害而未能完賽的選手是完賽選手的幾倍？為了完成全程鐵人三項而接受訓練，又讓他們在朋友、家人和婚姻等方面付出多少代價？

幾週後，我帶著滿腦子的類似想法，拿起行李前往墨西哥的塔拉烏馬拉山脈（又稱銅峽谷）去，此地距離已開發世界的誘惑十分遙遠。我在那裡認識的運動員和可那島上的鐵人三項選手們非常不同，看到的競賽也和鐵人三項非常不一樣，這簡直讓我無所適從。在我遇到的所有人當中，最出乎意料的是喚作埃內斯托（不是真名）的一位長者，我是在海拔兩千一百多公尺的偏遠台地上認識他的。

我曾到這座山脈研究以擅於長跑著稱的塔拉烏馬拉美洲原住民。近一個世紀以來，有好幾十位人類學家寫過關於塔拉烏馬拉人的書籍。二〇〇九年，他們因《天生就會跑》（*Born to Run*）這本暢銷書變得世界知名。這本書描述這個「不為人知的部族」是赤腳又超級健康的「超級運動員」，每天都跑了我們難以想像的長距離。[1]我感到好奇，同時為了採集資料而研究了他們在沒有具緩衝功能的現代跑鞋下是如何跑步的。我帶著科學儀器和嚮導、口譯，沿著危險的之字形道路上下縱深一千兩百多公尺的深谷，測量他們的腳部和跑步生物力學狀態。我認識埃內斯托之前，已訪問過幾十位塔拉馬烏拉族男女，並測量了他們的身體資料，同時開始懷疑以前讀到與他們跑步有關的所有內容。儘管他們以擅跑聞名，但我沒看到任何一個塔拉烏馬拉人在跑步，更別說是赤腳跑步。但我確實看到他們努力工作和不停地走路。我訪問的人大多說他們不跑步，不然就是每年只參加一場比賽。塔拉烏馬拉人並非全都擅跑，許多人有個大肚腩或是明顯過重。

但埃內斯托不一樣。瘦小的埃內斯托已經七十多歲，看起來卻比實際年齡少了二、三十歲。埃內斯托起先很沉默，我先幫他測量身高、體重、腿長和雙腳大小，接著在我事先鋪設的一小段跑道上，用高速攝影機拍攝他的跑步生物力學狀態。我覺得慶幸的是他的話慢慢多了起來，（透過口譯）開始講起自己以前獵鹿時如何靠雙腿追逐，還有慶典時一連跳好幾天舞的故事。埃內斯托說他年輕時是賽跑冠軍，現在每年還會參加好幾場比賽。但在我問他如何進行訓練時，他聽不懂我的問題。我跟他解釋我們美國人如何保持身材以及每週跑步好幾次來準備比賽時，他覺得難以置信。我問他更多問題時，他清楚表達說他覺得沒有實際需求的跑步很可笑。他帶著明顯懷疑的語氣問道：「不需要跑的時候為什麼要跑？」

我才剛親眼目睹鐵人三項選手們的強度，他們接受辛苦的訓練著實令人敬佩。然而埃內斯托的疑問讓我大笑出來卻也同時深思起來。他以嚴苛的眼光檢視包括我在內的許多西方人的運動習慣。對於埃內斯托這些不靠機器協助、自己種植糧食的自給農民而言，不懂為什麼要把寶貴的時間和熱量花在運動上，只為了保持身材或是證明沒什麼是不可能的。埃內斯托讓我更加相信，我在鐵人三項賽看到的狀況異乎尋常，他甚至讓我質疑我為了跑馬拉松而練習跑步，是不是頭殼壞了。埃內斯托也讓我覺得塔拉烏馬拉人的跑步似乎比實際上還要神祕，所以更加好奇了。埃內斯托即使從未練習跑步，而我也從沒看過塔拉烏馬拉人跑步的模樣，但是在我聽過也讀過的許多記述當中，都提到塔拉烏馬拉男性和女性各自有類似的鐵人比賽。女性競賽稱為*ariwete*，由十幾歲的女孩和年輕女性組成隊伍，追著布箍跑上四十公里左右。男性比賽則稱為*rarájipari*，由男性組成的隊伍踢著柳橙大小的木球跑上一百二十八公里左右。如果塔拉烏馬拉人認為沒有實際需求的運動很蠢，那為什麼有時候又會和鐵人一樣跑上這麼長的距離？此外，同樣重要的是，他們沒有練習怎麼有辦法做到這樣？

星光下的*Rarájipari*

我認識埃內斯托後不久，就有機會現場觀看傳統的塔拉烏馬拉賽跑，從中獲得不少關於這些問題的答案。這場比賽的地點是塔拉烏馬拉人居住地附近的一個小小山頂，距離最近的城鎮大約兩天腳程。比賽有兩隊男性參加，每隊八人。埃內斯托這隊的隊長是阿諾佛·奎馬雷（Arnulfo Quimare），這位塔拉烏馬拉的優秀跑者在《天生就會跑》一書中相當有名。另一隊的隊長是阿諾佛的表哥希爾維諾·庫別薩雷（Silvino Cubesare），也是一名優秀跑者。兩隊依規劃設置了兩個石標，兩者距離約四公里。雙方約定由先跑完十五圈或是追過對方一圈（也就是領先八公里）的隊伍獲勝。

當天早上以一場盛宴開始。除了跑者之外，大約有兩百名塔拉烏馬拉人從遠近過來參與活動、社交，並從田裡的勞動中抽身出來喘口氣。吃早餐時，跑者沉默地吃著燉雞肉，我們其他人則大口吃著玉米餅、辣椒和用舊油桶煮的大鍋湯。湯裡面有牛雜和玉米、南瓜和馬鈴薯。除了盛宴，許多人還對兩隊下注，賭注包括披索、衣服、山羊、玉米和其他乾燥商品。在放鬆並混亂了數小時後，終於上午十一點左右，跑者在沒有號音下出發。如圖1所示，跑者的穿著和平常一模一樣：淺

圖1　兩場不同比賽的場面。夏威夷可那島上的鐵人三項世界錦標賽（上圖）和在墨西哥塔拉烏馬拉山脈舉行的rarájipari（下圖）。塔拉烏馬拉跑者（奎馬雷）追著他剛剛用腳踢出去的木球。（拍攝者為李伯曼）

色束腰外衣、纏腰布，以及用輪胎裁成鞋底再用皮繩綁在腳上的涼鞋。兩隊各有一個手工刻製的木球，跑者用腳趾把木球盡可能地踢到遠處，接著朝木球跑去，跑到時再踢出，完全不用到手。雖然這兩隊完全沒有停下來過，但有些觀眾（包括我在內）偶爾也會下去跑個一兩圈，陪伴跑者和大喊Iwériga! Iwériga!（意思是「呼吸」和「靈魂」），鼓勵他們。跑者們口渴時，朋友會給他們喝玉米粉稀釋在水中製成的pinole，功能類似運動飲料。

在六小時左右的比賽中，我們無法看出哪隊會獲勝。阿諾佛和希爾維諾兩隊以穩定和緩的慢跑步調互相領先，速度大概是每公里六分多鐘。溫暖的十二月白晝轉為星光滿天的寒冷夜晚，跑者們的腳步依然不曾停歇，拿著松樹火把照明。我和阿諾佛隊一起跑，永遠忘不了在璀璨星空下跟在他們後面奔跑的奇妙感受。我手裡拿著火把，看著阿諾佛和隊友們專注地盯著那顆重要的球，踢著、找著，但卻一直跑、跑、跑。到了最後，有些跑者開始落後，最後在午夜時分，阿諾佛隊追上了希爾維諾隊，比賽在大約在奔跑了一百一十二公里後結束。和可那島上的比賽不同的是，這裡沒有掌聲、沒有主持人也沒有振奮人心的音樂聲，每個人只是坐在巨大的火堆旁，喝著裝在葫蘆裡的自釀玉米啤酒。

表面上看來，這場*rarájipari*和鐵人三項完全相反。它是單純的社區活動，與商業毫無關係，屬於古老傳統的一部分，有長達數千年的歷史，[2]不限時，不用報名費，也沒有人穿戴特殊裝備。但在其他方面，*rarájipari*有許多地方相當眼熟。這場比賽的獲勝者雖然沒有獲得獎盃或獎品，競爭依然精采激烈，而且因為有人下注，所以獲勝隊伍可以發筆小財。他們沒有運動飲料，只有玉米粉水。塔拉烏馬拉跑者和鐵人三項選手一樣使出洪荒之力、對抗噁心、抽筋和極端疲勞。兩者最重要的共同點應該是參與者幾乎全是旁觀者，而非跑者。雖然有些觀眾偶爾會下場跑個幾圈，但只有幾個塔拉烏馬拉人會下場參賽，絕大多數的人只想觀看，不打算跑步。

運動蠻人的迷思

我在可那島和塔拉烏馬拉山脈看到的比賽頗具啟發性、但也令人費解。從演化觀點來看，兩者之中誰比較正常？是奮勇向前、從事不必要甚至極端的體能活動，還是偏好逃避不必要的體力勞動？某些塔拉烏馬拉人如何在不接受任何訓練下就能連跑好幾個馬拉松，而鐵人卻必須專注練習和準備個好幾年，才能擁有類似的耐力？

這些問題的答案通常蘊含在關於先天條件與後天培養何者重要的信念中。在這個重要議題中，一方認為運動性向和能力是與生俱來的，有些基因使得某些人身高較高或皮膚較黑，所以一定也有些基因影響人的生理能力和心理傾向，讓某些人成為運動員。如果先天條件比後天培養重要，那麼要成為最頂尖的運動員，就必須擁有適切的雙親和基因。數十年來的研究證實，在運動競技和運動的許多面向上，基因確實扮演關鍵角色，這甚至還包含讓我們開始運動的動機在內。[3] 然而科學界投下大量心力，仍然找不出足以解釋運動能力的基因，例如肯亞和衣索比亞跑者為何以及如何稱霸長跑領域。[4] 此外，以挑戰耐力極限的職業運動員為對象進行的研究也指出，這類運動員必須克服的障礙包括有效地發揮肌力、有效地吸收熱量以及控制體溫等生理挑戰，但更大的挑戰是要能克服心理障礙。為了堅持下去，優秀的運動員必須學習克服疼痛、運用策略，最重要是相信自己能夠做到。[5]因此我們必須瞭解先天條件與後天培養爭議中的另一方，將環境對一般人運動能力和衝動的影響納入考量，尤其是文化因素。

關於後天培養對身體活動的影響，最普遍也最符合直覺的思考方式源自「自然人」理論。依據十八世紀哲學家盧梭（Jean-Jacques Rousseau）提倡的這觀點，盧梭所謂處在「蠻人」（savage）這種自然狀態的人，代表一種真實、與生俱來且未受文明影響的人類。這個概念後來演變出多種形式，其中一個是「高貴蠻人」的迷思，認為未被西方化的人類還沒有受到文明社會的罪惡汙染，因此自然、善良又親切。儘管這個迷思備受質疑，但一直沒有消失，而且套用在運動之後再度流行起來，我稱它為「運動蠻人迷思」。該迷思的主要假設是塔拉烏馬拉族等人的身體從未受到現代不良生活方式的汙染，所以生來就是超級運動員，不僅能達到驚人的體能成就，還完全不會懶惰。這個迷思主張，我看到的這些塔拉烏馬拉人沒受過任何訓練，就能輕輕鬆鬆地跑上一百一十二公里，因此從演化觀點來看，我們這些做不到也不想做的人才不正常，因為文明已經把我們變成弱雞。

讀者們大概已經猜到，我不贊同運動蠻人的迷思。首先，它以刻板印象看待塔拉烏馬拉族人，不把他們視為人類。從我在第一趟行程中認識埃內斯托以來，我在塔拉烏馬拉山脈各地認識了幾百個塔拉烏馬拉人，我可以保證沒有一人早上醒來時會想：「哇，今天天氣真好，我要為了好玩而跑八十公里。」如果沒有需求，他們連八公里都不跑。我問塔拉烏馬拉人什麼時候會跑步？最常見的答案是「追山羊」。但我相當欣賞塔拉烏馬拉人，他們是工作努力、身材精實的農民，永遠都全力以赴，而且他們的文化非常重視跑步。某些塔拉烏馬拉人偶爾跑上八十公里的理由與鐵人參加三項運動的理由沒什麼差別，都是覺得這麼做很有價值。然而，鐵人參加全程三項運動是為了挑戰自己的極限（沒什麼是不可能的！），塔拉烏馬拉人參加*rarájiparis*則是因為它是極神聖的儀式，並認為是一種效力宏大的祈禱。[6]我訪問過的許多塔拉烏馬拉人都表示，這場踢球比賽讓他們更接近造物主。對他們而言，一公里又一公里地追逐那顆無法預知方向的木球，是人生旅程的神聖譬喻，讓他們的精神進入類似出竅的狀態；此外，它也是帶來金錢和地位的社群活動。最後，我認為*rarájipari*曾有重要的實際功能。當我看著阿諾佛和隊友一再尋找那顆土黃色的木球，再把它踢出去，便想到這場踢球比賽是個很棒的訓練，可以學習如何邊跑步邊追逐目標。對以往靠雙腳獵鹿的塔拉烏馬拉人而言，這是一項很重要的技能。

運動蠻人迷思錯誤地指出，尚未受到文明汙染的人類不需要訓練就能輕易完成超馬、攀登大山，以及達成各種超乎常人的成就。沒錯，塔拉烏馬拉人和其他非工業化地區的人類極少也不曾像我們一樣接受「訓練」，參加一系列運動課程來鍛鍊體能，並為特定活動作準備（在塔拉烏馬拉山脈這類地方，我通常是早上唯一會出門沒有顯然目的慢跑的人，讓當地人覺得很好笑）。但是狩獵採集者和自給農民每天幾乎都要從事好幾小時辛苦的體力工作，他們沒有汽車、機器和其他省力裝置，因此日常生活當中常常得要在崎嶇地面走上好幾公里，更不用說還要從事翻土、挖掘和搬運等各項體力勞動。我的同事亞倫・巴吉希博士（Dr. Aaron Baggish）在二十多位塔拉烏馬拉男性身上裝置加速度計

（類似運動手環的小裝置，測量他們每天走路的步數），發現他們平均每天走十六公里。換言之，日常生活中必不可少的體力勞動，讓他們能夠完成馬拉松的訓練。

運動蠻人的迷思還錯誤地指出，對塔拉烏馬拉和其他原住民族而言，完成超馬或達成其他非凡的運動成就要比西方人輕鬆得多。這個說法鼓動的種族刻板印象，就像是說在叢林中或奴隸制度下長大的非洲人對於疼痛的感覺和歐洲人不同，一樣地令人不悅。[7]不只如此，它還提出謬論，指出只要我們在不受糖和椅子影響、同時進行大量自然活動的健全生活方式下長大，就能成為超級健康的超級運動員，輕鬆愜意地完成馬拉松。運動蠻人迷思不只驗證了感實性（也就是我們希望某件事是真的，感覺上就會是真的），還貶低了世界各地所有運動員面對的生理和心理挑戰。我看過幾場*rarájipari*和*ariwete*，知道塔拉烏馬拉跑者克服抽筋、噁心、黑指甲和身體上各種疼痛的艱難程度，與可那島上的鐵人不相上下。他們在精神上一樣辛苦，而且和其他運動員一樣，會從幫他們加油的觀眾身上獲得力量。

我們應該拋棄所有潛藏的古老刻板印象，不再認為成長過程缺少省力機器和其他現代化舒適設備，就能擁有強健體魄和善良心靈。然而打破這些迷思還是無法解決最基本的問題：對「正常」人類而言，哪些身體活動以及多少活動量才算是正常？

四體不動才算「正常」人類？

假設有人要我們進行一項科學研究，探討「正常」人為何運動、何時運動以及運動量是多少，我們通常認為自己和所處的社會是正常的，所以會以周圍的人為對象，蒐集他們運動習慣的相關資料。在許多研究領域中，這種方法算是常規。舉例來說，心理學家大多居住和生活在美國和歐洲，所以心理學研究的對象大約有96％同樣來自美國和歐洲。[8] 若我們只想瞭解當代西方人，這麼狹小的研究範圍還算適當，但西方工業化國家不一定能代表全世界其他88％的人口。此外，現今的世界已與過去大不相同，讓人質疑就歷史或演化標準而言，哪些人才算「正常」。想像一下，要向你的曾曾曾孫解釋行動電話和臉書是什麼，就知道那是什麼感覺了。如果真的想知道一般人從事什麼運動以及對運動的想法，就必須從各個文化當中擷取樣本，而不是只看當代美國人和歐洲人，也就是所謂的WEIRD（西方工業化國家、高學歷、富裕及民主）。[9]

更進一步說來，幾百代之前所有人類都是狩獵採集者。大約八萬年前，全人類的祖先都住在非洲。所以如果我們真的想知道演化上「正常」人類的運動習慣是什麼，就必須研究狩獵採集者，尤其是住在非洲乾旱熱帶地區的狩獵採集者。

不過，要研究狩獵採集者說來容易、做來困難，因為他們的生活方式現在幾乎已經完全消失。現在只有少數幾個狩獵採集部落位於世界上最偏遠的地方。此外，這些部落並沒有和文明完全隔離，更沒有一個部落完全依靠狩獵和採集過活。這些部落都和鄰近的農民交易，他們會吸菸，而且生活方式改變得非常快，幾十年內就會完全放棄狩獵採集生活。[10]因此人類學家和其他科學家正在加緊腳步，趕在這些部落的生活方式完全消失之前努力進行研究。

在這些部落當中，最多人研究的是生活在非洲坦尚尼亞乾旱炎熱森林地帶的哈札人（Hadza）。非洲是人類誕生的大陸。事實上，哈札人研究已成為人類學領域的顯學。近十年來，哈札人生活中想得到的所有面向都成為研究主題。許多書籍和文章探討哈札人的飲食、打獵、睡眠、消化、採收蜂蜜、交友、蹲踞、走路、奔跑、衡量彼此的吸引力等等，[11]甚至還有人研究他們的糞便。[12]因此哈札人已經非常習慣科學家造訪，接待那些觀察並研究他們的研究者早已成為他們增加收入的方式。可惜的是，科學家強調自己研究的是道地的狩獵採集者，因此有時無視哈札人的生活方式已經因為與外界接觸而改變許多。這些論文極少提到有多少哈札兒童進入公立學校，以及哈札人的領地已經幾乎與鄰近農民和游牧部落混在一起，並與農民和一些游牧部落進行交易，他們的母牛甚至在整個地區漫遊。我寫到這裡時，哈札人還沒有行動電話，但他們已經不像以前那麼與世隔絕。

儘管有這些限制，我們還是可以透過哈札人瞭解許多，我也很幸運地造訪過他們。但要前往哈札人的地方並不容易。他們住在一圈環境惡劣的山丘上，山丘圍繞著坦尚尼亞西北部一座季節性的鹹水湖。該地區炎熱乾旱，陽光極強，幾乎無法耕作。[13]當地的道路可說是全世界最糟的。哈札人現在約有一千兩百名，但只有大約四百人仍然以狩獵採集為主要生活方式。要找到這些比較傳統的哈札人，需要一輛堅固的吉普車、一位經驗老到的嚮導，以及在崎嶇地形上行駛的技巧。暴風雨過後，開車三十公里往往就要耗費個大半天。

二〇一三年一個炎熱晴朗的上午，我第一次走進哈札人營地，當時我對許多事情感到驚奇，但最讓我驚奇的是大家看起來似乎都無事可做。哈札營地有幾座用草搭成的棚子，就夾在周圍的樹叢中。我不知道自己已走進營地，直到見大約十五個哈札男女和小孩坐在地上才發現已經到了，如圖2所示。女性和小孩坐在一邊，男性坐在另一邊。有個男性正在扳直箭桿，幾個小孩搖搖晃晃地走著，但沒有人在做正事。的確，哈札人並不是窩在沙發上看著電視、吃洋芋片、喝可樂，但他們做的正是許多健康專家大力要求我們避免的事——坐著。

我後來的觀察結果以及已發表的哈札人活動量研究，都證實了我最初的印象——哈札人男女在營地時，無論是處

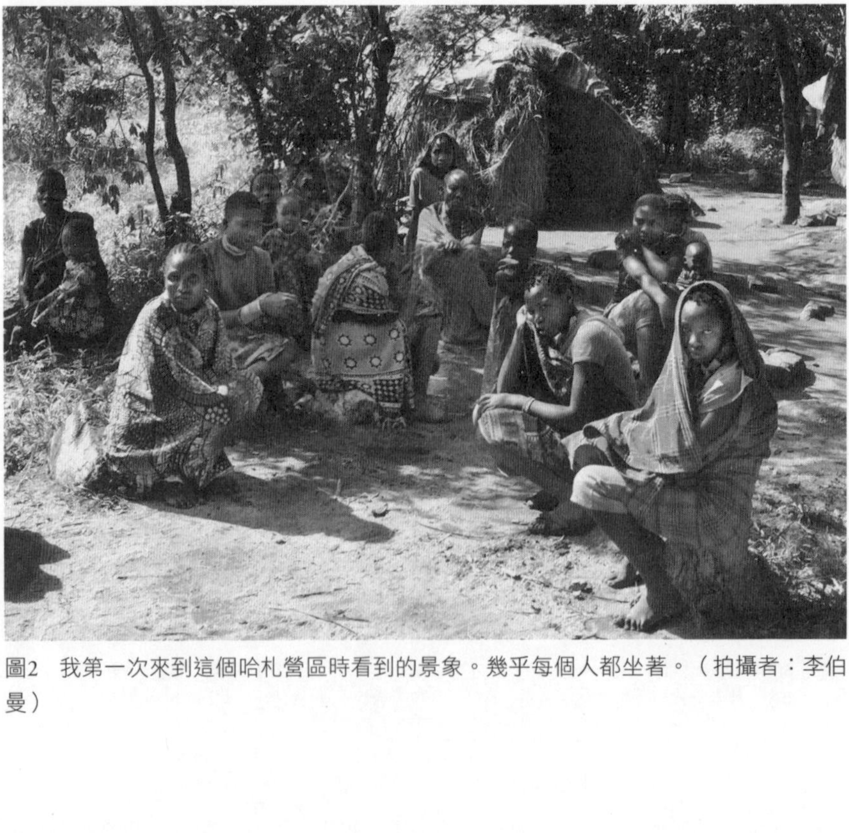

圖2　我第一次來到這個哈札營區時看到的景象。幾乎每個人都坐著。（拍攝者：李伯曼）

理日常事務、聊八卦、照顧小孩或者是單純殺時間，幾乎都一直坐在地上。當然，哈札男性和女性幾乎每天都會外出打獵或採集食物。女性通常早上會離開營地，行走好幾公里去挖掘薯類。挖掘的時候，她們通常會成群坐在樹蔭下，用木棒挖出可食用的薯類塊莖，因此這也同時是輕鬆的社交時間。哈札女性會邊挖掘邊吃挖到的薯類，同時聊著天和照顧嬰幼兒。在往返的路途上，女性通常會停下來採集莓果、堅果或其他食物。我也曾和哈札男性一起出去打獵過幾次，每次大約行走十一至十六公里。他們追逐動物時速度不一，但從不會快到讓我跟不上，而且獵人們經常停下來休息和觀察四周。只要看到蜂巢，他們就會停下來生火，燻走蜜蜂，然後大口吞嚥新鮮蜂蜜。

在許多哈札人的相關研究中，有項研究要四十六名哈札成人戴著小型心率紀錄器幾天。[14]依據感測器資料，一般哈札成人每天大約花費三小時四十分鐘進行輕度活動，二小時十四分鐘進行中度或激烈活動。雖然每天只忙碌幾個小時，他們的活動量就已經達到一般美國人或歐洲人的十二倍，但這樣的工作量實在稱不上辛苦。一般說來，女性每天行走八公里，挖掘個幾小時；男性每天行走十一到十六公里。[15]活動量不大時，他們通常是在休息或做些輕鬆的工作。

在許多接受身體活動量研究的狩獵採集族群中，哈札人算是典型的。一九七九年，人類學家李（Richard B. Lee）發表一項研究指出，喀拉哈里沙漠中的桑族（San）狩獵採集者，每天只花兩到三小時尋找食物。[16]李可能低估了桑族人的工作量，但近年來針對其他搜食族群進行的研究指出，他們的身體活動量和哈札人一樣並不算多。[17]有個多人研究過的族群是在亞馬遜雨林中捕魚、狩獵及種植數種作物的奇馬內人（Tsimane）。整體說來，奇馬內成人每天活動四到七小時，男性每天從事打獵等激烈工作的時間只有七十二分鐘左右，女性則幾乎完全沒有激烈活動，大多是照顧小孩和處理食物等輕中度活動。[18]

總而言之，假設狩獵採集者的生活方式在演化上是「正常」的，那麼針對現今非洲、亞洲和美洲的搜食族群進行的全面研究指出，他們一般工作日的工作時數大約是七小時，大多從事輕度活動，激烈活動最多只有一小時。[19]的確，族群之間有差異，活動也隨季節而不同，並且沒有假期或退休可言，但狩獵採集者大多從事中度身體活動，而且幾乎都是坐著。這樣一來，像我這類後工業化的「正常」人類（讀者們應該也是）和他們有什麼不同？塔拉烏馬拉農民、工廠工人，以及生活方式已隨文明改變的許多人，當然更不用說了。

隨時代改變的活動

一九四五年，二戰剛結束時，聯合國為了消滅飢荒、糧食供應不穩定和營養不足問題，成立糧食及農業組織（FAO）。但糧食及農業組織的科學家和官員想瞭解全世界需要多少糧食時，卻發現自己一無所知，部分原因是他們不知道人類需要多少熱量。當然，身材高大的人每天攝取的熱量一定多於身材矮小的人，但是工廠工人、礦工、農民或電腦程式設計師每天需要的食物究竟多出多少呢？男性、女性、孕婦、年輕人或老人的需求又有什麼不同？

糧食及農業組織的科學家決定以最簡單的標準測定人的能量消耗，稱為身體活動量（PAL）。[20]

身體活動量的計算方式是我們在二十四小時內消耗的能量除以身體完全沒活動時所需的能量。這個比值的優點是不受體型影響。理論上說來，高大且活動量大的人，身體活動量應該與矮小但從事同一活動的人相同。

在身體活動量的標準提出後，科學家測定了世界各地各行各業數千人的身體活動量。經常久坐不動的上班族，平常除了走路之外不做其他運動，身體活動量大約是一・四至一・六。活動量中等、每天運動一小時，或是從事建築工等體力工作的人，身體活動量大約是一・七至二・〇。至於身體活動量超過二・〇的人，則代表每天激烈活動數小時以上。

雖然差別很大，但狩獵採集者的平均身體活動量是男性一・九、女性一・八，略低於自給農民的男性二・一與女性一・九。[21] 用實際狀況來比對這些數值，狩獵採集者的身體活動量大約與工廠工人和已開發國家農民（一・八）相同，比已開發國家的辦公室工作者（一・六）高出約15％。換言之，一般狩獵採集者的身體活動量與每天運動約一小時的美國人或歐洲人大致相同。讀者們若想知道，野生哺乳動物的身體活動量大多是三・三或更多，接近狩獵採集者的兩倍。[22] 這樣一比就可以知道，必須獵捕和採集食物並以手工製作所有物品的人類，活動量遠小於四處遊走的哺乳動物。

這些數字還有另一個令人驚奇的解讀方法。幾乎不運動的一般人每天只要走路一到兩小時，身體活動量就與狩獵採集者相同。即使這樣的活動量不算大，但美國或歐洲人還是鮮少有人達到。已開發工業化國家的成人平均身體活動量是一・六七，許多久坐不動的人身體活動量更低。[23] 此外，這種下降趨勢的時間都較晚近，大致反映了我們工作方式的改變，尤其是讓我們黏在椅子上的辦公室工作越來越多。一九六〇年代，美國約有一半的工作需要中度以上的身體活動，但現在只有不到20％的工作需要輕度以上的活動，平均每天消耗的熱量至少減少了一百大卡。[24]這一點點沒消耗掉的熱量累積下來，每年將少消耗六萬六千大卡，足以讓我們跑上十次馬拉松。工作之餘，我們走得更少、更常開車，而且經常使用購物推車和電梯等各種省力裝置，因為我們的身體活動越來越少，我們減少一大卡又一大卡的熱量消耗。

當然，問題是身體活動有助於減緩老化、提升體能和健康，因此已不需要為謀生而從事體力勞動的人類，現在必須奇怪地為了健康和體能因素，主動從事沒有實際需求的身體活動，也就是運動。

運動是怎麼變得奇怪的？

現代生物醫學研究相當依賴小鼠。這些小鼠短促的一生都住在動物中心小小的透明塑膠籠中，只吃飼料而且不曾見過天日。這種小動物天生有社會性，因此通常五隻左右養在一起。同時由於牠們天生好動，所以每個籠子都會裝置滾輪，讓牠們不停地跑步，就像人類在跑步機上跑步一樣。而且牠們真的很會跑。一般實驗室小鼠會自己在滾輪上跑上一到兩分鐘，如此不斷重複，整個晚上下來，跑步的總距離往往可以多達五公里。荷蘭神經科學家喬安娜．梅傑（Johanna Meijer）好奇野生小鼠會不會這樣，所以二〇〇九年在自家花園一個花木茂密的角落放置鼠類滾輪，以食物作為誘餌，並安裝夜視攝影機記錄狀況，之後便上床睡覺。隔天一早她檢視錄影時，驚喜地發現有好幾十隻花園裡的野生小動物在滾輪上跑步過，包括小鼠、大鼠、鼩鼱、青蛙，甚至還有蝸牛（沒錯，是蝸牛）。這些小動物咬了幾口誘餌後就跳上滾輪，玩幾分鐘原地跑步，之後消失在夜色中。[25]

這些動物是在運動、玩鬧，或只是本能地跑步呢？沒人知道。答案有一部分取決於我們如何定義運動和玩鬧。山繆・約翰遜（Samuel Johnson）認為這兩個單字都沒資格放進他的著名字典《英文字典》（*A dictionary of English Language*），但後來的字典通常把「運動」定義為「有計畫、有架構的身體活動，旨在增進健康和體能或身體技能」，「玩鬧」則是「不帶明確的實用目的從事的活動」。就我們所知，所有哺乳類動物小時候都會玩鬧，這有助於學習社交和身體技能。人類是少數成年後仍會玩鬧的物種，運動競技更是獨一無二，是全人類各文化都有的特別行為。不過運動競技不一定全都是運動（例如飛鏢或賽車）。我的看法是，許多動物受到本能驅使而做出某些行動，這些行動可能會帶來愉悅，但我們定義下的運動則是人類才有的行為，也就是為了強身而做、有計畫的自由身體活動。事實上，我認為人類運動可以歸納成兩點。第一，未成年人類本來就一直在玩鬧，運動競技則是全人類共同的行為，所以人們很少在運動競技以外的時間做運動，這要到近代才出現。第二，近年的科技和社會發展，讓工業社會的人類不再需要身體活動，專家則不約而同地提醒大眾運動得不夠。

在第一點當中，成人直到近代才開始運動，這相當顯而易見。我們已經知道，早期農民的辛苦程度和狩獵採集者差不多，甚至還更辛苦。近幾千年來，農民準備戰爭的主要方法是藉由運動，常見方式就是運動競技。《伊利亞德》（*The Iliad*）等古代文本、法老王時代埃及的繪畫，以及美索不達米亞地區的雕刻，全都印證摔角、短跑和標槍等運動競技，有助未來的戰士們維持身材並磨練戰鬥技能。不過古代世界的運動並非全都與戰鬥有關；如果生活富裕，有能力進入著名的雅典哲學學校，運動就是整體教育的一部分。柏拉圖、蘇格拉底和齊提姆的季諾（Zeno of Citium）等哲學家都一再鼓吹，要擁有最好的人生，不只要鍛鍊心智，也必須鍛鍊身體。這個概念不僅存在於西方，孔子和中國的其他知名學者也都指出，運動對於生理和心理健康同等重要，而且鼓勵經常練習體操和武術。在印度，鍛鍊身心的瑜珈幾千年前就被發明並流傳開來。26

運動和其他許多消遣一樣，在羅馬帝國衰亡後的西方世界中被放在其他世俗和靈性的關注之後，直到文藝復興時期才得以復興，但大多僅限於有錢有閒的上流階級。農民還在田裡辛苦工作時，約翰．洛克（John Locke）、馬克瑞利斯（Mercurialis）、克里斯托巴爾．門德斯（Cristóbal Méndez）、約翰．柯曼紐斯（John Comenius）和費爾特雷的維托里諾（Vitorino da Feltre）等十五至十七世紀的教育家和哲學家，就提倡菁英分子要從事體操、擊劍和騎馬等運動，以提升體力、教導品德和價值觀並豐富人的思想。啟蒙時代和工業革命時期，中產及上流階級快速增加，尚－賈克．盧梭（Jean-Jacques Rousseau）、湯瑪斯．傑佛遜（Thomas Jefferson）和其他自由派傑出人士，都大力讚揚身體活動和體能對人數越來越多的新富階級的自然價值。十九世紀，體育文化迅速擴散到歐洲、美國和其他地區，尤其是學校和大學。運動和教育開始變得密不可分。

但近幾個世紀以來，專家經常擔憂大眾的運動不足。國族主義是這類焦慮的主要根源。古代斯巴達人有運動的規定，羅馬人也被要求維持體能，以便承擔戰鬥任務。宣揚愛國情操的領袖和教育工作者也鼓勵一般大眾參與運動競技和各種運動，為加入軍隊預作準備。這項運動中影響力最大的人物是「體操之父」弗瑞德里希・雅恩（Friedrich Jahn）。十九世紀初期，拿破崙連續戰勝德國軍隊，大大羞辱了德國，因此雅恩主張，教育工作者有責任透過健身操、體操、健行、跑步等運動，恢復年輕一代德國人的體力和精神力。[27]後來在兩次大戰期間，由於許多自願或徵召入伍的男性體能不佳，以及冷戰開始時學童普遍體能極差，在美國掀起了相同的憂慮。[28]此外，在中國和其他地區，也經常提倡提升國民體能的全國性運動。

另一個焦慮來源是運動過少對健康的影響。許多人認為現代人普遍缺乏活動是一種新危機，但其實從機器開始取代人類身體活動之後，這種恐懼就越來越嚴重。近一百五十年以來，醫師、政治人物和教育工作者經常表達憂心，認為年輕人的活動量減少、體能降低，因此健康狀況比上一代更差。我就讀的哈佛大學也不例外。二十世紀剛開始時，發起現代體育運動（並且主持健身房多年，我有時會去那家健身房健身）的達德利・艾倫・薩金特（Dudley Allen Sargent）就擔憂「世界史上從不曾像現在這樣，大多數的人只花費極少的時間和體力，就能滿足生活需求」，以及「沒有充實的體育課程，人類將變得肥胖、畸型和笨拙」。[29]一百二十年後，一項針對哈佛大學和其他大學生進行的全面調查發現，規律運動的大學生不到一半，因此導致「心理健康狀況不佳和壓力增加」。[30]

所以我們推廣運動。我們就像在小鼠籠子裡放置滾輪一樣，幾世紀以來發明了各式各樣的方法，促使其他人為了健康和體能而從事非必要的身體活動。可想而知，運動逐漸被宣傳成高尚行為，而且變得商品化、商業化和工業化。要使用我家附近健身房的重訓器材、跑步機、橢圓機和其他器材，每個月要付七十美元。我早上外出跑步時穿的是專用跑鞋、防磨短褲、時尚的吸汗透氣跑衣、可洗的帽子，還有可接收衛星訊號、記錄我跑步速度和距離的昂貴手錶。作家奧斯卡．王爾德（Oscar Wilde）曾經嘲諷：「我贊成從事必須穿著特製衣物進行的所有活動。」但我覺得連他也會對「運動休閒服」的流行程度感到驚奇，在閒坐這類日常活動穿著運動服，看起來就很運動風，而且不用流任何一滴汗。世界各地的大眾每年花費在健身和運動服的金額多達數兆美元。

我們還把運動醫療化。我的意思是，我們把缺少身體活動當成病態，提出特定的運動種類和運動量，來預防和治療疾病。美國政府建議我每週至少要有一百五十分鐘的中度運動或七十五分鐘的激烈運動，同時每週至少要做兩次重訓。[31]

流行病學家算出這樣的活動量可讓過早死亡的風險減少50％，同時使罹患心臟病、阿茲海默症和某些癌症的機率降低約30％至50％。[32]保險公司也鼓勵我運動，整個行業都突然開始鼓勵我運動、協助我健身，以及在我受傷時幫我治療。

把運動醫療化、商業化和工業化都沒有錯。事實上，這些趨勢都是必要的。但它們鮮少使運動變得更加有趣。對我而言，現代運動優缺點的極致呈現就是跑步機。跑步機非常有用，但也很吵雜、很昂貴，偶爾還可能很危險，而且我覺得它很無聊。我有時會用跑步機運動，但在臭味瀰漫的空氣中、在日光燈下單調地走路，真的非常辛苦，眼前景色完全沒有變化，只能盯著閃爍的數字，告訴我已經跑了多少距離、速度多少，以及我已經燃燒了多少熱量。要克服跑步機健身的單調和不適，唯一方法就是聽音樂或聽播客。古時候的狩獵採集者祖先會怎麼看待花一大堆錢在惱人機器上進行不必要的身體活動，把自己搞得筋疲力竭而且哪裡都去不了，也沒達成任何目標的我們？

我覺得他們一定會認為以這種方式運動不太正常。但如果想瞭解我們在演化影響下從事了哪些身體活動，以及這些活動對健康有什麼影響，方法可能出乎意料，我們必須先瞭解身體不活動時在做些什麼。

第一部

四體不動

Inactivity

第二章

不活動：懶惰的重要性

迷思 2：懶惰不符合自然

六日要勞碌做你一切的工。但第七日，是向耶和華你神當守的安息日。這一日你和你的兒女、僕婢、牛、驢、牲畜、並在你城裡寄居的客旅，無論何工都不可作，使你的僕婢可以和你一樣安息。

——申命記五章十三至十四節

猶太人的上帝為何如此堅持我們每週必須休息一次，什麼工作都不做？在許多解釋中，有個可能解釋是在制訂安息日律法的鐵器時代，偶爾放一天假是件好事。猶太人起初是自給農民，必須定時努力工作，在沒有機器、商業也不發達的時代，他們必須用自己的血汗和淚水，生產所有的消耗品和使用的東西。除了鬆土、播種、除草和採收作物，他們還必須照顧牲口、製作衣物、打造工具、建造房屋、搬運用水等等。生存的實際需求是否真的那麼嚴酷，所以他們偶爾必須放假，讓身體休息以避免傷害和疾病？還是說安息日可以幫助他們生養眾多？

無論安息日為何成為宗教義務，對於不儲存糧食、每天都必須外出為自己和家人尋找食物的狩獵採集者而言，每週休息一天當然沒什麼道理。我們已經知道，狩獵採集者通常花在覓食上的時間不到半天，其他時間則都在休息或做輕度工作。對於從不運動但必須時時活動以取得需要的所有熱量、永遠飢餓的狩獵採集者而言，每週休息一天不只沒必要，而且還會因此而挨餓一天。

現在有件事需要思考：對於最接近人類的大猿（great ape）而言，安息日究竟可不可行？

大多數人都看過動物園或紀錄片裡的大猩猩和黑猩猩，若你願意投入許多時間、精神和金錢，前往牠們生活的非洲赤道地帶偏遠雨林，就能看到這些瀕臨滅絕的動物在野外的樣子。最不容易看到的野生猿類，是生活在盧安達和烏干達高地休火山斜坡上的山地大猩猩。要觀察牠們，必須先走過人力耕種的田地，然後進入水汽瀰漫的雨林。雨林裡多半是高大茂密的樹林和刺人的蕁痲，接著是竹林，最後才是比較涼爽密集的森林，由非洲紅木和藤蔓構成。這趟行程相當辛苦，因為地勢陡峭，又沒有路徑能穿過那又陡又滑、滿布藤蔓、細枝、蕨類和有刺植物的森林地面。然而，看到這些大多坐著不動的大猩猩時，走訪牠們的辛苦很快就會被平靜取而代之。

大猩猩生活的地方就像個大沙拉碗。牠們白天大多坐著取食周圍的食物。大猩猩幼兒有時會玩鬧和爬樹，成年大猩猩則在灌木林中安靜斜靠著，吃吃東西、抓抓癢、理毛和打盹。事實上，大猩猩群每天通常移動不到兩公里。[1]不過在少數緊張情況下，成年雄性大猩猩會打架或威脅其他大猩猩，此時我們就能對牠們的力量和爆發力有所領略。我這輩子碰過最可怕的事，就是目睹體重一百八十公斤的銀背大猩猩衝向兩頭惹怒牠的母猩猩；牠為了追上牠們，一面捶著胸口一面用後腿全速衝刺，而我距離牠十分接近。直到現在，我都不知道我當時怎麼能站著不動，沒有跌到地上。沒錯，無論如何，這類激烈活動極為少見，成年大猩猩大多數時候都很閒散安靜。

為了觀察野生的黑猩猩，我也去過坦加尼喀湖周圍的森林好幾次。坦白講，黑猩猩的活動量不比大猩猩多。黑猩猩在森林地面上移動時，要跟上牠們相當困難，而牠們一天當中的大半時間都在覓食或消化食物。黑猩猩清醒的時間大約有一半花在食用高纖維素食物上，其餘時間則用來休息、消化食物、互相理毛以及長時間打盹。[2] 一般狀況下，牠們只會攀爬一百公尺左右，行走三到五公里。[3] 不可否認地，黑猩猩社會化的程度相當高，偶爾會打架、交配和做些其他有趣的事，但這種最接近人類的猿類大多數時間相當閒散，似乎天天都是安息日。

雖然哈札人等等的狩獵採集者工作不算非常賣力，每天不動的時間也相當多，但相較起來，猿類比他們懶散多了。人類的祖先是相當類似黑猩猩和大猩猩的猿類，所以這顯示出演化上正常的人類在工作和休息時間方面的表現並不尋常。[4] 這點帶出許多問題，包括非工業化人類（狩獵採集者和農民）如何以及為何活動量沒有那麼大（但是還是比野生猿類來得大）。要解答這個問題，必須先走進實驗室，瞭解人體如何運作，以及我們不活動時消耗了多少能量。

什麼都不做的代價

假設讀者傻傻地同意參與我們實驗室的一項實驗，那麼當你走進實驗室時，最先注意到的會是實驗室中央一台看不出控制裝置的巨大跑步機。此外，還會看到各種攝影機和儀器，但最讓人介意的應該是那個藍色的矽膠面罩，上面連著一條天花板垂下的長軟管。這條管子同時接連到一個大鐵箱上，而鐵箱上有很多轉盤、開關和顯示器。進行實驗時，受測者會戴上面罩，將口鼻緊密罩住，透過幫浦將他們呼出的空氣從軟管送進鐵箱，如此測定呼出了多少氧和二氧化碳。這個面罩戴起來既不方便又不舒服，跑步時尤其如此，但它測出的數值可提供寶貴的資訊。我們的身體就像燃燒瓦斯或木柴的火爐一樣，以氧氣燃燒脂肪和糖、排出二氧化碳。測量消耗多少氧氣和呼出多少二氧化碳，就能精確計算出人體在某一刻使用了多少能量。[5]

雖然在我的實驗室裡進行的實驗大多是測定走路或跑步時的能量消耗，但戴上面罩後，我們會要求受測者靜靜站著或坐著十分鐘以上，讓我們評估他處在休息狀態時的氧氣消耗和二氧化碳產生率。這個步驟相當重要，因為要測定走路或跑步的能量成本時，必須減去身體不活動時的能量消耗。我們測量的單位是卡（食品標示上寫的是大卡，也就是使一公斤水提高攝氏一度所需熱量，這裡我也會採取相同方法）。[6]

以體重八十二公斤的一般美國成年男性而言，靜坐椅子上不活動時的能量消耗，大約是每小時七十大卡。這個數值稱為安靜代謝率（RMR），取這名字是因為我們的安靜代謝包含了我們不活動時體內所有的化學反應。依據安靜代謝率可以算出，如果接下來二十四小時我們坐在椅子上什麼事都不做，身體大約會消耗一千七百大卡。

一千七百大卡算是滿多的。我們即使坐著，也不能算是完全休息。有些能量用來消化我們上一餐的進食、調節體溫以及防止身體癱倒在地。要校正這些消耗，得先禁食十二小時，然後在攝氏二十一度的房間裡睡上八小時，醒來後馬上在床上測量能量消耗。這個值稱為基礎代謝率（BMR），它大約比安靜代謝率少了10％（在這個例子中是一千五百三十大卡）。基礎代謝率是在接近昏迷狀態下維持生命的人體基本運作所需的能量。

我們休息時消耗的能量和總能量需求比起來如何？為了算出這個比率，必須測定每日總消耗能量（DEE），也就是我們在二十四小時內移動、閱讀、打噴嚏、講話和消化等所有活動消耗的總能量。以往估計每日總消耗能量的方法是測定靜坐、進食、走路和跑步等各種活動的氧氣消耗量。知道進行這些活動花費了多少能量和時間，加總起來就是每日總消耗能量的大致估計值。可以想見，對人類能量學有興趣的好奇科學家曾讓受測者戴上氧氣面罩，評估挖掘、縫紉、鋪床和在汽車生產線上工作等各種活動的成本，[7]有些研究甚至測量人類在思考時消耗多少能量。[8]不過這些方法都很麻煩又不精確，而且不易執行，偏遠地區更是如此。

讓人鬆一口氣的是，現在要測定每日總消耗能量只需檢驗尿液即可，不用整天帶著面罩。更精確地說，我們會請受測者喝下某種非常昂貴的水，這種對身體無害的水含有一定量的稀有（重）氫和氧原子。接下來幾天，我們再蒐集受測者的尿液樣本。這個方法聽起來好像某種詭異的法術，因為透過測定這些重原子在尿液中減少的速率，就可以算出氫和氧原子經由排汗、排尿和呼吸排出人體的速率。氫只能隨水分排出人體，氧則可經由水和二氧化碳兩種途徑排出，所以我們可以藉由這兩種原子在尿液中的濃度差異，算出一個人透過呼吸製造了多少二氧化碳，進而得知這人消耗多少能量。[9]以這個方法測定的代謝資料多達好幾千份，成為極具價值的人體能量消耗資料庫。以體重八十一．六公斤的人為例，他的每日總消耗能量大概是兩千七百大卡。我們已知安靜代謝率是每天一千七百大卡，所以這人每天消耗的能量有將近三分之二（63%）花在安靜代謝上。誰想得到在沙發上耍廢也要消耗這麼多的能量？

什麼都不做的時候，哈札人這類狩獵採集者和美國這類工業化國家人類消耗的能量相同嗎？還好，赫曼・彭澤（Herman Pontzer）等人已採用上述方法大手筆地測定許多哈札男女的資料。依據他們的分析（其中也包含一些估計），依體型因素校正數據後，哈札人的基礎代謝與我們沒什麼不同。如果想知道確實數字，哈札男性的平均體重約為五十二公斤，基礎代謝率估計值為一千三百大卡。哈札女性平均體重約為四十五公斤，基礎代謝率為一千零六十大卡。[10]由於脂肪組織的活動相對較少，對代謝的影響不大，所以我們應該把哈札男女體脂率比一般西方人少約40％的因素考慮在內。[11]考慮這個因素後便可得知，成人每公斤不含脂肪的體重每天消耗大約三十大卡來維持生存，無論是在紐約市整天盯著電腦螢幕、在中國工廠裡製作鞋子、在墨西哥鄉間種植玉米、還是在坦尚尼亞狩獵採集的人全都一樣。全地球人類每天消耗的二十多兆大卡中，大多是用來支應身體不動時的基本需求。

總而言之，即使是活動量很大的人，花費在維持存活的能量也多於進行活動的能量。這點似乎不合乎直覺。我坐著寫這些文字時，除了每分鐘緩緩呼吸十五到二十次之外，看不出什麼證據可以證明我體內的每個系統都正在努力工作，維持我的生存。但其實我的心臟每分鐘跳動六十次，把血液輸送到體內各個角落。腸胃正在消化我剛剛吃下的食物，肝臟和腎臟在處理和過濾血液，指甲正在生長，大腦正在處理這些文字，體內的各種組織裡有無數細胞正忙著補充養分、修復損傷、排除感染以及監控所有狀況。

這些機能真的這麼消耗能量？我們什麼都不做也要消耗這麼多能量嗎？

解答這個問題的一個方法就是進行「壓力測試」，看看人體如何因應能量不足的挑戰。我們一連好幾天、好幾週、好幾個月進行節食或是攝取熱量少於消耗熱量時，身體就會面臨這種壓力。然而有效的節食通常是漸進的，幫助我們每天燃燒一點點多餘脂肪，如此慢慢減輕體重。比較辛苦但效果更好的代謝壓力測試，需要更嚴格地減少能量攝取，也就是讓受試者挨餓。想也知道，為了科學研究讓人在實驗室裡挨餓既違反倫理也不合法。但二戰最後幾個月，在明尼蘇達州曾為了研究飢餓對人體新陳代謝的影響，進行過精心設計和控制的實驗。

「你願意挨餓讓他們獲得更好的營養嗎？」

二戰期間死難者共有五千萬到八千萬人，其中兩千萬人是軍人。但因為戰爭毀壞作物和截斷補給線而逐漸死於飢餓的平民人數也與軍人不相上下。[12] 列寧格勒圍城期間，每天約有一千人餓死。戰事持續拖延，這個驚人的人道問題越來越嚴重。明尼蘇達大學研究人員安瑟・齊斯（Ancel Keys）開始憂心該如何救助這些災民。奇斯非常清楚，科學家幾乎不瞭解長期缺乏食物對人體的影響。想要救助大量飢民，必須先瞭解他們的身體出了什麼問題。奇斯等人也擔憂戰爭結束時，數百萬飢民將淪陷在法西斯或共產黨手中，因此基於人道和地緣政治戰略緣由，美國政府提供奇斯經費，召集一群科學家深入研究飢餓和復健對志願受測者的影響。奇斯以一本十一頁的小冊子呼籲拒絕應召入伍、但是願意充當人體天竺鼠幫助他人的熱血青年。這本小冊子的封面是三個飢餓的法國小孩和空碗，用粗體字寫著：「你願意挨餓讓他們獲得更好的營養嗎？」

雖然我看過明尼蘇達飢餓實驗的相關記述，包括一九五〇年出版的兩冊專題著作，以及裡面所有的結果和照片。但我還是很難想像一九四四年十一月開始實驗時，三十六名志願受測者有怎樣的感受。[13]在起初十二週當中，這項實驗進行得還算不錯，因為一開始的對照階段慷慨地讓所有人每天攝取三千兩百大卡的熱量。此外，志願受測者每週還必須步行三十五公里，並進行洗衣和劈柴等一般體力工作。這段期間內，奇斯團隊盡可能地測量各項資料，包括志願者的身高、體重、體脂量、安靜心率、紅血球指數、體力、肌力、聽力、心理狀態，甚至精子數目。但從一九四五年二月十二日開始，志願者的飲食突然減半到每天一千五百七十大卡，但卻必須維持相同的身體活動量，包括每週步行三十五公里。奇斯規定這些活動的原因是一般人不大可能什麼事都不做，飢餓期間還是必須工作以維持生計。

儘管每天一千五百七十大卡很接近一個人的安靜代謝率，理論上足以維持正常的身體機能，但飢餓飲食加上運動，很快就成為殘酷的生理和心理折磨。除了體重迅速下降和永遠感到飢餓外，這些飢餓受測者還精神不振、抑鬱而且經常生氣。許多人經常做噩夢，還有人在劈柴時砍掉了自己的三支手指（原因是故意、意外或精神錯亂並不確定）。他們的身體逐漸消瘦，肌力和體力衰退、雙腿腫脹，心率降低。他們的臀部越來越瘦削，坐下時變得十分難受。種種改變使得志願受測者的生理和心理出現變化，而奇斯等人依然毫不間斷且仔細全面地測量飢餓對人體造成的破壞。最後在實驗進行二十四週、逐漸陷入飢餓的受測者體重減輕25%後，奇斯慢慢增加他們的每日熱量，為期十二週，讓他們開始恢復體重。一九四五年十月二十日，大戰正式結束後近兩個月，受測者獲准離開。

這次極端壓力測試帶來不少收穫，但我們暫時只談對安靜代謝的瞭解。一如預期，飢餓受測者維持生存的方法主要是減少體重和活動量。攝取熱量持續小於代謝需求時，這些人體天竺鼠只能動用脂肪儲備。瘦削男性的身體約有15％是脂肪（瘦削女性的平均體脂率為25％）。這些脂肪有好幾項功能，但最重要的功能是在需要時提供龐大的熱量儲備。以奇斯飢餓實驗中的男性受測者而言，體脂肪儲備在這恐怖的二十四週當中大幅減少了70％，從平均十公斤減少到只有三．二公斤。[14] 此外，當受測者身體逐漸消瘦時，精神變得極度不振，身體活動也減到最低。沒有進行規定的步行和日常工作時，他們通常就只是躺在床上，盡可能地節約能量。他們的專注能力大幅降低，性衝動更是完全消失。

還不只如此。這些為科學研究承受飢餓的受測者能夠存活下來，還有個原因，就是他們擁有外表看不出來的適應作用：**他們連不活動時的身體消耗能量也減少了**。在飢餓了二十四週後，這些志願者的安靜代謝率和基礎代謝率大幅降低了40％，遠超過體重的減少幅度。依據奇斯等人的測量數據，志願者的平均基礎代謝率從每天一千五百九十大卡減少到九百六十四大卡，相當於體重二十五公斤的八歲兒童的基礎代謝率！

從飢餓受測者的安靜代謝率大幅降低，我們獲得的重要心得是**人類的安靜代謝率是可以改變的**。最重要的是，安靜代謝是身體**決定要花費**在維持基本運作的能量，而不是**必須花費**的能量。飢餓受測者減少能量消耗的主要方法是縮減維持生理運作的基本能量。基本上，他們的新陳代謝減慢，因此減少了耗能的體內平衡維持過程。他們的心率降低了三分之一，體溫也從平常的攝氏三十七度降低到三十五．四度，因此即使在暖氣充足的室內，也經常會覺得冷。他們的身體耗費更少的能量來更新皮膚等各個器官的細胞，這些細胞通常會定期進行補充。他們的皮膚開始乾裂，精子數量減少，製造的血球也比較少。奇斯的全面測量結果甚至指出，他們製造的耳屎也變少了。

飢餓志願受測者的另一種節能方法是縮小尺寸，也就是將佔安靜代謝比例高的耗能器官縮小。生理學家測定有多少血液和氧氣進出器官，就可以估算出身體各個部位消耗了多少能量。這些測量數據指出，一個人的安靜代謝有將近三分之二花費在三個非常耗能的組織，即大腦、肝臟和肌肉上。我們的大腦和肝臟各消耗約20％的安靜代謝，以一般強壯人類而言，肌肉大約消耗16％至22％的安靜代謝。[15]其他所有部分則約佔40％，包括心臟、腎臟、腸、皮膚和免疫系統等。如果讀者現在正坐著看這本書，那麼每呼吸五次當中就有一次是供應大腦，一次是供應肝臟，再一次是供應肌肉，最後兩次才是供應給身體的其他部位。

奇斯的資料指出，飢餓受測者的身體降低能量消耗的方式，與大多數人收入銳減時的省錢方法一樣：優先供應大腦等「必要」器官，並放棄生殖等「消耗性」成本，同時大幅減少保持溫暖、活動和保持強壯的「可節約」機能。他們的肌肉縮小40％，每天減少消耗大約一百五十大卡，因此覺得虛弱又易疲倦。連心臟也縮小了約17％，肝臟和腎臟的縮小程度也差不多。[16]

明尼蘇達飢餓實驗進行了五年的分析後才發表結果，已經來不及協助二戰受害者。不過這些英勇的志願者帶給我們的主要收穫是**靜止不只是一種身體不活動狀態**。我們看來什麼事都沒做的時候，體內許多活躍的耗能過程依然消耗了很多能量。然而，能量用掉就無法再生，所以安靜是身體取捨後的最佳做法。讀者們閱讀這些文字時，每小時大約有六十大卡（相當一顆柳橙的熱量）供應給大腦、肝臟、肌肉、腎臟和腸子等。讀者若決定丟開這本書去爬山，一定會有某些能量從這些基本機能轉移去讓你上山和下山。接著回到家時，你應該會進食和休息來補足這些額外消耗掉的熱量。

如果靜止和身體活動只是不同的能量使用方式，而能量通常是有限的，那麼我們該花費多少能量在供應身體基本所需，以及走路、跑步和進行其他身體活動上？答案部分取決於你的目標是什麼，這些目標可能包括對抗感染、減重、懷孕或是準備參加馬拉松。不過就整體而言，人體分配資源的方式受規模更大的過程影響，這個過程就是物競天擇下的演化。我們的能量使用方式大多是演化作用在人類代代祖先身上的結果。

為了說明達爾文強大深入的理論如何解釋我們怎麼把寶貴的能量分配給身體活動和其他機能，先來看看另一位英國重要作家珍．奧斯汀（Jane Austen）敏銳的觀察結果。

取捨的真相

在珍．奧斯汀的六部小說中，我最不喜歡的是《曼斯菲爾莊園》（*Mansfield Park*）。這本小說的女主角芬妮．普萊斯（Fanny Price）個性心高氣傲，而小說中段冗長拖戲。但這本小說深刻探討了演化生物學家極有興趣探討的經典問題，也就是關於「取捨」問題。首先介紹一下背景。芬妮的母親人生際遇在三姐妹當中比較不同。芬妮的阿姨伯特倫夫人（Lady Bertram）嫁給富有的曼斯菲爾德莊園主人湯瑪斯‧伯特倫爵士（Sir Thomas Bertram），生了四個小孩，小孩都在優渥的環境下成長。另一個阿姨諾里斯太太（Mrs. Norris）嫁給牧師，她沒有小孩，而是協助養育姐姐的四個小孩。芬妮的母親普萊斯太太則不顧家人反對，嫁給身無分文又總是爛醉如泥的水手，生活相當窮困，獨力養育十個孩子。

奧斯汀去世時，達爾文才八歲，但普萊斯太太姐妹們不同的生育策略，正好體現達爾文天擇理論中基本但往往不受重視的預測。這個理論是史上最多人仔細探究和驗證的理論，簡單說來就是生物經過多代繁衍後，最能增加後代存活數量的遺傳特徵會變得比較普遍，而可能降低繁衍成功率的特徵則會變得比較稀少。[17] 舉例來說，如果長腿能讓行動變得迅速，而速度有助於逃離掠食者的攻擊（或提高掠食成功率），那麼長腿在天擇中就會比較有利。但既然行動迅速者顯然總是比較有利，那為什麼擁有長腿的物種沒有比現在更多？答案是取捨。因為變異絕大多數是有限的選擇，所以天擇也必須考慮成本和效益。如果腿長又高大，就不會是腿短又矮小，但腿短又矮小在某些狀況下可能有其他優勢。天擇最終偏好在特定環境中最能提高繁衍成功率的選擇或折衷方案。

這個原理讓我們想到芬妮的家族，因為生物就是在不斷取捨如何運用有限的熱量。芬妮的母親和阿姨說明了後代質與量之間的重要取捨。一種做法是盡可能多生小孩，但每個小孩投下的資源都不多。另一種做法是在某幾個小孩身上投下大量資源，確保這些孩子能順利長大並繁衍後代。重要的是，從天擇觀點看來，最佳做法視個體狀況而定，珍‧奧斯汀也這麼說。如果像伯特倫夫人一樣富有，能投入大量資源養育小孩，就有能力採取質重於量的做法。但如果像芬妮的母親那樣一貧如洗，最佳做法就是量重於質。最後，如果像諾里斯阿姨一樣沒有小孩，唯一的選擇就是幫忙養育姐姐的小孩，因為外甥和外甥女擁有她四分之一的基因。珍．奧斯汀筆下三姐妹的繁衍方式說明了在能量有限時，取捨有多麼重要。

沒有人（我希望啦）會依據演化論來決定該生幾個小孩或提倡人們這麼做。不過人體一直在我們不知不覺間進行了各種重要取捨，其中許多與能量有關。這些取捨已經維持了幾百萬代。重要的是，這些取捨當中最基本的一項是身體是否要活動來耗費寶貴的熱量。

要瞭解不活動和活動之間的取捨，必須先瞭解熱量無法重複使用。事實上從圖3可以得知，消耗熱量的方法有五種，分別是身體成長、維持身體運作（安靜代謝）、儲存能量（轉換成脂肪）、活動，以及繁衍後代。人體對這些機能的取捨取決於年齡和能量狀況。舉例來說，如果年紀小又還在成長，可能就沒有足夠能量來繁殖，所以動物通常會在停止生長後才開始繁衍後代。如果出門爬山，能量就可能不足以維持身體運作、儲存脂肪和繁殖（可能吧）。如果節食，能量就不夠用來活動或繁殖，以此類推。不過別忘了，對於天擇而言，這些取捨的地位並不平等。天擇就像珍．奧斯汀這位理性的小說家一樣，不在意我們是否快樂、舒適或富有，只偏愛我們可以傳給後代的特徵，包含各種能讓我們擁有更多後代的取捨結果。

我們再回頭看看身體不活動。從天擇觀點來看，當熱量有限時，就應該把次要的身體活動能量轉移給繁殖或其他機能，好讓這些機能盡可能地提高繁殖成功率，即使這樣的取捨可能傷及健康或縮短壽命也在所不惜。

簡單說來，演化讓我們盡可能不活動。更精確地說，人體投入身體活動等非繁殖機能的能量只會剛剛好，而不會過多。請注意我用的是「盡可能」三個字，因為如果完全不動，顯然就不可能活下去或繁衍後代了。狩獵採集者小時候必須玩樂來學習運動技巧、提升肌力並增進耐力，長大後別無選擇地必須尋找食物、處理雜事、求偶，以及避免喪命。此外，大概還需要和想要參與舞蹈等重要社會儀式。但古時候能量通常是有限的，在這種狀況下，沒必要的身體活動將會排擠掉用於生存和繁殖的能量。明智的成年狩獵採集者顯然不會浪費五百大卡來踢球並讓自己跑上八公里。

取捨觀點可用來解釋明尼蘇達飢餓實驗造成的變化。飢餓志願受測者的身體為了生存，採取了必要的折衷方案。他們雖然不得不做少許運動，但會避免不必要的身體活動，以降低維持身體運作所需的能量，同時完全放棄繁殖的欲望。還好，這些取捨都是面對短暫特殊危機時的暫時反應。飢餓在農業前社會中同樣很少見，因為狩獵採集者的生活範圍很大，族群人數卻不多，所以不需要依賴可能欠收的作物。如果狀況不好，他們會遷徙尋找食物。幾十年來的研究指出，狩獵採集者通常能避免飢餓，整年維持大約相同的體

圖3 能量分配理論：人體由食物取得能量後，運用到各個方面。

重。[18]不過，這不表示狩獵採集者不會碰到狀況不好的時候。事實上他們經常抱怨肚子餓。但狩獵採集者求生的方式是不要傻傻地把寶貴的熱量浪費在不必要的活動上。

所以讀者看到這裡，如果是坐在椅子上或靠在床頭上，有點愧疚自己太過懶散的話，可以放輕鬆一點，因為這種不活動狀態是合理分配寶貴熱量的基本策略。除了年輕愛玩和其他社會理由（這是後面章節的主題），逃避非必要的身體活動，一直是人類幾百萬代以來的務實適應行為。事實上，與其他哺乳類動物相比，人類反而演化出格外不愛運動的天性。

天生就是懶？

我住在麻州劍橋，我家附近最適合散步的地方是鎮上的水庫淡水塘（Fresh Pond）。這個寧靜的地點周圍是森林，環繞一條三公里長的步道，居民整年都可以散步、跑步和騎單車。行為受控的狗狗可以不用綁帶，所以我和我太太會定時帶著我們的狗艾可（Echo）到水塘邊散步。艾可很喜歡這裡，只要一解開綁帶，牠就會用最快速度飛衝出去，沉浸在自由當中，盡情地享受速度和輕快感。不過，我和我太太常讓艾可失望，因為我們只會用閒散的步調慢慢走在牠後面，讓牠來回跑步。最後艾可總會開始疲憊，等我們環繞了水塘一圈，牠一定會落在我們後面，筋疲力盡，準備回家小憩一下。

我們和艾可的對比，讓我注意到狗的速度比人快上許多，但耐力就差很多，也讓我覺得自己走得好散漫。我為什麼沒有艾可那種飛奔出車門外的衝動？牠一有機會就會莽撞地飛衝出去，原因是牠覺得全速衝刺很過癮？缺乏保留能量的遠見？還是需要釋放壓抑已久的能量？或許這三個解釋都對，但狗和人類環繞水庫的不同方式，凸顯出人類對花費熱量比較謹慎（小孩除外）。我從沒看過大人在淡水塘停車場跳下車子，全速向前衝，直到氣喘吁吁為止。此外，待在家裡放鬆的人也遠比出門運動的人多得多。成人和小孩或狗不一樣，必須勸導或強迫才會定時離開椅子做做運動。

不愛運動的人常被視為懶惰，但他們不愛運動不是很正常嗎？前面提過，避免浪費寶貴的能量在自由活動上（也就是運動）是很合理的。但我們也有理由猜測，人類比大多數動物更不愛運動是因為我們對於能量的取捨與動物不同。會不會是因為我們把較多能量放在重要活動上，所以沒留下那麼多能量給不重要的活動？

為了探討這個說法，圖4比較了狩獵採集者（又是哈札人）、西方人和黑猩猩活動時消耗的熱量。[19] 左邊是各群體男女平均的活動總消耗能量。[20] 從這裡可以看出，黑猩猩每天活動所消耗的熱量遠少於另外兩個人類群體。就這點而言，各種人類跟猿類表親比起來都是高能量的「吃油」生物。讀者或許會覺得驚訝，左圖中的西方人活動時消耗的熱量大約是哈札人的80%，但哈札人的活動量卻比西方人大上許多。然而，西方人和哈札人整體活動消耗能量相仿，有部分與體型有關。平均說來，哈札人體重是西方人的60%，體脂肪只有西方人的三分之一。體型較高大的人消耗能量較多，但脂肪組織幾乎不消耗能量，所以右圖中呈現的是活動能量消耗除以減去脂肪的身體質量。依據這個相當粗糙的校正（因為它沒考慮體型和能量消耗兩者關係的斜率）減去脂肪後，哈札人每公斤體重

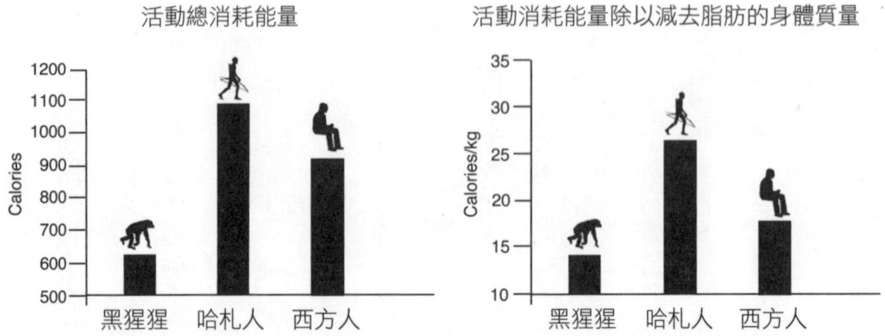

圖4　黑猩猩、狩獵採集者哈札人和西方人的活動總消耗能量（左），與活動消耗能量除以減去脂肪的身體質量（右）。男女性兩者平均。（哈札人的資料取自Pontzer, H., et al. [2012], Hunter-gatherer energetics and human obesity, PLOS ONE 7:e40503。黑猩猩和西方人的資料取自Pontzer, H., et al. [2016], Metabolic acceleration and the evolution of human brain size and life history, Nature 533:390 – 92）

消耗的熱量是黑猩猩的兩倍，連久坐不動的美國人每公斤體重每天消耗的熱量都比黑猩猩多出大約三分之一。

所以，儘管從已知證據來看，狩獵採集者工作得不算非常努力，但身體活動還是比黑猩猩多上許多。事實上，在一整年當中，一般哈札婦女在步行、覓食、準備食物和照顧小孩等各種活動中消耗的熱量，比體型相仿的母黑猩猩多了十一萬五千大卡。這些熱量足以跑步將近兩千公里，大概相當於紐約到邁阿密的距離。

圖4有個可能解釋，是人類這種動物工作得特別賣力，狩獵採集者尤其如此，但事實不是這樣。野生哺乳類動物的身體活動程度大多是二・〇到四・〇，哈札人遠在這範圍的底端（哈札女性平均是一・八，男性平均是二・三）。[21]黑猩猩和久坐不動的西方人的身體活動程度非常低，大約是一・五或一・六。紅毛猩猩等其他大猿的身體活動程度也很低。[22]用另一種方式來說，猿類和久坐不動的工業化社會人類，與大多數哺乳類動物相比，可說活動量特別少，狩獵採集者則介於兩者之間。

由於演化來自於曾經發生的實際狀況，所以證據指出演化使得狩獵採集者活動量比懶散的猿類更多，這對於理解人類能量的運用方式造成深遠的影響。人類由類似黑猩猩的猿類演化而來（這點後面會說明），所以早期人類一定也相當不愛活動。事實上，有許多證據指出，猿類把身體活動量降得特別低是為了幫助牠們在雨林中生活。前面提過，猿類通常不需要長距離地移動覓食，而且牠們的食物中飽含纖維，因此在兩次進食之間必須花費許多時間休息消化。此外，牠們已經適應爬樹，所以走路的效率很差。黑猩猩行走一公里時所花費的能量，是包含人類在內所有哺乳類動物的兩倍以上。[23]行走若是如此耗能，天擇自然而然就會促使猿類盡可能地少把能量花在森林裡行走，好把能量留給繁殖。猿類早就適應了當個沙發懶蟲。

如果人類演化自不愛活動的黑猩猩猿類，那麼又是什麼因素大幅提高了人類的活動量，而這個結果又對我們的活動量產生什麼影響？後面的章節將會說明，答案是氣候變遷促使我們的祖先演化出不尋常但極為成功的生活方式，也就是需要努力工作的狩獵採集模式。就身體活動而言，狩獵採集者每天只要大量活動幾個小時，但卻必須走上八到十六公里的路程，而且還要帶著食物和幼兒、挖掘個好幾小時。有些時候需要跑步，還要做各種工作以維持生活。人類的祖先為了合作、溝通和製造工具，演化出體積大又耗能的大腦。最後但同樣重要的是，人類演化出高度活躍、獨特又十分奢侈的繁衍策略。

狩獵採集者奢侈的能量運用策略，是理解人類活動演變的重要關鍵，所以我們必須更詳細地比較人類和黑猩猩的能量收支。一般母黑猩猩在十二到十三歲生下小黑猩猩、開始育兒活動時，每天必須攝取約一千四百五十大卡的熱量。這些熱量大多來自採集的水果。以這樣的能量收支，母黑猩猩每五到六年可以生下一隻小黑猩猩。[24]相反地，一般狩獵採集者女性需要十八年才成年，成為母親後，每天需攝取二千四百大卡的熱量，以維持身體運作並照顧幼兒。為了取得比母黑猩猩更多的熱量，人類女性食用品質更好、更多樣化的水果、堅果、種子、肉類和葉片，其中有些是自己採集來的，有些則來自丈夫、母親和其他人的分享。此外，食物烹煮後比生吃獲取的能量更多。[25]有了這些額外能量，人類女性可以讓幼兒更早斷奶，通常隔三年就能再孕育一個孩子，不需等上五到六年。因此，人類女性通常可以同時照顧和餵養不只一個孩子。此外，人類成年所需的時間比黑猩猩長了50％，因此養育每個後代所需的時間和成本更高。

我們得出的結論是，演化使得人類攝取和消耗的能量都遠多於黑猩猩。後面的章節將會說明，人類由於進行長距離走路、挖掘、有時奔跑、處理食物和分享等活動，導致每天活動消耗的能量比黑猩猩多出許多，但這些活動可生產出更多熱量，讓我們不只活動得更多，還能以將近兩倍的速率繁衍。這些額外能量還讓我們得以擁有更大的大腦、在體內儲存更多脂肪並做許多有用的事。但這些都需要付出代價。我們需要的熱量越多，就越容易因為補充得熱量不夠而受到影響。儘管狩獵採集策略有利於人類繁衍，但卻會刻意不把熱量浪費在自由身體活動上。

當然，這個邏輯適用於所有動物。無論是人類、猿類、狗還是水母，天擇都會刻意避免浪費能量而影響繁衍。就這方面而言，所有動物都應該越懶惰越好。然而證據指出，人類又比其他物種更不願意從事不必要的身體活動，因為人類祖先演化出格外耗能的方法來促進繁衍，超過他們的能量收入。熱量消耗很大時，每一分就都很珍貴。

四體不動是好事

我昨天開車到超市，想都沒想地就在等入口附近的黃金車位，這樣我就不用多走一段距離。我拉出一台購物車，在超市裡狩獵採集時，想著自己實在太懶了，而且我還很好奇自己是不是已經變成經常教訓民眾（也就是我）應該把車子停遠一點，以便多活動身體的運動專家了。節省體力應該是正常的本能，為什麼會跟懶散這種罪過扯上關係？

我或許很懶，但在精神上我是無罪的。懶散的道德罪惡源自拉丁文的*acedia*，意思是「漠不關心」。對湯瑪斯．阿奎那（Thomas Aquinas）等早期基督教思想家而言，懶散和身體不活動無關，而是心理上的冷淡，對世界缺乏興趣。就這個定義而言，懶散的罪惡使我們疏忽為上帝做工。到後來，懶散才轉化成不想活動，可能是因為當時除了少數菁英階級，沒人能逃避定時勞動。現在所謂的懶散，其實指的是懶惰，也就是「不想花力氣活動」，但兩者精神意涵並不相同。把車子停在距離最近、最方便的車位上來節省一些能量，只是很普通的本能行為，應該不會讓我忽視對任何人的責任。

如果讀者曾經懷疑人類節約能量的習慣是否已根深柢固，可以在購物中心或機場找個電扶梯和樓梯並存的地方，花幾分鐘站在下面，看看有多少人選擇爬樓梯而不搭乘電扶梯？我曾經調皮地在美國運動醫學會年會時非正式地進行這個實驗，這個會議的與會者都是秉持「運動就是醫學」的專業人士。為了這個顯然不科學的研究，我在樓梯底下站了十分鐘，計算有幾個人爬樓梯、幾個人搭電扶梯。在這十分鐘當中，我看到了一百五十一人，其中只有十一人爬樓梯，大約佔了7%。顯然這些研究和推廣運動的專家也跟一般大眾差不多，因為全世界的平均值大約是5%。[26]

現在有許多人的工作極少甚至完全沒有體力勞動，所以我們只能靠運動來活動身體。無論是爬樓梯、慢跑或是上健身房，我們都必須克服「逃避不必要身體活動」這個古老的強大本能。而且不難想見，大多數人會本能地逃避運動，連狩獵採集者也不例外。以往這些本能有助於人類盡可能增加後代數量，讓他們存活和繁衍後代。把能量浪費在無用的十六公里跑步上，就沒辦法使用在後代繁衍上了。這或許也是猶太教上帝堅持鐵器時代工作過度的以色列人一定要有安息日的原因。每週休息一天，除了對早期猶太人的身心兩方面有益，應該也有助於服從上帝的命令：生養眾多、遍滿地面。

因此，我們可以拋開休息、放鬆、放輕鬆等各種不活動既違反自然又懶散的迷思，而且不該批評其他人避免從事不必要活動的正常行為。可惜的是，要做到這些還有待努力。根據二〇一六年的一項調查，有四分之三的美國人認為肥胖是因為缺乏意志力來運動和控制胃口的結果。[27] 儘管不運動的人經常被貼上沙發懶蟲的標籤，但避免不必要地浪費能量其實很正常。我們不該指責別人搭電扶梯，而應該承認人類不愛花費力氣是種古老本能，從演化觀點看來十分合理。

然而問題是，以前只有國王和王后才能想放鬆就放鬆，現在人類的狀況已經完全顛倒過來，為促進健康而從事的自主身體活動（又稱為運動）成了少數人的特權。除了生活周遭有許多節省力氣的裝置，許多人的工作和通勤方式也迫使我們必須整天坐著而身體難以活動。事實上，讀者們看這本書時很可能也是坐著。讀者們很可能聽說過久坐對健康有害。「坐」這個古老、普遍又正常的行為，怎麼會這麼不健康？

第三章

坐：吸菸的接班人？

迷思 3：久坐本質上就不健康

可憐的忒修斯，餘生就此注定，被命運永久禁錮在椅子上。

——維吉爾《伊尼亞斯紀》（The Aeneid）第六卷

對於我那些擁有經濟能力和時間的學生和同事而言，三月的春假一向是往南移動、到溫暖地方度過一週假期、暫時逃離漫長陰鬱冬天的大好機會。對這些幸運兒而言，典型的春假生活是在溫暖晴朗的海灘上慵懶地度過，而且當然要採取身體不活動時最常見的姿勢：坐著。

我在這週當中通常也會一直坐著，只不過是坐在家中書桌前工作。但在二〇一六年三月初的春假才一開始，我就在格陵蘭的康克盧斯瓦格走下飛機，這是位在北極圈以北幾度的地方。我下飛機時風很大，溫度是攝氏零下三十五度，不出幾分鐘就會凍傷。當因紐特房東亞希娜和尤里烏斯發給我這週要在格陵蘭酷寒室內活下去的必要裝備時，我更害怕了。除了三層內衣、襪子和超大雙的毛皮內裡靴子，他們還借我一套厚重有味道的海豹皮衣物，包括手套、褲子和連帽大衣。當晚，小小的機場航廈兼鎮上旅館和餐廳外，風呼呼地吹著，我幾乎無法入睡，一直想著我傻傻地答應這次遠行，要怎樣才能活著回去。我跟丹麥同事克里斯．麥唐納（Chris MacDonald）一起坐狗雪橇越過結冰的峽灣，進入格陵蘭中央冰河周圍積雪的群山，體驗格陵蘭的因紐特人以前如何生活。亞希娜和尤里烏斯會帶我們去獵麝牛（一種體型龐大的北極羊。譯注：經查這種動物是牛科，而不是羊）、捕魚、在酷寒下室外露營，同時拍攝紀錄片，探討生活方式的改變對於人類健康的影響。

我雖然早已預料到這趟北極遠征會相當辛苦，但有個挑戰完全出乎意料之外，就是連續坐在狗雪橇上好幾天。因紐特人的傳統冰橇（qamutik）是將近兩公尺長的木造平台，底下有兩條彎曲的木製滑片。在清晨的酷寒中，我們用繩子將用品綁在雪橇上，然後尤里烏斯繫上十三頭嚎叫的雪橇犬，當牠們開始用力拉動雪橇時，我們要趕緊跳上去。尤里烏斯坐在前面控制狗兒，我的工作則是坐在雪橇後端。聽起來好像很簡單，對吧？在幾小時當中冰天雪地從眼前溜過去後，我發現坐在雪橇上越來越恐怖。首先，當時是攝氏零下三十五度而且風很大，坐著不動讓人快要凍僵。不過，還有更折磨人的，就是在背後沒有支撐的情況下連續坐上好幾個小時。雖然我自認非常愛坐著，但我的椅子通常有靠背。狗兒賣力地拉著我們在嚴寒灰暗的冰天雪地裡前進時，我的背因為疲勞而疼痛起來，後來甚至開始抽筋。尤里烏斯在雪橇前挺直端坐，我則癱在他後面痛苦地扭曲身體，試著享受這個經驗，同時控制好姿勢，不讓自己掉下去變成冰棒留在這裡。

諷刺的是，我雖然大半輩子都坐著，但顯然我連坐都不會坐，而且我經常讀到報導說我坐得太多。然而身為白領工作者，我只能坐著工作，別無選擇。坐車、吃飯和看電視時也都是坐著。儘管奧格登．納許（Ogden Nash）說過「坐著工作的人賺得比站著工作的人多」，但越來越多嘮叨我們應該多多運動的運動專家說久坐是現代禍害。[1] 一位著名醫師宣稱椅子的用途「是抓住我們、傷害我們，最後害死我們」，而且「久坐是吸菸的接班人」。[2] 依照他的說法，美國人每天坐著的時間長達十三小時，而「我們每多坐一小時，壽命就縮短兩小時，而且補不回來」。這個警告顯然太過誇大，但其他著名研究也估計，每天坐四小時以上，導致全世界死亡人數增加將近4%，並且每坐一小時的危害足以抵消運動二十分鐘的效益。[3]某些研究估計，用輕度活動如走路取代每天坐一到二小時的久坐，可以降低20%到40%的死亡率。[4]結果是站立工作桌開始大賣，許多人現在穿戴智慧裝置或用手機記錄坐著的時間，並且試圖減少。我們開始對坐著感到焦慮。

如果想瞭解人類如何受演化成不活動和活動兼具，以及這點為什麼重要，就必須先瞭解「坐著」這件事。更重要的是，如果我們受演化影響而會避免掉不必要的身體活動（也就是運動），那為什麼坐著這麼危險？美國人真的平均每天坐十三個小時？這和人類的祖先比起來是多還是少？橫越格陵蘭時，我的因紐特旅伴尤里烏斯和亞希娜坐著的時間跟我一樣長，而哈札人等狩獵採集者每天都在營地坐上好幾小時度日，做些簡單工作、閒聊，不然就是休息。坐著危害健康的原因是它本身還是長時間不運動？要探討這些潛在問題，第一步是透過演化和人類學的眼光來觀察人類為何、如何坐以及坐多久。

讀者如果現在還沒坐下，請找張舒服的椅子，繼續看下去……

人類為何坐？如何坐？

我喜歡我們家的狗艾可的諸多理由之一，是牠暴露了我的虛偽。艾可如果沒在追松鼠、對郵差狂吠或是出門散步，就是隻懶惰的生物，每天睡個不停。牠有時候睡在堅硬的地板上，但更喜歡躺在毯子上、沙發上、有座墊的椅子上以及任何溫暖柔軟的地方（包括我們床上）。我取笑牠懶散時，牠只會無言地看我一眼，我知道牠想的是：「你跟我有什麼不同嗎？」沒錯，我也是在家裡走來走去，坐在每個舒適的地方，儘管我試著多站一點，但我其實跟艾可一樣喜歡坐著。

這是有理由的：坐比站來得輕鬆，也比較穩定。有些研究比較站立和坐下時消耗的能量，指出站立時消耗的熱量比靜坐在餐椅上多出8%至10%左右。[5]以體重八十公斤的成人來說，這個差距大約是每小時八大卡，相當於一片蘋果。這些熱量會隨時間越積越多：白領工作者工作時如果站著，一年下來可以多消耗一萬六千大卡。[6]這麼說或許會讓人高興一點，就是雙足的人類站立的效率顯然高於雙足站立的鳥類或是牛和麋鹿等大型四足動物（沒錯，有人測量過麋鹿站立時消耗的熱量）。[7]從圖5可以得知，人類能挺直髖部和膝部，而且脊柱下段

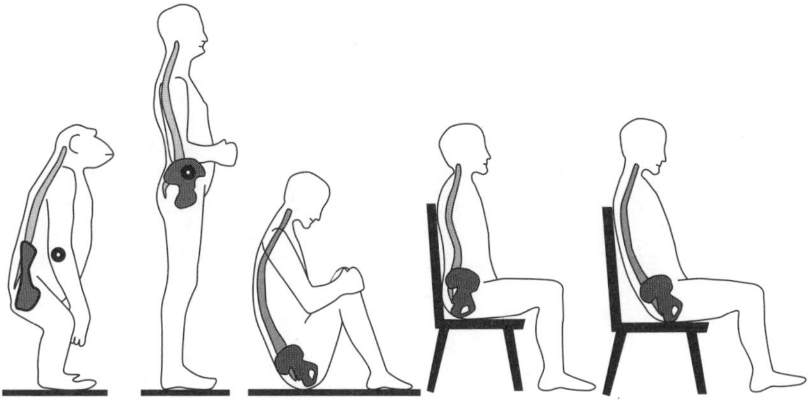

圖5　站立和坐下時的脊椎和骨盆狀態。與黑猩猩（左）相比，人類的下段脊椎（腰部）有個彎曲（脊柱前凸），使人類的質量中心（圓圈）在站立時位於髖部上方。我們蹲坐在地上（人類幾百萬年來通常都這麼坐）或彎腰駝背地坐在有靠背的椅子上時，通常會讓骨盆後傾，拉直下段脊椎，減少脊柱前凸。（請注意，圖中只畫出少數幾種坐姿）

有反向彎曲（脊柱前凸），使得軀幹大部分位於髖部上方而非前方，[8]因此站立效率高於猿類。即使如此，我們站立時，腳、腳踝、髖部和軀幹肌肉仍不時要出些力，以防我們搖晃太大甚至跌倒。[9]

無論我們站立的效率多高，藉由坐姿每小時節約下的幾大卡能量，還是會隨時間帶來極大效益，所以人類坐下的本能比艾可等其他動物更加普遍。此外，人類也和其他生物一樣，坐下時用椅子的歷史相當短。狩獵採集者很少製作家具，而且在西方以外的許多地區，人通常坐在地上。[10]人類學家戈登．休斯（Gordon Hewes）在一項綜合研究中記錄到四百八十種文化的人類超過一百種不用椅子的坐姿。[11]當人類坐在地上時，雙腿通常會伸直、盤起或向一側彎曲，有時則跪坐在其中一條或兩條腿上。此外，他們也經常蹲下、彎曲膝蓋，讓腳踝碰觸到或非常接近大腿後側。讀者若跟我一樣，那應該很少採取蹲姿，但這習慣是現代西方人才有的怪癖。蹲姿在踝骨處形成微小的平直區域，被稱為蹲踞小面（squatting facet），代表人類幾百萬年來經常蹲下，智人和尼安德塔人亦如此。[12]蹲踞小面也代表家具和爐灶在中世紀普及之前，許多歐洲人習慣採用蹲姿。[13]

雖然蹲踞在演化上比坐在椅子上更正常，但我還是蹲得很糟。某天傍晚在哈札人的火堆前，我笨拙的蹲踞技巧展露無遺。當天有幾名哈札男性帶了一隻活烏龜回到營地交給女性，在當地烏龜是女性食物，男性不能吃。我好奇地跟在女性旁邊，看她們若無其事地把烏龜丟進火堆活活烤熟，自己則坐在地上聊八卦，絲毫不在意烏龜無聲地受苦而死。我是在場唯一男性，所以我決定要像個男人，若無其事地蹲著拍照。畢竟烤熟一隻烏龜要得了多久時間？

答案是比我的蹲踞耐力久得多。因為我很少蹲下，所以小腿緊繃，腳板也無法平貼地面。我的腳部肌肉開始酸痛，小腿和股四頭肌跟著酸痛。幾分鐘後我的腳和腿感覺像著火一樣，下背部開始發痛。我需要動一下，但發現抽筋的兩腿沒力氣站起來，而且因為火堆就在右邊，所以唯一的脫身方法是直接向左側滾到坐在我旁邊的年長哈札女性身上。我一邊誠心說著「撒馬哈尼」（對不起），一邊滾了過去，她和其他女性大笑起來，笑了好一陣子。我不知道她們怎麼說我，但她們親切地拿了一些烤烏龜給我吃（吃起來像是更有韌性的雞肉）。

除了蹲踞時耐力不足讓我囧翻天之外，我的肌耐力在雪橇上表現更差。這在在都顯示我有多依賴椅子，尤其是有靠背的椅子。只要坐在地上或凳子上，我的背部和腹部肌肉就必須使力穩定上半身，而我蹲下時，腿部肌肉也會使力，尤其是小腿。沒錯，這些肌肉出力不多，蹲下和站立的肌肉活動程度大致相同，[14]但長期下來這些肌肉發展出耐力。我和同事艾瑞克．卡斯第羅（Eric Castillo）、羅伯特．歐占波（Robert Ojiambo）和保羅．歐庫托意（Paul Okutoyi）發現，肯亞鄉下很少坐靠背椅的青少年，他們的背部比經常坐在靠背椅上的青少年強壯了21％至41％。[15]我們無法證明肯亞的鄉下人背部較強壯完全是不坐椅子的習慣所致，但其他研究指出，靠背而坐比較不需要肌肉持續用力。[16]因此我們可以斷定，經常坐靠背椅的人背部肌肉較弱且缺乏耐力，一旦長時間坐在地上或凳子上肯定會不舒服，結果造成更依賴椅子的惡性循環。

依賴靠背椅的歷史當然不長。考古和歷史證據指出在大多數文化中，靠背椅無論出現在什麼時候，主要使用者都是高層上流階級，農民、奴隸和其他勞工大多只能坐凳子和長凳。在古埃及、美索不達米亞、中國和其他地區的藝術作品中，只有神祇、皇室和神職人員能坐在舒適的靠背椅上。

歐洲到了十六世紀末，買得起家具的中產和上流階級逐漸增多，椅子才開始普及。[17]接下來在工業革命期間，德國生產廠商麥可．托奈特（Michael Thonet）研究出大量生產質輕堅固、漂亮又舒適、而且大眾買得起的曲木靠背椅的方法。一八五九年，托奈特改良他的原型咖啡椅，在市場上造成轟動，至今在咖啡廳仍然相當常見。然而，當靠背椅價格降低、變得更加普遍時，有些專家卻開始批評。一八七九年，一位憂心的醫師說：「在文明為折磨人類發明的各種機器中……少有機器的表現比椅子更加持久、廣泛或殘酷。」[18]

儘管有許多人警告，椅子依然在人們的擔憂中持續普及，尤其是工作場所從森林、田地和工廠轉換到辦公室之後。人體工學這個領域問世，協助人類因應椅子等現代工業環境。現在有幾十億人每天有大半時間必須坐在椅子上，辛苦地坐了一天之後，又依循根深柢固的本能，回到家裡坐在沙發上放鬆，以便節省一些能量。但我們每天實際上坐了多久？

我們每天坐多久？

如果上網搜尋美國人每天坐幾小時，幾十個網站提供的答案從每天六小時到十三小時不等，每個答案看起來都像真的一樣。這些答案從最高到最低相差超過兩倍，究竟哪個才正確？我或讀者們又是多少？我通常早上六點起床，然後遛狗、煮咖啡、出門跑步，但工作中間會短暫休息，吃個午餐和晚餐，晚上十點就倒頭大睡。我工作時大部分時間必須看著電腦螢幕，而且我家距離辦公室大約八百公尺，所以我覺得我平常每天大概會坐上十二小時。儘管如此，我還是常常起來走動，通常是做些雜事，有時會站著吃午餐（這讓我老婆很驚訝），偶爾也會使用站立桌。所以我說不定沒坐那麼多？

要知道一般人每天坐多久，最快速、成本最低的方法就是直接問，就像我問自己一樣。許多研究採用自己填寫的估計值，但我們判定自己的活動時常常不精確又有偏誤，有時宣稱的活動量甚至多達實際值的四倍。[19] 現在科學家使用穿戴式感測器就能測量心率、步數和其他活動，取得較為客觀可靠的資料。對此我覺得好奇，決定戴上小小的加速計。這種手指大小的裝置能連續好幾天或好幾週記錄人體朝各方向移動的強度。[20] 一個人坐著不動時加速度最低；走路時的加速度是中；進行跑步等激烈活動時是高。我的實驗室有幾十個這類加速計，所以我每天從起床到上床、腰上都掛著加速度計，掛了整整一週。接著我下載這些資料，看看我有多少時間處於低、中、高活動量。

這一週的自我測量結果讓我十分驚訝。首先，我坐著的時間沒有原先想得那麼多。平均說來，我清醒的時間有53％是坐著或不動。然而，我坐著的時間每天差異極大。在活動量最大的那一天，我坐了三小時，但活動量最小的一天坐了將近十二小時，平均起來是八個半小時。此外，我坐著不動的比例和許多美國人差不多。一項涵括數千人的正式研究發現，一般美國成人清醒的時間有55％至75％不動。[21] 大多數美國人每天睡七小時，所以靜止不動的平均時間是每天九至十三小時。請記住人與人的差異很大，也會隨時間改變。可以想見地，美國人週末的活動量較大，並且隨年齡增長、活動量越來越少。年輕成人每天坐九到十小時，較年長的人平均每天坐下的時間略多於十二小時。

雖然近代美國人不是每個都像某些緊張大師說的坐那麼久，但活動量確實比上幾代來得少。有個證據是美國人坐下總時間從一九六五年到二〇〇九年增加了43%，英國和其他後工業化國家還要更多一點。[22]所以我每天坐在椅子上的時間，大概比我阿公阿嬤在我這個年紀時多了二到三小時。不過我阿公阿嬤不活動的時間比大多數狩獵採集者和自給農民多不了多少。研究人員曾使用加速度計、心率計和其他感測器檢測坦尚尼亞的狩獵採集者、[23]亞馬遜雨林裡的農耕狩獵者，[24]以及其他非工業化族群，[25]結果發現這些群體的人每天大多坐上五到十小時。舉例來說，哈札人每天約有九小時「不走動」，大多是坐在地上，雙腿前伸，但每天也會蹲上兩小時和跪上一小時。[26]所以儘管非工業化族群的身體活動量比一般工業化和後工業化人類多上許多，坐的時間也算滿長的。

這些統計數字受到的一個批評是它只以是否坐著來界定活動量。站立不是運動，坐著也不一定完全沒在活動。如果是坐著拉小提琴或製作箭呢？或者是站著聽演講呢？解決這問題的方法是依最大心率的比例來定義活動量。依照慣例，你坐著活動時的心率介於安靜心率與最大心率的40%之間，做菜和慢走等輕度活動可使心率提高到最大心率的40%至54%，快走、瑜珈和園藝工作等中度活動可使心率加快到最大心率的55%至69%，跑步、開合跳和爬山等激烈活動會使心率提高到70%以上。[27]許多配戴心率計的美國人樣本指出，一般成人的輕度活動時間是五個半小時，中度活動只有二十分鐘，激烈活動不到一分鐘。[28]相反地，一般哈札成人輕度活動時間將近四小時，中度活動兩小時，激烈活動二十分鐘。[29]整體來說，二十一世紀的美國人達到中等心率的時間，是非工業化人類的二分之一至十分之一。

雖然現代人類成為沙發懶蟲的比例比祖先高，但跟猿類相比就還算好。近三十年來，理查・藍翰（Richard Wrangham）和團隊成員認真地追蹤烏干達齊巴雷森林的一群黑猩猩，記錄這些動物每天做的事和持續的時間。他們知道黑猩猩一天當中會在什麼時候起床、睡覺和花多少時間吃東西、移動、理毛、打架、交配或做其他有興趣的事情。依據這個特別的資料庫，成年黑猩猩平均每天有87%的時間從事休息、理毛、安靜進食和做窩等坐著進行的活動。在十二小時的白天時間中，黑猩猩身體不活動的時間將近十個半小時。活動量最大的幾天，黑猩猩休息將近八小時，活動量最小的幾天則休息超過十一小時。無論活動量大小，一整天辛苦地坐來坐去之後，太陽下山，牠們做了個窩便睡上十二小時，直到太陽升起。[30]

整體說來，連久坐不動的美國沙發懶蟲活動量也大於野生黑猩猩。如果四體不動是人類和猿類正常的適應行為，為什麼長時間坐著對健康不好？又有什麼不好？

長時間連續坐著有三個重大且互有關聯的健康隱憂。第一個隱憂其實是沒做的事。我們每在椅子上舒服地坐上一小時，就少了一小時的運動或活動。第二個隱憂是，長時間連續不活動會使血液中的糖和脂肪增多。第三個也是最重要的是，長時間坐著可能導致發炎，使得免疫系統攻擊身體。讀者們不用緊張，但您舒服地坐著讀這本書時，身體可能已經失火了。

失火了

我很害怕感冒前兆，因為我知道我慘了。接下來好幾天，我的喉嚨會腫起來、鼻子會變成水龍頭，我會咳個不停，還會全身難受、疲倦和頭痛。更糟的是，所有感冒症狀的原因都不是病毒侵入，而是我的身體為了對抗病毒而產生的發炎反應。就定義上說來，「發炎」說明了免疫系統偵測到有害病原體、毒物或受損組織後的初步反應。大多數狀況下，發炎反應相當快速而激烈。入侵者無論是病毒、細菌還是曬傷，免疫系統都會迅速派遣一群細胞投入戰鬥。這些細胞釋出化合物，使得血管擴大，好讓白血球容易穿過，以便摧毀入侵者。血流加大可帶來迫切需要的免疫細胞和液體，但腫脹也會壓迫神經，導致發炎的四種主要症狀（「炎」這個字象徵身體像著火一樣），分別是紅、腫、熱、痛。接下來如有必要，免疫系統會製造消滅特定病原體的抗體，建立進一步防線。

距現在不久之前，正常人想都想不到舒服地坐在椅子上居然會在體內點燃對抗病菌或傷害的免疫之火。在沙發上放鬆幾小時看看書或電視，怎麼會跟身體對抗感染扯上關係？

近年來新科技問世，能精確測定細胞釋放到血液中的一千多種微量蛋白質，答案才浮現出來。這些蛋白質中有數十種稱為細胞激素（cytokine），負責控制發炎。科學家研究細胞激素何時及如何引發和抑制發炎時，發現某些細胞激素會在感染後引發短暫、強烈和局部的發炎反應，但同時也引發持續且極難察覺的全身性發炎。發炎不只像我們對抗感冒一樣，在某個點紅腫熱痛個幾天或幾週，而是可能在體內許多部位默默作怪個數月甚至數年。就某方面而言，慢性低度發炎就像罹患永遠好不了的感冒，症狀溫和到無法察覺。但這種發炎確實存在，而且有越來越多證據指出，這種慢性損傷穩定且隱匿地傷害動脈、肌肉、肝臟、腦部等各器官的組織。

發現低度發炎及它所造成的影響，創造了對抗疾病的新機會，也造成新的憂慮。近十年來，慢性發炎被指控為數十種老化相關非感染性疾病的元凶，包括心臟病、第二型糖尿病和阿茲海默症等。我們研究得越多，越發現大腸癌、狼瘡、多發性硬化症和關節炎等許多字尾是-itis（代表「發炎」）的疾病處處都有慢性發炎的影子。[31]

慢性發炎是需要密切關注的熱門主題，但我們必須小心不要反應過度。最極端的說法是我們只要避免攝取麩質和糖等「促炎性」食物，或是大口攝取薑黃和大蒜等「抗炎性」食物，就能有效預防或治療各種疾病，從自閉症到帕金森症都有效。如果讀者覺得這些神奇飲食看來難以置信，事實上還真的不能相信。[32]但我們也不該因為這些誇大說法而忽略了真正的問題所在。壞消息是慢性發炎確實可能導致許多嚴重疾病，但好消息是造成慢性發炎的主因大多可以避免、預防或排除，包括吸菸、肥胖、某些促炎性食物攝取過多（最常見的是紅肉），最令人驚訝的是身體缺乏活動。這點又回到久坐這件事。只不過是在椅子上放鬆個幾小時，怎麼會讓身體發炎？

趁久坐時偷偷作亂？

關於過度久坐導致慢性發炎，最普遍的解釋是久坐讓人變胖。在開始解釋脂肪如何導致發炎之前，我們必須先幫這種飽受誤解的東西稍微平反一下。[33]大多數脂肪不僅無害，而且有益健康。在健康的正常人體內，脂肪約佔男性體重的10%至25%、女性體重的15%至30%，包括狩獵採集者在內。這些脂肪絕大部分（約90%至95%）位於皮下，儲存在臀部、胸部、臉頰、雙腳和其他部位皮膚下的無數細胞內。[34]這些充滿脂肪的細胞是效率很高的能量庫，可協助我們克服長期的熱量短缺（在明尼蘇達飢餓實驗曾提到這點）。皮下脂肪細胞還有其他功能，尤其重要的是製造與胃口和繁衍有關的荷爾蒙。另一大類脂肪位於腹部與心臟、肝臟和肌肉等其他器官內部和周圍的細胞中，這類脂肪有內臟脂肪、腹部脂肪、肚皮脂肪和異位脂肪等許多名稱，但我打算稱之為「器官脂肪」。器官脂肪細胞在新陳代謝中的角色相當活躍，能把脂肪迅速注入血液。因此適量的器官脂肪（大約總體重的1%）正常且有益，當我們長距離走路或慢跑，需要迅速取得大量熱量時，它可以發揮短期能量庫的功效。

儘管大部分的脂肪有益於健康，肥胖卻會讓脂肪從朋友變成敵人。最明顯的危害是脂肪細胞過度膨脹，造成功能失常。人體有一定數量的脂肪細胞，它們會像氣球一樣膨脹。當脂肪儲存量正常時，皮下脂肪和器官脂肪細胞大小合理而無害；但脂肪細胞如果長得太大，就會過度膨脹、功能失常，就像塞得太飽的垃圾袋，會引來導致發炎的白血球。[35]膨脹的脂肪細胞全都有害健康，然而膨脹的器官脂肪細胞在新陳代謝中比較活躍，而且與體內血液供應關係更密切，所以危害比皮下脂肪細胞更大。所以器官脂肪細胞膨脹時，會把大量蛋白質（細胞激素）釋入血液而引起發炎。器官脂肪過多的徵兆是大肚腩或蘋果形身材。令人困擾的是，我們也有可能「隱性肥胖」——過多器官脂肪堆積在肌肉、心臟和肝臟周圍，但肚子不一定特別大。

脂肪過多可能引發低度慢性發炎，尤其是器官內部和周圍的脂肪。從它的機制可以得知，坐得太久可能有害，完全是因為它會導致體重增加。這裡需要強調的是，坐在舒適的椅子上幾乎完全用不到肌肉。相反地，就算只是蹲著或是跪著也會用到某些肌肉。單單站著，每小時就可以燃燒八大卡以上。摺衣服等輕度活動每小時也比光是坐著多消耗一百大卡以上的熱量。[36] 這些熱量都會累積下來。我每天只要從事低強度的「非運動」身體活動五小時，消耗的熱量就和跑步一小時一樣多。所以如果我們坐著不動，午餐時攝取的熱量就容易轉化成脂肪，而不會燃燒掉。丹麥研究人員曾進行一項令人驚訝的實驗，付錢請一群健康的年輕人坐著，每天走路不超過一千五百步（大約一公里半），當個名副其實的沙發懶蟲，這樣持續兩週。從圖6的實驗前後腹部掃描影像可以看出，僅僅兩週的時間，他們的器官脂肪就增加了7%。[37] 令人驚訝的是，這些志願受試者的脂肪增加，而且開始出現慢性發炎的典型徵兆，包括用餐後比較難以處理血糖。然而必須注意的是，這個實驗只能間接證明久坐與這些現象的關聯，並沒有人指出久坐本身導致丹麥實驗對象體重增加，而是缺乏身體活動加上熱量導致實驗對象累積過多器官脂肪，進而引發慢性發炎在體內作怪。此外，這些志願受試者增加的大多是器官脂肪，代表他們處於壓力之下，而且有許多缺乏身體活動的人並未超重但有發炎現象。那麼坐著還有哪些因素可能導致慢性發炎？

長時間坐著可能導致全面性低度發炎的原因還有一個，就是久坐會讓人體處理血中脂肪和糖的速率降低。讀者最近一次進餐是什麼時候？如果還不到四小時，代表你仍處於餐後狀態，也就是身體還在消化食物，把其中所含的脂肪和糖輸送到血液中。沒用掉的脂肪和糖會轉換成脂肪儲存起來，但只要身體有活動，即使中度活動也好，體內細胞消耗這些燃料的速度就會變快。離開座位短暫休息、進行一些輕度短暫的活動，甚至蹲下或跪下，降低血液中脂肪和糖的效果都大於長時間坐著不動。[38]這類額外需求有益於健康是因為糖和脂肪雖然都是重要燃料，但血液中濃度太高會導致發炎。[39]簡單說來，定時活動，包括每隔一陣子起身走走，都有助於降低餐後血中脂肪和糖的濃度，預防慢性發炎。

令人擔心的是，久坐還可能從另一個面向引致發炎。希望讀者們讀到這裡時是在海灘或舒適的地方愉快地閱讀，不用想到膨脹的脂肪細胞和發炎這些令人不快的東西。可惜的是，當人坐著時不一定絕對能放鬆。長時間通勤、辛苦地在桌前工作、生病或失能或是被綁在椅子上，都可能形成壓力，提高皮質醇。這種頗受誤解的荷爾蒙本身不會造成壓力，而是在我們承受壓力時產生。它演化形成的用意是使能量更容易取得，協助我們克服具威脅的狀

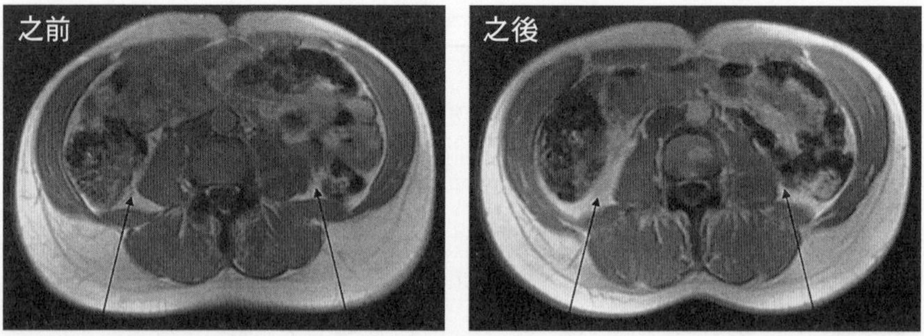

圖6　男性連續兩週坐著或缺乏活動之前（左）與之後（右）的腹部核磁共振造影結果。在影像中呈現白色的器官脂肪（箭頭標示處）增加了7%。如想進一步瞭解，請參閱：Olsen, R. H., et al. (2000), Metabolic responses to reduced daily steps in healthy nonexercising men, Journal of the American Medical Association 299:1261－63.（照片授權：Bente Klarlund Pedersen）

況。皮質醇可將糖和脂肪送入血液，會讓我們尋找含有大量糖和脂肪的食物，以及讓人體優先儲存器官脂肪而非皮下脂肪。皮質醇短暫增加自然且正常，但長時間低濃度皮質醇則會造成肥胖和慢性發炎，所以是有害的。因此，長時間坐著高壓力通勤或是高壓辦公室工作，都可能會讓情況雪上加霜。

最後但可能最重要的是，久坐可能使肌肉長時間缺乏活動，因而導致發炎。肌肉除了移動肢體，還具有腺體的功能，負責合成和釋放數十種信使蛋白（稱為肌肉激素〔myokine〕），這種激素扮演相當重要的角色。肌肉激素對新陳代謝、循環和骨骼等等都有影響，而且（沒錯，你猜對了）有助於抑制發炎。事實上，研究人員當初開始研究肌肉激素時，驚訝地發現肌肉可以在中度到激烈身體活動時抑制發炎，方式類似免疫系統在感染或外傷時啟動發炎反應。[40]細節暫不多說，我們已知人體在中度或激烈身體活動時會提前發動發炎反應，預防或修復運動生理壓力造成的損傷，接著發動規模更大的抗發炎反應，讓身體回復未發炎狀態。[41]身體活動抗發炎效果的程度和時間一定會超過先前的發炎反應，而且肌肉在人體中的比例約佔三分之一，所以活動肌肉的抗發炎效果相當大。即使是中度身體活動，也能有效地降低慢性發炎程度，對肥胖者一樣有效。[42]

發現使用肌肉可抑制發炎，也可解釋長時間坐著為什麼與許多慢性疾病有關。[43]長時間不活動時，身體無法消除微弱的發炎反應，使得發炎反應一直暗地裡作怪。事實上，脂肪細胞膨脹、血液中糖和脂肪過多、壓力和肌肉缺乏活動等等讓身體發炎的機制，都不是因為坐太久，而是身體活動不足；而活動不足多半是因為坐著。但從以前到現在，每天坐上好幾小時一直是常態，那麼有沒有方法可以坐得比較健康、比較不容易發炎？

有活動地久坐

德文的*Sitzfleisch*這個單字很難找到對應的中文。它的字面意義是「臀部」，但真正的意思是指耐得住久坐、以完成艱鉅工作的能力，姑且可以譯成「定力」。定力意味堅持和耐久。要贏得西洋棋賽、解決複雜的數學問題或是撰寫書籍，都需要定力。這個單字通常是讚美，但我們必須注意用量要適當。對某些事物而言，頻率、時機和用量一樣重要。如果我一次灌下四大杯咖啡，應該會心跳加速、開始頭痛，但如果一整天喝上四杯，應該就沒問題。坐著也是這樣嗎？此外，每天激烈運動能不能消除其他時間都坐著的負面影響？

身體活動和久坐之間的關係相當複雜，所以我們的主動運動量不一定和坐著的時間相當。令人驚訝的是，經常練習的馬拉松跑者坐著的時間和運動量較少的人差不多。[44]事實上，這些優秀跑者通常體力消耗過度，所以往往坐得更久。每個人坐的時間可能相同，但方式和狀況不同，所以我們必須思考不同的坐下模式（例如長時間與短時間）可能對慢性低度發炎有什麼影響。工作時坐著不動、但每天上健身房一小時的上班族會如何？一整天大多坐著但經常短暫起身的人又如何？

探究各種久坐模式造成什麼影響的研究大多是流行病學研究，目的是回溯健康、坐下時間、久坐中斷時間，以及研究對象沒有坐著時的活動量之間的關聯。這些研究無法檢驗因果性，但有助於評估風險和提出假設。此外，有些人認為上健身房一小時足以抵消整天坐著的負面影響，這些研究也帶來了壞消息。一項大型研究採集了九百多名男性為期十年的坐下時間、體能和其他變數[45]。一如預期，體能較佳、活動量較大的男性罹患心臟病、第二型糖尿病和其他慢性疾病的機率，低於體能較差和久坐不動的男性。但在體能較佳的男性當中，坐得最久的一組罹患第二型糖尿病等發炎相關疾病的風險比坐得最少的一組高出65%。另一項含括超過二十四萬美國人的大型研究更發現，中度和激烈活動可降低但無法抵消久坐不動的死亡風險。[46]即使每週從事七小時以上中度到激烈運動，如果經常久坐，死於心血管疾病的風險也會高出50%。總而言之，許多令人擔憂的研究都指出，即使活動量大又體態健美，坐在椅子上的時間越多，罹患發炎相關慢性疾病的風險就越高，包含某些癌症在內。[47]如果這些結果正確，代表運動本身無法抵消久坐的所有負面影響。

我覺得這些資料很嚇人。然而在丟掉工作椅之前，我想知道起身或「動態」久坐為什麼沒有連續久坐那麼傷身？我是不是應該每十分鐘起來做幾下開合跳？還好，令人振奮的消息還是有。一項含括近五千名美國人的長期分析發現，即使坐下時數相同，經常短暫起身者的發炎現象也比很少起身者減少25%。[48]另一項有點恐怖的研究讓八千多位四十五歲以上的美國人配戴加速計一週，接著記錄其後四年內死亡總人數——大約為總樣本數的5%。[49]可以預見的是，坐下時間較長的人死亡率較高，很少長時間連續久坐的人死亡率較低。事實上，每次坐下很少超過十二分鐘的人死亡率最低，每次連續坐下超過半小時的人死亡率特別高。這項研究有個瑕疵，就是已經生病的人本來就不容易起身活動，但結果仍然指出死亡風險隨坐下總時數以及中間是否起身活動而提高。

我天生就喜歡質疑，加上又從事研究工作，因此看到這些令人憂慮的統計數字時，就越常試著改變習慣。我一直想更準時起床，用來做做雜事跟玩狗，也一直想更常使用站立工作桌。但流行病學研究並沒有檢驗因果性。此外，它也沒考慮可能有其他因素擾亂健康和坐下時間之間的關係並據以修正。舉例來說，坐在家裡看電視的時間與健康狀況的關聯，就比坐著工作來得明顯；[50]比較富有的人較少看電視、擁有較好的醫療品質、吃的食物較健康，所以風險較低。要讓我心甘情願地放棄舒適的椅子，**得讓我知道「活動地坐著」為什麼比連續久坐來得好以及究竟好在哪裡**。我要知道理由，而不只是統計上的關聯。

先前曾經討論過，有個可能解釋是短暫活動可以喚醒肌肉，因此防止血液中的糖和脂肪增加。我們蹲下、定時站起或從事出門接小孩或掃地等輕度活動時，會收縮身體各處的肌肉，讓細胞構造動起來。這些輕度活動就像發動汽車引擎但不開出去一樣，可以刺激肌肉細胞、消耗能量、活化或關閉基因，以及啟動其他功能等。必須強調的是，洗碗或做其他輕度雜事每小時比坐著多消耗一百大卡。為了供應這些低強度活動所需能量，肌肉會收縮、消耗來自血液的糖和脂肪。[51]這些活動不算運動，但有些實驗要求受試者在坐著時短暫起身，例如每半小時站起一百秒，就能降低血液中糖、脂肪和所謂「壞」膽固醇的值，[52]因此血液中的糖和脂肪減少，可防止發炎和肥胖。此外，偶爾輕度活動可刺激肌肉，防止發炎及降低生理壓力。[53]最後，肌肉具有推送能力，尤其是小腿肌肉，可防止血液和其他液體積聚在雙腿，不只血管如此，淋巴系統也是如此。淋巴系統就像排水溝，負責輸送體內各處的廢棄物。這些液體最好不斷流動。長時間久坐不動會增加腫脹（水腫）和血管中形成血栓的風險。[54]因此，蹲下和其他動態坐姿能讓肌肉間歇活動，尤其是小腿肌肉，有助於腿部血液循環，因此可以比較健康。

另一種在久坐時維持動態的方法是做些小動作，或是研究人員口中硬梆梆的「自發性身體活動」。我一向很難靜下來，所以很奇怪有人竟然受得了連續坐著好幾小時不動。顯而易見地，做小動作的習慣或許有部分是與生俱來的，但效果可以維持很久。艾瑞克，拉維辛（Eric Ravussin）在一九八六年一項著名研究中，要一百七十七人在長三公尺、寬三公尺半的密閉空間裡待上十二小時（每次一人），測定他們消耗多少熱量。讓研究人員驚訝的是，做小動作的受試者每天消耗的熱量，比坐著不動的受試者多出一百至八百大卡。[55]其他研究也發現，單單只是坐著做些小動作，每小時就能消耗多達二十大卡，而且能促進血液循環的程度，讓血流通往靜止不動的手臂和大腿。[56]有項研究甚至發現，扣除其他形式的身體活動、吸菸、飲食和飲酒量等因素影響後，做小動作者的總死亡率低了30%之多。[57]

總而言之，「定力」或許能提高生產力，但無益於健康。但在後工業化國家，必須不斷盯著螢幕的工作越來越多。我們是不是應該趕快訂購站立工作桌？

我們應該怎麼坐和坐多久？

在許多關於坐著的誇大說法中，最極端的應該是「久坐是吸菸的接班人」。香菸給人新奇感受、容易上癮、昂貴、味道難聞、有毒性，是全世界最可怕的殺手；但坐著不僅歷史悠久，還絕對自然。更重要的是，問題不是坐著本身，而是連續好幾個小時坐著不動，加上運動量極低甚至是零。如果古代人類祖先的習慣與現在的狩獵採集者和農民一樣，那麼他們每天大概會坐上五到十小時，與現在某些（非全部）歐洲和美國人一樣。[58]但他們不坐著時，身體活動量相當大，而且這些沒椅子的祖先要休息時並不是坐在有椅背的椅子上不動，而是蹲著、跪著或坐在地上，同時持續做些小動作，大腿、小腿和背部肌肉的活動量與他們站立時大致相同。況且哈札人每次坐著、蹲著或跪著時通常只有十五分鐘。[59]此外，如果人類祖先與現在的非工業化人類的生活型態類似，那麼他們坐下時通常會做些家庭雜務，或是照顧小孩，所以會經常起身。整體說來，他們坐著時沒有那麼靜止和持續，而且不會讓人每天減少好幾小時的身體活動。

桌前工作在可預見的未來仍會繼續存在，所以站立工作桌被宣傳成對抗久坐的利器。這些行銷話術把少坐和增加身體活動混為一談。站立不是運動，而且目前還沒有設計完整、執行仔細的研究，證明站立工作桌對健康有明顯助益。此外，可別忘了，雖然有許多流行病學研究發現久坐十二小時以上的人死亡率高於坐得少的人，但前瞻性的研究尚未證明工作時坐得較多（職業久坐）會使死亡率提高。一項為期十五年、對象超過一萬名丹麥人的大規模研究發現，坐著工作的時間和心臟病沒有明顯關聯。[60]另一項規模更大、針對六萬六千名日本中年上班族進行的研究結果也相仿。[61]相反地，坐著無所事事的時間卻與死亡率有關。這代表社經地位和早晨、傍晚和週末運動習慣對健康的影響，大於我們平日坐在辦公室裡的時間。[62]

於此同時，關於久坐的誇張說法也可能是個迷思。有多少人提醒過我們要記得坐正，不要彎腰駝背？這個老生常談可以追溯到十九世紀末德國整形外科醫師弗蘭茲・史塔菲爾（Franz Staffel）。[63]工業革命後，越來越多人長時間坐在椅子上工作，史塔菲爾擔心這些姐妹臀部前移、挺直下背部的姿勢不正確。他擔憂地認為脊椎在我們坐著時應維持正常站立時特有的雙S形曲線，並且提倡椅子應該支撐下背部，藉以促使我們坐正（如圖5中右邊數來第二人）。幾十年後，瑞典人體工學先鋒本特・艾克布倫（Bengt Åkerblom）和學生支持史塔菲爾的看法，他們以X光拍攝坐在椅子上的人，同時測量他們的肌肉活動。[64]結果大多數西方人，包含大部分的醫療專業人員，都認為下背部有曲線但上背部平直的椅子能避免背痛。[65]

不過科學證據否定了這個現代文化規範。有個重要線索是有靠背的椅子雖然會助長彎腰駝背，但世界各地沒椅子的人類也普遍採取挺直下背部和彎曲上背部的舒適姿勢，如圖5所示。[66]許多反對彎腰駝背的生物力學論證也被一一推翻。[67]但最能說服懷疑者的是有數十篇詳盡的統合分析和系統性文獻回顧，徹底爬梳並嚴格評估了每一篇探討坐姿與背痛的研究。我坐下來閱讀這些論文時感到十分驚訝：探討這主題的所有優秀論文，幾乎都沒發現習慣性縮腿或彎腰駝背坐姿與背痛有關的確定證據。[68]此外我也很驚訝地發現，沒有明確證據可以證明坐得較久較容易背痛，[69]或是使用特製坐椅或經常起身可防止背痛。[70]相反地，最能防止背痛的方法是鍛鍊下背部，讓肌肉不易疲勞。因此背部較強壯、不易疲勞時，姿勢比較容易正確。[71]換句話說，我們搞錯了因果關係。背痛專家基蘭・歐蘇利文（Kieran O'Sullivan）曾跟我講：「良好的姿勢主要是環境、習慣和心理狀態的展現，而不是對抗背痛的法寶。」

所以讀者們若因為自己坐著、甚至彎腰駝背而感到罪惡或擔憂，請記住演化不僅使人類活動，也使人類坐下。我們不需怪罪椅子、批評自己彎腰駝背或沒有蹲下，而是該試著想辦法坐得更具活動性、避免長時間不動、大膽做些小動作，而且不要因為坐下就不運動或減少身體活動。這些習慣可防止或緩和有害健康的慢性發炎。此外，必須重複的是，我們看到關於久坐的恐怖統計數字，主要來自於坐著無所事事的時間。

然而，我越常看到輕度活動的好處遠大於長時間不活動，就越覺得有個問題讓人困惑不解：如果長時間不動會對身體慢慢造成傷害，那為什麼有人一方面提醒我們不要久坐，一方面又要我們花更多時間（通常是八小時，將近人生的三分之一）進入半昏迷的睡眠狀態？

第四章

睡眠：壓力為什麼妨礙休息？

迷思 4：人類每天需要八小時睡眠

但是維尼睡不著。他越想睡就越睡不著。他試著數羊，這方法有時很能催眠，但現在不行，所以他試著數長鼻怪，但這樣更糟。因為他數到的每隻長鼻怪都直衝維尼的蜂蜜，把蜂蜜吃個精光。他慘兮兮地躺了幾分鐘，等到第五百八十七隻長鼻怪飽餐一頓蜂蜜，還自言自語說「這蜂蜜真讚，我從沒吃過這麼好吃的蜂蜜」時，維尼終於受不了了。

——艾倫．米爾恩（A. A. Milne），《小熊維尼》。

睡眠和坐著一樣是典型的不活動狀態。但不一樣的是，大多數人坐的時間似乎太多，至於睡眠這種生理需求卻又似乎太少。如果演化讓人類盡可能休息，為什麼有那麼多人不愛睡覺？

我大學時的睡眠方式可稱為自願剝奪。我就像許多二十幾歲的人一樣喜歡熬夜到凌晨。總算上床時又經常翻來覆去、難以入睡。即使睡神終於降臨，我通常也睡得不夠，因為我的大腦某些不乖的部分總會在黎明時把我叫醒。無論我多晚入睡，碰！早上六點或七點一定會醒來。睡眠剝奪造成惡性循環，睡不夠的焦慮讓我一直維持清醒，讓我對睡不著更加感到壓力重重。我試過買安眠藥，但也沒用。最後我壓力大到不得不尋求專業協助。

我永遠忘不了我去找的那位有同情心的醫師。我確定她看過好幾百個和我有類似困擾的學生。儘管如此，她還是好心地聽我大吐關於失眠、學校和其他事情的苦水。我講得非常詳細，毫無保留，因為我渴望她能給我夠強的藥讓我睡著。但她很有耐心地用蘇格拉底式問答法讓我知道其實我絕對睡得著，只是自己不知道。我在課堂上有沒有睡著過？有。我在圖書館看書時有沒有睡著過？有。我放假在家時是不是睡得比較好？對。她提出自己的看法後，開始解釋荷爾蒙濃度，尤其是皮質醇在一天當中如何起伏，調節我的警覺性。此外，無論我喜不喜歡，我這輩子就是個晨型人。儘管我們完全沒談到運動，但她確實提出了我從沒想過的嶄新建議：何不早點上床睡覺？

這不是我想聽到的建議。對我這樣的大學生而言，深夜是一天中最棒的時間。我有時看書看到超過十二點，我的社交生活（雖然只是偶爾）通常要到晚上九點或十點才開始。睡足八小時真的值得犧牲一天中最棒的時間嗎？

睡眠遭剝奪的大學生說明了睡眠不只是重要的休息方式，也是無法逃避的取捨。能量有來有去，但時間一去不回頭。我們不可能回到過去從頭來過，所以睡眠等於是浪費時間，如同維吉尼亞．吳爾芙（Virginia Woolf）所說：「可嘆地縮短了人生的喜悅。」[1]柴契爾夫人的說法更加輕蔑：「睡覺是懦夫的專利。」不可否認地，家有新生兒的父母、夜班工作者，以及其他飽受長期壓力之苦的人經常想睡卻沒辦法睡，但從一般狀況看來，吳爾芙和柴契爾夫人的看法在現代社會中越來越普遍。依照這種方式思考，從石器時代人類懂得用火開始，我們就一直夢想有某種科技能讓我們不用睡覺，而是在太陽下山後繼續玩樂。愛迪生甚至得意地暱稱他實驗室裡的工程師為「失眠小隊」。

顯然我們已遭遇危機。專家一致的看法是我們的睡眠隨身體活動一同減少，而且在工業革命之前，人類通常睡得比較多，每天達到九到十小時，但現代社會看待睡眠的「殘酷態度」已把平均數字減少到七小時，有5％的人睡眠少於五小時。[2]其結果就是睡眠不足的「流行病」，這種病在全球工業化國家中每三人就有一人罹患。[3]讀者可能聽過缺乏睡眠導致肥胖、縮短壽命，造成20％以上的車禍，甚至助長車諾比核電廠爐心熔毀、艾克森石油瓦爾德茲號漏油等重大災難，還聽過睡眠惺忪的醫師犯下了致命錯誤等。[4]許多人提醒我們要多睡覺，就像許多人提醒我們要多運動一樣。此外，許多人花費大筆金錢購買舒適的床墊、買耳塞阻隔讓人不快的噪音、安裝厚窗簾讓臥室隔絕光線、買機器帶我們入睡，當然還有帶來睡意的安眠藥。

我們有沒有取得足夠的資訊和建議？我們該怎麼解釋自己既不愛運動又不想睡覺的矛盾傾向？如果說人類逃避非必要身體活動的本能十分強烈，需要強迫才願意離開椅子活動，那我們又為什麼不想盡可能地多睡覺？

充足的睡眠對健康十分重要，而且對於沒辦法入睡或睡不夠的人而言，這個問題真的很嚴重，我完全無意忽視。但我認為我們看待睡眠的態度，或許欠缺我們看待久坐時所提出的演化和人類學觀點。身為人類，我想睡飽一點，但是身為演化生物學家，我又想多知道一些睡眠改變的原因、代價和效益。另外，身為人類學家，我還想知道若忽略現代西方睡眠習慣以外的其他文化，我們會有什麼損失。對「正常」人類而言，「正常」的睡眠是什麼？最後但同樣重要的是，我經常在書報雜誌上讀到，電燈、電視、智慧型手機和其他新奇發明，讓我們沒辦法睡足應有的八小時，但我也很好奇身體缺乏活動對睡眠的影響。大家都知道運動可以促進和維持一夜好眠，那麼身體要缺乏活動到什麼程度才會妨礙睡眠？

要解答這些問題，我們先從探討睡眠是什麼以及人類為何需要睡眠開始吧！

需要一夜好眠的是身體還是腦？

寫到這裡時，我的狗在我旁邊的沙發上睡著了，還打呼呢。至少我覺得牠睡著了。艾可閉著眼睛，全身縮成一團，呼吸緩慢規律，而且完全不理睬我，連我講神奇咒語「走」和「餅乾」都沒反應。艾可一向過得閒散無壓力，而且牠習慣睡將近半個白天和大半個晚上，所以我不大相信牠正在打盹讓疲勞的身體休息，更不可能藉由睡眠「解開攪成一團的憂慮」。即使如此，我還是很同情牠經常需要閉目養神。如果我今天晚上睡不好，明天就會很難受。除了全身遲鈍、昏昏欲睡，我的注意力廣度會縮減，我會容易忘記事情，判斷力會降低，感覺變得遲鈍，還會比平常暴躁。如果連續好幾天沒睡覺（但願不會這樣），我的認知機能會大幅降低。我無法想像刻意超過一個晚上不睡覺，更不用說嘗試締造連續不睡覺的世界紀錄（因為這樣太危險，所以金氏世界紀錄現已取消這項認證）。令人驚奇的是，這類被虐狂真的存在，但他們的努力往往造成可怕的認知功能不全、妄想和幻覺。[5]

有腦部的生物都會進入某種形式的睡眠，這從行為和生理上都可看出來。在行為方面，無論魚類、青蛙、鯨魚或人類，睡眠都是可迅速逆轉的身體活動和感官覺察降低狀態，通常處於靜止姿勢。要喚起睡眠中的動物，需要響亮的聲音、強烈的光線或大力推壓。然而在生理上，睡眠更加複雜多變，尤其是腦部活動。腦部電訊號測量結果指出，睡眠分為兩大階段，如圖7所示。我們起先會經歷幾個漸進的「沉默」非快速動眼（NREM）睡眠階段。每進入一個階段，我們的意識就越來越模糊，新陳代謝減慢、體溫降低。在非快速動眼睡眠中，腦部電訊號最主要的特徵是高電壓緩慢波動，我們的眼睛靜止不動或在眼皮下緩緩轉動。最後我們進入另一個比較「動態」的快速動眼（REM）睡眠階段。在快速動眼睡眠中，我們大多會作夢，腦部電訊號的特徵是低電壓快速波動，我們的眼球也會快速轉動。快速動眼睡眠的其他特色包括心率和呼吸較不規則、暫時麻痺，以及陰蒂或陰莖自發性勃起。在一般的整夜睡眠中，我們會經歷完整的非快速動眼和快速動眼睡眠循環四到五次，快速動眼階段的強度和持續時間逐漸增加。如果一切順利，當金色曙光降臨之時，我們的夢會變得更為強烈。

睡眠對腦部顯然相當重要，但也和身體活動減少有關。所有生物都具有接近二十四小時的生理時鐘，提供大

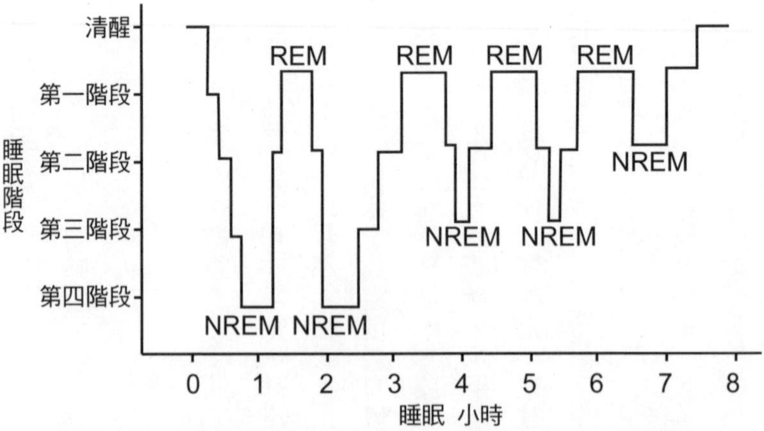

圖7　一般整夜睡眠中的非快速動眼（NREM）和快速動眼（REM）睡眠循環。

約一天的晝夜節律。它會在不同時刻減慢或加快生物的步調，連細菌也不例外。這些無所不在的循環，讓人認為演化形成睡眠的用意，是在容許減少身體活動時讓動物節約能量，把能量轉用於修復和生長。如果我今天去爬山或跑馬拉松，晚上就會睡得比較久和比較熟。如果沒有睡覺，明天就會覺得休息不夠。睡眠時，我們的新陳代謝率會降低10％至15％；而我們的生長過程大約有80％發生在非快速動眼的睡眠期間中。[6]

睡眠讓我們休息，但我卻覺得它是休息本身的適應行為。新陳代謝在睡眠時降低或許是因為不活動時節約能量對生物有益，但我們其實不需睡眠也能節約能量、修補組織和進行其他恢復。此外，睡眠也有實質上的代價和風險。我們只要睡著，就沒辦法完成求偶和覓食等天擇最重要的任務，尤其無法避免成為其他生物的食物。我在非洲大草原的第一晚，在星空下的營火旁試圖入睡時沒怎麼休息，因為我很害怕遠處土狼詭異的叫聲和獅子低沉的吼聲。最後我告訴自己不要害怕這些夜間掠食者的聲音，牠們會跟營火和人類保持距離。但幾百萬年前人類懂得用火之前，想在這些殘酷動物的叫聲中入睡一定很恐怖。睡眠狀態幾乎完全沒有防備，所以斑馬等許多動物每天只睡三到四小時，因為牠們時時擔心會被獅子吃掉，但攻擊斑斑馬的獅子每天睡十三小時。[7]現在很少人擔心太陽下山後被肉食性動物吃掉，但夜晚仍然充滿各種危險。

我們不用花太多腦筋就能瞭解睡眠主要與腦部有關。近幾十年來，研究人員耗費許多無眠的夜晚，探究睡眠對神經的效益是否大於付出的代價。有個明顯的益處就是認知——睡眠能協助我們記得重要事物，同時有助於綜合和整合。有件事聽起來很神奇，就是我們睡眠時，腦部會歸檔及分析資訊。當我深夜不睡、想弄清楚一些複雜資訊（例如睡眠對腦部有何影響）時，有時候可以體驗到這種現象。夜越深，我的腦部就越混沌，最後我放棄掙扎，上床睡覺。但神奇的是，到了第二天早上，我就完全看懂了。我睡覺時究竟發生了什麼事？

要充分瞭解睡眠如何協助我們思考，可以先思考從演化觀點來看，記憶唯一的效用是協助我們應對未來。[8]如果一頭斑馬曾看過獵人槍殺了牠的姐妹，這個可怕記憶對牠唯一的助益，就是在牠再次看到拿槍的人類時會想起這件事，因而拔腿就跑。然而生物要獲取有效的認知，必須要能搜尋自己每天產生的記憶，捨棄無關緊要的部分後留下重要部分，並且理解這些記憶。[9]精密實驗使用感測器觀察人類腦部在睡眠前、中、後（以及缺乏睡眠）的狀況，發現前面提到的這些功能都發生在睡眠期間。[10]一天的時間慢慢過去，我們把記憶存放在腦部的海馬迴中，海馬迴的功能是短期儲存中心，有點像是USB隨身碟。接下來在非快速動眼睡眠中，腦部把這些記憶分類，排除無數沒用的記憶（例如電車上坐在我旁邊那個男的穿什麼顏色的襪子），把重要記憶送到腦部表層附近的長期儲存中心。腦部顯然也會標記和搜尋記憶，找出並強化我們可能需要的記憶。神奇的是，腦部或許還能在快速動眼睡眠期間分析某些記憶後加以整合並找出模式。然而重要的是，腦部的多工能力有限，執行這些清理、整理和分析工作的效率，沒辦法像我們清醒時那麼好。[11]

睡眠對腦部而言有個更重要的功能就是清掃。生物存活所需的無數化學反應必然會產生廢棄物，這些廢棄物被稱為代謝物（metabolites）。其中有些代謝物的活性高又具破壞性。[12]腦部的能量需求相當大，耗費熱量佔人體的五分之一，所以產生的代謝物量大、濃度又高。某些廢物分子可能會阻塞神經元，例如β澱粉樣蛋白。[13] 腺苷酸（adenosine）等其他分子堆積時則會使我們想睡（咖啡因可抵消它的作用）。[14] 然而，要清除這些廢棄物是一大挑戰；肝臟和肌肉等組織可把代謝物直接排入血液，但腦部有血腦障壁（blood-brain barrier）隔離它和循環系統，防止血液直接接觸腦細胞。[15] 為了清除廢物，腦部產生新的管道系統，這組系統必須依靠睡眠運作。在非快速動眼睡眠期間，腦中各處的特殊細胞使神經元間的空間擴大多達60%，讓腦部周圍的腦脊髓液沖走這些廢物。[16] 這些額外空間還可讓修補損傷細胞及復原腦內神經傳導物質受體的酵素進入。[17] 不過唯一的問題是，腦部的間質通道就像單線道的橋梁，每次只能讓一個方向的車輛通過。所以顯而易見地，我們在清理腦部時無法思考。因此我們必須睡覺，才能清除一整天堆積在腦部的雜質。

因此，睡眠是花費時間提升腦部功能的必要取捨。我們清醒時每花一小時儲存記憶和累積廢物，大約需要睡眠十五分鐘來處理這些記憶和清理腦部。不過這個比例差異相當大。有些人睡得比較少，例如年長者；有些人則需要睡得比較多，尤其是小孩。每個父母都知道，少睡一次午覺可能使可愛的天使變成可怕的小鬼。還好，睡眠不足的成人通常沒有小孩那麼難搞，但我們每個人都無法避免對睡眠和清醒時間進行取捨。為了縮短睡眠而晚睡和早起可能很好玩或是有利可圖，但必須付出記憶、情緒和長期健康的代價，這些代價往往相當高昂。除了睡眠不足對健康的不良影響，美國每年估計有六千次車禍的原因是打瞌睡。[18]

所以，讀者們昨天晚上有睡足八小時嗎？

八小時的迷思

現代世界最奇特的一點，就是我們經常把某些行為藥品化，並制訂特定的劑量。常見的這類劑量包括每週最少要活動一百五十分鐘、每天吃二十五公克的纖維，每天晚上要睡足八小時等等。大家都不清楚這個八小時劑量究竟起源於何時或何處，但自十九世紀末工廠工人在街上遊行示威時就喊著：「八小時工作、八小時休息、八小時隨我們支配！」班．富蘭克林（Ben Franklin）曾經假掰地認為：「早睡早起讓人健康、富有又聰明。」我也一樣，大半時間一直以為每晚應該睡八小時，而且從不假裝我對於自己是個晨型人的暗自竊喜。儘管這些看法普遍存在，世界上仍有很多人喜歡熬夜，而且刻意睡得比八小時少很多，似乎也活得好好的，尤其是我的學生們。他們是這個渴求把握時間的快速現代社會中的不正常產物嗎？我們跟其他動物比起來又如何呢？

隨便觀察一下就會發現，人類或各種哺乳類動物在睡眠方面沒有一定的模式。驢子每天只睡兩小時，犰狳的睡眠則長達十二小時。長頸鹿等動物經常小憩一下，有些物種則是連續睡好一陣子。大象等幾種大型動物能站著小睡，最奇特的是，海豚和鯨魚等海中哺乳類動物能讓一半腦部睡覺，同時還一邊游泳。[19]

把整個生命的三分之一以上的時間投入睡眠是個重大的取捨，所以不難想見，天擇發展出了各種各樣的睡眠模式和規範。然而研究探討這些差異時只找到幾個不是很明確的關聯；其中最明確的關聯就是，容易成為獵物的動物通常睡得比獵食牠們的肉食性動物少。[20]或許「豺狼必與綿羊羔同居、豹子與山羊羔同臥」（以賽亞書十一章六節），但農場裡的動物跟掠食者一起時，應該很難睡好。此外，體型較大、需要花更多時間覓食的動物通常睡得較少。除此之外，某些動物睡得特別多或特別少似乎沒什麼規律或原因。無論有什麼因素可以解釋這個令人費解的多樣性，大多數哺乳類動物每天睡八到十二小時，大多數靈長類動物睡九到十三小時。最接近人類的黑猩猩平均每天晚上睡十一至十二小時。[21]

那麼人類呢？可想而知，人類睡眠模式的相關資訊大多來自美國和歐洲，這兩個地區的成人每晚大約睡七到七個半小時，但有三分之一的人通常睡不到七小時，[22]不過自填的睡眠時間估計值一向很不可靠。[23]新的感測技術客觀地監測睡眠後發現，美國、德國、義大利和澳洲的一般成人在炎熱夏天通常睡六個半小時左右，而在寒冷陰暗的冬天睡七到七個半小時。[24]整體說來，儘管差異很大，但西方大多數成人平均每晚睡七小時，比理想的八小時少一小時（13％）。

但，這樣是正常的嗎？八小時的黃金標準又是從何而來？[25]本書的重要前提是現代西方社會的大多數人，包括我在內，都沒有辦法代表工業革命前的人類。我的睡眠模式已被鬧鐘、電燈、智慧型手機和工作、火車時刻表以及深夜新聞等睡眠天敵影響了多少？

還好，研究人員已經意識到這些問題，新科技也讓我們取得大量非工業化族群的優質睡眠相關資料。目前最令人驚訝的是美國加州大學洛杉磯分校睡眠研究者傑若米．席格爾（Jerome Siegel）等人的研究；他們讓十名坦尚尼亞的哈札狩獵採集者、三十名喀拉哈里沙漠桑族搜食農耕者，以及五十四名玻利維亞亞馬遜雨林的狩獵農耕者配戴感測器。這幾個族群都沒有電燈，當然更沒有時鐘或網際網路。但席格爾驚訝地發現，他們睡得比工業化人類還少。在溫暖的季節，這些搜食者平均每天睡五．七小時到六．五小時，寒冷的季節平均睡六．六小時到七．一小時。此外他們很少小睡。有些研究觀察不用電的艾米許農民、海地鄉村居民以及馬達加斯加自給農民等非工業化族群，發現他們的平均睡眠時間同樣是每天約六．五小時到七小時。[26] 因此，與許多人的說法相反，並沒有證據指出非工業化族群睡得比工業化和後工業化族群多。[27] 此外再仔細探究還會發現，沒有實徵證據可以證明工業化國家近五十年來的平均睡眠時間有所減少。[28] 我們越深入探究，就越發現八小時才算正常的說法並不可靠。[29]

讀者看到這裡如果覺得怪怪的（這也是應該的），可能會認為非工業化的搜食者和農耕者睡不到八小時，並不代表他們的習慣對健康最好，況且許多狩獵採集者也吸菸。二〇〇二年，丹尼爾．克瑞普可（Daniel Kripke）等人進行大規模研究，對照一百多萬名美國人的病例紀錄和睡眠模式，結果震驚了睡眠界。[30] 依據這些資料，每晚睡八小時的美國人死亡率高於睡六．五小時至七．五小時的人。此外，睡眠超過八個半小時的深眠者和睡不到四小時的淺眠者死亡率高出平均者15%。批評者大力攻擊這項研究的幾項缺陷，包括睡眠資料是自填、睡很多可能代表健康不佳，以及相關不等於因果等等。然而，後來有許多研究採用更完善的資料和精細的方法，依據年齡、疾病和收入等因素進行校正，仍然證實睡七小時左右的人壽命比其他睡眠時間的人更長。[31] 沒有研究指出八小時是最佳睡眠時間，而且在大多數研究中，睡眠時間超過七小時的人，壽命都比睡不到七小時的人更短（不過有個問題還沒解決，就是睡很多的人減少睡眠時間是否有益於健康）。

應該睡八小時或許是個迷思，但睡眠模式呢？不同的人睡眠總時間或許相同，但方式不同。有些人是早睡早起的早鳥，有些人則是晚睡晚起的夜貓子。這些完全矛盾的習慣很容易遺傳又很難克服。[32] 此外，隨年齡漸長，我們會睡得更少、起得更早。另外，許多人晚上只睡一次，但有些人有時會醒來一到二小時再繼續睡。人類學家卡羅．渥斯曼（Carol Worthman）和歷史學家羅傑．埃克奇（Roger Ekirch）掀起了這些睡眠模式是否正常的爭議。[33] 這兩位學者主張在工業革命之前，人類半夜醒來一到二小時再睡下去是很正常的。人類會在「第一次睡眠」和「第二次睡眠」之間談天、工作、享受魚水之歡或是祈禱。言下之意是，電燈和其他工業發明可能改變了人類的睡眠模式。然而，針對非工業化族群以感測器進行研究後，得到的結果更加複雜。坦尚尼亞、波札納和玻利維亞的搜食者大多晚上只睡一次，但馬達加斯加的自給農民通常會把睡眠分成兩段。[34]

事實上，生物現象大部分差異很大，睡眠也不例外。由於晝夜節律和人體調節清醒和困倦的方式不同，人類的睡眠時間表和其他物種一樣差異相當大。[35] 此外，沒有任何睡眠模式一體適用於紐約和東京等生活周遭都是電燈的族群，或是非洲大草原和亞馬遜雨林中沒電可用的族群。人類學家大衛．山姆森（David Samson）曾經在一處有二十二名哈札狩獵採集者的營地記錄睡眠活動，結果發現不同時間有哪些人在睡覺的差異相當大，因此估計營地中每個晚上每一個人至少清醒十八分鐘左右。[36] 就演化觀點看來，這樣的差異可能是適應的結果，因為在危險的夜裡，我們睡著時防衛能力最低。至少有一人負責警戒，可以在周圍有豹、獅子和想傷害我們的人類環伺的世界裡減少睡眠帶來的危害，這類警戒通常由年長者負責。[37]

所以，如果有時在半夜醒來，或是晚上只睡七小時，不到八小時，可以儘管寬心。事實上，人類似乎已適應睡得比黑猩猩等猿類近親還少。這個現象可能出現在兩百萬年前，當時人類的祖先顯然失去許多有助於爬樹的特徵，而樹木可提供在非洲原野睡覺時的安全場所。人類這種速度緩慢又行動不穩的雙足動物，必須睡在危險的地面又還不懂用火時，一定是豹、獅子和擁有利齒的老虎的理想目標。在這類狀況下，脆弱的人類祖先如果不睡得少一點、淺一點，並且錯開睡眠時間，讓群體中總是有人醒著以便示警，可能就要滅絕了。

無論古代或現代，睡得少一點還有個益處，就是每天有多一點時間可以社交。人類的祖先可能利用晚上聊八卦、唱歌、跳舞，或在火堆旁進行各種交流，現在我們也在晚餐時、酒館裡或其他照明充足的地方聚會。然而到最後，睡眠的迫切需求壓過了其他欲望，許多人會躲進幽暗安靜的房間，爬上柔軟溫暖的床，把頭靠在鬆軟的枕頭上，進入夢神摩耳甫斯的懷抱。就這方面而言，睡眠真的變得有點奇怪。

睡眠文化

二〇一二年的一天晚上，我和同事在墨西哥北部山區的偏僻地區，入夜後才抵達要住宿的泥磚小屋。星星已經出來，天氣很冷，我筋疲力盡，非常想睡覺。等我尿完尿、刷好牙，準備睡覺時，另外四個遊客已經擠在小屋裡唯一的床上。那張床是張加大雙人床，但床墊薄得跟紙一樣。他們已經在滿足地打呼，床上也沒空間了，我只能睡在硬梆梆的泥土地上，身上包著幾條毯子。其實我很慶幸不用睡在過度擁擠又吵雜的那群人中間，他們已經好幾天沒洗澡了。儘管我比較想睡在有乾淨床單和舒服枕頭的床上，但我還是睡得很好。從文化觀點看來，我喜歡獨睡或只跟太太一起睡的拘謹習慣究竟正不正常？

人類學家很早就開始研究人類怎麼睡覺，提出世界各地許多睡眠習慣和態度的證據。如果要說其中有什麼共通點，就是人類睡眠的方式隨文化而差異極大，而且睡眠不只被視為消除睡意的方法。許多文化認為睡覺是社交場合。舉例來說，紐西蘭的毛利人以往一起睡在長屋裡，現在在喪禮時仍會這樣睡，陪伴亡者進入另一個世界。[38] 新幾內亞的阿沙巴諾人基於夜間巫術的危險，所以絕不會讓陌生人單獨睡覺。澳洲中部的瓦爾皮利人一排排睡在星空下，順序由嚴格的社會秩序決定。[39] 在許多文化中，其他人睡覺時在旁邊講話或發生性行為是很正常的。而只有在現代西方化的家庭，母親才不一定與嬰兒同睡。[40] 和其他人一起睡也是保持溫暖的好方法。

如果覺得這些共同習慣有點奇怪，就必須知道工業革命讓床的價格降低之前，美國人和歐洲人經常不只與家人和客人共用床鋪，出外時也和陌生人同床。[41] 梅爾維爾的《白鯨記》（*Moby-Dick*）一開始，敘事者以實瑪利先在新貝德福一家客棧的床上認識同是水手的魁魁格。以實瑪利起先非常害怕要睡在有殺人紋身的食人族旁邊，但他後來覺得「跟認真的食人族一起睡還是比跟喝醉的基督徒睡來得好」。第二天早上他醒來時，魁魁格的手臂以「十分親暱深情的方式」搭在他身上。

睡眠在工業世界不僅變得更隱私，也變得更舒服。一八八〇年代彈簧床發明前，歐洲和美國只有有錢人才買得起填充羽毛或獸毛的舒適床墊。當時的床墊多半是又薄又凹凸不平的麥稈墊。現在隨處可見的床單和鬆軟枕頭，當時也是少數人才享受得到的奢侈品。從圖8可以得知，數百萬年來在世界大多數地區，幾乎所有人都躺在堅硬難受的地上，沒有枕頭，只有乾草、麥稈、獸皮、樹皮、樹葉或其他物品隔絕寒氣。這些方法看來或許不舒適，但我可以保證要習慣睡在地上十分容易。此外，傳統的免洗寢具比填充麥稈的床墊衛生。這類床墊容易滋生虱子、跳蚤和臭蟲，被稱為「早期現代昆蟲學的不聖三位一體」。[42]中世紀集體睡在麥稈床墊上的習慣也加速鼠疫等傳染病擴散。

睡眠變得越來越奢華和隔離，也變得更安靜和幽暗。我們這三分之一的人生可能過得比古代的國王還舒服，睡在隔絕燈光、噪音和其他干擾的臥房裡，或許還有維持「理想」溫度的冷暖空調。在現代工業化國家以外地區，這類感官隔絕措施並不普遍。一般說來，搜食者大多睡在十分吵雜的環境中。一起睡覺的人通常睡在火堆附近，環境比較熱鬧，也沒有隔絕光或噪音。他們入睡之後，營地的其他人可能還在談話、照顧小孩、跳躍或處理雜事，通常有一個人注意聽著遠方的動物聲。就我看來，非洲晚上最討厭的搗亂者不是人類或土狼，而是樹蹄兔。這種有蹄類動物體型與貓相仿，生活在樹上，是大象的遠親，夜間叫聲相當可怕，類似人被勒住脖子的叫聲。儘管有蹄兔干擾，現代人喜歡睡在幽暗舒適的環境中卻是文化使然。如果一定要安靜和幽暗才能入睡，在演化上就是反常。

對現代人而言，石器時代睡眠狀況的混亂似乎不利於一夜安眠，但人類學家卡羅・渥斯曼提出

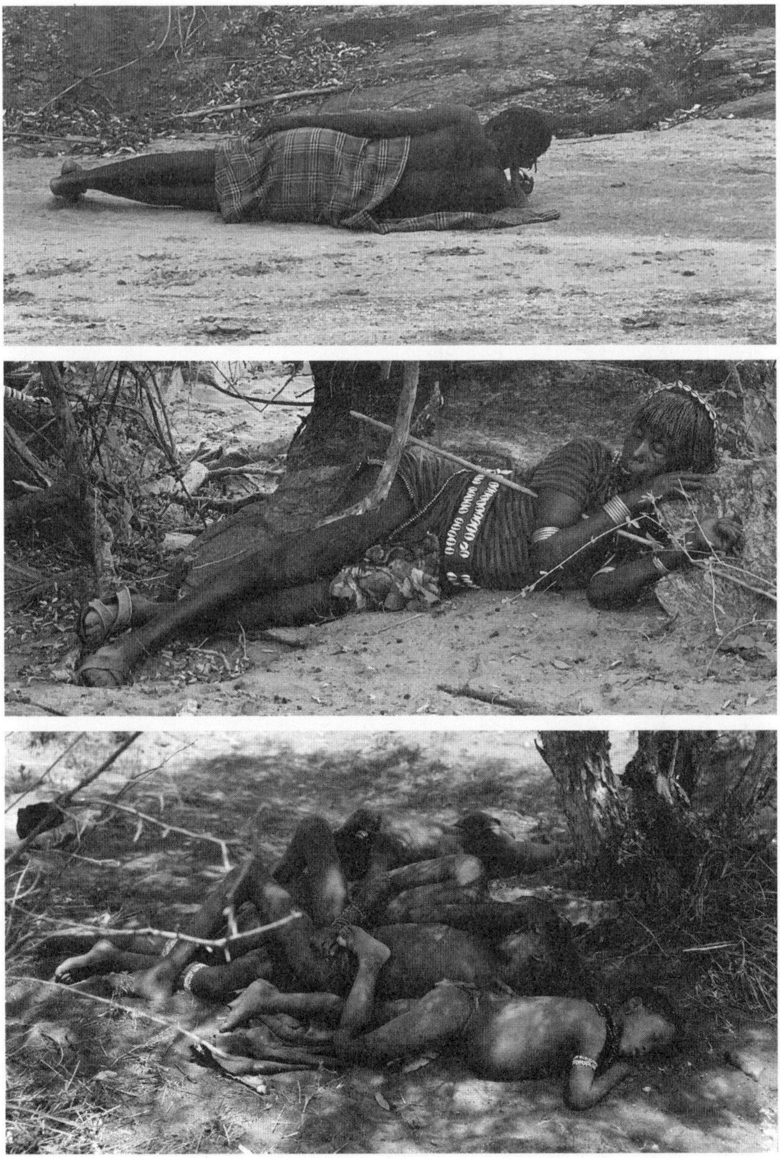

圖8 非工業化族群的睡覺方式範例。（上）：睡在衣索比亞的哈默爾族男性。（攝影：李伯曼）（中）：睡在衣索比亞的哈默爾族女性。（攝影：李伯曼）（下）：睡在喀拉哈里沙漠的一群桑族兒童。（勞倫斯．馬歇爾與羅娜．馬歇爾贈送）

反過來講或許也成立的說法。[43]我們進入非快速動眼睡眠的初期階段時，會越來越無法察覺周遭環境。這個逐漸失去意識的現象可能是適應作用，因為腦部在我們入睡時監控周遭環境，可能是為了評估睡著是否危險。待慢慢停止察覺鄰近朋友和家人談話、劈啪作響的火堆、嬰兒的哭聲，以及土狼位於遠處等狀況後，便會通知腦部現在可以進入更深的無意識睡眠狀態。諷刺的是，如此徹底地把自己和讓人安心的刺激隔絕開來，或許反而更容易對睡眠感到緊張。

現代睡眠文化中最容易因為提升隱私、反而造成壓力的特徵，就是把小孩排除在臥室和床鋪之外。在所有文化中，嬰兒原本都與母親睡在一起，直到最近才產生變化。許多文化把和小孩分開睡視為虐待。[44]但我太太和我還是新手父母時，很多書籍和陌生人都建議我們不要跟女兒一起睡。我們天真地遵照理查·費伯（Richard Ferber）的建議，他著名的「費伯育兒法」要我們把女兒和嬰兒床放到另一個房間，任她在那裡哭得肝腸寸斷。[45]依據他的指示，我們應該逐漸拉長間隔時間，探視嚎啕大哭又恐慌的嬰孩，好讓她自己入睡，學會「自我安撫」。真的很糟糕。我們折磨自己和女兒一週後，決定依照人類自古以來的習慣，把她帶回床上一起睡。同睡不僅有助於母親和嬰兒睡得更好，也讓母親和嬰兒協調睡眠和餵奶時間，以及形成許多良好的養育互動。[46]雖然與吸菸、喝酒或濫用藥物的父母同床可能危害嬰兒，尤其是嬰兒猝死症候群，但真正讓許多父母不敢跟嬰兒同睡的原因是錯誤資訊。[47]

先撇開我對同睡的想法，我當然受到我自己出生和成長的文化影響，也從不想把睡覺視為社交活動。我喜歡睡在安靜幽暗的房間裡，躺在舒服的床墊上，旁邊只有我太太，床腳是我的狗。說不定有許多人類祖先也喜歡這樣的狀況。理解我的睡眠偏好受文化影響的程度後，在不那麼理想的狀況下睡覺時反而讓人感到安心。目前最糟的狀況應該就是坐飛機了。當我被綁在狹小的座位上，耳邊有引擎的轟轟聲、別人的談話聲、洗手間的沖水聲和嬰兒哭聲，但必須試圖入睡時，我會告訴自己，人類已經習慣在吵雜的環境中跟許多人一起睡覺，只不過不是在距離地面九千公尺的大鐵鳥裡，以時速八百公里行進。最重要的是避免緊張，緊張是睡眠的大敵。現在為什麼有那麼多人對入睡這麼輕鬆舒服的事情感到焦慮？身體活動又能提供什麼協助？

對睡眠感到緊張

如果說世上有什麼地方最適合研究睡太少的影響，那個地方一定是大學。現在的學生似乎跟我在他們這年齡時一樣睡得不夠。去年有一位十分認真的大學部學生考試考壞了，到辦公室找我。我們討論這件事時，她對教材的理解程度讓我印象深刻，顯然真的是因為睡眠不足她才表現失常。她承認她通常只睡四小時，考前一晚也不例外。我問她為什麼睡這麼少時，感覺像聽到與她相同年紀的自己在講話。她通常凌晨兩、三點上床睡覺，很難入睡，覺得還沒休息夠又早早醒來。白天她沒辦法不在課堂上打瞌睡，靠咖啡因在圖書館看了很久的書之後，到晚上又沒辦法入睡。

大學生是一種特別的人類。部分原因在於許多大學生初嘗長大的滋味，但還沒有擔起大人的責任。我許多睡眠不足的學生離開象牙塔之後別無選擇，只能安定下來、多睡一點，但有些人會繼續睡眠不足。依據某些研究結果，美國大約有10％的成人罹患可診斷的失眠症（也就是經常需要半小時以上才能入睡或整晚都無法入睡），大約有三分之一的成人覺得自己睡不夠。[48]在其他地區，失眠的普及率也相仿。[49]可以想見，許多失眠者，亦即大約5％的美國人，求助於安眠藥。[50]為什麼這麼多人白天休息太多，晚上又無法休息？

要解答這個問題，我們必須探究在腦中交互作用、掌控清醒和睡眠的兩個重要生物過程。[51]這兩個過程正常運作時，我們會在早上精神奕奕地醒來，整天大部分時間愉悅地清醒著，晚上則緩緩入睡。這兩個過程如果混亂，我們就會在課堂上或會議中不禮貌地睡著，晚上卻痛苦地難以入睡，早上又醒得太早，或是帶著恐怖的頭痛輾轉難眠。

第一個系統是週期接近二十四小時的晝夜循環，由腦部下視丘（hypothalamus）中一群特殊細胞負責調節[52]（這團細胞有個讓人昏昏欲睡的名字，叫做視交叉上核〔suprachiasmatic nucleus〕）。這些細胞早上會通知腎臟上的腺體製造皮質醇，藉以叫醒我們。皮質醇是刺激人體消耗能量的主要荷爾蒙。夜幕降臨時，下視丘會呼叫同樣位於腦中的松果體製造褪黑激素（melatonin）。褪黑激素是「吸血鬼荷爾蒙」，有助於睡眠。晝夜系統像時鐘一樣每天依據光線亮度和其他經驗調整。有時差經驗的人都知道，晝夜節律可以藉由光線和其他環境線索慢慢調整（每天大約一小時）。

如果人體完全依賴晝夜節律來調節睡眠，將會造成問題。想像一下如果連續幾天睡眠不足又沒辦法睡晚一點，或是即使睡了很多也沒辦法晚睡，會有多糟糕呢？所以，還有另一個與活動量關係密切的系統也能調節我們的睡眠和清醒狀態。這個自動調節系統的功能類似沙漏，計算我們已經清醒了多少時間，好慢慢累積壓力，促使我們睡覺。我們醒得越久，睡眠壓力就會越來越大。這個壓力來自腦部消耗能量後產生的腺苷酸等分子逐漸增多。接著我們藉由睡眠讓沙漏重新開始計時，主要是透過非快速動眼睡眠。整體說來，這個自動調節系統可協助平衡我們清醒和睡眠的時間，如果我們醒得太久，這個系統可抑制晝夜系統，協助我們回復減少的睡眠時間。

在正常環境中，晝夜和自動調節系統攜手合作，維持固定的睡眠與清醒循環。但生命不可能永遠固定。如果房子失火、一群飢餓的土狼從動物園跑進社區，或是岳母突然說要搬過來一起住，那該怎麼辦？這些攸關性命的危機會啟動體內的戰或逃（fight and flight）系統，觸發過度激發（hyperarousal）狀態。一瞬間，身體會釋放出腎上腺素和皮質醇等大量荷爾蒙、加快心率、讓大量糖進入血液、暫停消化系統，同時提高警覺程度。這些荷爾蒙顯然還會抑制允許睡眠的過程，這是維持持續警戒的重要適應行為。[53] 今晚要應對緊急狀況，所以我們不會睡著。如果一切順利，火災撲滅了、土狼抓回去了，岳母也走了，我們就會回歸平衡，第二天晚上我們會睡得特別香甜，以便償還睡眠債務。

戰或逃反應（也就是交感神經系統）對睡眠的影響，可以解釋運動對睡眠的影響為什麼如此重要以及有何重要。我們如果在睡前全速跑一公里或舉起重物，往往很難入睡，因為激烈的身體活動會開啟這個系統，造成激發狀態。相反地，白天做些適當的身體活動，例如踢一場足球、一兩個小時的園藝工作或長距離散步，都有助於睡眠。這些活動可以提高睡眠壓力，同時刺激身體以更深層的休息與消化（rest and digest）反應（也就是副交感神經系統）來抵消起初的戰與逃反應。除了其他效用，運動後恢復可逐漸降低皮質醇和腎上腺素基本值、降低體溫，甚至有助於調整晝夜節律。[54]雖然身體活動無法預防或治療所有睡眠問題，但有多項研究證明適當的運動通常有助於睡眠（但不要在睡前），規律運動的效果更好。[55]一項涵括兩千六百名各年齡層美國人，並排除體重、年齡、健康狀況、吸菸和憂鬱症等因素影響的研究發現，每週規律進行至少一百五十分鐘中度或激烈活動的人，不僅睡眠品質改善65%，白天也比較不容易昏昏欲睡。[56]因此，睡眠充足可讓身體有足夠時間休息和修復，有助於增加活動量和改善運動表現。[57]睡眠時間少於六小時的青少年，受傷率是睡八小時以上的青少年的兩倍。[58]最後，身體經常缺乏活動的成人比較容易有失眠困擾。[59]

失眠不是緊急狀況造成的一、兩晚上睡不好，而是長期狀況。它經常會引發惡性循環，所以格外令人難受。如果通勤時間過長、社會衝突或過度困難的家庭作業造成的潛在慢性壓力，使得皮質醇等壓力荷爾蒙異常升高，我們就會在晚上該睡覺時變得過度清醒，或是在一、兩次非快速動眼和快速動眼睡眠循環後醒來。[60]我們陷入慢性睡眠不足時會製造更多皮質醇，尤其是在晚上。皮質醇讓我們睡不著，使問題持續下去，失眠更加嚴重。[61]

糟糕的是，導致皮質醇升高和睡眠不足的壓力，還會抑制免疫系統和指揮身體儲存更多器官脂肪，緩緩危害健康。缺乏睡眠也會改變調節胃口的荷爾蒙，使飢餓素（ghrelin）增加，讓我們感到飢餓，同時抑制降低食欲的荷爾蒙瘦體素（leptin），進而造成傷害。[62]我睡不夠時會吃比較多零食，許許多多睡眠不足的大學生半夜找東西吃時，學校旁邊就有便利商店可以方便地買到各種點心和高熱量零食。更糟的是，慢性睡眠不足導致慢性發炎，妨礙夜間正常製造生長激素。[63]總而言之，睡眠不足助長肥胖、第二型糖尿病和心臟病等相關病症，此外睡眠不足本身也和癌症有關。[64] 接著更慘的是，體重過重的人入睡後呼吸困難的風險較高（睡眠呼吸中止），因此更容易睡不好。

狩獵採集者固定活動量大且沒有律師，所以應該比大多數工業化人類更不容易失眠，但他們當然也有壓力，偶爾也會睡不著。倘若確實如此，他們幾乎篤定不會掉進頭痛醫頭、腳痛醫腳的現代陷阱中。最常見的治標型現代睡眠治療法是用酒精自我治療；然而酒精起初讓人昏昏欲睡，但後來會擾亂維持睡眠的神經傳導物質。[65] 更可怕的是，我們已成為睡眠工業集團的犧牲品。對睡眠感到焦慮的民眾受到慫恿，花大錢購買高科技床墊、聲音製造機、抗噪耳機、遮光窗簾、防止枕邊人打呼的裝置、眼罩以及各種高效能寢具。這些大致上無害的產品，一定會讓睡在火堆邊地上的祖先覺得好笑，但我們應該特別注意安眠藥的濫用問題。安眠藥是規模相當龐大的產業，很容易吃成習慣。除去成藥不計，美國的安眠藥處方從一九九八年至今已增加三倍以上。[66]

安眠藥雖然相當普遍，但其實很危險。依據一項涵括三萬多人觀察研究指出，經常服用安眠藥的美國成人，其後兩年半的死亡風險增加將近五倍。[67] 其他許多研究也指出，安眠藥與憂鬱症、癌症、呼吸問題、錯亂、夢遊和其他危險密切相關。[68] 如果這些警告不夠可怕，還有幾項研究指出安眠藥的效用大多是安慰劑效果。失眠者和健康對照組服用常見助眠藥物（例如讚您眠〔Sonata〕和順眠〔Lunesta〕）的平均睡眠時間，與服用安慰劑的參與者相同（大約六小時二十分），入睡時間只減少十四分鐘，不過有些人表示第二天有記憶喪失現象。[69] 席格爾表示：「二十年內，大眾對安眠藥時代的看法將與現在我們對接受吸菸的看法一樣。」[70]

對睡眠感到焦慮

做總結之前，我們再回到我在這一章開頭提出的問題：如果人類受演化影響而會盡量休息，為什麼又有那麼多人不愛睡覺？我無意忽視許多人因睡眠不足而危害自己健康和他人性命（尤其是開車時），但有些危言聳聽者不考慮演化和人類學對睡眠的觀點，經常誤解大眾的睡眠行為不正常，這種行徑跟我們妖魔化久坐沒什麼不同。製造大眾對睡眠的恐慌或許有利可圖，我們的社會也比較容易批判與身體活動和缺乏活動有關的行為。我們認為坐著就是不好、睡眠就是好。事實上，這兩種休息方式都是正常但差異極大的行為，代價和效益都很複雜，受環境和當代文化規範影響極大。

如果讀者對自己的睡眠健康感到懷疑，睡眠研究人員建議問自己這五個簡單的問題：[71]

- 你滿意自己的睡眠嗎？
- 你是否整天保持清醒，不會打瞌睡？
- 你在凌晨兩點到四點間是否睡著？
- 你晚上清醒的時間是否少於三十分鐘？
- 你的睡眠時間是否介於六到八小時之間？

如果這些問題的答案是「通常是或總是」，就表示你睡得很滿足，知道自己通常睡得很夠。如果不是，希望讀者們尋求解決的途徑是認知行為療法等研究完整、合理又有效的方法、嚴守規律作息等良好習慣，當然還有運動。需要一再重複的是，睡眠和活動兩者密不可分：我們的活動量越大，睡得就越好，因為身體活動可提高睡眠壓力、降低慢性壓力，進而緩解失眠。就這方面而言，身體活動和睡眠不是彼此眼紅的對手，而是合作夥伴。[72]一個人好意地經常嘮叨我們多運動，但又不時催促我們多睡覺，其實或許並不矛盾。

第二部

速度、肌力和爆發力

Speed, Strength, and Power

第五章

速度：不是烏龜也不是兔子

迷思 5：正常人無法兼具速度和耐力

那響遍全島的尖銳嗚嗚叫聲再度逼近。
拉爾夫一聽，立刻像匹受驚的馬般跳起來，再度飛奔，直到喘不過氣。
——威廉·高汀，《蒼蠅王》

我跑過最快的一次，應該是在肯亞的歐羅格塞利（Olorgesailie）這個位於奈洛比西南方大約四十公里的地方。除了一小群馬賽族牧民之外，很少人住在這個炎熱、塵土飛揚又荒涼的地區。不過在四十萬至一百二十萬年前這裡有一片大湖，供早期人類、河馬、大象、猴子和斑馬維生。我二十四歲剛開始念研究所時，有個很棒的機會去歐羅格塞利好幾週，協助挖掘古老的化石和石器，這些東西可提供關於過往歷史的神祕線索。除了在科學上饒富趣味，歐羅格塞利也是個非常美麗的地方，適合居住、工作和學習。我們在一個小岬角搭帳篷露營，俯瞰一片廣闊乾旱的灌木林一路延伸到遠方的死火山。每天早上，我們出發挖掘石器時代的骨頭和石頭之前，我會早起觀賞日出。有時候我會看到幾隻土狼一夜作亂後大步走回家，用厚重的下顎咬著骨頭或動物的腿。雖然土狼窩離我們的營地不遠，但兩個物種相安無事。

後來有一天上午，我正全心投入工作，沒有注意到應該提高警覺的強烈惡臭。我還清楚記得我發現幾英尺外有隻惡臭的土狼緊盯著我，帶著那圓滾滾的眼睛、黑色鼻子和噁心的味道。我害怕地丟下寫字板逃命。我很確定那次持續約三十秒的瘋狂奔跑一定創下了個人紀錄。等我終於回過神來、拚命喘著氣，雙腿像著火一樣，看到那隻土狼在我逃命時慢慢跑走，才鬆了一口氣。那隻土狼可能跟我一樣很想趕快逃走。現在，我只要聞到類似土狼的味道，那股驚慌的鮮明記憶就會立刻湧現。

多年之後，我越來越慶幸那隻土狼沒有追我，因為我根本跑不掉。土狼的奔跑速度據說可達每小時六十五公里左右。[1]我一向比較像烏龜而不像兔子。而且我覺得即使是體力最好的時候，我以時速二十四公里以上奔跑也沒辦法跑超過一分鐘。此外我不像土狼，我沒有爪子、腳掌和利牙可以保護自己。土狼要抓傷或咬死我可說是輕而易舉。

雖然大多數人類會明智地躲開體型龐大的野生肉食動物，每年七月仍有好幾百個大人跑到西班牙的潘普洛納，體驗被體型龐大的野牛頂傷或踩傷的危險。在為期八天的聖費爾明節中，十二頭公牛會在早上八點整放到鎮上蜿蜒狹窄的中世紀街道上。接下來幾分鐘，這幾頭危險動物追著一群穿得五顏六色的勇者半英里（八百二十五公尺），直追到鎮上的鬥牛場。這些人完全不是公牛的對手。公牛的體重是他們的十倍，又有致命的牛角，當牠們在街上狂奔時，能輕易追上人類，尤其是喝醉或宿醉的人類。[2]運氣不佳的好漢跌倒或來不及逃開時，經常被公牛踩踏或頂傷。每年都有好幾十人受傷，每隔幾年就有人被頂死。[3]無論讀者對奔牛活動有什麼看法，它都凸顯出我和那頭土狼之間也有相同的明顯差距：人類跑得慢、弱小又柔弱，比較依賴大腦而不是肌肉。

但人類全都跑得那麼慢嗎？如果跟土狼或公牛賽跑的不是一群外行的刺激追求者，而是速度快又受過完整訓練的短跑選手，結果會怎麼樣？

波特跑得有多慢？

運動員走進倫敦的田徑場時，觀眾爆出喝采聲。這是二〇一二年奧運會一百公尺短跑決賽，全世界最重要的賽跑賽事。八位決賽選手似乎無視於八萬名觀眾，逕自伸展暖身，心思全集中在自己身上，默默演練自己的競賽策略。最後，大家都準備好之後，工作人員依序向觀眾和攝影機介紹選手，請他們進入起跑區。他們雖然可說是全地球跑得最快的八個人，但大家的目光大多集中在身材高䠷的牙買加傳奇、世界紀錄保持人尤塞恩．波特（Usain Bolt）身上。波特身高一百九十五公分，在選手中鶴立雞群，他接受全場掌聲，微笑回禮。接著彷彿有人施展魔法，全場安靜下來。運動員在起跑區謹慎地把強壯的雙腿踩上起跑架，膝蓋著地，指尖放在起跑線後數公釐處。全世界許多人的眼光現在集中在這八個人身上，尤其是波特身上。接著在裁判一聲令下，他們抬起膝蓋。幾秒鐘後「砰！」一聲，槍聲響了！

幾毫秒內，選手挺直髖部和膝蓋，在起跑區向上、向前推起身體，軀幹與地面成四十五度，一隻手臂向前揮，另一隻向後。波特幾乎是最後離開起跑區的人。選手們一面加速，一面慢慢挺起軀幹，起跑後十到十五步，八名選手都完全直立，並排行進。選手們持續加速時，波特開始超前。這時選手們維持完美跑姿，只以腳趾球著地，在髖部前方少許接觸地面，盡快提起膝蓋，接著用力壓下腳部，小腿再度踩下，彷彿要搥向地面。雖然雙腿是選手的主要動力來源，但他們的手臂平行著軀幹揮動，軀幹盡可能放鬆，肩膀放下，避免不必要的轉動。五十公尺時，他們到達每小時四十至四十二公里的最高速度時，波特已明顯領先。選手們到此時才開始呼吸，同時持續只專注於一件事：繼續向前跑且速度不減。

跑到七十公尺，波特已領先好幾步，穩操勝算。雖然看不出來，但包含波特在內，每個人都稍微慢了下來，選手們知道速度減慢最少的人就能勝出。運動員這時必須拚盡全力，專注於拉起膝部，保持放鬆。波特不負所望，向前猛衝。他踩到終點線時微向前傾，軀幹在起跑後九．六三秒通過終點線，破奧運紀錄！觀眾爆出喝采聲，波特也開心地慶祝，披上牙買加國旗，做出經典的閃電動作。

二〇一七年，波特在多次打破世界紀錄和獲得奧運金牌的輝煌戰績後宣布退休，但他為什麼能領先其他短跑選手，在這個項目稱霸？因為速度是步長和步頻的乘積（一步是某一腳接觸地面到下一次接觸地面的完整循環），所以想跑得更快，可以加大步長、加快步頻，或是兩者同時提升。[4] 波特的腿很長，但腿部移動速度與腿較短的短跑選手相差無幾，所以跑得比對手更快。[5] 在一般一百公尺短跑中，波特只需跨四十步，但場上其他人必須跨出四十五步左右。不過，波特必須具備難以置信的肌力，才能讓雙腿動得這麼快。揮動較長的球棒需要更大的力，同樣地，要讓較長的腿加速也需要更大的力量。總而言之，波特的長腿加上產生強大力量的能力，讓他能在空中停留更長的時間。他在跑得最快的一次比賽中（二〇〇九年在柏林），平均時速為三十七公里，最高時速高達四十五公里。

我有時會到田徑場跑步，加強自己的速度。我氣喘吁吁地跑步時，速度更快的跑者總是以似乎難以想像的速度輕鬆地刷過我，而他們只是業餘跑者。這讓我好奇被波特這類選手超過會是什麼感覺。不過，即使像波特這樣的菁英短跑選手跑得那麼快，他們跟一般四足動物相比仍然沒什麼了不起。別忘了要精確測量野生動物的奔跑速度十分困難，而且完全無法得知我們測到的最快速度確實是極速。圖9把波特每小時三十七．五公里的世界紀錄跟多種四足哺乳動物的最高速度比較。[6] 好消息是波特跑贏臭鼬、犀牛、河馬和大多數小型囓齒動物，包括我家花園裡常見的灰松鼠。壞消息是，他也只跑贏這些動物。波特跟斑馬、長頸鹿、牛羚、白尾鹿，甚至野生山羊等大多數四足動物比賽

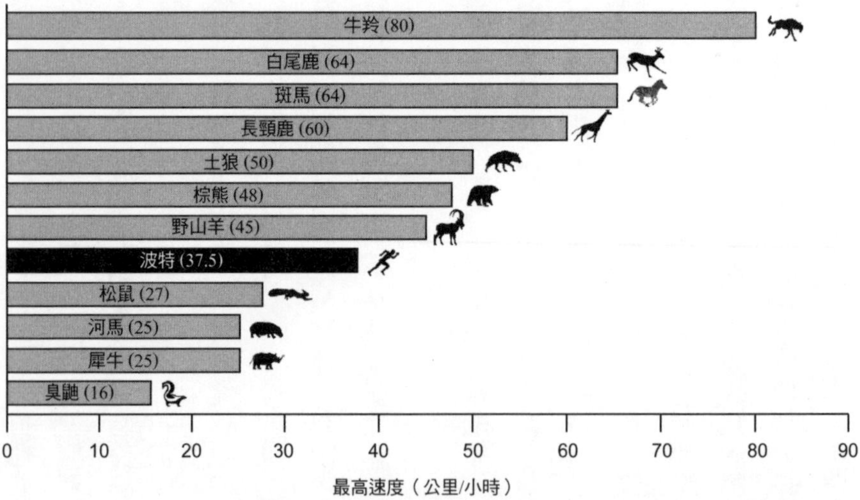

圖9　波特與各種哺乳動物最高奔跑速度比較。許多動物的最高速度很難測量和確認，所以其中有些速度必須存疑。此外即使是體態最好的人類，跑起來也無法超過每小時二十四公里，速度大概相當於河馬。（動物資料大多取自Garland, T., Jr. [1983], The relation between maximal running speed and body mass in terrestrial mammals, Journal of Zoology 199:157 - 70）

完全沒有贏面。在肉食動物方面，即使是速度比較慢的棕熊和土狼，在跑道上也能搶走波特的飯碗，甚至把他吃掉。

短跑有個問題，就是我們很快就會缺氧。任何動物都無法長時間維持最高速度，人類也不例外。波特這類菁英短跑選手可以維持最高速度約二十秒，但接下來一定會明顯慢下來。一公里世界紀錄（目前是二分十一秒）的時速是二十七．三公里，還不到一百公尺短跑紀錄的四分之三。五公里世界紀錄（十二分三十七秒三五）的速度更慢，只有每小時二十三．七公里。野生獵豹也只能以最高速跑三十秒，接著就會慢下來。[7]許多哺乳類動物跑得比人類快很多，不需要用最高速追逐人類或逃走，所以能維持得比較久。

人類衝刺時也顯得有點可憐。在真實世界中，動物不可能排在一條線上，在平坦的地面全力直直前衝，跑向另一條線。牠們只會彎彎曲曲地跑，這樣會使速度變慢。如果看獵豹追逐瞪羚，瞪羚（最高速度大約是每小時八十公里，比獵豹的每小時一百一十公里慢了許多）會拚命捉摸不定地快速彎來彎去，拖慢追逐者的速度。[8]這個策略經常奏效，但我們被獵豹追逐時，彎來彎去可能是個壞主意。潘普洛納的資深玩家可以證明，路線中最危險的部分是轉彎，兩條腿的人類會變得比四隻腳的公牛更慢、更不穩定。[9]

所以，全世界跑得最快的人類還是比不過大多數動物。另外不要忘了，我們比較的是現存跑得最快的人類和沒有受過訓練的普通動物，這些傑出運動員在教練的協助下接受長年訓練，唯一的目標是在跑道上盡可能快速奔跑指定的距離。優秀的人類跑者能短暫達到每小時三十多公里的速度，但大多數體態良好的人類很少能超過每小時二十四公里，這應該是大部分人類演化史上較合理的最高衝刺速度。除非是世界級短跑選手，否則我們很難跑得比松鼠快。人類的速度為什麼會這麼慢？

兩條腿的麻煩

如果真如某些宗教所說，人類是照著上帝的形象所造，那麼上帝一定也跑不快。人類速度較慢的另類演化解釋是人類祖先經過天擇，在大約七百萬年前變得習慣直立。儘管雙足行走有些優點，但也有缺點。除了使我們在樹上顯得笨拙、容易失足跌倒、而且更容易下背痛，改用雙足行走還使我們速度慢到瀕臨危險。

要理解雙足行走如何使我們速度遲緩，可以想想我們行走或奔跑時雙腿必須對地面施力。雙腿對地面施力越大，就能跑得越快。這其中隱含著直立人類速度較慢的基本原因：狗或黑猩猩有四隻腳對地面施力、產生功率（功率是做功的速率），而人類只有兩隻腳。事實上，當我們奔跑時，任一時刻只有一隻腳著地，把我們抬起和向前推進。功率較低代表速度也較低。就像我那輛破車的四汽缸引擎能跑到的速度只有V-8引擎法拉利的一半，兩條腿的人類也只能跑到體型相當的四腳動物的一半。靈緹犬（greyhound）的速度大概是菁英短跑選手的兩倍。

讀者們如果剛剛想到時速可達七十二公里的鴕鳥，那表示各位已經發現只有兩條腿不是克服不了的速度障礙。[10]可惜的是，人類祖先站起來後，一直沒像這些沒戰鬥力的鳥類一樣演化出跑得快的適應特徵。我們從靈長類祖先繼承來的速度障礙包括粗大笨重的腿和腳。請參閱圖10，比較一下我們的腿與馬、狗甚至鴕鳥的後肢。我們厚實的腳和地面平行，腳踝只比地面高幾公分，但這幾種動物能用腳趾奔跑，因此長腿分成三個主要部分。靈長類動物笨重的雙腳適合抓住樹枝和爬樹，但我們粗短的雙腿在縮短步幅時也限制了速度。此外，靈長類雙腿比較短胖，所以從上到下都比較粗，腳踝粗，腳也大。狗、馬和鴕鳥的後肢明顯收細，腳又小，所以腿部的質量中心比較接近髖部，容易揮動。最後，靈長類動物的腳沒有爪子或蹄，沒辦法當成天然釘鞋或天然跑鞋。

直立還有另一個不利之處：我們奔跑時不能把脊椎當成加大步幅的彈簧。請觀看靈緹犬或獵豹疾馳的慢動作影片。牠們後腿落地時，後爪在肩膀下方接觸地面，長而柔韌的脊椎像強弓一樣彎曲、儲存彈性位能，接著動物的後肢向下蹬，脊椎快速伸直，將彈性位能釋放出來，共同把身體彈到空中，加大步幅。[11] 我們短小的直立脊椎沒有協助我們跑得更快，而是辛苦地穩住天生搖晃的上半身，同時緩和每次著地時從腳傳到頭部的衝擊波。[12]

總而言之，自從七百萬年前人類祖先成為雙足動物那次決定性的變化之後，人類的速度就注定快不起來。如果我是當時非洲一頭飢餓的劍齒虎，最愛獵捕的動物應該會是早期人類，因為人類比羚羊和其他速度更快的四足動

圖10　狗、人類和鴕鳥奔跑時的側視圖。請注意人類的腿較粗、下端收窄程度較小，只分為兩段，而且腳又大又粗短。

物好抓多了。但即使我們的祖先是好抓的目標，有時候一定也需要逃命，畢竟要避免成為老虎的晚餐，只要跑得比另一人快一點就好。這對波特而言應該沒有問題，他跑得比我快上兩倍。但我和大多數長距離跑者一樣，應該可以跑得比波特更遠。我用速度換來的耐力究竟有多大？

要快還是要遠？

我的朋友及同事珍妮・霍夫曼（Jenny Hoffman）教授很喜歡跑幾近變態的長距離。有一次比賽，她在二十四小時內跑了二百二十八・五公里。我寧願腳趾甲被一個個拔起來也不想嘗試這種事，但她宣稱這很好玩，而且只要維持緩慢的配速和定時吃薑汁餅乾補充能量，就可以跑完（我倒覺得我可以連續吃二十四小時的薑汁餅乾但不跑步）。珍妮在這場比賽中的配速是每公里六分鐘多一點，比菁英短跑選手的超快速度慢了足足四倍。的確，假如她用盡全力逃脫土狼追逐，一分鐘內就會上氣不接下氣，使她不得不停下來或放慢速度。假如波特也被土狼追趕，他當然可以跑得比珍妮快，但很快就會缺氧。珍妮和波特的不同點和相同點帶來兩個重要問題：是什麼因素限制了短距離跑步的最高速度？我們為什麼不能跑得又快又遠？

以距離很短的短跑而言，速度大多與肌力和技巧有關。短跑選手的腿像鎚子一樣，用力快速地敲擊地面，而且（牛頓已證明）每個作用力必有大小相等、方向相反的反作用力，腿越用力向下、向後踩，地面就會越用力地把身體向上、向前推。因此，一百和二百公尺短跑最高速度的限制因素，是跑者腿部肌肉在腳著地的一小段時間（菁英短跑選手只有十分之一秒）產生力量的效果。[13] 因此，波特短距離衝刺能跑得比珍妮快很多的理由，是他蹬向地面的力量大得多。

然而距離拉長之後，由於所有生物都很難把燃料迅速轉換成可用能量，所以波特和珍妮如果不降低速度就會缺氧。我們經常把人體比做內燃機引擎：人體燃燒食物，就像汽車引擎燃燒汽油一樣，如果我們跑得太快，身體的燃料將會耗盡，就像汽車開得太快一樣。不過這個說法的問題在於人體比較像電池動力車。人體不是一個大電池，偶爾充電一次，而是有幾百萬個小小的有機電池，必須經常充電。

這種隨處可見的微型電池稱為腺苷三磷酸（ATP），是地球上所有生物的動力來源。顧名思義，每個腺苷三磷酸包含一個小分子（腺苷）連接三個磷酸分子（一個磷原子周圍環繞氧原子）。這三個磷酸彼此結合成直線、疊在一起，把能量儲存在磷酸之間的化學鍵中。水使最後一個磷酸分開後，讓它和第二個磷酸結合的少許能量和一個氫離子（H^+）釋出，形成腺苷二磷酸（ADP）。這些釋出的能量是體內每個細胞幾乎所有運作的能量來源，例如觸發神經、製造蛋白質以及收縮肌肉等。此外最重要的是，腺苷三磷酸是可以補充的。當細胞分解糖和脂肪分子中的化學鍵取得能量，加回腺苷二磷酸失去的磷酸，就會還原成腺苷三磷酸。[14] 然而問題是，無論是土狼還是人類，跑得越快，身體就越難補充腺苷三磷酸，所以不久後速度就會降低。

唯有演化才造得出這麼迷人卻限制速度的系統，為了進一步瞭解它，我們先想像波特和我同時逃離肯亞那隻土狼。波特雖然一開始跑得比我快很多，但他大約三十秒後就會上氣不接下氣，因為我們以相同的三個過程補充腺苷三磷酸（參閱圖11）。這三個過程依序在立即、短期和長期三個不同期間發揮作用，但必須在速度和耐力間取捨。

第一個過程（稱為磷化物系統）提供能量速度最快，但持續時間也最短。波特和我起跑時，我們肌肉細胞中的腺苷三磷酸只夠我們跑上幾步。只準備那麼少腺苷三磷酸似乎很不明智，但這些有機電池雖然微型、只儲存一點能量，對細胞而言還是太大太重，因此細胞無法大量製造和存放。我們散步一小時消耗超過十三公斤的腺苷三磷酸，一整天下來則可消耗超過體重的腺苷三磷酸，要把那麼多的腺苷三磷酸帶在身上跑顯然是不可能。[15] 因此無論任何時刻，人體總共只儲存約一百公克的腺苷三磷酸。[16] 幸運的是，在我們最初幾步消耗完肌肉裡僅有的腺苷三

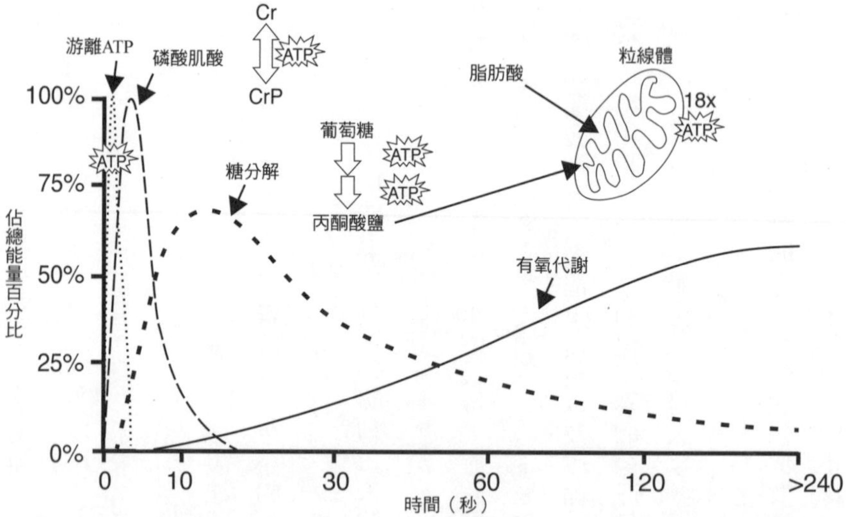

圖11　肌肉隨時間補充腺苷三磷酸（ATP）的不同過程。一開始，能量幾乎立刻來自儲存的ATP和磷酸肌酸（CrP）。接下來，能量來自速度較快的糖分解，最後能量必須依靠速度較慢的有氧代謝（aerobic metabolism）提供。有氧代謝在粒線體中進行，釋出丙酮酸鹽（糖分解的最終產物）或脂肪酸中的能量。

磷酸之前，肌肉會迅速改用類似腺苷三磷酸的磷酸肌酸（creatine phosphate），這種分子同樣與磷酸結合儲存能量。[17]可惜的是，磷酸肌酸儲備量同樣有限，衝刺十秒後就消耗掉60%，三十秒後完全用罄。[18]即使如此，它仍然提供寶貴的即時大量燃料，讓肌肉有時間啟動第二個能量補充過程：分解糖。

糖是甜的同義詞，但它是糖分解（glycolysis）過程補充腺苷三磷酸時最初和最重要的燃料（glyco代表「糖」，lysis代表「分解」）。在糖分解過程中，酵素把糖分子迅速分成兩半，釋出這些鍵結的能量，補充兩個腺苷三磷酸。[19]從糖還原腺苷三磷酸不需要氧，而且速度足以提供三十秒衝刺所需的將近一半能量。[20]事實上，體態良好的人體內儲存的糖，足夠跑上將近二十四公里。不過這樣有個必然後果：糖分解後剩下的半個糖分子稱為丙酮酸鹽（pyruvate），累積速率將超過細胞的處理能力。丙酮酸鹽堆積到無法承受的程度時，酵素會把丙酮酸鹽轉換成乳酸鹽（lactate）和一個氫離子（H^+）。乳酸鹽無害，而且最後也可用來補充腺苷三磷酸，但氫離子會使肌肉細胞越來越酸，造成疲勞、疼痛和功能降低。[21]大約三十秒內，短跑選手的腿就會開始發熱，接著需要一段漫長的時間慢慢中和這些酸，同時把過剩的乳酸鹽送到第三個、最後一個但時間較長的有氧能量過程。

生物需要氧，尤其是要跑得更遠時。事實上，以氧燃燒一個糖分子產生的腺苷三磷酸多達糖分解的十八倍。不過同樣必須付出代價：有氧代謝提供的能量多，但因為需要較多步驟和各種酵素，所以速度慢得多。[22]這些步驟在細胞的特化構造中進行，這個構造稱為粒線體（mitochondria），不只能燃燒取自糖的丙酮酸鹽，也能燃燒脂肪，緊急狀況下還可以燃燒蛋白質。然而，糖和脂肪燃燒的速率不同。雖然我體內儲存的脂肪夠我跑大概兩千公里，但脂肪分解和燃燒的步驟比糖多很多，所以需要的時間也多得多。我們靜止時，身體需要的能量大約有70%來自緩慢燃燒脂肪，但我們跑得越快，必須燃燒的糖就越多。到達最大有氧能力時，我們完全只燃燒糖。

現在我們已經瞭解某些人為什麼能在長距離下跑得比別人快。雖然波特衝刺時比我快非常多，但跑得越遠，有一項我比他強的優勢就越明顯（如果我們真的比賽）。這是因為每個人一開始運動，有氧系統也隨之啟動，但這種方式取得最大能量的個別差異相當大。這個重要限制稱為最大攝氧量（VO_2 max），請參閱圖12。測定最大攝氧量的方法可能有點嚇人。測量時通常要戴上面罩，在跑步機上跑步。面罩有條管子接到機器，用來測量耗氧量（如第二章所述）。跑步機速度慢慢加快，消耗的氧也越來越多，最後我們耗用氧的能力達到最高點，因此開始喘氣。我們達到最大攝氧量時，需要糖分解來提供更多燃料給肌肉。速度超過這個極限時，肌肉

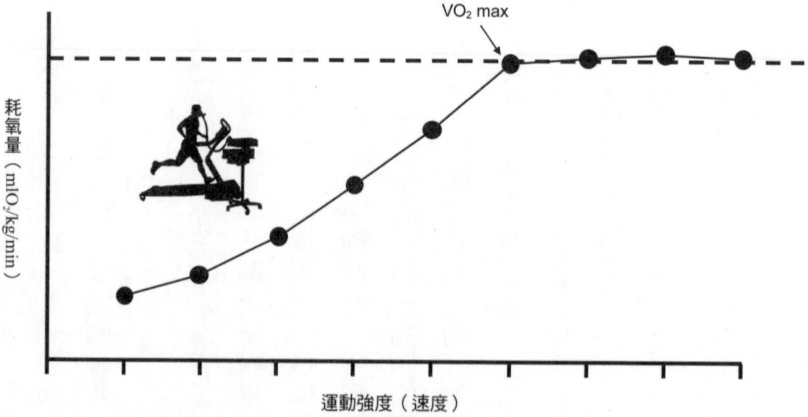

圖12　最大攝氧量的測量方式。跑步速度逐漸加快，最後達到攝取氧氣的最大值，這就是一個人的最大攝氧量。

酸性開始提高，所以無法長時間維持。還好，最大攝氧量對三十秒衝刺這類最大強度短時間爆發的速度影響不大，但距離越長，最大攝氧量的影響越大。一百公尺衝刺時，只有10％的能量來自有氧呼吸，但跑四百公尺時，比例增加到30％，八百公尺時是60％，一千六百公尺時是80％。[23]跑得越遠，最大攝氧量對最高速度的幫助越大（後面會介紹到，最大攝氧量是可以訓練的）。[24]

現在我們總算可以瞭解波特和我（當然還有土狼）為什麼只能以能量換取跑得快或跑得遠。雖然波特衝刺時我只能望塵興嘆，但我們兩人的糖分解速率達到最高時，體內僅有的腺苷三磷酸和磷酸肌酸同樣很快就會燒盡。因為我們都達到最大攝氧量，所以我們三十秒後都必須停下來喘氣，幫分子電池充電和清除肌肉中的酸。[25]如果萬一不幸，土狼趁我們還沒恢復就繼續追來，我們就必須依靠有氧系統，因此跑得較慢。追逐距離越長，我的表現就越可能優於波特，因為我的耐力可能比他強。

對波特而言幸運的是，這種狀況不會發生，因為他在三十秒後回頭喘氣，就會看到土狼正在吃我當早餐。所以有一點很重要：即使是全世界跑得最快的人也很難跑贏土狼，但要活下來，有時只要不跑最後一名就好。

想要紅肉還是白肉基因？

讀者們即使像我一樣骨瘦如柴，肌肉的質量應該也會略多於體重的三分之一，消耗熱量約佔每日總熱量的五分之一。肌肉確實需要這麼多熱量，因為它幫我們站立、為我們保暖，以及讓我們活動。但我想讀者們應該很少想到肌肉如何運作以及它的樣貌。除了外科醫師、肉販或解剖學家之外，我們看到的肌肉大多是盤子裡的熟肉。有趣的是，魚肉、雞肉和牛肉雖然吃起來味道不同，但如果用顯微鏡比較這幾種動物的肌肉基本結構，應該很難看出差別。這是因為肌肉早在

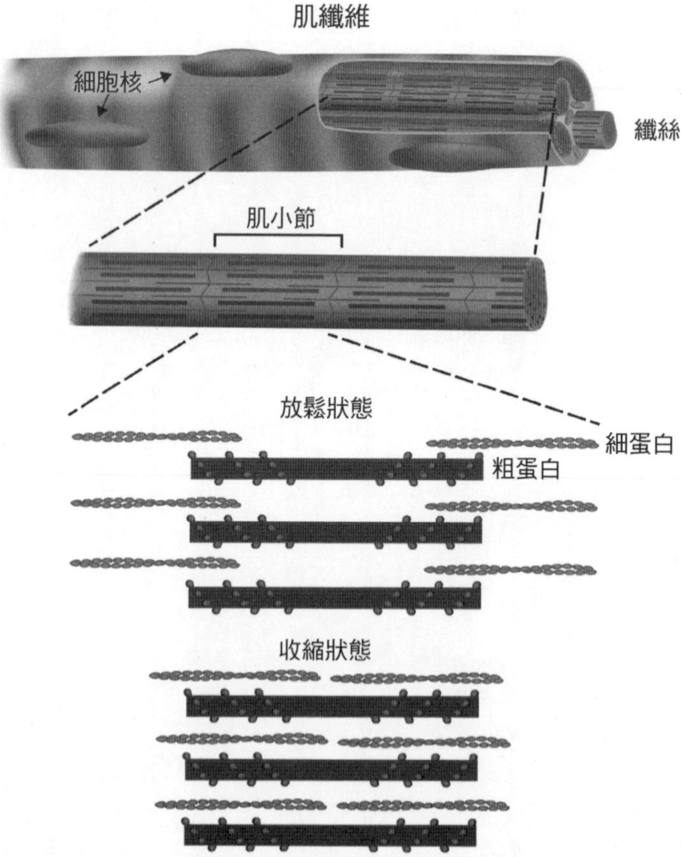

圖13　各種放大比例的肌肉結構。粗蛋白和細蛋白互相拉扯時，肌小節收縮，纖絲、肌纖維和整條肌肉因而縮短。（肌蛋白圖片來源：Alila Medical Images/Alamy Stock Photo）

六億多年前就已出現，藉由收縮產生力量，基本結構和功能一直沒有大幅改變。[26]果真如此，為什麼波特的肌肉除了比較大一點之外，還能讓他跑得更快，而我的肌肉卻讓我跑得更遠？

為了解答這個問題，我們先從微觀角度來觀察肌肉。從圖13可以看出，肌肉由一束束細長的細胞組成，稱為肌纖維。每條纖維由幾千條纖絲（fibril）組成，纖絲又含有幾千個稱為肌小節（sarcomere）的帶狀結構。肌小節產生拉力的原因是它由兩個關鍵蛋白組成，一個較粗，另一個較細，兩個蛋白互相滑動，就像兩手手指交扣一樣。神經把電訊號傳送到肌肉時，產生收縮作用，使粗蛋白上的小突起朝反方向拉細蛋白，就像拔河隊員互拉繩子。每個突起的拉扯作用消耗一個腺苷三磷酸，施加微小的拉力。因為每條肌肉都有幾十億個這類突起，而且不斷反覆拉扯，許多微小的拉力很快就累積成很大的力量。[27]

所有肌細胞的運作方式都相仿，但骨骼肌（負責讓骨骼產生動作）的肌纖維分成好幾種。其中一個極端是慢縮（I型）肌纖維，肌纖維顏色較深，俗稱為紅肌（red musle）。它不會迅速或強力收縮，但以有氧方式使用能量，而且不容易疲勞。[28]另一個極端是快縮（II型）肌纖維，這種肌纖維又分成兩個類型，分別是白色和粉紅色。白肌（IIX型）纖維燃燒糖，產生快速強大的力量，但很快就疲勞。粉紅肌（IIA型）纖維以有氧方式產生中等強度的力量，因此疲勞程度是中等。總之，紅肌纖維適合散步或跑馬拉松這類持續性低強度活動，粉紅肌纖維最適合跑一千六百公尺這類中強度活動，白肌纖維則適合百米短跑等爆發力強大但持續時間不長的活動。

我們和其他動物一樣，肌肉裡有紅色、粉紅色和白色三種肌纖維，比例隨肌肉各不相同。從烤熟的雞可以瞭解這些差異。鳥類的腿和大腿大多是紅色的慢縮肌纖維，能協助牠們四處遊走一整天，雞胸則大多是白色的快縮肌纖維，用於揮動翅膀等短時間強力活動。還好我們不需把人切開烤熟，就能瞭解人的肌肉有什麼差別，但要研究人類肌纖維的差異，確實需要在人身上扎針，進行肌肉切片檢查。這種檢查程序有點像打針，只是針頭比較粗，而且不是注射藥物到體內，而是採集一小塊肌肉，只會有一點點痛。不過肌肉切片檢查可以瞭解體內許多特殊的差別。在人體許多肌肉中，慢縮和快縮肌纖維大致各佔一半，但三頭肌等大多用來提供力量的肌肉約有70％是快縮肌纖維。我們散步或從事緩和活動時使用的主要肌肉，例如小腿內部的深層肌肉（比目魚肌）則約有85％是慢縮肌纖維。[29]

各種肌纖維的比例也人人不同，這又回到波特為什麼能跑得比我快那麼多的問題。一九七六年，一項具開創性但有點難受的研究，對四十人的小腿後肌（腓腸肌）進行切片檢查，發現非運動員的一般人通常快縮和慢縮肌纖維比例相同，菁英短跑選手的快縮肌纖維約佔73％，職業長跑選手平均則有70％是慢縮肌纖維。[30]針對各色各樣肌肉進行的其他數千次切片檢查也證實了這些結果：大多數人慢縮肌纖維略多於快縮肌纖維，但波特這類擅長速度和爆發力體育競技的運動員大多是快縮肌纖維，而專精於耐力型體育競技的運動員，例如傳奇馬拉松選手法蘭克・蕭特（Frank Shorter），通常是慢縮肌纖維較多。[31]除了快縮肌纖維較多，短跑選手的肌肉也比長跑選手大。[32]

在擅長速度或耐力的物種之間，腿部肌肉的類似差別也相當明顯。靈緹犬和獵豹等高速機器的腿部肌肉比例高，而且多是快縮肌纖維。獵狐㹴和臭鼬等耐力型動物腿部爆發力較小，以慢縮肌纖維為主。[33]所以如果我們像波特一樣以快縮肌纖維為主，可能會跑得很快但耐力不佳。如果我們像蕭特一樣大多是慢縮肌纖維，那麼我們也可能是傑出的馬拉松選手，但沒有機會贏得一百公尺短跑。如果跟大多數人一樣，那就兩者都不大行。說不定我可以把自己短跑不行推給爸媽給我的基因沒讓我成為兔子，而是變成烏龜。

先天與後天

但我真的可以嗎？許多關於先天條件和後天培養的說法往往過度簡化。同樣地，仔細探究就會發現，我們下結論之前必須特別留意。人體各個面向都是爸媽給我們的兩萬五千個基因與生活環境歷經無數交互作用的結果，而且這些交互作用打從在娘胎裡就開始。遺傳基本因素很單純的特徵相當少，研究基因影響、環境因素和影響速度和耐力的交互作用時也不例外。

生物學家研究奔跑速度等特徵的遺傳率時，最佳資料來源是雙胞胎。最常見的雙胞胎研究，是比較基因完全相同的同卵雙胞胎和只有50％基因相同的異卵雙胞胎的一百公尺賽跑時間。如果同卵雙胞胎一百公尺賽跑時間的接近程度高於異卵雙胞胎，代表遺傳因素一定對速度影響較大。如果不是，則代表環境因素可能影響較大。兩組雙胞胎的差異可提供遺傳率的數值估計。儘管有誤差（如何以單一精確的數字描述運動能力？），但許多同類研究發現，大約有一半的運動天分可歸因於基因。[34]儘管如此，這個比率恐怕仍必須存疑，因為運動表現的遺傳率估計值分布範圍廣達30％至90％，有氧能力則是40%至70%。[35] 遺傳率估計值差異多達二到三倍是個很有價值的提示，告訴我們個別研究通常無法呈現真實世界中棘手的複雜性。毫無疑問，每個人在解剖構造、生理和行為等方面都繼承了某些特質，使我們擅長某些運動技巧，但這些技巧的發展受發育和生活環境影響的程度同樣強烈但差異很大。波特這類傑出運動員都是同時擁有先天條件與後天培養。[36]

還有一個方法能評估先天條件或後天培養對速度或耐力的影響，就是尋找能解釋這些差異的特定基因。對先天條件支持者而言，也有個壞消息。不例外地，（數量相當多的）遺傳研究找不出有明顯影響的單一基因。目前為止，最可能與運動天分有關的基因有個很不起眼的名稱，叫做ACTN3。這個基因控制的蛋白質可協助肌肉在強大力量下維持剛性。重要的是，這個基因有兩種，分別是一般的R型和突變的X型。X型的效能不佳，因此會使肌肉較有彈性。二〇〇三年一項針對澳洲運動員進行的著名研究發現，X型ACTN3常見於非運動員和耐力運動員身上，但菁英短跑選手、舉重選手和需要大量爆發力和肌力的運動員身上幾乎沒有。[37] 某些父母因為這個發現而花錢請遺傳學家為小孩做檢驗，判斷小孩適合哪類運動競技。如果孩子有兩個X基因，就建議他們不要選擇短跑，改選長跑或游泳等。然而研究人員採集更多資料後，ACTN3的優勢消失了。一項希臘短跑選手研究指出，對四十公尺短跑時間差異而言，基因影響最多只佔2.3%。[38] 其他研究也發現，這個基因在非洲人和其他非歐洲人身上完全沒有預測值。[39]

更糟的是，ACTN3儘管影響相當小，卻是目前已知與運動表現有關的兩百多個基因中效力最大的。[40] 這不代表基因不重要。任何族群都有人腿部肌肉中快縮或慢縮肌纖維佔多數，基因對這個差異的影響大約佔40%。[41]此外，沒有多少證據足以證明如果祖先來自西非地區，某些肌肉中的快縮肌纖維比例會比歐洲人後裔稍高一些（大約多8%）的說法。[42]然而，我們至今尚未發現造成族群內某些個體或不同族群間奔跑表現明顯不同的單一基因。因此我們必須斷定，菁英短跑選手、馬拉松選手和一般大眾能力懸殊，不只源自於幾個關鍵基因。相反地，衝刺速度等運動能力相當類似身高等複雜特徵。舉例來說，身高的遺傳率很高，但影響身高的基因超過四百個，每個基因影響一點點，逐漸累積成明顯的差異。[43]我稍微有點矮，是因為我從父母雙方繼承的幾百個基因的綜合效果，總和起來讓我成為一百七十五公分。此外，我的身高也可能受到我吃的食物、我的睡眠時間，以及我小時候經歷的壓力和疾病等影響。所以，速度或耐力等更複雜的特徵怎麼可能例外？最後但同樣重要的是，證明幾百個影響微小的基因各自只能左右一小部分運動天分的證據，也挑戰了關於速度和耐力取捨的常見說法。在我們繼承來的幾萬個基因中，有些能協助我們跑快一點點，有些則協助我們跑遠一點。世界上沒有讓人成為烏龜或兔子的單純遺傳基本因素。我們大多數人介於兩者之間。那為什麼有人顯然天生就擅長跑得遠、有人則擅長跑得快？即使比較喜歡慢跑而沒那麼喜歡短跑，是不是有時候也應該跑快一點？

高強度最棒

記者艾希爾．普萊斯（Asher Price）在三十四歲時決定接受訓練一年，看看自己能不能跳起來灌籃。他的身高雖然還算高（一百八十八公分），但狀況對他不大有利：艾希爾年齡漸長又不特別擅長運動，略微超重，而且罹患睪丸癌才剛復原。先前他打電話給我，問我是不是認為他的夢想無法達成，我不好意思潑他冷水，所以告訴他說：「聽著，你沒辦法一下子跳到三十多歲，所以你現在應該也沒辦法灌籃。」[44] 讀者們如果想知道最後誰說的對，一定要看看普萊斯關於這次行動的有趣記述《灌籃年》（*Year of the Dunk*），但我的反射性預測呈現了大家都認為傑出的運動能力來自先天條件加上訓練，而灌籃這類需要迅速、強大力量的技能，與需要耐力的技能完全不同。

但共同想法不等於事實。雖然大多數人注定是平凡的烏龜或兔子的想法有幾分真實性，但我認為我們太關注菁英職業運動員，對速度與耐力的感覺已經扭曲。的確，世界級短跑選手跟頂尖馬拉松選手比長跑不可能贏，反之亦然，但這些非凡運動員的能力已臻於人類表現的極限，跟我們一般路人大不相同。想想看，頂尖馬拉松選手兩小時出頭就能跑完四十二公里，平均每公里不到三分鐘。有人跑這麼快能撐上一公里嗎？如果可以，我會覺得很驚訝，因為能用這種速度跑一公里的人很少。跟99%的人類比較起來，這些馬拉松選手顯然並未在速度和耐力間做出取捨，而且充分證明我們可以跑得又快又遠。

其他類型的運動員也說明耐力和速度可以並存。職業足球選手平均每場比賽要跑上十一到十二公里，其中包含二十二分鐘的快速和爆發式短跑，以及六十八分鐘較慢的奔跑和走路。[45] 他們算是兔子還是烏龜？顯然兩者都是。這不代表耐力與速度之間不存在取捨，而是它們大多被整體運動天分的個體層級差異遮蔽。舉例來說，在必須兼具耐力和爆發力的菁英十項全能選手中，一百公尺短跑和鉛球等要求速度或爆發力的項目中表現較佳的選手，在一千五百公尺長跑中的表現也較好。[46] 頂尖的人類運動員往往各方面都很強。同樣地，青蛙、蛇、蜥蜴和蠑螈等爆發力最強的動物，耐力往往也最強。[47]

就總體看來，人類的演化史注定我們整體而言跑得比大多數四足動物慢，但我們和其他人類競爭時，大多數人必須既是兔子也是烏龜，這樣不是很合理嗎？我們的狩獵採集祖先也從事許多活動，包括步行、背負、挖掘、戰鬥、準備食物，有時甚至還要游一下泳。[48] 除了有時長距離奔跑之外，他們偶爾也會用力衝刺，躲避獅子或其他人類的攻擊。現在的狩獵採集者耐力很強，但極速測量結果指出，他們跑得也相當快（當然不算飛快），時速大約是十九到二十七公里。[49] 而在另一個極端，我認識有些美式足球選手以速度和強壯為目標訓練多年，但後來決定改跑馬拉松。身體接受訓練後可達成的目標多得令人驚奇，而且既然某些訓練對體內的兔子或烏龜有助益，那何不兩者都做？

答案是可以的，而且不只如此，這類訓練的效果很好。對於認為自己比較適合耐力而不適合極速的人而言，有許多證據證明偶爾規律的高強度運動不只可讓我們更強壯，還能讓我們體態更好、更健康。這類訓練稱為高強度間歇訓練（HIIT），是短時間衝刺等激烈有氧運動和強度較低的緩和期間交替進行。所以我們探討速度的結尾，就來檢視高強度間歇訓練如何協助我們跑得更快又不影響耐力。

首先是增強式訓練（plyometric drill），又稱為跳躍訓練運動。常見的增強式運動可能包含十個左右的大幅度跳躍，盡可能用一隻腳跳得又快又高，同時提高另一邊的膝蓋並舉起雙臂。每次著地時，髖部、膝蓋和腳踝彎曲，因此伸展了你的腿部肌肉，讓肌肉無法迅速收縮。[50]這種跳躍方式可使快縮肌纖維迅速疲勞。接著做相等次數的踢臀跳（butt kick），接下來試著反覆全力衝刺一百或兩百公尺，使肌肉迅速強力收縮，消耗儲存在肌肉內的腺苷三磷酸和磷酸。這類高強度間歇訓練很費力，可能會讓肌肉酸痛個好幾天。

但是這類訓練很有效。如果持續每週做兩次高強度間歇訓練，肌肉迅速發出強大力量的能力會逐漸進步，部分原因是在神經刺激下同時收縮的肌纖維數量增加。此外肌肉組成也會改變。高強度間歇訓練雖然無法刺激身體製造更多快縮肌纖維，但已有的快縮肌纖維會變粗，使我們更強壯，因此速度更快。[51]平均說來，短跑選手的肌肉比長跑選手大20％。[52]高強度間歇訓練還可以使速度較慢、較不易疲勞的粉紅肌纖維變成速度較快、較易疲勞的白肌纖維。同時稍微拉長肌纖維，進而提升收縮速度，並提高肌肉內收縮的肌纖維比例，因此提升肌力。[53]但種種改變都不會自己發生，而是需要持續訓練來維持。如果想要跑得更快，必須先試著更快地跑步。

規律高強度間歇訓練的效用遠超過它對肌肉的助益。除了其他效果，高強度間歇訓練還可以使心臟的腔室更大、更有彈性，因而提升心臟推送血液的能力。此外，高強度間歇訓練還能增加深入肌肉的微血管數量。高強度間歇訓練也可以進一步提升肌肉由血液取得葡萄糖後的運輸能力，並增加每條肌肉內的粒線體數量，從而供給更多能量。[54]這些和其他適應作用可降低血壓，有助於預防心臟病和糖尿病等。我們越深入研究高強度間歇訓練的效果，就越認為高強度間歇訓練應該列入體適能訓練計畫，無論是奧運選手或想讓體態更健美的一般大眾都值得一試。

這些效益是我們探討速度時學到的最後一課。儘管波特這些菁英運動員代表人類運動表現的極限，但我們不能忘記，一般人也擁有我們應該慶幸的優異運動能力，而這些運動能力在人類演化史上扮演的角色重要得多。石器時代的人類祖先沒有機會訓練多年，在大批觀眾面前沿著直線盡全力衝刺一百公尺，他們必須是運動全才，擅長各種挑戰，既要當烏龜也要當兔子。還好他們沒有經常被土狼追趕，獅子或劍齒虎當然更少，但這些狀況一定十分重要，否則就不會有我們了。

第六章

肌力：
從肌肉發達到骨瘦如柴

迷思 6：我們在演化影響下變得極強壯

沒有人會刁難強壯的人。

——查爾斯·阿特拉斯（Charles Atlas）

我的祖父母來到美國後不久就定居在紐約布魯克林。我小時候探望他們的記憶中，最讓我好奇的是布魯克林區著名的康妮島沙灘上的人體。我們穿泳裝時無法隱藏體型。我家裡的每個人都既矮小又缺少肌肉，但在紐約最著名的沙灘上，我們想像得到的各種體型都看得到，從矮到高，從光禿禿到毛茸茸，從嚇人到吸睛，從肌肉發達到骨瘦如柴。我還記得自己當時想，我長大後也想要有引人注目又吸引人的健壯體格。

但當時的我並不知道，依據傳說就在這片沙灘上，美國人對健壯體格的喜好發生了重大轉折。故事開始於一九〇三年，當時十歲的安傑羅·西西里亞諾（Angelo Siciliano）下船踏上埃利斯島（Ellis Island）。安傑羅是來到紐約的貧窮義大利移民，不會說英語。他被父親拋棄，和母親、舅舅一起住在布魯克林區，在這裡努力實現美國夢。安傑羅小時候面有菜色、身體虛弱，而且經常被舅舅和流氓毆打。後來依照他自己的說法：「有一天我跟一個漂亮女生一起去康妮島，我們坐在沙灘上。一個高大健壯的救生員，可能有兩個，把沙子踢到我臉上。我什麼都不敢做，那個女生都覺得很好玩。後來我告訴他，如果以後再碰到他，我會揍他一頓。」[1]

幾天後，安傑羅心裡還因為羞辱而隱隱作痛，但他在校外教學到布魯克林博物館時獲得啟示。他對希臘神像健壯的肌肉印象深刻，發現變強壯可以幫助他重拾尊嚴和展現男子氣概。他表示，他花了好幾個月的時間，在臥室裡使用啞鈴、繩索和彈力帶練得汗流浹背但沒什麼效果，後來在布朗克斯動物園看到獅子伸展時再度獲得啟示。他很好奇獅子不用啞鈴怎能練出那麼大的力氣，便猜想獅子一定是「讓兩條肌肉互相對抗」來變得強壯，於是他開始實驗他所謂的動態張力（dynamic tension），現在我們稱為等長訓練（isometric training）。這個方法果然有效。幾個月後，他在故事中的康妮島沙灘上展示剛練成的新體格時，據某位朋友說：「你看起來就像阿特拉斯飯店屋頂的擎天神！」不久之後，西西里亞諾就改名為查爾斯．阿特拉斯。[2]

阿特拉斯應該不是第一個靠強壯肌肉賺錢的健美先生，但他成為當時最成功的肌肉男，參與並發起現代身體文化運動。阿特拉斯在康妮島當大力士賺了一些錢後（觀眾付錢入場，踩著他的肚子走過）成為模特兒，贏得「世界最健壯男性」比賽，並設立函授課程協助美國骨瘦如柴的小孩和瘦弱男性練出健壯體格。在漫畫、傳單和其他廣告中，阿特拉斯一再述說他的故事，藉由最原始的不安全感獲利：失去女友、不像男人、害怕虛弱和衰老。沒錯，渴望強壯的想法並不新穎，但對尊嚴已被經濟大蕭條擊碎，又遭遇工業革命讓機器取代人工的風潮，因而不安全感越來越強烈的眾多男性而言，阿特拉斯的承諾格外有效。健身能讓幾百萬個受創自尊復原，阿特拉斯也成為男性體格的最高代言人。

從阿特拉斯開始，廣告宣傳伴隨無數年輕人長大，喚起想成為猛男的深層渴望。阿特拉斯協助啟發一代代健身大師和著名健美先生，包括傑克·拉蘭內（Jack LaLanne）和阿諾史瓦辛格等。健身房在美國和世界各地如雨後春筍般興起，起先提供啞鈴、槓鈴和其他重物，後來又多了一些新奇設備。最大的進展是諾德士（Nautilus）重量訓練機。這種機器使用配重片和滑輪，在整個肌肉活動範圍施加可調整的恆定阻力。諾德士和其他類似器材提高阻力訓練的效果和效率，身體文化也由次文化發展成規模高達數十億美元的主流產業。[3]

不可避免地，在一片提倡和行銷阻力運動的聲音中，舉重和人類演化概念發生了衝突。主要導火線是一九八八年的暢銷書《舊石器時代的處方》（*The Paleolithic Prescription*）。這本書主張大多數「文明病」的原因是人體無法適應現代生活方式。[4]這本書的主要重點是食物，開創了原始人飲食法（Paleo Diet），但這個思考模式很快就擴散到運動領域，掀起原始人體適能運動（primal fitness movement）。[5]原始人飲食者（錯誤地）相信與穴居人吃一樣的東西最為健康；同樣地，原始人體適能愛好者也相信，與肌肉發達的古代祖先做一樣的運動最好。[6]

為了進一步瞭解原始人體適能運動，我曾和這個運動的超級明星爾文·勒柯赫（Erwan Le Corre）一起運動。當時是參加紐約市赤足跑活動。在九月一個活力充沛的週末白天，我和好幾百名原始人愛好者搭上渡輪，前往紐約港中風景如畫的總督島（Governors Island），那裡距自由女神像不遠。我們的主要活動是在這個島上三·三公里長的步道上赤腳跑一圈又一圈，但這些參與者只是想去喝啤酒、吃烤肉跟社交。爾文是個高大又擅於運動的法國人，在新墨西哥州聖塔菲經營體適能中心，電影明星的外型、吸睛的身材以及活潑的運動方式，讓他很快就成為注目焦點。他把環繞總督島的步道變成赤足遊樂區。只要興之所至，他就會離開步道爬上樹、跳過長椅、追逐松鼠。同樣地，爾文也鼓勵營隊參加者做人體應做的各種行為，包括奔跑、散步、跳躍、爬行、攀登、游泳、抬舉、背負、投擲、捕捉以及打鬥。想像一下肌肉發達、沒穿上衣的男性扛著巨大的原木在樹木間晃蕩是什麼景象。[7]

後來我試圖從書籍、網站、研討會並透過訪問愛好者，進一步瞭解原始人體適能運動。就我所知，這些現代原始人男女大多相信人類的祖先一輩子都在「自然活動」，所以肌肉極為發達，身體也十分精瘦。「自然活動」的意思是中等程度的耐力運動，間或穿插抬起石塊或和獅子打鬥等需要極大肌力的工作，因此重量訓練是原始人體適能運動的基礎。這個運動的主要倡導者馬克・希森（Mark Sisson）以虛構但具代表性的原始人葛洛克（Grok）當成範例，制訂了一套生活方式。希森表示，「葛洛克不從事現代健身愛好者常做的長時間連續中高強度活動」，而且「葛洛克的生活需要經常短時間發揮強大體力，例如把採集到的物品（柴火、遮蔽用品、工具材料以及動物屍體等）運回營地、爬上岩石和樹木偵察和覓食，以及布置石塊和木材建造遮蔽處等」。[8]

原始人體適能和身體文化兩者之間最成功的交會是綜合健身（Crossfit）。綜合健身問世於二〇〇〇年，由葛瑞格・葛拉斯曼（Greg Glassman）在美國聖克魯茲（Santa Cruz）創立，現在已發展成席捲全世界的熱門運動。我第一次走進綜合健身的健身房時覺得沒什麼了不起。那間健身房像個破舊車庫，沒有閃閃發亮的機器、電視和鏡子，只看到重物、爬繩和飛輪車。但綜合健身練習很快就消除了這種訓練不夠精實的想法。它採取的策略是高強度心肺運動與壺鈴、倒立撐體以及爬繩等強度相當的阻力運動交替進行。綜合健身練習者組成類似陸戰隊排的小組，進行天天不同的每日訓練（WOD），彼此鼓勵，全力不間斷地執行訓練計畫。最後，每個人都疲累不堪但非常開心。除了這類課程的優異健身效果，綜合健身練習者也相信自己遵循全方位運動能力的古老傳統。運動能力指的是人類生存所需的大量肌力。有個熱衷於綜合健身的朋友告訴我說：「變得強壯很原始。」

我們已經一再討論過，我們的祖先極少、甚至不會為了健康和體態而舉重或做其他運動，但這類練習真的類似祖先的身體活動嗎？他們是否真的那麼強壯？對大多數狩獵採集者而言，這些綜合健身練習者的高強度每日課表會不會像繳稅或讀書一樣陌生？

隨時代演變的肌力

一九六七和一九六八年，史都華．楚斯威爾（Stewart Truswell）和約翰．韓森（John Hansen）兩位醫師深入波札那的喀拉哈里沙漠，記錄居住在那裡的桑族狩獵採集者的健康狀況。他們的分析詳盡仔細，冷靜地評估居民的體重、身高、營養狀況、膽固醇值以及血壓等等，其中有一行字醒目地寫道：「有人提到一個奇怪的舊傷後遺症，有個人跟豹空手搏鬥後活了下來。他的臉部麻痺、弓弦指的伸展肌腱衰弱，肱骨慢性發炎。但他徒手殺死了那隻豹。」[9]

哇！徒手殺掉一隻豹似乎稱得上是大力士了，但幾百萬年來還有多少個狩獵採集者沒那麼幸運，也沒機會敘述遭遇可怕掠食者的經驗？無論如何，這些故事強化了刻板印象。原始人體適能網站和書籍，當然還有一些科學論文，有時會說狩獵採集者和其他非工業族群接受天然的綜合訓練，所以跟綜合健身愛好者很像。[10] 有本書建議我們「到野外」，讓身體脫離文明危害：「有沒有想像過一群傳奇性的肯亞牧人馬賽族準備穿過賽倫蓋蒂地區，他們苗條輕盈的身體、無懈可擊的狀態，以及經濟和動作之美，在在都是健身迷欣羨的對象？他們有個人教練嗎？」[11]

我見過許多馬賽人，當然還有一些狩獵採集者。我必須遺憾地指出，這些人物設定過分誇大，而且我留意到這些描述幾乎都針對年輕男性。仔細測量狩獵採集者男性和女性肌力的資料不多，但都指出狩獵採集者精瘦且還算強壯，不過肌肉不算發達，年輕男性也是如此。一般說來，熱帶狩獵採集者通常比較瘦小而不高大。舉例來說，哈札男性平均身高一百六十二．五公分、體重五十三公斤，女性平均身高一百五十公分，體重四十七公斤。男性體脂率大約是10％，女性是20％，快可以界定為體重過輕。[12] 哈札人的握力測定值、整體上半身肌力估計值和肌肉大小，正好位於西方人的同齡的規範中間，但低於大多數接受大量訓練的運動員。[13] 哈札人儘管不算肌肉發達，但精瘦且體態良好，而且整體肌力符合依靠挖掘、奔跑和爬樹等規律身體活動謀生的需求。

哈札人只是一個族群，但他們在體型、肌肉質量和肌力等方面都與其他狩獵採集者相同，例如喀拉哈里沙漠的桑族、非洲中部的姆巴提族（Mbuti）、馬來西亞的巴迪族（Batek），以及巴拉圭的阿奇族（Aché）等。舉例來說，阿奇族生活在亞馬遜河流域，跟哈札人差不多瘦削，握力值也幾乎相同。[14] 阿奇族人雖然體態良好，但被要求盡可能多做伏地挺身、正手引體向上和反手引體向上時，與西方人有個重要差異，那就是他們年齡漸長時肌力衰退率較低，這可能代表他們一輩子活動量都很大，中年時期也包括在內。[15]男性的肌力在二十多歲時達到顛峰，女性達到顛峰的時間較晚，但年紀漸長時肌肉流失不多。結果，年紀較大的阿奇族男女肌力相差極少。

現在的肌肉發達男女，尤其是綜合健身者，是以重物和機器強化肌肉的，但狩獵採集者或馬賽牧人沒有健身房，怎麼會這麼強壯？依據傳說，古希臘摔角手克羅托那的米羅（Milo of Croton）強化體格的方法是每天把小牛舉過頭頂，直到小牛長成大牛。這個故事聽起來和他的死亡一樣神奇（據說米羅試圖空手拆散一棵樹，不小心被樹困住，最後被狼撕碎）。後面將會提到，舉重者使用的啞鈴或重量訓練機，比抬起不斷掙扎的小牛或拆散樹木更有效、更快速也更易於使用，並且重複適當的次數也進一步提升強化體格的藝術和科學。儘管狩獵採集者有時也會抬起重物，但他們施加在肌肉上的阻力大多來自背負物品、挖掘或舉升自己的體重。伏地挺身、引體向上、深蹲和弓箭步等不使用器材、只靠體重的訓練有助於加強肌力，但有個重要缺點：肌力提升時，舉升的重量依然不變。狩獵採集者沒有健身房，沒辦法進行使人變得超級強壯的訓練，當然更不可能練到阿特拉斯或米羅那樣的體格。

而且這是有理由的。如果我是完全沒有健身器材的狩獵採集者，我想變強壯，但不會希望超級強壯。肌肉過度發達可能有個缺點，就是犧牲爆發力。肌力是我們能產生的力量，爆發力則是我們產生力量的速度。肌力和爆發力不是彼此無關，但兩者之間有某種程度的取捨：強壯的女性或許能把母牛舉過頭頂，但速度不會很快。相反地，爆發力強大的女性或許不能舉起重量相仿的物體，但能更快地反覆舉起重物。有些事情比較需要爆發力而非肌力，例如跳高或快速爬上樹等。把重量超過體重兩倍的物體高舉過頭的能力是奇特又危險的成就，但在石器時代可能沒什麼實用價值。即使是今天，對經常久坐的一般人類而言，爆發力的效用也大於肌力。提起一袋日用品和從椅子站起來等許多日常活動都需要迅速地短暫用力。後面將會提到，當我們老化時，維持爆發力格外重要。[16]

在石器時代身體超級強壯還有個重大缺點就是熱量成本。能舉起母牛的健身者吃得也和母牛一樣多，呃……應該差不多。肌肉是成本高昂的組織，約佔一般人身體質量的三分之一，在能量收支中佔五分之一。我每天需要約三百大卡來維持我瘦弱的身軀。然而如果是強壯的舉重者，肌肉質量可能超過40％，也就是身上多了二十公斤高耗能的肉。[17]如果我決定把肌肉練到那種程度，必須每天多吃兩百到三百大卡，才夠支撐這個新體格。雖然現在要多攝取三百大卡是小事（只要喝杯奶昔就有了），但在石器時代，每天要找出這麼多熱量勢必會影響繁衍成功率。[18]

總而言之，狩獵採集者祖先沒有必要肌肉那麼發達、不需要那麼大的肌力，而且又要付出高昂的熱量成本，所以很少甚至不會擁有肌肉男和健身迷的體格。但更早之前的祖先呢？跟常常被描述成強壯有力的猿類和已滅絕的洞穴人比較起來，現代狩獵採集者又如何呢？

肌肉發達的猿類和洞穴人？

一八五五年，位於費城的美國國家科學院委託年輕的法裔美籍探險家保羅．桐謝呂（Paul du Chaillu）探索非洲西部。[19]桐謝呂小時候跟父親一起去過這個地區，因為他的父親在加彭外海擁有

圖14　（左）桐謝呂在一八六一年第一本書籍《赤道非洲的探索與冒險》中描繪的「我第一次見到的大猩猩」。（右）捷克藝術家法蘭提塞克．庫普卡（F. Kupka）依據布勒重建的聖沙佩爾尼安德塔人繪製的插圖。這幅圖片發表於一九〇九年的《倫敦新聞畫報》（*llustrated London News*）。

一個貿易倉庫。他非常渴望回去，所以在二十歲時沿加彭的奧果韋河逆流而上、深入叢林，但當時歐洲人對非洲這個地區一無所知。他在那個地區待了三年，記錄那裡的各種文化和民族，並且殺害了數千隻鳥類和哺乳動物，運回費城製成標本。桐謝呂還宣稱自己是第一個觀察野生大猩猩的歐洲人。他在自己的第一本書《赤道非洲的探索與冒險》（*Explorations and Adventures in Equatorial Africa*）中描述這種猿類是可怕的「半人半獸」和「非洲森林之王」，圖14是常見的樣貌。桐謝呂的記敘大受歡迎，所以他再次回到非洲，寫下一系列冒險故事，包括《大猩猩國度的故事》（*Stories of the Gorilla Country*）。[20]

這本殘酷又種族主義的書籍讀來讓人不大舒服。在令人傷心的某一章中，桐謝呂敘述他如何首次活捉大猩猩「好鬥的喬」。這隻可憐的動物只有三歲大，桐謝呂的手下射殺牠的母親後，把牠裝進袋子裡。可以想見「好鬥的喬」非常不適應圈養和失去母親，反應相當激烈，而且一再試圖逃脫臨時監獄中許多不人道的殘忍狀況。幾週之後，包含一次差點成功奔向自由，可憐的喬死了。

有個叫做梅里安·庫柏（Merian Cooper）的小孩讀了榻謝呂的書，表示他一九三三年拍攝的電影《金剛》（*King Kong*）就是脫胎於這本書。這頭真正可怕的大猩猩體現了大眾文化對猿類力量的過度誇大。在英語中，「變成猩猩」（to go ape）依然代表「暴怒」。儘管當時的科學家嘲笑榻謝呂對大猩猩的記述（達爾文說他是「糟糕的老傻瓜」），但他的文字和插圖，以及其後探險家的接續描述，無疑都使得早期科學家認為猿類祖先粗魯野蠻。[21] 由於珍古德（Jane Goodall）和黛安·佛西（Dian Fossey）等人的開創性研究成果，現在我們已經瞭解，野生猿類雖然稱不上天使，但其實相當溫和。[22] 然而，認為來自非洲森林的猿類祖先肌肉極發達的想法仍然根深柢固。有人認為，一頭體重五十四公斤的公黑猩猩足以把人的手臂從關節處扯下。

一九二〇年，美國生物老師及大學美式足球隊教練約翰·包曼（John Bauman）做了史上第一次大猩猩肌力的科學化測試。包曼指出，「雖然類人猿專家都認為類人猿的力氣比人類大得多，但都沒有提出明確的肌力測試資料，所以……幾項肌力測試應該會很有趣又有價值。」因此他製作了簡陋的裝置，測試動物園中黑猩猩和紅毛猩猩的肌力。包曼起初無法讓猿類在他的裝置上認真接受測試，最後嘗試了一頭名叫蘇塞特的母黑猩猩。蘇塞特「個性機警又刁鑽」，因此「凶狠地」拉壞了裝置。嘗試幾次之後，蘇塞特顯然懂得運用全身力量拉起五百七十一公斤的重量，是魁梧美式足球員的三到四倍。[23]

包曼估計蘇塞特肌力時使用的器材未經檢驗和校正，應該也不精確。儘管這個結果經許多人努力仍無法重現，但還是經常被引用。一九四三年，耶魯大學靈長類動物專家葛倫・芬奇（Glen Finch）以八隻成年黑猩猩仔細地重新做了包曼的實驗，但沒有一隻的肌力超過成年男性人類。[24] 一個世代後，美國空軍科學家發明出新器材。這個機器有點像鐵籠和電椅的綜合體，用來測量黑猩猩和人類彎曲手肘時產生的力量。唯一學會使用這個器材的黑猩猩大約比力氣最大的人類受測者強壯約30%。[25] 時間更近一點，比利時研究人員指出，體重三十四公斤的巴諾布猿（bonobo）和體重為其兩倍的人類相比，跳起的高度是人類的兩倍，代表這兩個物種平均每公斤體重可跳起的高度相仿。[26] 最後也可能最具決定性的是一項肌纖維實驗室分析指出，黑猩猩肌肉可產生的力量和爆發力最多可比一般人類多出30%。[27] 這些研究雖然採用的方法不同，但都指出成年黑猩猩比人類強壯的程度不超過三分之一。跟舊有的想法相反，黑猩猩在腕力比賽中不可能扯下人類手臂，儘管如此，人類大概還是會輸。

依據一般大眾的想法，要跟身強體壯的洞穴人摔角最好要考慮清楚。這個刻板印象的最佳代表是典型的穴居人：尼安德塔人（Neanderthal）。十九世紀，第一批尼安德塔人化石在歐洲洞穴出土後，這些冰河時期的人類表親就給我們帶來無數想像。從尼安德塔人的解剖構造看來，他們顯然和現代人不同：眉骨很大、前額低斜、下顎短得看不出下巴，而且骨架通常相當粗壯。這類化石最初發現時，有些專家誤認他們是因為某些原因進入洞穴而且智能不足，是罪犯或O型腿的哥薩克人死亡後埋在洞中。[28] 比較認真的學者看出他們是已經滅絕的人類，但無法扭轉其他人的偏見。一八六四年，愛爾蘭地質學家威廉・金恩（William King）正式命名這個物種為尼安德塔人（Homo neanderthalensis）。當時距達爾文發表《物種源始》（*The Origin of Species*）才過五年、距榻謝呂的記述也只過了三年。他顯然很看不起這些野蠻祖先，說他們的「思想和欲望……不比動物優異」。[29]

二十世紀初期，頗具影響力的法國古生物學家馬瑟蘭・布勒（Marcellin Boule）詳細解說聖沙佩爾（La Chapelle aux Saints）洞穴出土的第一具接近完整的骨骸，進一步強化了尼安德塔人的洞穴人刻板印象。糟糕的是，布勒重建的「沙佩爾老人」嚴重偏離事實，他錯誤地把尼安德塔人描述成野蠻、愚笨、無道德感、強壯，而且彎腰駝背的人種。從當時普遍流傳的重建形象，例如圖14所示，可以看出布勒對洞穴人陳舊觀念的影響有多深遠。這些與後來許多描述都說尼安德塔人的姿勢鬼祟、彎腰駝背，樣子像猿類。我想他們被描述成和榻謝呂筆下的大猩猩一樣肌肉發達、全身毛茸茸，膝蓋彎曲，應該不是巧合。

還好，尼安德塔人的刻板印象後來出現迫切需要的改正。學者現在認為尼安德塔人是聰明靈巧的現代人類近親，腦部和我們一樣大，而且基因有99%以上和我們相同。但他們是否比我們強壯？他們的體型估計值提供了一項證據。只要有我的骨骼，就能依據某些骨骸尺寸重建我的身高和約略體重。依照這個方法，尼安德塔男性的平均身高是一百六十六公分、體重七十八公斤，女性為一百五十七公分、六十六公斤。因此尼安德塔人比大多數現代人類身高略矮但體重較重。如果尼安德塔人的體脂率和北極圈內的因紐特人相仿，那他們的肌肉想必極為發達。考古學家史蒂芬・邱吉爾（Steven Churchill）指出，尼安德塔男性和女性的平均肌肉重量分別是三十二公斤和二十七公斤，比我們多了10%至15%，所以比較強壯。[30]

讓我們推測尼安德塔人和冰河時期其他古代人類肌肉比現代人強壯的理由還有一個，就是他們的骨骼比較粗壯。一般說來，骨骼承擔的重量越大，就會變得越粗，年紀較小時尤其如此。[31]然而，最引人好奇的證據來自頭骨。刻板印象有一點說得是對的：尼安德塔男性的臉部寬闊，眉骨比女性高聳、顱頂也比女性厚。這些粗壯特徵可能源自睪固酮（雄性荷爾蒙）濃度較高。[32]睪固酮的主要功能是激發性欲和攻擊性，此外還會強化第二性徵，包括眉骨等顏面上半部的男性化特徵。[33]睪固酮濃度較高，使得雄黑猩猩顏面上半部和眉骨比個性溫和的巴布諾猿來得大，尼安德塔男性和其他古代人類可能也是如此。[34]這個假設與我們的肌力討論有關，因為睪固酮也有助於強化肌肉，所以有些運動員會違規使用這種藥物。在一次（合法的）實驗中，研究人員給予二十名正常男性高劑量睪固酮，為期十週，其中有半數進行舉重訓練，並和使用安慰劑而未接受訓練的對照組比較。[35]相較於未使用睪固酮的對照組，僅使用睪固酮的男性增加約二・七公斤肌肉、變壯10%，使用睪固酮並接受舉重訓練的男性增加五・九公斤肌肉、變壯30%。

依據這些證據，尼安德塔人和冰河時期其他古代人類和黑猩猩一樣，肌肉比一般人發達一些，包括當時的狩獵採集者。那麼阿特拉斯這些人又是怎麼擁有不遜於甚至超越尼安德塔人的強大肌力？

突破阻力！

二〇一五年十一月二十八日，艾瑞克・海佛米爾（Eric Heffelmire）在維吉尼亞州維也納市的自家車庫裡，躺在頂起的貨車下修理鏽蝕的煞車線。突然間，千斤頂滑落了，海佛米爾動彈不得，汽油流出，立刻燃燒起來。幸運的是，他的女兒夏洛蒂看到，趕緊過來幫忙。夏洛蒂身高一百六十八公分、體重五十四公斤。夏洛蒂告訴記者說：「我第一次把它（貨車）抬起來，我爸說：『好，你快成功了。』最後我終於把它移開，那個力量真的很大，然後我把我爸拉了出來。」如果這樣還不夠厲害，夏洛蒂後來還爬進著火又只有三個輪子的貨車，開出失火的車庫，挽救了她妹妹的小孩，然後通知消防隊。[36]

夏洛蒂的英勇行為證明抓狂神力（hysterical strength）確實存在，一般人在生死交關之際往往能使出驚人的超強肌力。在這類緊急狀況下，人體會釋出大量腎上腺素和皮質醇，讓這位女英雄強力收縮全身所有的肌纖維。有些科學家對這類難免覺得不大可靠的傳聞感到懷疑，因為這類狀況無法在實驗室中重現，而且這樣的力量已超過人體理論上的極限。無論如何，我們大多數人其實比自己想得更強壯，而且神經系統為了避免我們拉傷肌肉、傷害骨骼甚至危及性命，因而有意識地阻止我們使出全力，所以我們從不曾完全發揮潛能。[37]我們舉起重物時有個攸關生命的考量，是我們必須不停地透過緊繃的肌肉把血液推送到腦部。血液供應中斷可能導致暈眩甚至死亡，所以高阻力運動需要心臟產生很大的壓力，並由心臟和主動脈承受。因此血壓迅速提高時，我們會本能地讓胸部充滿氣體並且暫時閉氣。這個重要的反射動作稱為伐氏操作（Valsalva maneuver），可以緩解心臟承受的壓力，也有助於挺直軀幹和穩定脊椎。[38]

即使我能發揮超乎自己想像的力量，我的肌肉也不算發達。我數不清下過多少次決心要更常上健身房，練得更壯一點。我第一次進重量訓練室是高中時期，但我很快就打退堂鼓。大學和研究所時的朋友偶爾找我一起去舉重，但我從沒有規律練習過。直到接近四十歲時看著鏡子，發現我到中年竟然變成弱雞，我才加入在我家幾條街外的健身俱樂部，請了教練，開始健身。

我很討厭健身。教練在評估我肌力不足的程度後，開給我一份常見的課表。這份課表要在十幾部機器做好幾組重複動作，還有自由重量訓練、仰臥起坐、伏地挺身、弓箭步，以及利用大橡皮球做的辛苦動作。一分耕耘一分收穫代表全身酸痛。變強壯也影響到我的跑步。甚至我的腿不痛時，其實是已經麻木沒感覺了。那間健身房是個陰暗的地下室，瀰漫著汗臭味又沒有自然光。每個人在日光燈下從一部機器換到另一部機器，堅定不撓地重複做著動作，看起來一點也不開心。儘管變得更強壯，半年後我還是退掉了健身房。

後來我又試了幾次，重新開始訓練肌力。我請過其他教練，也試過其他健身房，但我似乎就是沒辦法堅持下去。最後我自己設計出一套不上健身房的程序，在家裡自己做些伏地挺身、深蹲和其他運動。我一點也不強壯，但這樣夠嗎？如果阿特拉斯可以在臥室裡練成那樣，我為什麼不行？

阻力運動的基本原理是讓肌肉出力對抗方向相反的力，例如自身重量或啞鈴、一疊配重片或一頭母牛等外在負重。實際上，我們是用重物抵抗肌肉收縮。身體活動不一定都會遭遇很大的阻力。

游泳的阻力最小，因為水是流體。步行和奔跑也是低阻力活動，因為地面只對幾條腿部肌肉施力，持續時間也只有每個步循環的一部分。因此健身房能有效加強肌力，是因為裡面有許多重物和殘酷的機器，目的是讓肌肉做各種動作時不斷對抗阻力。[39]不過阻力運動並非全都相同，效果也不一樣。

假設我們手上拿著啞鈴做二頭肌彎舉。如果靠彎曲手肘舉起啞鈴，二頭肌便會邊縮短邊出力，這種狀況稱為向心肌肉動作（concentric muscle action）。向心收縮是肌肉使人體活動的主要方法。不過肌肉不是只會縮短。如果我們拿著重物不動，不舉起也不放下，二頭肌會試圖縮短，但長度其實沒有改變，這種狀況稱為等長肌肉動作（isometric muscle action）。等長肌肉動作往往相當困難，但要伸直手肘、慢慢放下啞鈴更加困難；這種離心肌肉活動（eccentric muscle action）需要二頭肌邊拉長邊出力。在向心、等長或離心肌肉活動當中，哪種活動可使二頭肌更強壯？

向心收縮對動作的產生十分重要，但阿特拉斯在布魯克林動物園時應該是憑直覺想到。這類動作強化肌肉的效果低於離心和等長肌肉動作，[40]因此運動員、教練、健美愛好者和其他希望更強壯的人通常會採用大量離心和等長阻力訓練。不過最糟糕的是，他們通常很相信「一分耕耘一分收穫」這句格言。為了探討原因，假設我們現在正在健身房以頗有挑戰性的重量做三組二頭肌彎舉，每組十到十二次。起先會覺得疲勞，但幾小時後就會開始酸痛。這是因為我們要二頭肌發出的力已超過可輕鬆克服阻力（重量）的程度，微觀上其實肌肉已經撕裂：細絲斷裂、薄膜扯破，結締組織分開。[41]這類微損傷會引發短暫發炎，因此會腫脹和發酸。更重要的是，刻意稍微撕裂肌肉可刺激生長，因為微損傷可刺激受影響的肌細胞活化一連串基因。這些基因增加肌纖維的總數量和粗細，進而加大肌肉直徑，使肌肉更強壯。[42]

雖然「一分耕耘一分收穫」是認真舉重者的基本原則和格言，但如果知道我們不用全身酸痛、像僵屍一樣鐵腿走路，也可以強化肌肉，應該會覺得放心一點。我們確實必須對肌肉反覆施壓到超過其最大能力，但撕裂肌肉不一定會活化促進生長的基因。[43]如果主要目標是提升肌力，效果最好的方法是以比較吃力的重量緩慢做幾組離心或等長收縮。[44]另一方面，如果想要的是爆發力和耐力，那麼以較不吃力的重量快速做多組向心收縮，每組十五到二十次，各組間僅短暫休息的效果最好。[45]此外，每週舉重數次，在年紀漸長時對保持健康和活力格外有幫助。

肌肉老化會怎樣？

在我土生土長的新英格蘭地區，如果能像熊那樣睡一覺度過痛苦的冬天，等春天萬物復甦後才醒過來，不就太讚了嗎？不過我不是熊，所以我只能每天萎靡不振地醒來。熊冬眠時儘管要挨餓好幾個月而且完全不活動，肌肉量依然不會減少。[46]相反地，人類躺在床上不用那麼久，肌肉就會以驚人的速度流失。[47]我躺在床上休息三週，腿部肌肉就會流失多達10％。[48]更糟的是，太空人在無重力環境中只要一、兩週，肌肉就可能流失20％之多。[49]

還好，老化過程對肌肉的破壞力沒有臥床或太空飛行那麼大，但肌肉流失是銀髮族失能和疾病的主因（它的專有名詞聽來有點嚇人，叫做「肌少症」〔sarcopenia〕，希臘文「肌肉流失」之意）。我們老化時，肌纖維的大小和數量都會縮減，神經也會衰退，[50]結果就是肌力及爆發力降低。在美國和英國等工業化國家，從二十五歲到七十五歲握力平均衰退約25%。[51]在我家幾公里外的美國麻州弗萊明頓，五十五至六十四歲女性連四．五公斤重量都拿不起來的比例高達40%，七十五至八十四歲則提高到65%。[52]這個趨勢令人擔憂。人的肌力流失時，從椅子上起身、爬樓梯和正常行走等日常行動也會越來越困難。越來越虛弱使人更少活動，造成身體退化的惡性循環。

肌少症是沉默的老化流行病，需要加強關注，尤其是肌肉功能與能力衰退大多可以預防。老化研究指出，狩獵採集者和後工業化西方人一樣，[53]肌力隨年齡漸長而減少，但降低速率慢得多。如圖15所示，亞馬遜河雨林的阿奇族

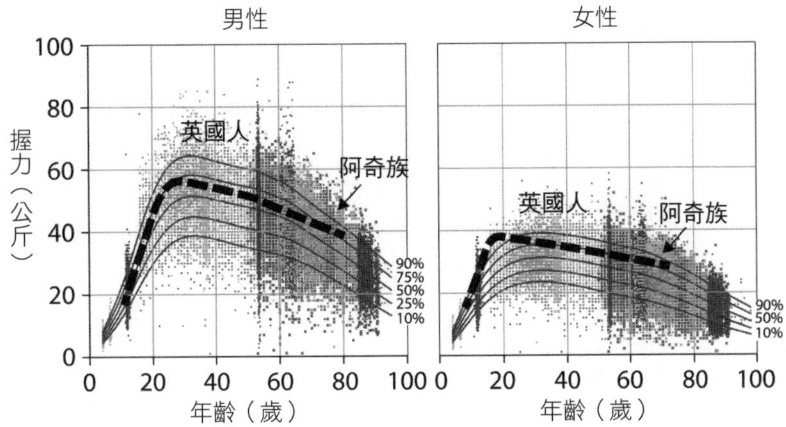

圖15　英國與阿奇族搜食者各年齡層男女性握力比較。（取得許可修改，Dodds, R. M., et al. [2014], Grip strength across the life course: Normative data from twelve British studies, *PLOS ONE* 9:e113637; and Walker, R., and Hill, K. [2003], Modeling growth and senescence in physical performance among the Aché of eastern Paraguay, *American Journal of Human Biology* 15:196－208）

七十五歲女性的握力與英國的五十五歲女性相仿。

年長狩獵採集者和其他一生都經常活動的人證明一個令人開心的消息，就是多用肌肉可防止老化時肌肉流失。的確，肌肉對阻力運動產生反應的能力不會因老化而消失，而且由於前面介紹過的這些機制，中等強度阻力運動還可減慢甚至逆轉肌少症，不受年齡影響。有好幾十項隨機對照試驗發現，給予輕鬆中等程度的重量訓練，有助於年長者提升肌肉量和肌力，進一步改善正常行動能力以及維持活動量而不需要輔助。[54] 一項研究甚至發現八十七至九十六歲男女性接受八週阻力訓練後，肌力顯著提升。[55] 更重要的是，這些介入手段可遏止甚至逆轉肌少症，進而降低年長者受傷風險和提升生活品質。

肌少症本身已相當令人擔憂，但更可怕的是它還與其他疾病有關，本書結尾分會介紹這些疾病。最明顯的是，肌肉量減少時，骨骼承受重量減輕，因此會導致骨質疏鬆。這種悄悄來襲的疾病使骨骼變得脆弱、無法承受施加的負載，因此折斷或碎裂。肌肉衰弱導致身體活動減少，所以缺乏活動導致的其他疾病，包括心臟病和第二型糖尿病等，也有造成肌少症的風險。還好有許多研究證實，非極端強度阻力運動對新陳代謝和心血管有明顯助益，包括提升肌肉使用糖的能力以及降低有害膽固醇的數值。[56] 肌力訓練只要適當且不過度，也有助於預防傷害。[57] 最後也是最重要的，避免老年骨質疏鬆有助於預防憂鬱症和其他心理健康問題。

掂掂該用多少重量

讀者們如果不喜歡花時間和力氣上健身房，那你們有伴了：超級英雄大多數也是這樣。蜘蛛人的肌力和其他力量來自放射性灼傷。浩克和美國隊長是來自科學家使他們的基因產生突變。神力女超人和雷神索爾則是因為雙親恰好是神。裡面只有蝙蝠俠有在健身，但他是非常有錢的慈善家，因為雙親被殺害才一生以懲奸除惡為己任。[58]我是必須工作賺錢的一般人，不喜歡上健身房，喜歡心肺運動多於舉重，所以想知道多少阻力訓練可以達到我的目標。

想獲得經過細心審查的共識建議，有個不錯的地方是美國運動醫學學院。這個學院最新的專家小組證據審查建議我在每週的有氧運動課表外加上每週兩次重量訓練，每次包含八到十個不同的阻力運動，每個運動重複十到十二次。[59]等我六十五歲的時候，他們建議我把重量訓練增加到十到十五次。

我很好奇這些建議該怎麼說服好幾百代以前的祖先。他們除了驚嘆這個世界充滿機器、不需大量肌力求生存之外，大概也會奇怪我們為什麼要花錢去毫無目的地舉起重物，而這些重物唯一的功能就是讓人舉起。雖然有些人以走路取代開車上班，或以爬樓梯取代電梯，在「正常」環境中做有氧身體活動，但現在很少工作需要大量阻力的身體活動。購物車、嬰兒推車、行李箱上的輪子、堆高機以及許多機器，都讓我們不再需要抬起或背負重物。因此為了做阻力運動，我們必須做些奇怪的事，例如在健身房反覆舉起重物。還好，這些活動帶來的生物反應似乎與石器時代人類背負嬰兒和食物、挖洞、抬起石塊等各種阻力活動大致相同。

現代的舉重或許會讓狩獵採集者祖先感到好笑，但他們應該會很高興地知道，我們和他們一樣只需要適度強壯，就能避免肌少症和骨質疏鬆等相關疾病。需要一再重複的是，人類演化史上的大部分時間，肌肉太多的成本大於效益。假如我是難以找到充足食物的狩獵採集者，肌力太大的效用會被必須付出的額外代價抵消，排擠了供應給其他需求的能量。無論古代或現代，我都只需要適度強壯，足以從事日常生活的正常活動就好。

儘管如此，我們還沒有探討過兩種高強度活動。這兩種活動十分古老，不只需要速度和爆發力，有時也需要肌力。而且往往對繁殖成功率影響很大。這兩種活動就是打鬥和運動競技。

第七章

打鬥與運動競技：從利牙到美式足球

迷思 7：運動競技等於運動

滑鐵盧戰役或許是在伊頓的操場上打贏的，但其後所有戰爭的序幕戰在那裡就打輸了。

——喬治·歐威爾，《獅子與獨角獸》

在坦尚尼亞塔蘭吉雷（Tarangire）國家公園常見炎熱又塵土飛揚的一天，在一叢相思樹附近，大約有五十隻狒狒在我們周圍。我的眼睛忍不住看著兩隻骨瘦如柴的小狒狒正在激烈玩鬧著。這兩隻頑皮的小動物抓著彼此的尾巴，在沙土裡滾來滾去，好像在互相抓咬。附近一隻成年母狒狒正在幫體型為自己兩倍大的公狒狒理毛，似乎對這兩隻精力過剩的小狒狒不以為意。牠非常專注，靈巧的手指在公狒狒背上濃密的毛中搜尋虱子。一抓到虱子，牠就丟進自己的嘴巴。公狒狒看來非常舒服平靜。另外一邊，其他狒狒正在取食、照顧幼兒或是隨意消磨時間。後來另一隻稍小一點的公狒狒走近正在理毛的狒狒，幼兒驚慌地跑到安全處，大狒狒站起來咆哮，露出匕首一般的犬齒。一瞬間，兩隻公猩猩扭打成一團，邊咆哮邊互咬對方的皮毛和尾巴。每個人——喔，是狒狒和人，都停下手邊的事，看這兩隻公狒狒激烈打鬥了十秒鐘。後來體型較小的公狒狒一邊大叫一邊逃跑，戰鬥隨即結束。從牠舔舐前肢看來，牠的上臂被咬了一口。最後，玩鬧、理毛和其他安靜活動全都回復正常。

如果曾經觀察過一群狒狒，應該經常會看到這類狀況。狒狒通常一大群共同生活，包含幾十隻公狒狒和母狒狒。公母兩種狒狒都有優勢等級，從幼年時期的玩鬧中就產生。玩鬧後來演變成反覆的攻擊行為，暴力對公母兩種狒狒都有影響，但公狒狒通常是攻擊者。年輕的成年公猩猩必須打鬥，才能取得最高等級。另一方面，優勢的雄性必須花費許多時間強力保護自己的地位，以防其他公猩猩交配。情緒緊繃、壓力高漲，衝突隨時會發生。態度和策略固然重要，但勝利的關鍵大多取決於速度、肌力、體型和敏捷。此外，狒狒是典型靈長類動物。如果花一週時間觀察一群黑猩猩，就會看到許多次打鬥，有些打鬥相當血腥。公黑猩猩經常攻擊其他公黑猩猩和母黑猩猩，以取得優勢地位和控制交配機會，偶爾還會殺死對方。[1]

人類就比較溫和。隨便造訪一個城鎮的公園觀察一群人，通常會看到小孩在玩鬧，但不大可能看到大人在打鬥。大人通常會靜靜看著小孩消磨時間，或是參與足球或籃球等運動。人類成年後玩得比其他物種更多，但打鬥通常比狒狒和黑猩猩等其他靈長類少得多。即使是科學研究中最好鬥的人類族群，暴力事件頻率也只有黑猩猩的二百五十分之一到六百分之一。[2]成年人類攻擊性如此之低，是不是因為如同我們先前提到的，人類在演化下變得速度慢、力氣又小？我們是不是捨棄打鬥改成玩鬧，尤其是運動競技？

依據許多人的共識，答案是肯定的。我們捨棄肌肉，換取更大的腦。人類不依靠速度、爆發力和肌力，而是開始合作、使用工具以及藉助創造力解決問題。

我認為這個廣為流傳的看法只說對了一部分。雖然前兩章提到人類速度較慢、力氣又較小，但速度和肌力的重要性一直沒降低過。相反地，因為人類運用身體與彼此和獵物競爭的方式相當特別，所以這些肌肉發達的特質儘管逐漸減少，卻在大部分人類活動史上扮演了重要角色。沒錯，一般狀況下人類沒那麼暴力，也比黑猩猩和其他靈長類更少用到爆發力和肌力，但人類並沒有完全停止打鬥，而是改變打鬥的方式和頻率。有些人類還會打獵。因此，無論我們是否很少用利牙或拳頭打鬥或打獵，速度和肌力仍然可能造成重要的演化結果，尤其是受到威脅生命的傷害時。死人當然沒辦法生小孩或協助已有的孩子存活，所以影響打鬥和狩獵能力的遺傳優點或缺點，應該對天擇有很大的影響。[3]

速度和肌力也依然是運動的重要元素，運動競技也包含在內。哺乳類動物小時候都會玩鬧，藉以發展出對打鬥有幫助的運動技巧，但在所有文化中，人類不分老少都會參與運動競技和其他類型的玩鬧。此外，比賽和運動競技大多強調速度和肌力等特質，因此使得玩鬧、打鬥、有時還有狩獵間的界線變得模糊。這應該不只是巧合。仔細想想，我們最讚賞和鼓勵的運動員，通常是在奧林匹克格言「更快、更高、更強」這個體格強健標準下領先群雄的人。

因此，我們可以透過探討打鬥和運動競技（以及一小部分狩獵）對人類體格演化的影響，從演化和人類學角度探討速度、肌力和爆發力並做出結論。請留意，這一章中的某些主題必須比較偏重男性，原因是男性的打鬥頻率比女性高（主要原因是睪固酮），但後面將會提到，女性在人類打鬥（有時還有狩獵）中也扮演了重要角色，而且當然也參與了許多項運動競技。然而先不談性別，我們的第一步是探討導致人類打鬥的行為：攻擊。

人類天生就有攻擊性嗎？

如果我在飽經戰亂的國家或暴力事件頻傳的地區長大，我可能會認為人類打鬥的頻率不比黑猩猩或狒狒低。的確，撰寫這一章讓我強烈意識到自己對暴力有多麼無知和缺乏經驗。我從沒學過武術或摔角等格鬥運動，也不屬於海明威那類喜歡看拳擊和鬥牛的人，因此我這輩子看過的打鬥屈指可數，而且都不嚴重。基於好奇，我決定找一場打鬥來看。我膽子很小，不敢在低級酒吧跟人打架，所以我到波士頓外的小鎮觀看鐵籠格鬥，只帶著我的博士後研究生伊恩一起。

到達那個格鬥俱樂部之後，我出現滿腦子問號。我看過幾部好萊塢格鬥電影，以為那應該位於鎮上破舊地帶的廢棄工廠，沒想到竟在荒廢購物中心的保齡球館後面。不過，當我們費力地擠過密密麻麻的幾百個興奮激動、不斷吼叫的年輕人以及幾個圍在鐵絲網構成的八角形鐵籠四周的女性後，我的懷疑就煙消雲散了。重金屬音樂以最大音量放送，我幾乎可以聞到空氣中瀰漫著睪固酮的氣味。後來幾小時，伊恩和我看了六場綜合格鬥（MMA）。跟黑猩猩和狒狒打鬥相比，這幾場比試好像是慢動作。每場比試一開始都是雙方小心翼翼地互相轉圈，大多用拳頭，有時出腳，但雙方選手最後一定會倒在地上使力扭打，同時盡可能保護頭部、騎在對手身上，用拳打、肘擊、腳踢和高舉重摔來攻擊對手。一名選手用腿勒住對方贏得勝利，輸家則絕望地躺在鐵籠裡的地板上喘氣。

對某些人而言，格鬥是強烈的、身體的、陽剛的詩歌。喬伊絲・卡蘿・歐茨（Joyce Carol Oates）這麼說過：「判定拳擊是不是運動競技對我而言毫無困難，因為我從不把它當成運動競技。它基本上沒有嬉戲成分、不屬於白天、與愉悅無關。在最激烈的時刻，它包含的生命意象如此完整又強而有力——生命的美麗、脆弱、絕望、不可計算，以及不時自我毀滅的勇氣——所以拳擊絕不只是比賽，而是生命。」[4]我自己看不出來拳擊、摔角、綜合格鬥和各種激烈運動競技有什麼美，但我確實很能體會打鬥的挑戰性。觀看鐵籠格鬥凸顯出求生所需的強大力量，尤其是這些人在鐵籠地板上扭打、繃緊全身每條肌肉避免嚴重傷害，同時盡可能地傷害對方。我很驚訝於沒有人脖子折斷，看到牆上已經去世的綜合格鬥選手海報，更讓人想到這點，其中一位還是去年在同一個鐵籠裡比賽後去世的。事實上，在決定誰能獲勝時，技巧和態勢顯然比肌力更重要。選手們打鬥時必須同時運用身體和意志，克服痛楚和疲勞，同時思考如何求勝。

撇開這些特質，我們還是無法粉飾格鬥的暴力和攻擊性。有將近四分之一的綜合格鬥賽會造成運動員受傷，因此是資料中傷害性最大的運動競技。[5]當晚最後一場賽事出場的是「滑溜史提夫」和「空拳巴伯」。說這場輕量級比試很恐怖還算客氣。他們拳打腳踢、在地上激烈扭打，雙方都不放過機會傷害對方。他們站著的時候用力踩對方的腳，滾在地上時用膝蓋、手肘和拳頭全力攻擊對方。最後這場比賽以「空拳巴伯」打斷「滑溜史提夫」的手臂告終。史提夫痛苦地衝出鐵籠，抓著被打斷的手臂大吼：「他媽的給我等著！」觀眾同樣凶狠地吼了回去。

鐵籠格鬥和其他格鬥運動競技告訴我們，人類欣賞並會參與激烈攻擊行為。但這是否表示我們和黑猩猩或狒狒一樣具攻擊性？說到底，「空拳巴伯」和「滑溜史提夫」都是收錢打鬥的專業表演者。儘管想把對方打得落花流水，他們還是有正式的規則約束（不可以咬人或攻擊下體）。「空拳巴伯」和「滑溜史提夫」與拳擊或摔角選手沒什麼不同，只不過拳擊和摔角都是已經進入奧運的合法運動。就這點而言，綜合格鬥選手和同樣收錢冒著受傷的危險上場、穿戴護具和頭盔彼此衝撞的美式足球員，又有什麼不同？

拳擊運動和各種形式的人類攻擊行為引發了歷史悠久的人類天性爭論。人類內心深處究竟是愛好和平與合作的生物，遭到文明敗壞才變得有攻擊性？還是本來就有攻擊性，因為文化影響才變得文明？膽小懦弱的我和凶猛好鬥的「滑溜史提夫」究竟誰才不正常？

我老實承認我有成見。我瞭解人類的暴力傾向和能力，但相信人類基本上已變得遵守道德、愛好和平與合作。我很高興自己是大致上不使用暴力的人類，而不是猿類。如果我是黑猩猩，我每天必須花費不少時間避免被打或被殺。只有人類會冒著生命危險跑進失火的建築物，救出沒有關係的陌生人或寵物。即使是鐵籠格鬥這類粗暴的運動，也有規則和裁判以防選手受到太嚴重的傷害。在這方面，我比較相信尚—賈克・盧梭（Jean-Jacques Rousseau）和信徒的哲學；他們認為人類的天性是遵守道德，而人類許多暴力行為源自令人墮落的文化態度和環境。[6]

人類或許十分愛好合作，但我們有時的確也會打鬥，男性尤其如此。此外，人類是動物界中唯一發明箭、鏢、槍、炸彈、無人機以及其他武器的動物，因此殺傷力十分強大。即使是瘦弱又不會打鬥的人類，只要扣下扳機或按下按鈕，就能傷害或殺死幾千人。暴力在所有文化中已經根深柢固，連狩獵採集社會也不例外，令人質疑人類天生溫和又不具攻擊性的假設。[7]因此我也贊同湯瑪斯・霍布斯（Thomas Hobbes）和信徒的說法，認為人類的攻擊傾向歷史悠久，天生如此而且有時具適應性。[8]史蒂芬・平克（Steven Pinker）曾經全面詳細說明，人類的暴力程度直到相當晚近才因為社會和文化限制而迅速降低，這些限制有許多源自啟蒙運動。[9]

那麼，我們又如何讓優異的合作和避免衝突的能力（盧梭）與攻擊能力（霍布斯）兩者互相調和？

理查・藍翰（Richard Wrangham）對這個歷史悠久的爭議提出具說服力的解答。他指出，我們誤把主動性（proactive）和回應性（reactive）兩種截然不同的攻擊行為混為一談。[10]依據藍翰的說法，人類和其他動物的差別在於回應性攻擊頻率相當低，但主動性攻擊頻率高出許多，與猿類近親相比尤其如此。我們在回應性攻擊方面符合盧梭的說法，而主動性攻擊方面則符合霍布斯的說法。

為了說明這個差別，假設我剛剛無禮地從讀者手中搶走這本書。讀者可能會生氣地大吼，想把書搶回來，但不大可能攻擊我。讀者的腦部會立刻制止激烈的回應性攻擊行為。然而如果是黑猩猩，可能就會立刻以不受制止的暴力來回應我的搶奪行為。除非我是群體中的優勢雄性，否則你一定會毫不考慮地打我一拳，把書搶回去。有個著名案例可以說明黑猩猩常有這類回應性攻擊。這個案例是一隻叫做崔維斯的成年黑猩猩，牠一輩子都和珊卓和傑若米・赫洛德一家人一起生活。二〇〇九年二月，崔維斯十五歲時，珊卓的朋友查拉拿起牠最喜歡的玩具，崔維斯因而大發脾氣，立刻激烈攻擊查拉，查拉的雙手被扯斷，大部分的臉被咬下，包括鼻子、眼睛和嘴唇。[11]

公路暴力可以證明人類有時和崔維斯一樣會出現回應性的攻擊行為，但我們從小就學會克制這類回應本能，所以這類事件少見又令人震驚。然而，不具回應性的成年人類可能比較擅長有目標、有規劃的敵意行為。這類主動性攻擊的特徵是有預先設定的目標、預先設想的行動計畫、注意目標，以及缺乏情感激發（emotional arousal）。黑猩猩有時採主動攻擊，但人類卻讓有計畫、有意識的打鬥形式更上一層樓，例如伏擊、綁架、預謀殺人，當然還有戰爭。狩獵和拳擊等格鬥運動競技也可說是主動攻擊。此外也很重要的是，狩獵和其他有計畫的攻擊在心理上和回應性攻擊完全不同。暴力犯、殘忍的獨裁者、虐待者和其他主動性攻擊者也可能同時是親愛的配偶和父母、可信的朋友以及愛國的公民，在黑猩猩或幼兒可能大發脾氣的狀況下會保持平靜和藹，而且體格不一定強壯有力。

我們如何從回應性攻擊率高但主動性攻擊率低、強壯又危險的猿類動物，演化成回應性攻擊率低但主動性攻擊率高、弱小、懂合作又愛玩鬧的人類？有個存在已久但仍有爭議的主張是，這個轉變發生在人類演化史初期，當時我們剛由猿類分化並且開始直立。

站起來打？

石器時代的殺人事件證據並不難找。舉例來說，伊拉克某個遺址出土的尼安德塔人六千年前被長矛刺死，矛頭還留在他的脊椎裡。在阿爾卑斯山冰河冰存五千年之久的「冰人」奧茲（Ötzi）背部中了一箭。[12] 肯亞納塔魯克（Nataruk）的遺址格外令人驚訝；納塔魯克現在是炎熱又塵土飛揚的灌木林地，但一萬年前是一片淡水湖，有一群狩獵採集者在這裡遭到殺害，共有二十七名男女和兒童。

瑪塔・拉爾（Marra Lahr）團隊研究這些骨骼，重建恐怖的場面。[13] 有些骸骨的手掌折斷，代表他們曾被綁住，此外所有骸骨都有創傷性死亡的跡象，包括顴骨碎裂、頭蓋骨凹陷、膝部和肋骨斷裂、投射物造成的穿刺傷等。這些證據和其他線索，包括有些死者是幼兒和孕婦等，代表這些狩獵採集者是在主動攻擊下遭到屠殺，沒有埋葬就被直接丟進湖中。[14]

納塔魯克等遺址引發許多爭議，因為許多人類學家相信這種規模的族群間暴力早於農業出現之前。我當初讀到狩獵採集者時，書本上說他們對人一視同仁，沒有個人財產需要爭奪，而且流動性很高，所以通常很和平。族群內衝突出現時，狩獵採集者只要搬走就好，因此個人間暴力程度升高和大規模攻擊，是在他們接觸農民和西方人後造成的腐化效果。[15] 然而如果留意觀察就知道，農業前社會的暴力證據一直存在。[16] 藍翰曾主張，我們不需問人類何時變得攻擊性較低，而應該問人類何時變得回應性攻擊降低而主動性攻擊提高。

有個從達爾文時代留存至今的古老概念，是人類譜系的殘酷和暴力程度很早以前就從根本上變得低於猿類。達爾文和盧梭不同，一點也不浪漫，但他對人類天性的看法比較厚道。他在一八七一年的重要作品《人類的由來》（*Descent of Man*）中（有點長篇大論地）推測攻擊性降低是人類演化的早期動力：

> 關於體型大小或肌力……我們無法斷定人類變得比祖先更高大強壯，或是更矮小瘦弱。然而我們應該記住，動物如果像大猩猩那樣擁有較大體型、肌力和凶性。能抵禦各種對手，可能（但不一定）不

會成為群居動物。這點有效地證實人類擁有較高的精神特質，例如對其他人類的同情和愛……人類的少許肉體力量、僅有的速度、對擁有天然武器的需求等等，都被大大削弱。首先是藉由心智力量製造武器和工具等，但他們的心智力量仍處在野蠻狀態。其次是社會性使人類協助其他人類，同時獲得協助。[17]

達爾文認為人類與猿類分化後，合作、智力、肌力減弱和攻擊性降低同時發展。這個看法從他寫下這些文字後就相當普遍。但幾次世界大戰的恐怖引發更多人以霍布斯的說法詮釋人類的演化。「早期人類經常殺生」陣營最堅定的擁護者是雷蒙・達特（Raymond Dart）。達特是澳洲人，一九二二年勉為其難地搬到南非約翰尼斯堡教授解剖學。他的這次遷居正是時候，因為兩年後他發現了南方古猿「湯恩幼兒」（Taung Baby）接近完整的頭骨。達特正確地主張從這個頭骨可以看出，人類的祖先是腦部較小的非洲猿類生物，而不是腦部較大的歐洲人類，這讓他在一年內成為世界名人。然而，達特卻錯誤地斷定發現湯恩幼兒等化石的石灰岩洞中其他斷裂的骨骼是早期人族的獵物。達特起初贊同達爾文的理論，認為雙足行走讓早期人族空出雙手，用來製作及使用狩獵工具，後來選擇形成較大的腦部，進而擁有更好的狩獵能力。

後來在著名的一九五三年論文中，達特顯然受到戰爭經歷影響，提出最早的人類不只是狩獵者，也是兇殘的掠食者。[18]達特的文字也相當驚人，一定要讀一下：

人類對彼此令人憎惡的殘酷行為是無法逃避的特質和區別特徵，只能以肉食性和食人起源來解釋。人類歷史上各種血跡斑斑的殘酷事件，從最早的埃及人和蘇美人紀錄，到最近的二次世界大戰暴行，都符合早期人類共同的食人行為、形式化宗教中以動物和人類的替代物獻祭，以及遍及世界各地的剝頭皮、獵頭、殘害肢體和戀屍行為，說明這個普遍的嗜血特質、這種肉食習慣、這種互相殘殺的特質使人和類人猿近親不同，反而比較接近世界上最凶狠的食肉目動物。

達特的「殺戮猿類假說」隨同記者羅伯特·阿德里（Robert Ardrey）的暢銷書《非洲創世記》（*African Genesis*）流傳開來，廣受因兩次世界大戰、冷戰、韓戰和越戰、政治暗殺和處處可見的政治動亂而理想破滅的世代支持。[19]「殺戮猿類假說」對流行文化也留下無法抹滅的影響，包括電影《決戰猩球》（*Planet of the Apes*）、《二〇〇一太空漫遊》（*2001: A Space Odyssey*）和《發條橘子》（*A Clockwork Orange*）等等。

但盧梭支持者尚未完全失敗。湯恩幼兒等化石出土的石灰岩洞中其他骨骼重新分析結果指出，殺死他們的是黑豹而非早期人類。[20]進一步的研究更發現，這些早期人族大多吃素。一九七〇年代，許多科學家為了回應數十年對人的好戰性的主張，接受人類溫和面的證據，尤其是採集、食物共享和女性的角色。歐文·洛夫喬伊（Owen Lovejoy）提出的假說最大膽也最多人討論。這個假說指出，最初的人族在天擇下以雙足行走，因此合作性提高而攻擊性變低。[21]洛夫喬伊指出，早期人族女性偏好較擅長直立行走的男性，因為這些男性較能搬運食物提供給她們。為了誘使這些步履蹣跚的男性繼續送食物來，女性隱藏月經週期，並擁有永久膨大的胸部（母黑猩猩以吸引目光的隆起宣告自己何時排卵，不哺乳時胸部則會縮小），藉以形成長期單一的配偶關係。說得更直白一點，女性以性交換食物，選擇合作的男性。如果確實如此，壓抑回應性攻擊和經常打鬥的天擇，應該和人族譜系一樣古老。[22]

近四十年來，人類學家不斷爭論這個以性換取食物的假說，其中許多屬於盧梭陣營。最大的問題是早期人族男性體型似乎比女性大50%以上。[23]三百二十萬年前著名的阿法南猿露西（Lucy）體重略少於三十公斤，但雄性阿法南猿的體重約為五十公斤。這樣的體型差異（稱為雌雄異型）明顯指出該物種的雄性彼此競爭。如果我必須赤手空拳跟其他男性打鬥、搶奪女朋友或老婆，那麼我的體型越大，就越擁有明顯優勢；體型如果瘦小，基因傳下去的希望就很渺茫。可以想見，一個物種只要有激烈的雄性競爭，天擇就會促使雄性體型變大。一個物種的雄性如果必須打鬥才能控制許多雌性妻妾，例如大猩猩和狒狒的雄性體型通常是雌性的兩倍大，但長臂猿等配偶固定、打鬥少上很多的物種，雄性體型只比雌性大10%。[24]黑猩猩介於兩者之間，雄性體型約比雌性大30%。[25]

人類南方祖先的打鬥頻率比黑猩猩略高或差不多，所以人屬的攻擊性一定曾在近兩百萬年內大幅降低，但問題是什麼時候？

人屬中的溫和天使

人屬的起源目前還不清楚，但直立人（*Homo erectus*）大約出現在兩百萬年前。與更早的人族相較之下，這個重要物種腦部較大、牙齒較小，而身體近似人類。此外，直立人男性體型比女性大20%左右。[26] 異型幅度縮小代表男性間的衝突減少，所以人類譜系或許從直立人開始變得較為仁慈溫和。巧合的是，考古紀錄也指出直立人是真正的狩獵採集者，會獵殺大型動物、採集許多種植物、製作精細的石器，並會在營區內共享食物。

狩獵和採集很重要。儘管證據指出狩獵採集者不是溫和的天使（依據某些估計值，這類社會當中男性死於暴力的比例接近三分之一，[27] 但狩獵採集者不合作的話就無法存活，而且程度遠高於黑猩猩。有一種合作形式是兩性分工，女性負責較多植物採集工作，男性則負責大部分的狩獵和採集蜂蜜工作。儘管採集的植物通常可提供大部分可靠的熱量，但肉類和蜂蜜地位較高且富含熱量和營養，是供應群體需求的重要食物，尤其是哺乳中的女性。的確，狩獵採集者母親如果沒有男性或祖母供養，就無法取得足夠的熱量給自己和後代。[28] 狩獵採集者男性的合作程度也必須比其他物種的男性更高。男性狩獵時通常以小型團體行動，而且經常空手而回；因此狩獵者共享抓到的肉類，以確保每天都有足夠的食物。狩獵採集者也會合作照顧小孩和抵禦掠食者。總而言之，兩性異型幅度縮小、合作程度提高，以及女性在狩獵採集社會中的角色更加重要，都讓人類學家猜測人類的攻擊性從人屬出現後開始降低。[29]

直立人狩獵採集者或許合作得相當密切，但不代表他們不會打鬥。有好幾個理由可以相信，如果我們有時光機可以回到一兩百萬年前觀察他們，看到的人際暴力事件應該會比現在多。除了當時狩獵採集者的主動暴力證據，還有兩個棘手的事實與人類成為狩獵採集者後就不再打鬥的看法彼此矛盾。

第一個事實是肌肉。現在一般成年男性比一般成年女性重12%至15%，但女性的體脂肪率高出許多，掩蓋了肌肉質量的差異。全身掃描結果指出，男性肌肉質量平均比女性多61%，差異大部分在上半身。[30]此外，男性是在青春期長出這些肌肉的，此時睪固酮迅速增加，加速手臂、肩膀和頸部的肌肉生長。[31]就這方面而言，人類男性和公袋鼠一樣。公袋鼠的上半身也會在青春期長大，以便打鬥。[32]男性人類上半身肌肉特別發達可能也是為了便於狩獵，但還是不能排除攻擊性。

第二個事實真的正在凝視著我們。請看圖16中各種人類的臉部圖。請注意距今超過十萬年以上時，連某些最早期的男性智人臉部也寬大粗壯、眉骨高聳。最早的男性智人臉部比尼安德塔人和其他非現代人類小且輪廓較淺，但真正細緻的「女性化」臉部則到十萬年前才出現。[33]認為臉部較大代表青春期睪固酮值較高的假設相當有趣；在現代男性中，睪固酮增加不僅提高性欲、衝動程度和回應性攻擊行為，還會使眉骨和臉部更大。[34]另一種可能影響臉部男性化的化學物質，是神經傳導物質血清素（serotonin），可抑制攻擊性。當臉部男性化程度較低時，血清素值往往較高。[35]

攻擊性隨同男性化特徵一起降低引起生物學家的注意，因為其他動物也有類似的變化，尤其是已馴化的物種。我不會害怕正面走向農場裡的豬或是我女兒養的狗，但我絕不敢用這種方

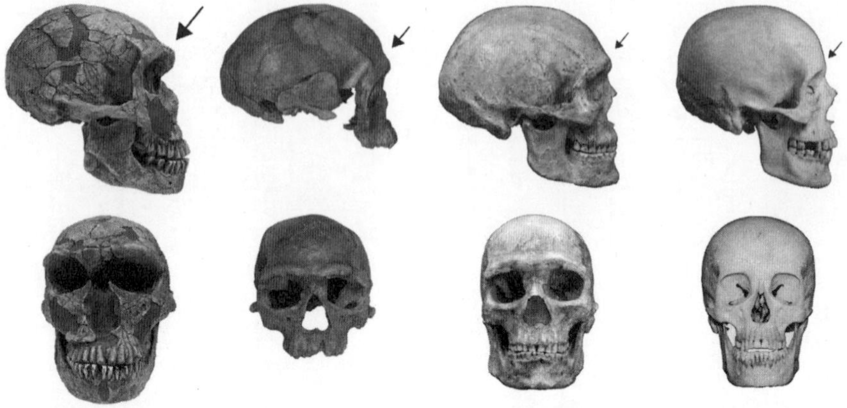

圖16　尼安德塔人與不同年代智人男性頭骨側視和前視圖。請留意近代人類臉部變得較小（較窄長）。箭頭指向眉骨，臉部較小時，眉骨也較低。（照片由李伯曼拍攝，D. E. [2011], *The Evolution of the Human Head* [Cambridge, Mass.: Harvard University Press]）

式接近野豬或狼。農民經過多代育種，選擇睪固酮較低且血清素較高的個體，降低豬狗等動物的攻擊性。[36]相對地，許多已馴化的物種確實臉部較小。有趣的是，某些野生物種也透過另一種天擇過程自行降低攻擊性、減少領域性及提高忍耐程度，這個過程稱為「自我馴化」（self-domestication）。最好的例子是巴諾布猿（bonobo）。巴諾布猿是黑猩猩的近親，但比較少見也較少人知道，只生活在非洲剛果河以南偏遠的森林中，但公巴諾布猿與公黑猩猩或大猩猩不同，極少發生規律、殘酷、回應性的暴力行為。公黑猩猩經常凶猛地互相攻擊，搶奪優勢地位，也會定時毆打母黑猩猩，然而公巴諾布猿很少打鬥。[37]巴諾布猿也會出現主動暴力行為，但頻率少得多。專家推測巴諾布猿自我馴化的原因是母猿會彼此聯手，選擇雄性荷爾蒙較低且血清素較高、容易合作、攻擊性較低的公猿。很明顯地，巴諾布猿和人類一樣，眉骨和臉部都比黑猩猩小。[38]

許多科學家正在檢驗人類也會自我馴化的說法。[39]倘若確實如此，我猜想這個過程應該包含兩個階段。第一次降低發生在人屬出現初期，選擇合作行為增加，狩獵採集隨之出現。第二次降低可能發生在我們智人身上，女性選擇回應性攻擊頻率較低的男性。

現在回到肌力和打鬥的話題。讀者們或許已經留意到，我提到近兩百萬年來有兩個彼此矛盾的演化趨勢。一方面，人類的祖先成為狩獵者，肌肉發達一定比較有利，尤其是男性。另一方面，人類的回應性攻擊程度降低，而且比較容易合作，因此減少體型變大變壯的選擇。解決這個矛盾的方法是人類站起身來，拿起武器去打鬥和打獵。

徒手打鬥

我上一次跟別人打架是十一歲的時候，結果並不大好。在那之後，我的生活相當愉悅平和，但萬一我又必須跟別人打鬥，有武器應該會比較佔便宜。包括狩獵採集者在內的各種人類文化經常必須依靠武器。人類學家理查·李（Richard Lee）在喀拉哈里沙漠和狩獵採集的桑族一起生活的三年間，記錄到的打鬥有三十四次不使用武器，三十七次使用武器；[40]其中許多次使用長矛、弓箭或木棒的打鬥顯然是有預謀的主動性攻擊，但他記錄到的空手打鬥都是短暫、突發的回應性攻擊。從其他類似記述看來，我猜測這種狀況是普遍現象。如果本來就打算攻擊別人，當然一定會使用武器，但如果打鬥是在意料之外，就必須剛好帶著武器才有武器可用。因此回應性攻擊的打鬥大多不使用武器，死傷機率也較低。[41]

但更早之前，無論是主動性或回應性打鬥都不使用武器。「滑溜史提夫」和「空拳巴伯」示範了技巧精熟的格鬥選手也可能造成嚴重傷害，但我覺得即使是最優秀的格鬥選手碰上黑猩猩也會落敗。黑猩猩的打鬥往往疾如閃電，而且攻擊時不只使用強而有力的手臂和腿，還會用到巨大銳利的犬齒。黑猩猩有時會站起來腳踢、掌摑、爪抓和擊打（手掌張開或握拳），並且也能四肢著地敏捷地移動。總而言之，黑猩猩打鬥時迅速、猛烈又凶狠。

人類打起來就不一樣了。有個研究領域叫做hoplology（名稱源自希臘文的*hoplos*，意思是有甲片的動物），研究武術、武打表演和武器使用。[42] 此外，YouTube上也有很多路人用手機拍攝的街頭鬥毆可怕影片。這類證據指出，人類打鬥的特色是我們用兩條腿站立打鬥。生物學家大衛・卡瑞爾（David Carrier）指出，直立打鬥的優點是動物能用手臂當作武器或防護，並以最大的力量向下擊打。雖然猿類、熊和袋鼠有時也會站立打鬥，但包括黑猩猩在內的大多數動物仍偏好四足著地攻擊和退卻，因為這樣比兩足站立更加迅速穩定。因為人類兩足站立時一定速度較慢又不穩定，四肢著地時可能更加笨拙，所以人類學會在打鬥時採蹲低雙足的站立姿勢，像跳舞一樣，將手臂伸到頭部前方。直立人類打鬥時能擊打、擋格和扭打，有時也會腳踢，腳踢可以產生很大的力量，但也比較容易摔倒。然而人類倒地後較難逃跑或保護自己，所以比較吃虧。位於高處的人較佔上風。

人類打鬥的另一個特色是經常以頭部為目標。頭錘是好萊塢電影常見招式，但真實世界中人類打鬥時很少用頭攻擊對方。首先，人類的牙齒攻擊力不強，我們沒有利牙和突出的口鼻部，最多只能咬住對方的手指或耳朵。更重要的是，我們的腦部又大又脆弱，必須特別保護。黑猩猩和其他動物打鬥時會用頭部和銳利的牙齒撕咬，受過訓練的人類戰士則會用手和手臂保護頭部。此外，黑猩猩會攻擊對方全身，但人類通常攻擊頭部，想擊倒對方或打傷下顎。[43] 卡瑞爾和麥可．摩根（Michael Morgan）提出早期人類拇指長而其他手指短，部分原因是為了握成結實的拳頭以便擊打，下顎和頰骨較大則是為了承受拳擊。[44]

雙足行走使人類行動變得笨拙，並促使我們用前肢攻擊和保護頭部，因此不利於打鬥。但赤手空拳的人類戰士和動物界中其他動物一樣，靠體型、肌力、技巧和態勢取得優勢。顯而易見地，體型較大的個體較強壯、體重較重、手臂較長、拳頭也較大，所以比較容易取勝。[45] 然而也如同其他物種一樣，體型和肌力不是決定性優勢。專家一致同意的一點就是，打鬥通常是學習得來的技巧。[46] 各種武術都強調平衡、姿勢，以及加強防禦性反射。[47] 此外，打鬥者願意冒險和堅持也非常重要。[48] 我絕不會為三明治打架，但保護家人就是另一回事。打鬥者的鬥志和實力對打鬥結果影響相當大，所以人類和其他動物一樣，都會投入許多力氣宣揚自己的和評估可能對手的這些特質。[49] 針鋒相對的人類和嚎叫的狗一樣，通常會擺出高姿態、吼叫和擴張胸口，才決定是否要出手打鬥。從演化觀點來看，這類故作姿態有其道理。對勝負雙方而言，如果結果早已決定，最好的選擇當然是退卻。

然而武器問世之後，獲勝或敗北的可能性和結果都徹底改變。

使用武器打鬥

哈里遜・福特（Harrison Ford）在《法櫃奇兵》（*Raiders of the Lost Ark*）的經典場景中瘋狂猛衝，穿過擁擠的市場，發現有個高大魁梧的殺手擋住去路，手上揮著可怕的彎刀。打鬥雙方和觀眾都以為即將發生一場惡鬥，但這時福特微微笑了一下，接著開槍射了對方。[50] 這場戲很暴力，但好笑又成功。長矛、弓箭和其他投射武器問世之後，許多小蝦米更有機會打垮大鯨魚。人類如何取得武器，武器又如何影響人類的運動技能，尤其是力量？

一九六〇年代，珍古德首次發表黑猩猩能製作工具的證據，這個觀察結果震驚全世界。其後的研究記錄到黑猩猩製作多種簡單工具，包括把木棒做成短矛、戳刺躲在樹洞裡的小型哺乳動物。[51] 此外，黑猩猩在展示和打鬥時還會投擲石塊、樹枝和其他物體。但以人類的標準而言，這些武器傷害力都不大，尤其是在上手投擲瞄準能力極差的黑猩猩手中。

早期人類一定和黑猩猩一樣使用過簡單的木製工具，但石器於三百三十萬至二百六十萬年前問世後發生重大變化，年代大約和最早的食肉證據相仿。[52] 我們從工具磨損跡象和古代骨骼的切削痕跡得知，這類早期工具協助早期人類屠宰動物。[53] 我可以保證這類工具真的可用，因為我系上的學生和教師每年都會舉行烤羊活動，並在活動中製作簡單的石器宰羊（先聲明，羊不是我們殺的）。此外，我們也可從工具邊緣的微小磨損痕跡得知，有些工具是用來切割植物，也包括木材。[54] 所以我們不難想像，兩百萬年前早期人屬已經擁有木矛，不過也只是削尖的長木棒而已。這類長矛用來打鬥或打獵的效果如何？長矛和其他投射物的演進是否改變了人體？

有長矛當然比沒有好，但長矛不容易使用。要把長矛精準有力地投射到一段距離之外，需要許多時間練習。此外，沒有加裝矛頭的長矛造成的組織傷害不如有石製矛頭的長矛，這個創新發明距今大約只有五十萬年。[55]然而，如果只有一支長矛，沒射中目標就同時失去武器和優勢，因此較容易控制的長矛使用方式是突刺，但這種方式又有個明顯缺點，就是必須接近獵物或目標，讓自己也涉入險境。有證據指出，歐洲的尼安德塔人狩獵時是以長矛突刺，但從他們骸骨的損傷率和形態看來，他們因為接近獵物而付出的代價相當慘烈。[56]讀者以後若參加狩獵旅行，請不要跳下車衝向一頭牛羚，想用長矛刺進牠的身體……

投擲長矛這主意說不定其實沒那麼糟？現在大多數人只在玩遊戲和運動時投擲東西，而且絕大多數狀況是上手投擲。黑猩猩或其他靈長類動物想精確地投擲物體時則通常採用下手投擲。[57]如果發現動物園裡的猿類或猴子準備用下手方式朝你投擲排泄物，記得快跑！但如果牠們用更大的力量上手投擲物體時就不用太擔心，因為牠們上手投擲時無法瞄準。人類是唯一能以上手方式對準目標快速投擲物體的物種。事實上，也只有人類（包括男性和女性）懂得練習。尼爾・羅奇（Neil Roach）和我進行投擲的生物力學實驗時，我認為自己投擲東西時不夠快也不夠準。即使如此，我還是比猿類強多了，這都是因為大約兩百萬年前出現的一連串適應特徵強化了人類的投擲能力。

為了說明演化如何使人類變得會投擲長矛等投射物，我們先看看一流投擲動作的兩大關鍵要素：速度和精確性。請站起來，試著盡全力朝目標投擲紙團這類輕而無害的東西。請留意投擲的速

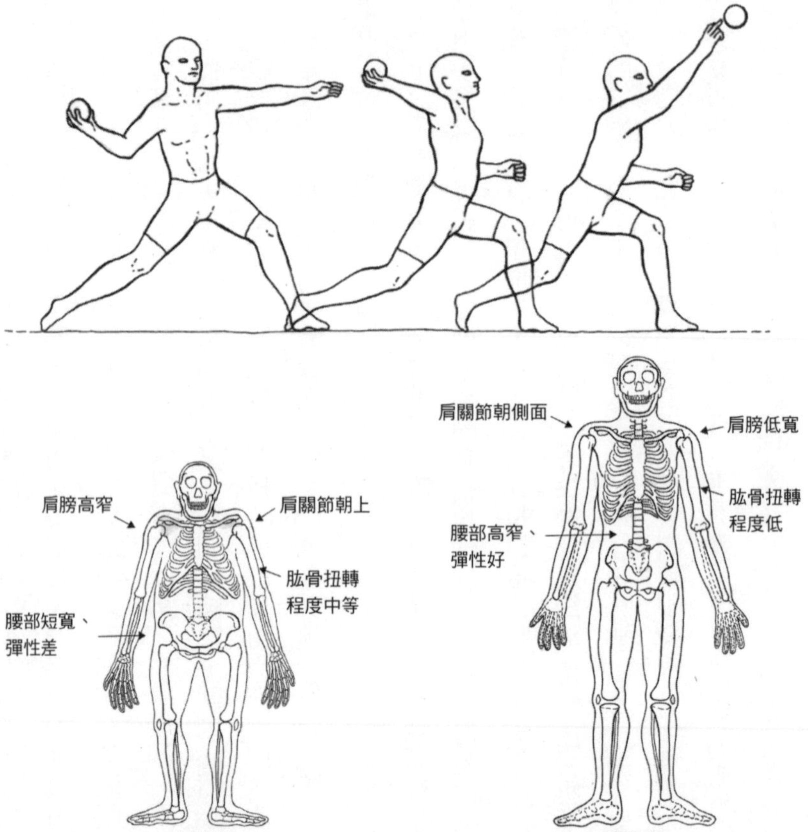

圖17　投擲的解剖學和生物力學分析。如上圖所示，投擲動作類似鞭子，能量從腿部、髖部到軀幹、肩膀、手肘，最後到手腕依序轉移和疊加。直立人（右下）擁有可做出這個動作的數項特徵，南方古猿屬（左下）則沒有。（圖修改自Roach, N. T., and Lieberman, D. E. [2014], Upper body contributions to power generation during rapid, overhand throwing in humans, *Journal of Experimental Biology* 217:2139 - 49; Bramble, D. M., and Lieberman, D. E. [2004], Endurance running and the evolution of Homo, *Nature* 432:345 - 52）

度來自把身體當成一條鞭子，如圖17所示。如果丟得很用力，我們投擲時會先向前踏，接著依序旋轉髖部、背部、肩膀、手肘，最後是手腕。每個關節都會產生能量，傳遞給下一個關節，尤其是肩膀。[58]這些能量有部分會在釋放時轉移給紙團。因此，我們精準投擲的能力取決於我們把手臂揮向投擲方向以及在正確時機放開投射物的能力。

用力、精確且穩定地投擲是人類特有的能力，這需要許多時間練習。這個技能有部分源自於神經控制，但人類不像猿類有演化出幾項特別的解剖適應特徵，如圖17。除了活動能力極佳的腰部和可朝上彎曲的手腕，人類許多有助於上手投擲的特徵位於肩膀，而肩膀在投擲時負責產生一半的爆發力。猿類的肩膀高而窄，肩關節朝上，這些特徵都適合攀爬。相反地，人類的肩膀低而寬，肩關節朝向側面。我實驗室裡由羅奇主持的研究指出，這類特徵共同促使人類在投擲時把肩膀當成彈弓使用。[59]在投擲動作的第一部分，我們的上臂指向側面，同時向後旋轉、高高舉起。這個高舉動作可把大量彈性位能儲存在肩膀肌肉和組織中。接著我們回復原來姿勢時，手臂像彈簧一樣以很快的速度朝反方向移動。職業棒球投手的旋轉速度可高達每秒九千度，是人體速度最快的動作。[60]投擲動作結束時，我們伸直手肘、彎曲手腕，同時放開投射物。

尼爾和我觀察化石紀錄時發現，所有促使我們擅於投擲的特徵都是於兩百萬年前出現在直立人身上。[61]人類也是在這時候開始狩獵，所以投擲能力可能是為了協助取得肉類而被天擇。不過，我們也不能忽視早期人類有時候也會互相投擲長矛或石塊。我猜想直立人兒童應該會花費許多時間練習投擲技巧和強化上半身肌力。

全球各地數百萬兒童依然繼承這個傳統。許多下午，鄰居小孩會在街上練投棒球和美式足球，幻想自己是傑出運動員。不算很多世代之前，小孩也會練習投擲技巧，夢想成為傑出獵人或戰士。現在我們不會把投擲和打鬥和狩獵聯想在一起，是因為科技已經進步。簡陋的無矛頭長矛和投石器曾經是僅有的高殺傷力投射武器，但持續加速的創新已改變我們的遠距離殺傷方式。第一個突破出現在大約五十萬年前長矛開始安裝石製矛頭之際。近十萬年來，人類發明了弓箭、投矛器（atlatl）、魚叉、網子、吹箭、獵狗、毒箭和陷阱。[62]想想看後來我們發明了多少武器，讓我們更輕鬆安全地從遠距離殺傷對方。

文化演進讓投擲等身體活動脫離原本的戰鬥和殺傷目的，人類的身體是否也隨之改變？可能有，因為文化和生物演化一向息息相關。火和衣物就是個例子。有了這些發明，人類得以進入更冷的新環境中，因此得以在遠離熱帶地區天擇出較淺的膚色等特徵。[63]烹調普及之後，人類的消化生理運作隨之演化，使我們現在必須依靠烹調才能存活。[64]發明於鐵器時代的武器歷史不長，或許不足以影響人類演化。但長矛和其他投射物呢？

首先是長矛。除了人類對投擲的適應，別忘了人屬男性體型從比女性大50%縮小到只有15%。體型縮小或許可用男性間競爭程度減低來解釋，但也不能排除長矛的出現讓龐大體型在狩獵或打鬥時的優勢消失。儘管如此，人類男性的上半身肌肉量依然平均比女性多出75%。[65]我們已經知道，肩膀、手臂和軀幹肌力對投擲很重要，對扭打和其他競爭當然更不用說。

更具猜測性的假設是，弓箭和其他尖端投射技術發明徹底改變了回應性攻擊的代價和效益。人類史上頭一遭，像我這樣的小蝦米也可以打倒大鯨魚，女性也能更有效地抵抗男性攻擊、保護自己。弓箭等武器也讓不夠強壯的人打到更多獵物，而且可在遠距離外降低風險。因此在十萬年前弓箭發明後，體形龐大和回應性攻擊的優勢可能因而減少。[66] 如果說投射武器演進反而使人類馴化，會不會有點諷刺？我認為回應性攻擊降低，有助於激發另一項人類共通行為：運動競技。

當個有運動精神的人？

運動競技是有規則的玩鬧，擊劍和拳擊等運動競技則很顯然是儀式化的打鬥，但如果想要親眼目睹有人公開證實戰鬥和運動競技之間的關聯，每年六月可以造訪義大利的佛羅倫斯，觀賞佛羅倫斯的古代足球賽。[67]

幾十年前我造訪佛羅倫斯時，碰巧觀看了這個暴力場面。我當天一早坐飛機抵達後，便出外散步緩解時差。我隨意走向佛羅倫斯著名的聖十字廣場（Piazza Santa Croce）時，看到很多人走進看台，看台中央是鋪著沙的場地，大小跟美式足球場相仿。我覺得好奇，就在一堆吵鬧的佛羅倫斯人當中找了座位坐下，而這些人全都穿著綠色衣服。後來我才知道，這活動始自十五世紀，包含一連串比賽，參賽隊伍代表該城四區。選手大多打赤膊，穿著文藝復興風格的褲子。裁判則攜帶短劍。比賽時間大約一小時，比賽方式可說是英式橄欖球和無情的超大型鐵籠格鬥混合體。每隊的二十七隊員看起來想要努力把足球大小的球拋過球場兩端的狹縫，但要做到這點必須凶猛地打鬥，協助隊友帶

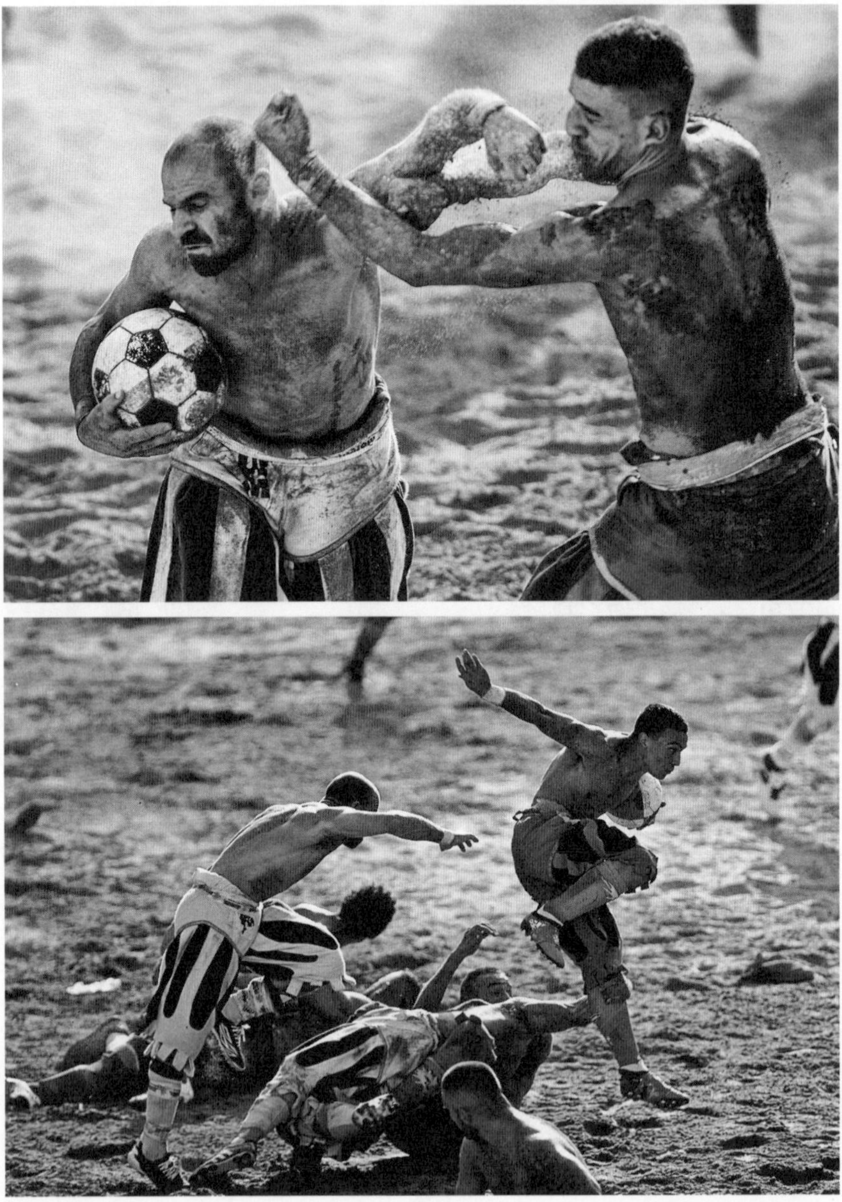

圖18　佛羅倫斯古代足球。（攝影：Jin Yu/Xinhua）

球朝目標推進或是防止對手反攻。除了踢頭部等少數禁忌，選手們可以任意痛毆對手，包括拳擊、摔角、頭錘、絆倒和勒頸等。每次得分或有人鼻子和肋骨被打斷時，我周圍的觀眾就會站起來大聲叫好：「Verdi! Verdi!」比賽結束時，許多選手血流如注，滿臉是血，好幾個選手被擔架抬出去。這根本是戰鬥。

運動競技全都源自於玩鬧，即使是佛羅倫斯古代足球這麼極端的運動也不例外。哺乳類動物的幼崽幾乎都會玩鬧，藉以強化成年後狩獵或打鬥所需的技巧和體能。[68]玩鬧的其他效益，還包括協助幼兒學習或改變自己在社會階層中的地位、建立合作關係以及消除緊張。人類也是如此，只是我們玩鬧時經常使用球和木棒等工具，而且我們和狗或其他已馴化的物種一樣，成年後仍會玩鬧。[69]在所有文化中，遊戲和運動競技都很強調對打鬥和狩獵有幫助的技巧，例如追逐、阻截和投擲投射物。不過許多人也承認，運動競技與玩鬧有個關鍵性的差別，就是玩鬧沒有組織、沒有架構，也沒有特定的規則或結果；運動競技則是對手間彼此競爭的身體活動，有已經確立的規則和獲勝條件當成依據。[70]根據這個定義，有些不需要肌力或體能的消遣也算是運動競技，包括飛鏢和保齡球等。

坦白講，我對飛鏢和保齡球沒有偏見，但運動競技的傳統定義排除了從演化人類學觀點看來相當重要的基本特質——克制回應性攻擊。即使在曲棍球和美式足球這麼暴力的運動競技中，朝對手暴力相向同樣是違反規則。

荷馬在《伊利亞德》中以戲劇化的方式闡述過這點。這篇史詩大部分篇幅描述一群希臘人在特洛伊城牆下爭執和血戰。希臘人和公黑猩猩一樣經常不和，會爭奪權力、地位和女性。但在倒數第二卷中，有個極為重要的時刻，他們會停戰舉行一場小型奧運。進行競賽的原因是希臘英雄阿基里斯的摯友帕特羅克洛斯遭到殺害。阿基里斯悲痛地帶著帕特羅克洛斯的遺體舉行運動會，藉以榮耀摯友和取悅喜歡觀賞運動競技的神祇們。這場運動會的項目包括拳擊、競走、雙輪馬車比賽，以及投擲競賽，但最精彩的是大埃阿斯（Ajax）和奧德修斯（Odysseus）的角力比賽。這場比賽十分經典：大埃阿斯身強體壯，以蠻力為主；奧德修斯身形瘦小但相當靈巧。可以想見，兩人勢均力敵。兩人多次精彩地高舉過頭、重摔和敏捷走位，大戰數回合後，阿基里斯走進場中宣布兩人平手：「停手，不要在比賽中受傷！你們兩人同獲勝利，共有獎品。」[71]

自古以來，讀者都很不解荷馬為什麼讓角力等運動競技打斷特洛伊圍城大戰，但阿基里斯的訊息傳達了藍翰的主張：希臘人若要終結長達十年的圍城，就必須暫停彼此爭鬥，開始合作。他們必須停止彼此間的回應性攻擊，只對特洛伊人採取主動攻擊。運動競技和戰爭一樣，約束回應性攻擊和遵守規則相當重要。的確，運動競技或許已經演變成教導衝動控制、狩獵技巧，以及控制下主動打鬥的方法。有什麼比出拳攻擊剛剛得分的對手、甚至自己沒得分時攻擊得分隊友更缺乏運動精神的呢？職業網球選手連在場上口出惡言都不被允許。

其他人類，包括尼安德塔人在內，也都會玩鬧，但我認為運動競技早在人類自我馴化後時就已出現。前面提過，成年後還會玩鬧的大多是已馴化的物種。在各種文化進行運動競技的許多理由中，有個理由是教導合作和學習約束回應性攻擊行為。無論我們是否想把鐵籠裡的對手打成肉醬或是在水上芭蕾比賽中感動評審，要當個有運動精神的人的話，玩鬧時必須遵守規則、控制脾氣以及和其他人和睦相處。運動競技也能培養紀律和勇氣等習慣，這些習慣對戰爭等主動性攻擊相當重要。滑鐵盧戰役說不定真的是在伊頓的操場上打贏的。

運動競技不僅普遍且廣受歡迎，還有其他有力的理由。運動競技參與時很有趣，觀賞時又有娛樂性，既能培養團隊精神又非常賺錢。其他人類活動很少能吸引超過十萬名觀眾，更不用說幾十億個電視觀眾。從演化觀點來看，個體之所以同樣受到運動競技的吸引，是因為可以提升繁殖率。優秀的獵人和戰士在小型社會擁有較多後代；同樣地，優秀的運動員不分男女，都能展現非凡的身體能力，取得較高的地位，並且吸引配偶。[72]

最後同樣重要的是，運動競技近年來已成為運動和促進身心健康的好方法。雖然基督教徒偶爾會反對追求肉體愉悅（喀爾文和清教徒對運動競技的看法格外曖昧不明），但千百年來，教育家和哲學家一向主張貴族和其他菁英人士參與運動競技，否則他們沒什麼機會活動。盧梭曾經寫道：「你想培養學生的智力嗎？那就培養他該有的力量。讓他的身體持續運動，使他強壯健康，他才能他聰明理性。讓他工作、讓他活動、奔跑、喊叫，經常活動。讓他精力充沛，不久之後，他就會成為理性的人。」[73]我的大學也遵守這個傳統，但還好男女一體適用。哈佛大學運動系贊助四十個大學代表隊，涵括全體學生將近20%。它的正式功能「透過運動提升教育」，說明了運動競技能「協助學生成長、學習以及獲得樂趣，同時運用與加強個人、身體和心智技能」。[74]

在最後的分析中，人類的身體比祖先瘦弱，不是因為我們在演化下變得較少打鬥，而是因為我們在演化下改用不同的方式打鬥：主動程度提高、使用武器，而且通常改成運動競技的形式。按照這說法，人類從事運動競技也不是為了運動。運動競技是有系統、有規範的玩鬧。各種文化都發展出運動競技，用來教導殺傷和避免被殺的技巧，以及互相教導合作和減少回應性攻擊。只有在因為工作而缺乏身體活動的貴族和白領工作者身上，運動競技才扮演提供運動的角色。在現代工業化世界中，我們把運動競技視為維持健康的方法（我還是不相信飛鏢可以維持健康）。但許多運動競技依然強調打鬥和狩獵技巧，包括肌力、速度、爆發力以及投擲投射物等，確實符合它的演化起源。

最後還有一點。想想看全世界最流行的運動，也就是足球。足球需要的行為技巧和其他團隊運動競技相同，包括合作和克制回應性攻擊。但足球還需要另一個對健康格外重要的特質。這個特質是我們人類的長處，也是人類和其他動物最大的差別，就是耐力。

第三部

耐力

Inactivity

第八章

步行：一定要走的路

迷思 8：走路沒辦法減重

薪水不錯，而且我可以走路上班。

——約翰·甘迺迪

為了讓讀者對以往一天內必須走的路有個概念，我先講一件事。有一次我問兩位哈札狩獵採集者哈薩尼和巴卡尤，我和一位同事是否能跟他們一起去打獵時，他們很親切地同意了。但我們必須盡可能安靜，遵守他們的要求，在必要時退後，而且不能拖慢他們的速度。

我們天剛亮時就出發，當時仍很涼爽，草上還有露珠。哈薩尼的腰間圍著一塊色彩鮮豔的布，穿著黃黑色條紋的上衣，巴卡尤則穿著短褲和舊的曼聯足球上衣。兩個獵人都穿自己做的涼鞋，身上只有弓、一筒箭和一把短刀。相反地，我為這次探險帶足配備。我頭戴寬邊帽、腳穿輕量靴子，以及能排汗又能防紫外線的高科技材料上衣，還有登山長褲。另外我帶著行動電話、GPS手錶，背包裡有兩瓶水、防曬用品、防蚊液、備用眼鏡、幾個蘋果和能量棒、瑞士刀，最後為了不時之需，還帶了手電筒和小型急救包。

我們一離開營區，我就得全神貫注。哈薩尼和巴卡尤走得很快，但地上沒有路跡，下腳處又很不穩當。翠綠茂盛的草叢裡到處都有大石頭（當時是雨季），只要一沒踩好就會扭到腳。我們走下陡峭的懸崖，朝樹木蓊鬱的森林前進，遠方是閃著波光的埃亞西湖（Lake Eyasi）。哈薩尼和巴卡尤經常停下來尋找獵物的足跡和其他蹤跡。他們幾乎完全靜默，交談極少又簡短，而且聲音很輕。起初我們在大石塊的裂縫裡尋找蹄兔。這種動物大小與貓相仿、看起來像嚙齒類，但其實是大象的近親。接著我們跟著扭角條紋羚的足跡前進，這些腳印是當天早上才留下的。我們從沒看過扭角條紋羚，但上午過去一半左右，我們碰到幾隻飛羚。哈薩尼示意我們放低姿勢，他脫下上衣，脫掉涼鞋，慢慢地赤腳穿過灌木叢，走向那些飛羚。在此同時，巴卡尤繞到另一邊。我同事和我靜靜地坐著，希望不要破壞獵人的好機會。大概十五分鐘後，我聽到一支箭射出去的聲音，不久後哈薩尼回來了，看起來有點不高興，不用說當然是失手了。因此我們繼續前進，天氣越來越熱。

後來由於一隻蜜鴷，我們的步行改變了。這種小小的棕色鳥類在非洲已經和人類合作幾千年、甚至可能有幾百萬年。[1]一般說來，蜜鴷會大聲唱著容易辨識、規律且連續不斷的歌聲：切、切、切、切、切，從一棵樹飛到另一棵，周而復始地唱著，以確定我們跟上。十分鐘不到，這隻小鳥就帶我們來到蜂巢旁。哈薩尼和巴卡尤開心地生起火，把悶燒的草塞進洞口，燻走蜜蜂（過程中被螫了幾下），搶走蜂巢中大部分的蜂蜜。他們當場吃掉這些蜂蜜，吐掉蜂蠟，用來酬謝帶我們過來的小鳥。

當天的步行很快就變成採蜜之旅。我們回頭朝營地走時，哈薩尼和巴卡尤走過一個又一個蜂巢，重複做著相同的事情：生火、燻走蜜蜂、啃食香甜蠟狀的蜂巢。我們走過五個蜂巢後已經到了下午，天氣很熱，哈薩尼和巴卡尤聊個不停，享受著高糖快感，顯然已經放棄打獵的想法。我們下午一點半左右回到營地，耗費了超過五小時，兩手空空，只有肚子裡的蜂蜜。依據我的GPS手錶，我走了一萬八千七百二十步，距離是十一．九公里。

後來在吃晚餐時，我跟巴卡尤和其他幾個獵人聊天。大家都認為因為達托加（Datoga）牧人入侵，他們的牛隻耗盡獵區的資源，所以越來越難以謀生。他們說，打獵沒有以前那麼容易。他們經常空手而歸，越來越依賴女性採集的植物和蜂蜜，以及交易而來的食物。不過男性大多還是會每天從營地外出打獵，採集蜂蜜，盡量採集（和吃掉）可以吃的東西。女性每天也走很多路，但跟她們一起走過一趟之後，我覺得女性的樂趣比男性多。在平常的一天中，一群女性和小孩步行幾公里，找個好地方挖薯類。這時候每個人會坐下來，一邊聊天、照顧小孩，有時還會唱歌，一邊挖出一條條薯類。有些薯類會當場生吃，有些煮熟後當作午餐，還有一些放進吊袋帶回家。在來回的路上，這些女性和小孩有時會停下來採莓果和其他食物。

但他們大多數時間都是在走路。如果說世界上有什麼身體活動最能闡明這本書的主要重點，那就是人類沒有在演化影響下運動，而是必要時才會活動，也就是步行。一般狩獵採集者男性和女性（包括哈札人在內）每天步行大約十四．五和九．六公里，目的不是健康或體態，而是為了生存。[2] 一般狩獵採集者每年步行的距離相當於紐約到洛杉磯，人類步行的耐力極強。

對後工業世界中大多數人而言，步行仍然必要，但已經完全不需要耐力。除非身體有障礙，否則我們應該會走一小段路上班，甚至有時只是從停車處走到辦公室來回。此外，我們還會走到洗手間、去吃午餐、去購物，以及做許多時間不長但必要的事。我們或許會散步放鬆，或是（更奇怪地）在跑步機上原地走路，但我們一天走的步數應該大多是必要而非想要。我們和巴卡尤和哈薩尼等人最大的差別是他們要生存就必須每天走二萬步，而依據從幾百萬支手機收集的資料指出，一般美國人每天走四千七百七十四步（二·七公里左右），英國人走五千四百四十四步，日本人走六千零一十步。[3]必須注意這些數字是平均值，因此有好幾百萬美國人每天走不到四千七百七十四步。而在數字之外，人類的步行方式還有其他差異。狩獵採集者穿極簡單的涼鞋或赤腳走路，通常會背負食物和小孩，不是在叢林裡開路就是走在各種地面的簡單路跡上。大概幾代人之前，沒有人穿有緩衝有支撐的鞋子，沒有堅硬平坦的人行道可走，當然更沒有跑步機。

這些改變讓我們興起許多疑問，包括人類如何及為何演化出步行的天性和步行多遠，以及步行對老化和健康有何影響？我們經常聽到一種運動處方，就是每天走一萬步有益健康。有本暢銷書這麼說：「只要規律地步行，無論是有架構地短暫步行，或是每天走更多步，都有助於減重瘦身，更重要的是效果持久。」[4]兩位運動科學家曾以嚴謹的語氣說：「對健康成人而言，每天一萬步是合理的每日活動量估計值，許多研究指出類似的活動量對健康有益。」[5]然而雖然減重計畫幾乎都建議每天步行，有些專家卻認為步行不可能減重，因為即使長時間行走，燃燒的熱量也不算多，還會讓人更餓。二〇〇九年《時代》雜誌（*Time*）有一篇流傳甚廣的特別報導〈運動的迷思〉（"The Myth About Exercise"）寫道：「它當然對我們有益，但沒辦法幫我們減重。」[6]

要探討這些令人困惑又互相矛盾的說法，第一步是研究人類獨特的步行方式，也就是用兩條腿走路。

人類的步行方式

大多數人都把能走路視為理所當然，但距離我家不到兩公里的斯伯丁復健醫院（Spaulding Rehabilitation Hospital）天天都要迎接努力重新練習走路的患者。步態門診是一間寬敞明亮的房間，裡面有許多走道、跑步機和重物等器材，看起來不像醫院，反而更像是健身房。我造訪的時候診間裡大概有十位患者，每個患者由一位物理治療師協助。有些患者得了神經退化性疾病，有些是中風或遭逢意外，其中一位三十多歲的女性，就稱她瑪麗好了，親切地讓我參觀她的物理治療過程。她的脊椎在車禍中受傷。

最出乎我意料的是瑪麗的專注。她離開輪椅後，站上兩邊有扶手的走道，全神貫注地面對一個簡單的挑戰：把一條腿移到另一條腿前面，同時支撐起自己身體的重量。她的左腿不大方便，右腿則完全動不了。她每走一步都必須刻意指揮不合作的肌肉執行原先都是本能的基本動作：首先收起髖部，接著彎曲膝蓋，再伸直膝蓋，如此繼續下去。物理治療師在她旁邊鼓勵，並對每一步提供建議。瑪麗的步態有了改善並得到信心之後，治療師開始添加三英寸高的小障礙等挑戰，協助瑪麗重新學習基本動作。在那次復健其餘的時間，瑪麗和治療師做了一連串加強某些肌肉和恢復控制能力的運動，也複習了讓瑪麗在家做的運動。治療師鼓勵地說：「你正在進步了。」但她們兩人都知道，瑪麗還要努力很長一段時間才能不靠輔助自己走路。

除非有瑪麗這樣的經驗，否則我們通常很少思考步行動作，因為我們從一歲就開始搖搖晃晃地走路了。[7]這樣的不假思索是神奇神經系統的傑出成就。神經系統隨時機動性地控制幾十條肌肉，把一條腿移到另一條腿前面。必須應付的狀況變化多端，有時甚至有點危險，包括崎嶇的山路和結冰的人行道。可惜的是，我們通常要到發生意外或中風時，才會體認到這些模式化動作和反射有多重要。這些動作必須達成兩大主要目標：有效率地移動和防止跌倒。

步行時有效率地移動身體不僅限於人類。無論是用兩條腿或四條腿步行，腿的主要功能都是擺動。圖19說明了這點。但如果說一張圖勝過千言萬語，那麼一個動作往往更勝過圖片。請站起來走幾步，觀察右腿的動作。注意你的右腿離開地面後，會像老爺鐘的鐘擺一樣向前擺，旋轉中心位於髖部。這個「擺動期」的主要動力來源是髖部肌肉。不過，腿部擺動動作會在這個階段結束、腳部接觸到地面時迅速反轉。此時腿變成上下顛倒的鐘擺，旋轉中心位於腳踝。實際上右腿在這個「站立期」成了支柱。

腿部在站立期的支撐角色是理解步行時能量運用方式的關鍵。在站立期的前半部，肌肉把身體撐起並移到支撐腿上方，

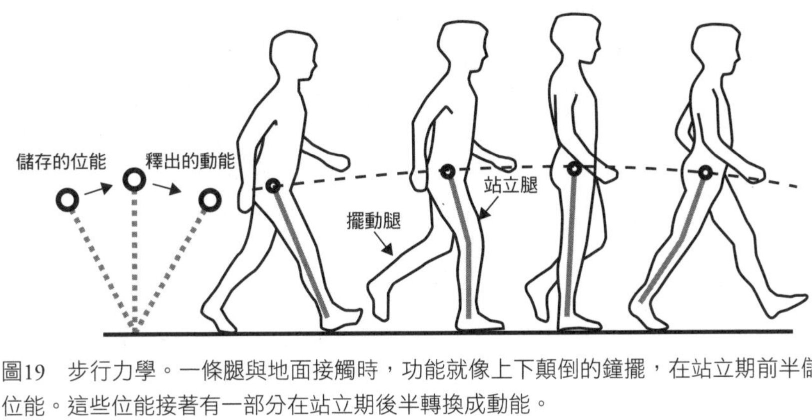

圖19　步行力學。一條腿與地面接觸時，功能就像上下顛倒的鐘擺，在站立期前半儲存位能。這些位能接著有一部分在站立期後半轉換成動能。

使身體質量中心抬高五公分左右。這個抬高動作需要消耗熱量，但能儲存位能，就像我們舉起這本書一樣。接著在站立期的後半部，身體降低並向前移動，把位能轉換成動能，就像我們丟下這本書一樣。最後，擺動腿接觸地面，使身體停止降低，同時開始下一次循環。因此，步行動作消耗了熱量，在站立期的前半抬高身體質量中心，接著使身體向上、向前，然後跨出下一步，接著揮動手臂和腿。[8] 正常步行時，任何時刻至少有一隻腳踩在地面上，但使我們前進的主要能量原理是把腿當成鐘擺，讓位能和動能互相交換。狗和黑猩猩等四足動物使用四條腿的方法也大同小異。[9]

為每一步安排、協調和提供動力的擺動運動非常重要，但瑪麗和其他無法走路的人都能證實，步行時最大的障礙是避免跌倒。四足動物步行時，任何時刻至少會有兩條腿接觸地面，兩足行走的人類則大多數時間只有一隻腳著地。我們步行時，身體通常容易倒向兩側，因為我們的軀幹是垂直的，所以上半身也會前後左右搖晃。而且人類只有兩條腿，所以一受到擾亂就容易跌倒。有人看過貓狗步行時失足跌倒嗎？如果想看更多兩足動物行動不穩的證據，尤其是在不平或滑溜的表面上，可以看看四足動物嘗試用後腳走路的樣子。即使是經常直立行走的黑猩猩和大猩猩，也走得東倒西歪。牠們的髖部和膝部像格魯喬・馬克斯（Groucho Marx）一樣總是彎著，手臂用力擺動，整個軀幹誇張地隨著髖部旋轉，看起來就像喝醉酒一樣。[10]

幸運的是，天擇賦予人類許多精巧的特徵，讓我們以兩足行走時不會摔倒。最重要的適應特徵是人類的骨盆形狀相當獨特，見圖20。猿類和狗等四足動物的髖骨高而平淺，朝後方彎曲，人類的骨盆則呈矮寬碗狀、朝兩側彎曲。這樣的曲線使四足動物位於髖部後方的肌肉到了人類身上變成位於髖部兩側。這些肌肉位於側面，所以可在只有一條腿踩在地面時收縮，防止骨盆和上半身朝兩側的擺動腿傾斜。我們可以做個簡單實驗來驗證這個功能（稱為髖部外展〔hip abduction〕）：單腳站立，髖部保持水平，盡可能站得越久越好。大概三十秒後，就會感覺到髖部兩側肌肉因為努力防止跌倒而酸起來。

另一項協助人類直立行走的重要適應特徵，是人類的下背部特別長且有曲線。黑猩猩的下背部短

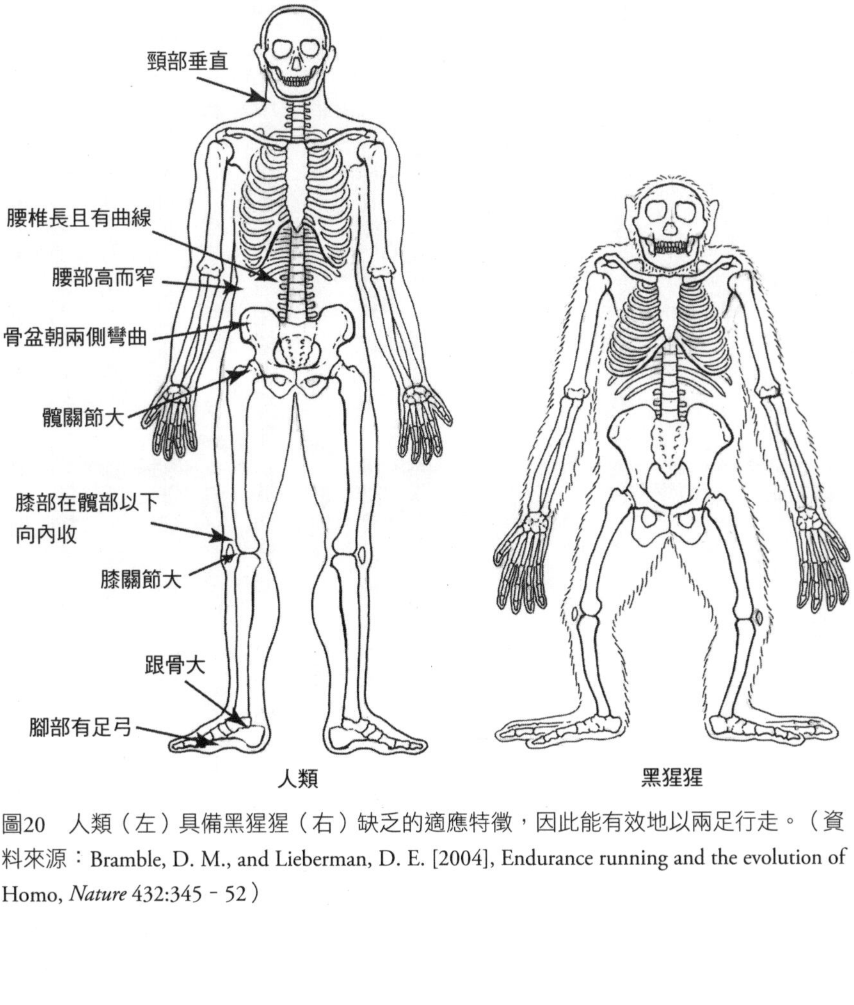

圖20　人類（左）具備黑猩猩（右）缺乏的適應特徵，因此能有效地以兩足行走。（資料來源：Bramble, D. M., and Lieberman, D. E. [2004], Endurance running and the evolution of Homo, *Nature* 432:345－52）

而挺直，通常有三節腰椎，但人類通常有五節腰椎，形成向後彎的曲線。這個曲線使上半身位於髖部上方，若沒有它，軀幹會向前傾斜，我們就必須使用髖部和背部肌肉來維持直立。

人類還擁有許多便於兩足行走的適應特徵，包括跟骨擴大、腳部有足弓、大腳趾朝前、穩定的腳踝、長腿、膝部有支撐、大腿內收、髖關節擴大以及枕骨大孔朝下等。同事和我也證明，演化上的一般人類經常赤腳行走，因此形成像鞋子一樣保護雙腳的厚繭，但又不像鞋子會阻隔來自地面的感覺。[11]幾乎沒有人在走路時會想到這些特徵，但這些特徵都在默默地發揮作用。我們往往要等到傷害或疾病妨礙這些功能，才理解它們有多重要。即使只是踢傷小腳趾，也會使簡單的步行動作變得困難重重。我們擁有許多適應特徵，以便在兩條腿搖搖晃晃行進時維持穩定。這些特徵帶出兩個歷史悠久的有趣問題：如果用四條腿走路顯然比較好，我們為什麼要用兩條腿走路？

四條腿比兩條腿好？

二〇〇六年，好幾百萬人聽說土耳其有一家人不幸出現遺傳突變，使得他們只能以四肢行走。從BBC紀錄片等影像看來，他們在家裡、街上和田地裡用手腳緩慢笨拙地移動，臀部翹起、頸部向上彎曲，以便觀察行進方向。最先研究他們的研究人員烏納・塔恩（Uner Tan）表示，這家人近似猿類的行走方式是人類「退化」的徵兆，可提供人類如何及為何以兩足行走的新線索。塔恩後來以自己的名字命名這種症狀。[12]實際上，這家人的行走方式與靈長類動物完全不同，而他們以四肢行走只是因為突變導致控制平衡的小腦損傷。[13]如果我們無法以雙腳平衡但必須行動，行走方式也會和這家人一樣，這不是返祖現象，而是單純急迫的生物力學現象。

烏納塔恩症候群無助於瞭解演化，但它引起的廣泛興趣說明了自達爾文時代以來，我們一直在探究人類不尋常的兩足行走方式。其他理論認為雙足行走是一種適應行為，方便我們背負食物、直立覓食、節約體力、製作和使用工具、保持涼爽、在高大的草中瞭望、游泳和展示生殖器。這些假設有些合理，有些難以置信，但前提都是必須知道人類的演化來源，也就是我們和黑猩猩年代最近的共同祖先。這個「失落的環節」是否像黑猩猩一樣以指節行走，以中間幾支指頭支撐體重？牠是否和長臂猿一樣在樹上擺盪？還是像猴子一樣四肢並用，小心地在樹枝上爬行？

可惜的是，「失落的環節」用來描述這個謎樣的祖先確實很貼切，因為我們真的找不到它。猿類生活的非洲雨林土壤肥沃、潮濕又有酸性，動物死後骨骼很快就被破壞，所以人類最近的近親和牠們的祖先幾乎沒有化石紀錄，這個「失落的環節」也包含在內。找不到關於這物種的證據，因此猜測和爭執很多，不過許多證據都指向同一方向。如果我們能乘坐時光機回到七百萬至九百萬年前的非洲，人類和黑猩猩年代最近的共同祖先很可能看起來像黑猩猩，但用指節走路，有時會在森林棲地爬行。[14]這點相當重要，因為科學家測定指節行走的能量成本時，發現它的能量效率很低。指節行走的黑猩猩就像吃油汽車一樣，會消耗大量熱量。

黑猩猩行走成本相當高的最初證據出自一九七三年理查・泰勒（C. Richard Taylor）和維多利亞・朗特利（Victoria Rowntree）的實驗。他們訓練小黑猩猩戴著氧氣面罩在跑步機上行走，藉以測量能量消耗。[15]泰勒和朗特利除了發現黑猩猩以兩足和四足行走時花費的熱量相同，還發現黑猩猩步行消耗的熱量接近相同體型人類和其他哺乳類動物的三倍。一個世代後，麥可．索克爾（Michael Sockol）、赫曼．龐澤（Herman Pontzer）和大衛．瑞奇倫（David Raichlen）採用更現代化的方法，在成年黑猩猩身上證實這些結果。[16]以單位體重而言，一般人類行走一定距離時，花費的能量和狗與其他大多數四足動物相同，但黑猩猩花費的能量超過兩倍。[17]黑猩猩以指節行走時浪費許多能量，類似格魯喬．馬克斯的行走方式讓牠們東倒西歪，加上膝部和髖部永遠彎曲，因此腿部肌肉必須額外出力支撐身體。[18]

要瞭解黑猩猩指節行走的高能量成本為何有助於解釋兩足行走的起源，可以想想大多數黑猩猩生活在水果產量豐富的雨林中。如果牠們通常每天走三到五公里，低效率的行走方式每天將花費一百七十大卡。這麼高的能量成本促使牠們熟練爬樹，同時有助於說明黑猩猩為什麼走得與久坐不動的美國人一樣少。依據藍翰所見，黑猩猩走得最遠的一次是一群公黑猩猩長途巡邏，距離接近十一．三公里。牠們走完之後顯然累壞了，第二天幾乎動不了。

指節行走效率超低，對於森林中的黑猩猩不是問題，但對於七百萬至九百萬年前人類的祖先而言一定是個大問題。在這段氣候快速變遷的時期，估據非洲許多地區的雨林迅速縮小，分成數千塊，中間夾雜比較乾燥的開闊林地。對於生活在雨林內部的猿類而言，生活沒什麼改變，但森林邊緣的猿類一定曾經面臨危機。當林地取代森林，牠們的主食水果數量減少，而且更加分散。牠們必須移動得更遠才能取得相同數量的食物。生活基本上就是取得和運用稀少的能量來製造更多後代，所以擅於節約能量的物種就擁有繁衍優勢。然而，由於這些猿類使用長臂、手指和腳趾爬樹仍然具有優勢，所以天擇顯然有利於能有效率行走且不影響攀爬能力的物種。解決方案就是兩足行走。能敏捷上下樹木，又擁有適當髖部、脊椎和腳部可以直立行走，如此每天省下數百大卡熱量的個體，繁衍成功率將會較高。雖然用兩足行走速度較慢也較不穩定，但經過許多世代後，這些猿類越來越擅長直立行走，最後成為新物種。人類就是這個物種的後代。[19]

為了推測直立行走與猿類的指節行走相比之下有多少優勢，先回頭看看我與巴卡尤和哈薩尼一起度過的那個上午。那十二公里步行大概花費二百三十五大卡。然而，如果我的行走效率跟黑猩猩一樣差，這趟行程就要花費大概七百大卡。以直立行走取代指節行走，巴卡尤和哈薩尼等狩獵採集者每週可以節省兩千四百大卡以上，一年下來多達十二萬五千大卡，差不多等於跑四十五次馬拉松的熱量。[20]

但其他解釋雙足行走的理論呢？雙足行走雖然能協助我們背負物品、直立覓食、使用工具和保持涼爽，但這些功能都無法完全解釋雙足行走為何形成。黑猩猩也能背負物品直立行走，只是效率較差。此外，也沒有證據證明猿類直立覓食時效率不佳。最古老的石器出現年代比雙足行走晚了幾百萬年，而且直立行走只有在空曠棲地才能保持涼爽，但這些地方原本就沒有人類居住。

數百萬年前促使人類祖先直立行走的動力，現在看來或許毫不相關，但其實關係密切。後工業時代之前的數百萬年，人類祖先每天必須步行八到十五公里才能生存。人類成為步行耐力很強的生物。但大多數人類和祖先一樣有股根深柢固的衝動，希望盡可能少消耗能量，因此必要時才會步行。這個保留能量的本能指出今日和以往步行的另一個關鍵差異，就是背負了多少東西，如嬰兒、食物、燃料和水等重量的差異。

重擔在身

在人類所有需求中，水是最重要的一項。但讀者如果跟我一樣，應該很少想到我們如何取得水。我需要水時只要找個水龍頭，輕輕鬆鬆地轉一下，乾淨的水就嘩啦嘩啦流出來。古代人類祖先應該會覺得這件事很神奇。幾百萬年來，人類若不是住在湖泊、溪流或水泉附近，就必須每天來回很長的距離取水。即使到了工業革命初期，城市和鄉鎮居民依然必須每天到公用水泵取水。

為了說明沒有自來水是什麼狀況，我們再回到我和學生做研究的肯亞佩加郊區。這個美麗的地區有連綿起伏的山丘，山上點綴著花崗岩露頭，有幾座小小的農場，種的大多是穀物。水在山谷裡流動，但沒有水井、水泵或其他供水系統為住家或穀物供水。溪流和水泉是公共場所，許多人在這裡洗澡、洗衣，以及取用烹調和飲用水。女性每天用龐大的塑膠桶裝滿水後頂在頭上，沿著崎嶇陡峭的小路把水運回家。我帶著這種容器大概連一百公尺都走不到，但佩加的女性強壯而且十分熟練，頂著桶子走路看起來很輕鬆。

但其實一點也不輕鬆。頭上頂著二、三十公斤的水其實很辛苦，需要技巧和練習。為了體會頂水行走的感覺，以前我有個學生叫安德魯・葉吉恩（Andrew Yegian）研究了背負生物力學（而且比我強壯得多），曾經嘗試頂著裝滿三十八公升水的容器，從山谷裡的小溪旁爬上陡峭的山坡，到達營區中央的學校。一位年約三十的女性因為有年輕外國男性說要幫她運水，覺得非常荒唐而一邊笑著一邊開心地把剛裝滿水的黃色桶子交給安德魯。安德魯後面有一小群觀眾，看著他試圖跟上另一位女性的腳步。這位女性年紀大概是安德魯的兩倍，同樣頂著水走在蜿蜒崎嶇的小路上。從圖21大概可以看出，這位女性只用一隻手就穩住頭上的桶子，一邊邁著優雅的小碎步前行。安德魯則兩手高舉，搖搖晃晃地走著，試圖防止桶子倒下。他經常絆到腳，滿身大汗，隨著山勢越來越陡而發出無聲的呻吟，儘管水灑出來不少，但他覺得頭上的桶子越來越重。不過我很高興地向大家報告，安德魯最後成功

圖21　在佩加運水。左圖是經驗豐富的運水者，只用一隻手平衡水桶。右圖是安德魯，用兩隻手辛苦地維持平衡（攝影：利伯曼）

了。他蹣跚地走進校園時獲得英雄般的歡呼。

想像一下這樣日復一日、年復一年地運水是什麼感覺。在沒有馱獸或輪子的世界裡，柴火、嬰孩和採集或狩獵到的東西都必須自己背負。我覺得要把一頭死掉的扭角條紋羚搬運八公里一定十分疲累。此外，狩獵採集者每隔一兩個月遷移營地時，都必須帶著所有家當。因此背負與步行有關，而且是另一種重要的每日耐力身體活動。除了需要肌力和技巧，還需要花費額外能量。

理論上，背負物品的能量成本應該與物品重量成正比。背負體重是自己十分之一的嬰兒，等於自己的體重增加10％，因此行走時消耗的熱量也會增加10％。但事實上沒那麼簡單。有好幾十項研究發現，背負重量小於體重一半的物品時，能量消耗增加幅度通常等於額外重量的20％。負重很大時，能量成本則呈指數增加。[21]背負物品行走的能量成本通常較高，因為我們不只在站立期前半必須花費更多能量抬升更多重量，每一步結束時也必須花費更多能量使全身向上和向前移動。此外，我們背負物品時，肌肉必須出更多力量來維持身體和物品穩定。

能量相當珍貴，以往的人類又必須經常背負物品，所以人類發展出許多巧妙方法，盡可能在背負物品時節省能量。然而這些方法都需要肌力、練習和技巧。有一種方法是用頭頂。安德魯和我這類新手做得笨手笨腳，但我們和其他研究人員都發現，經常用頭頂水和其他重物的非洲女性，可負擔多達體重20％的重量而不增加熱量消耗。[22]秘訣是她們讓負重維持穩定平衡，並在撐起負重時把腿挺直，以節省更多位能並讓位能轉換回動能。

另一個節約能量的方法是用紮帶背負物品。紮帶先繞過頭頂，再綁在物品上。使用紮帶必須有強壯的頸部肌肉，並且要向前彎曲頸部和背部。我在墨西哥和衣索比亞看過女性用紮帶背負大量柴火，喜馬拉雅山區腳夫也用紮帶背負重物，效率比使用背包的西方人高出20%。[23]還有個聰明技巧是使用竹子等富彈性的材料製成的桿子，讓重物在肩膀上達到平衡。我和艾瑞克・卡斯提羅（Eric Castillo）發現中國的挑夫會運用這種方式節約能量、調整跨步時機，讓身體在桿子落下時抬起，反之亦然，進而縮小垂直震盪。[24]正如我們所知，用高度較高的背包背負重物，同時身體略向前彎，耗費的能量會少於把重物背負在髖部附近。[25]

在不同文化中，人類都以不同方式背負各種物品，但在我的印象中，女性在許多文化中負責大部分的背負工作。以佩加為例，水和柴火幾乎都由女性負責背負。這點在女性懷孕時尤其不公平，凸顯現代和古代行走的另一個差異。美國女性懷孕時活動量通常會減少，但以往大多數孕婦不大可能休息。[26]依據人類學家瑪喬麗・蕭斯塔克（Marjorie Shostak）表示，喀拉哈里沙漠中的狩獵採集者女性認為懷孕是「女人的工作」，因此背負重量和移動距離都維持正常，直到生產為止。[27]

懷孕讓兩足行走的準媽媽在背負物品時面臨另一番挑戰。四足動物懷孕時，腹部可向兩側和下方膨脹，容納胎兒和胎盤的額外體積和重量。如圖22所示，四足動物可把這些額外質量穩定地安置在四條腿構成的支撐矩形內。然而懷孕的兩足動物會有空間和平衡問題。逐漸長大的胎兒和胎盤向下壓迫骨盆底，而且位於身體質量中心前方。因此懷孕的女性有向前傾跌的危險。隨著胎兒越來越大，站立和行走時若要保持直立，背部和髖部肌肉必須出更大的力。為了平衡，孕婦有時會向後傾，但這個特殊姿勢對下背部曲線造成更大的壓力，往往導致背痛。下背痛現在就相當令人困擾，想像一下背部正在酸痛，又必須頂著東西長距離行走，那會是什麼狀況。這個問題顯然相當嚴重，使得女性脊椎在天擇下出現改變。凱瑟琳・惠特坎（Katherine Whitcome）、麗莎・夏皮洛（Liza Shapiro）曾經證明男性下背部曲線由兩塊脊椎骨構成，但在三百萬年前，母南猿把曲線分散給三塊脊椎骨，使曲線更平緩，同時關節更大、指向角度也更理想。[28]

這還只是懷孕的時候。寶寶出生後，我們的祖先和許多現代人到哪裡都必須帶著寶寶，卻沒有推車、汽車安全座椅和其他現代化裝備。狩獵採集者女性從營地出發時，用背帶把嬰兒背在背上，讓幼兒掛在自己的髖部上。回家途中，她們也用背帶背負食物或用頭頂著

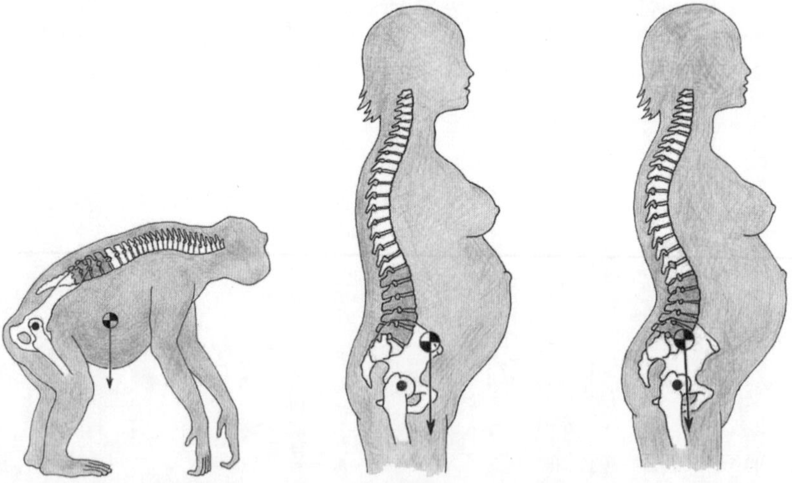

圖22　黑猩猩（左圖）和人類（中、右圖）懷孕狀況比較。黑猩猩的質量中心（圓圈處）由四條腿支撐，但直立人類懷孕時的質量中心在正常站立時使上半身前傾（中圖）。身體向後傾（右圖）可以穩定質量中心，但必須進一步彎曲下背部，對腰椎造成更大的壓力。不過這些脊椎關節都經過強化，而且腰部曲線平均分散在三塊脊椎骨，而不是男性的兩塊。（圖片取自Whitcome, K. K., Shapiro, L. J., and Lieberman, D. E. [2007], Fetal load and the evolution of lumbar lordosis in bipedal hominins, *Nature* 450:1075 – 78）

裝食物的籃子。狩獵採集者女性背負的嬰兒和食物往往重達體重的30%。[29]

總而言之，我們現在不只走得比以前少，行走時背負的東西也比以前少。走得少又背得少，消耗熱量一定比祖先少很多。但前面又提到走路沒辦法有效減重，這怎麼可能？

走路能減掉多餘的體重嗎？

如果想引發一屋子運動科學家爭執，只要大聲說「運動沒辦法減重！」然後溜之大吉就可以了。以往大家都認為，走路這類中度運動對減重最有幫助。但肥胖蔓延世界各地，幾十億人努力消除多餘體重都宣告失敗後，對這問題形成看法相反的兩個陣營。有些專家大力堅持步行和其他運動是減重計畫的必要項目，有些專家則認為這些活動沒有效果。一如往常，這個爭議過度簡化了沒有簡單對錯答案的複雜問題。

從表面上看來，走路無助於減重的說法似乎十分可笑。我們已經知道能量收支是一個人攝取和消耗熱量的差異。我們以兩千步走一．六公里取代開車，大概可以多消耗五十大卡熱量。所以每天多走一萬步，消耗的熱量將多達二百五十大卡。[30]不可否認地，多走一萬步或許會讓我們比較餓，但如果吃得節制，攝取的熱量比走掉的熱量少一百大卡，總結下來每個月可以多消耗三千大卡左右。這些熱量相當於略少於〇．四公斤的脂肪。這個換算比例出自一九五八年一項常被引用、過度簡化而且不大精確的研究。[31]此外，走路這類中低強度活動燃燒的脂肪比碳水化合物多（因此有些跑步機上面會標註「燃脂區間」）。[32] 因此許多人希望靠走路消除多餘體重。

身體這類生物系統相當複雜，曾經努力減重的人都知道，簡單理論很難套用在錯綜複雜的真實減重狀況上。對某個人有效的方法，在另一個人身上往往失敗，而且許多人儘管剛開始執行新的減重計畫時成功減去幾公斤，但接著又停滯甚至回彈，使成就感變成挫折感。許多研究指出，過重或肥胖者接受標準運動處方幾個月後，通常最多可減去幾公斤。舉例來說，一項女性運動劑量反應實驗（縮寫很巧妙地稱為DREW）指定四百六十四名女性每週慢走零、七十、一百四十和兩百一十分鐘（一百四十分鐘相當於八公里左右）。除了這些處方運動外，這些女性每天正常活動時還必須走五千步。六個月後，每週走一百四十分鐘標準量的女性只減輕二．二公斤，走兩百一十分鐘的減輕更少，只有一．三六公斤（後面會說明這個出乎意料的結果）。[33] 其他針對過重男女進行的對照研究，同樣也發現體重減輕幅度不大。[34]

對於體重過重二十多公斤的人而言，半年內減輕一．三到二．二公斤只是令人灰心的九牛一毛。因此，大眾對這類研究的直接反應是認為運動無助於縮小腰圍。走路是最基本的耐力身體活動，但在完全排除走路的體重控制效益之前，我們先從演化人類學觀點來探討這個論點背後的主要理由。

第一個理由是代償機制的影響，尤其是疲勞和飢餓。如果我每天多走一萬步，一定會比較累也比較餓，所以我會休息和多吃東西來補足消耗的熱量。從演化觀點來看，這些反應是合理的。由於天擇最終有利於能分配最多能量給繁衍的個體，所以幾百萬代以來我們的生理作用已習慣儲存能量，尤其是脂肪。此外，由於以往極少人過重或肥胖，所以人體只感覺得到我們的體重是增加還是減少，卻感覺不到有多少多餘脂肪。我們無論是瘦是胖，負能量收支（包括節食）都會引發飢餓反應，協助我們回復能量平衡，甚至增加體重，讓我們能分配更多能量給繁衍後代。[35]講起來不大公平，但我們無論是胖是瘦，減輕五公斤都會導致飲食衝動和不想活動。

走路在現代和古代的另一項重要差異正是由此而來。即使我多走一萬步讓身體處於負能量收支，要抵消這些額外能量成本其實也很容易，只要攝取一個甜甜圈或一瓶運動飲料就可以了，甚至只要當天其餘時間都坐在桌前，就能輕易補足能量。這點可以解釋女性運動劑量反應實驗研究得出的反常結果。運動最多的女性減重幅度小於預期，原因是她們吃得比較多。[36]幸運的是，有十多項研究探討運動、食物攝取和非運動身體活動對減重的影響後發現，中量運動處方很少使人當天其餘時間變成沙發懶蟲，以致運動效益被抵消。[37]此外，有幾項要求大量運動的實驗（其中一個是接受半程馬拉松訓練）確實會導致受試者吃更多。[38]人體像恆溫器一樣調節能量收支時顯然多半是透過飲食，而不是身體活動。

這裡又帶出另一個反對走路可以減重的常見說法，就是我們必須走非常遠的距離才能減輕幾公斤。前面提過，人類已演化成高效率的長距離步行高手，所以這個說法是正確的。如果我執行標準處方，每天快走三十分鐘，距離大約三公里，這樣每天大約可以多消耗一百大卡，理論上半年可以減去二．二公斤，與大多數研究得出的減輕幅度相符。如果一位瘦削的狩獵採集女性在六個月內減輕二．二公斤，身體應該會出問題，但許多肥胖美國人的節食目標是減輕二十五公斤。[39]要單靠運動減輕這麼多體重，必須投下驚人的努力，例如每天跑十二・八公里之類。節食很不容易，但要減去許多體重，節食還是比較有效的方法。

雖然每天步行三十分鐘沒辦法快速大幅減重，但演化和人類學觀點對走路消耗熱量太少、因此無法減重的說法提出了另一種解釋。雖然與平均每日能量收支（二千七百大卡）相比之下，每天步行三公里的常見處方消耗的熱量只佔一小部分（大約僅4％），但這點有部分必須歸因於運動量標準設定得太低。在此需一再重複的是，公共衛生標準建議值是每週一百五十分鐘的中等強度運動。平均每天只有二十一分鐘，是哈札人等非工業化人類身體活動量的六分之一。[40] 儘管工作、通勤和其他責任使得各種必須久坐的活動佔滿我們白天的時間，但一般美國人仍然花費八倍以上的時間（每天一百七十分鐘）在看電視上。[41] 難怪採用中等運動劑量的研究得出減重效果中等的結果。

出乎意料的是，研究指定強度較大、演化上較接近正常的運動（包括走路）時，預期減重效果居然比較好。有一項有趣的研究指定十四名過重且體態不佳的男女每週快走五次，總時間是標準的一百五十分鐘，同時指定另一組十六名受試者走路份量加倍。這兩組除了指定運動之外，飲食和久坐都完全不受限制。十二週後，每週一百五十分鐘組體重幾乎沒有減輕，但每周三百分鐘組平均減輕了二・七公斤。[42] 以這個速率而言，他們一年可望減輕十一・八公斤。另一項更辛苦的研究比較肥胖者每天運動消耗七百大卡（大約相當於慢跑八公里）和一般人每天減少攝取相同熱量的效果。三個月後，兩組受試者都減輕將近七・五公斤，但運動組減去較多不健康的器官脂肪，而且還吃得更多。[43]

另一個問題是時間。大多數節食者都想快速減重，同樣地，研究運動減重效果的研究人員也有時間壓力。由於一些實際理由，研究人員必須迅速進行實驗，然後分析和發表結果，避免中途退出的受試者太多。因此，運動效果測定期間超過數月以上的研究很少。然而短期研究有個問題，就是走路消耗能量很少，所以低量運動需要好幾個月或幾年才能累積出明顯的體重減輕。不過這是可能的。如同有個常見說法是每天花一百元買一杯星巴克咖啡，每年花費將近三萬六千五百元一樣，如果每天走路一小時而不吃進更多熱量，理論上兩年後將可減去十八公斤體重。

不過，新陳代謝沒那麼簡單。走路減重最後還有個重要難題是現在仍然所知甚少的「代謝補償」（metabolic compensation）現象。同樣地，哈札人研究對瞭解這個現象也有幫助。赫曼．彭澤爾（Herman Pontzer）等人測定哈札人的每日能量消耗時，驚訝地發現哈札人活動量很大，但每天消耗的總熱量和一樣瘦但久坐不動的工業化人類大致相同。[44]此外，彭澤爾等人蒐集美國、迦納、牙買加和南非等許多國家成人的能量消耗資料時發現，活動量大的人每天消耗的熱量只略多於體重相同但坐得較久的人類。還有，身體活動量較大的人，總能量收支少於依據活動量預測的能量收支。[45]一個人每天多消耗五百大卡運動，總能量收支為什麼沒有多出五百大卡？有人提出的解釋是總能量收支有其極限：如果我花費五百大卡走路，就會少消耗一些能量在安靜代謝上，藉以提供能量給運動。[46]

這個具爭議性的概念（稱為能量消耗受限假說〔constrained energy expenditure hypothesis〕）本身以及它與減重是否有關都還有待驗證。如果證實正確，那麼許多人的想法可能必須改變。運動的人雖然花費較多熱量在活動上，但每天消耗的總熱量其實與體型相仿但活動較少的人相同。要瞭解這個現象的意義，可以想想哈札人的總能量收支大約有15%花費在行走、挖掘和背負等活動上。[47] 此外，後面將會提到，運動可刺激修復和維護機制，提高活動後的安靜代謝率（也就是「後燃」），時間可長達數小時到兩天。[48] 但如果活動量大的哈札人狩獵採集者和經常運動的工業化人類總能量收支，與體型相仿但活動量小的人相差無幾，那麼他們花費在維護或繁衍等其他方面的能量一定較少。這點似乎難以想像，但我們在體重大幅減輕的人身上確實看到了這種現象，例如明尼蘇達飢餓實驗中的極端節食者安靜代謝率就大幅降低。

身體活動改變新陳代謝、進而抵消減重效果的條件和幅度，都還有待說明，但許多研究確實證明步行等運動可以減輕體重。不過要成功減重，必須連續好幾個月每天走路半小時以上。此外，運動較多的人或許會有代謝補償現象，以抵消一部分身體活動增加的效應。最後，節食減重確實較快、通常也較容易，因為每個人都必須進食，但每個人不一定運動，而且少吃五百大卡高熱量食物（例如四片培根）需要的時間和努力少於每天走八公里。拜託，我不否認要體態不佳又過重的人運動有多困難，運動可能很辛苦、不舒服、令人灰心，肢體障礙更會使運動變得困難甚至不可能。但對於沒興趣或無法跑步、游泳或從事其他激烈運動的人而言，走路依然是個輕鬆愉快又有用的中度身體活動。

更重要的是，一個人無論起初如何減重，要防止體重回彈一定要靠身體活動。不運動的節食者絕大多數在一年內回復一半體重，另外一半體重通常會在其後無可避免地逐漸回復。不過運動可大幅提高體重不回彈的機率。[49]有個例子是波士頓這裡進行的一項實驗。醫師指定一百六十名過重的警員執行低熱量飲食八週，其中有些運動，有些不運動。後來所有警員都減輕七到十三公斤不等，運動組減輕得稍多一點。不過減重飲食結束、警員恢復一般飲食後，只有持續運動的警員體重沒有回彈，其他警員減去的體重則大半回彈甚至回復原狀。[50]許多其他研究也證實，步行等身體活動可以避免體重回彈。[51]

每天走一萬步說不定多少還是有用……

日行萬步？

一九六〇年代中期，日本的山佐時計（Yamasa Tokei）發明一款簡單平價的計步器，可以計算我們走了多少步。這家公司決定把這款產品命名為「萬步計」（Manpo-kei），因為這樣聽起來既吉利又響亮，而且的確如此。這款計步器大大熱賣，「日行萬步」從此被全世界視為每日活動量的標準。[52]在各種效益中，日行萬步易於記憶，對大多數人而言也不算很難做到。一萬步包含運動和非運動身體活動，例如處理雜務和在家中和辦公室裡走來走去等等。

偶然間，日行萬步也成為彷彿很重要的目標。許多知名醫學機構都認為成人每週應該至少做五次中高強度有氧運動，每次三十分鐘以上，總時間至少要有一百五十分鐘。重要的是，在屋子裡走來走去或從停車處走到商店這類靜態生活方式中的正常活動，不能算在一百五十分鐘之內。定義

「中度」運動的方式很多，但無論哪種方式都包含每分鐘大約一百步的快走。以這樣的步調走三十分鐘通常可走三千到四千步，而每天走不到五千步仍然落在「靜態生活方式」的區間內，所以合理的每日最低步數至少要有八千到九千步。在日常活動之外多走幾步，就可以達到一萬步這個神奇數字！好巧不巧的是，大多數狩獵採集者女性每天行走的八公里正好大約就是一萬步。

不過有個問題還是很困擾我。如果每天走一萬步合理、可行又有用，而且走路花費的能量也不高，為什麼那麼多人走得那麼少？既然多走幾千步的效益大於不算很高的成本，那麼天擇不是應該比較有利於喜歡走路的人類祖先嗎？

答案同樣是能量。表8.1列出黑猩猩、狩獵採集者和西方人步行時消耗的平均熱量。從這裡可以看出，久坐不動的西方人每天花費在走路上的能量和黑猩猩相同，哈札人等狩獵採集者步行距離超過一般西方人的三倍，體重又輕得多，但花費熱量多達兩倍。總結下來，黑猩猩和狩獵採集者花費在步行上的總能量收支大約是10%，但西方人只花費4%。

就二十一世紀的美國人看來，這些數字似乎不重要。在熱量不虞匱乏又舒適的世界裡，誰會在乎一百大卡花費在哪裡？需要一再重複的是，如果我步行八公里，額外花費的能量大約是二百五十大卡，相當於我吃掉背包裡那條能量棒所攝取的熱量。如果我真的想消耗很多熱量，我應該跑八公里。如果我的目

表8.1　黑猩猩、狩獵採集者和西方人花費在步行的能量（兩性平均值）

組別	體重（公斤）	每日步行距離（公里）	花費在步行的能量（大卡）	步行佔總能量收支的比例
黑猩猩	37	4.0	125	10%
哈札人	47	11.5	216	10%
西方人	77	4.1	126	4%

標是減重，我就不該吃能量棒，當然更不能吃櫃子裡那些高熱量食物。因此許多專家直接把肥胖盛行歸因於工業化飲食，而不是活動量。

我不否定飲食相當重要，但我認為這個看法低估了步行等中度身體活動扮演的角色，尤其是從演化觀點來看的時候。

首先，每日能量收支的5%與10%的差異，現在看來沒多少，但對狩獵採集者（或黑猩猩）而言絕不是零頭。除了少數例外，人體大多數器官和機能消耗的能量都只佔總能量收支的一小部分。但這些重要的能量消耗很快就會累積到可觀程度。苛扣體溫調節、消化、循環、身體組織修復和維持免疫系統等方面的能量，很快就會導致問題。此外，在能量有限時，每天從不必要的步行省下一百大卡，一段時間之後就能累積出幾千大卡珍貴的熱量。如果一般哈札人女性走路和工業化女性一樣少，一年將可省下三萬到六萬大卡，這相當驚人。一位哺乳中的女性每天花費多達六百大卡來製造乳汁，這些能量可協助她養育更大、更健康的寶寶，並且儲存更多脂肪，協助她度過飢荒時期。[53]同樣地，如果一般工業化人類走的路和哈札人一樣多，花費在步行上的熱量大約是三百五十大卡。若不攝取更多食物來補足消耗掉的熱量，體重一定會慢慢減輕。

十八世紀時，步行（pedestrian）這個單字有沉悶、普通或平庸的意思，但我希望讀者們覺得步行

這主題不會太沉悶。演化使人類每天以奇怪、笨拙、直立但效率頗高的方式步行好幾公里。步行不會花費許多熱量是基本事實，而不是巧合。在人類的腦部容量大、語言、合作、製作精巧工具以及烹調等許多特徵中，高效率的雙足行走顯然是第一個也是最重要的特徵。如果人類的祖先不需要每天至少走一萬步，就不可能有我們。但這件事現在已經不必要了。以往走路不是運動，而且儘管走路的效率已經很高，現在的我們依然會盡可能地減少走路。所以在現在這個顛三倒四的世界中，許多人必須強迫自己走更多路，或是尋找自己喜歡的替代方案，例如園藝、家事、乒乓球、騎單車或游泳等。[54]

讀者們如果認為現在我們從事步行等中度活動時很辛苦，可以想想我們減少了多少激烈的耐力身體活動，其中最值得一提的是長跑。

第九章

跑步與跳舞：從一條腿跳到另一條腿

迷思 9：跑步傷膝蓋

言罷，他大步離去，朝著城堡的方向，
壯懷激烈，像拉著戰車的賽馬，
輕鬆地撒開啼腿，奔馳在舒坦的平原上
阿基里斯快步向前，驅使著他的雙膝和腿腳。

——荷馬，《伊利亞德》，第二十二卷，第二十六至三十行

一九六九年我五歲時，我媽媽開始跑步。她當時三十多歲，體態不算好，接了康乃迪克大學壓力很大的新工作，做得很辛苦。有人告訴她在那裡「女人要比男人優秀兩倍」才可能拿到終身職。不過，當年她在學校裡加入一個以終結女性不公平待遇為主旨的小型女性團體，她們其中一個目標是開放這所大學剛啟用的綜合體育館。這座體育館只允許女性進入觀賞賽事，但不能使用設施。因此她必須選擇一項運動，在朋友的建議下她決定嘗試跑步。

先說明一下，一九六九年時慢跑還沒開始風行。體育用品店沒賣跑鞋、《跑者世界》（*Runner's World*）雜誌只有一張紙，我媽媽這樣的業餘慢跑者基本上必須自立自強。

所以她穿上唯一找得到品牌的運動鞋，繞著戶外跑道盡全力快跑。起初我媽媽跑不到四百公尺，但靠著跑跑走走，慢慢累積耐力，跑完了一千五百公尺，接著可以跑完三千公尺。她跑得不算

開心，但這不是重點，對吧？後來她和朋友總算進體育館跑步卻被無禮地趕了出去。但她和朋友沒有放棄，繼續跑，同時要求學校設立女性寄物區。學校表示不可能，即使空間允許，這樣也太浪費，因為女性一定不會使用。此外，女性還要求有吹風機。

我很榮幸地說，因為我媽媽和跑友的努力，康乃迪克大學已於一九七〇年開放女性使用體育館。但當她以跑步改變這所大學時，跑步也改變了她。她心悸的老毛病消失了，而且慢慢愛上跑步，還拉我爸爸跟她一起跑步。四十多年來，她每天慢跑約八公里，通常跟我爸一起，連冬天也不例外。我媽媽現在已經八十多歲，儘管幾年前膝蓋嚴重受損，還是幾乎每天上健身房。我小時候不知道我媽媽是女性革命和跑步革命先鋒，但我除了在焦慮、過動和不安的青少年時期受到啟發開始跑步之外，還從她那裡學到了幾件重要的事。後面我們將會知道這幾點從演化和人類學觀點看來十分合理。首先最重要的是，我媽媽不是為了健康而跑步，她開始跑步是因為覺得必須如此。此外，跑步對我媽媽而言通常是為了交際，有時是跟朋友、有時是跟我爸。對她而言，跑步的重點是耐力而不是速度。她從沒參加過比賽，而是以她喜歡的配速小跑步，而且距離從不超過八公里。

我認為我媽媽是英雄和先鋒，但有些運動專家（就是那些鼓吹和碎念我們運動的人）會嘲弄地稱她為「慢跑者」，好跟真正的「跑者」區分開來。我反對這種區分方式。我們會瞧不起在公園打半場籃球或利用午餐時間短暫散步的業餘愛好者嗎？不跑步的人對跑者的揶揄又如何呢？有時候我岳父（完全不跑步）開車經過跑者旁邊時會故意刺激我說：「又有個慢跑者急著想跑進墳墓。」一所謂的「懼跑症」讓他認為跑步是折磨，會傷害膝蓋和心臟，而且他們很愛提到菲迪皮德斯

（Pheidippides）。傳說菲迪皮德斯是希臘信差，從位於馬拉松的戰場跑到雅典，通報戰勝的消息之後倒地而死（這裡需澄清一下，菲迪皮德斯的死亡事件是七百年後杜撰出來的，又因為十九世紀詩人羅伯特・白朗寧〔Robert Browning〕為了在詩中增添高潮而廣為流傳。希羅多德〔Herodotus〕和其他歷史學家沒有記述這件事）。

平心而論，跑者往往也有偏見。有些「跑步狂」認為跑步是好事，有些令人受不了的跑者跟每個願意聽的人大談比賽經驗、鉅細靡遺地聊自己的傷勢，還會故作謙虛地說自己每週「只跑」一百公里，或者一開口就說「我跑到18K的時候……」。另一個令人困擾的極端是「天生就會跑支持者」。這些跑步愛好者在書上看到人類演化出跑步的天性（有部分是我的錯），總是宣揚跑步是健康和快樂之源，尤其是赤足跑步。還好，絕大多數跑者只是喜歡跑步而已。

雖然跑步能激發熱情和爭議，但我們不要忘了另外一種同樣是跳動好幾小時的中高強度有氧運動：跳舞。跳舞也是各個文化的共通現象，而且比跑步更普遍。跳舞和跑步一樣有極端愛好者、可能造成傷害，而且也有馬拉松式活動。

這類耐力身體活動為什麼這麼風行，又為什麼能喚起這麼大的熱情？我們應該頌揚這些活動帶來的益處，還是擔憂可能造成的傷害？最重要的是，我們是否真的受演化影響而花費無數時間跳舞或跑步？目前看來最荒謬的說法是速度緩慢又不穩定的人類能跑贏馬。

人類跟馬賽跑？

一九八四年，當時是研究生的大衛・卡利爾（David Carrier）發表一篇頗具原創性的論文〈人類奔跑與人類演化的能量悖論〉（"The Energetic Paradox of Human Running and Hominid Evolution"）。這篇論文主張人類在高熱下的奔跑表現，明顯優於羚羊和其他速度較快的哺乳動物。[1]卡利爾除了回顧當時已知關於人類和其他哺乳類動物排汗與奔跑的能量知識，還描述了一種古老神祕的狩獵方法，這種方法是獵人徒步長距離追逐獵物，直到獵物倒下為止。可惜的是，卡利爾的論文並沒有對當時的人類移動學者造成明顯影響。一九八〇年代時，最大的爭議是人類何時及如何變得擅長步行，沒有人認為人類擅長奔跑。我問一位教授對人類在演化影響下奔跑有什麼看法，他懷疑地回答：「認為人類在演化影響下奔跑很蠢，因為人類速度慢、不穩定、效率又低。」接著他要我去看他寫的論文，這篇論文指出人類奔跑的效率很差，跟企鵝差不多。[2]當時我覺得很丟臉，所以就此退縮並放棄這個想法。

三十二年後，我在亞利桑那州普雷斯科特開始懷疑自己是不是腦袋有問題。十月某天早上六點鐘，我跟另外四十名跑者及五十三匹馬和騎士一起站在起跑線上。諷刺的是，這場「人馬賽跑」是一九八三年在鎮上的酒吧裡誕生，剛好是卡利爾發表論文的前一年。當時一位狂熱的跑者蓋瑞爾・布朗洛（Gheral Brownlow）跟一位騎馬的朋友史提夫・拉夫特斯（Steve Rafters）打賭，說厲害的跑者能在長距離跑贏馬。我比較謹慎，只跟女兒打賭我能在全長四十公里、越過明古斯山（標高二千三百四十六公尺）的賽道上跑贏一匹馬。不過起跑後幾分鐘，我就確定我會輸了。騎士們不到二公里就輕鬆愜意地刷過我和其他腳步沉重的跑者，開心地喊「待會見！」讀者們如果曾在馬拉松甫起跑就被小跑步的馬兒刷過，應該會忍不住對馬兒強壯晃動的肌肉和細長的腿部感到不安。我到底在做什麼？

接下來幾小時連馬兒的影子都看不到，我已經完全放棄跑贏任何一匹馬的念頭。太陽升起時，賽道離開河床，進入開闊的平原，接著爬上岩石很多的山，經過仙人掌、灌木叢和松樹。溫度和高度越高，我往上跑起來就越辛苦。最後我放棄努力，決定好好欣賞這個超級美麗的地方就好。但在接近三十公里的最高點時，我追過了一匹馬，在那裡騎士停下來讓馬降溫。我的心臟狂跳，找到了新的動力，在最高點開始追過更多馬兒，接著得意地盡全力跑下另一面陡峭的之字形山路。我確定馬兒在這麼陡峭又彎曲的下坡路一定追不上我。後來，山路在接近山腳處變得平緩，我聽見兩匹馬從後方越來越靠近，達達的馬蹄聲和刺耳的喘氣聲顯得特別響亮。我從來就不是比賽型的運動員，但這兩匹馬在古老的泥土山路上追過我時，我腦中有個以往不知道的開關突然打開，指揮我的腿追上那兩匹馬。離終點不到一公里時，牠們在炎熱的曠野上慢了下來，我趁機追過牠們，這是我第一次帶著跑者的愉悅通過終點線。讓我吹噓一下：雖然我四小時二十分的成績不算出色，但我贏過五十三匹馬當中的四十四。

如果有人在一九八四年或一九九四年告訴我，我能在馬拉松比賽中跑贏馬，我一定會懷疑地笑出聲來。除了我相當敬重的教授對卡利爾的說法感到懷疑，我也從不認為自己是跑者。不可否認地，我受到我媽媽的啟發，曾經每週跑好幾次，每次跑個幾公里，但我從沒有參加過田徑隊，而且這輩子從沒跑超過八公里。不過因為來自猶他大學的聰明同事丹尼斯．布蘭博（Dennis Bramble），我對跑步的態度以及對跑上明古斯山過程的理解，在研究所時被徹底改變了。[3]出場的還有一頭在跑步機上的豬。

當時場景是這樣的。我正在做骨骼對負重的反應實驗，所以讓一頭豬在跑步機上跑步，此時客座的布蘭博走進實驗室。我站在那裡，布蘭博雙手抱在胸前，歪著頭對我說：「丹，這豬的頭沒辦法保持穩定。」坦白講，我從沒注意過豬的頭穩不穩定，但我用新眼光觀察時看出他講的沒錯。狗或馬奔跑時，頭就像飛彈一樣穩定不動，但豬的頭會像沙灘上的魚一樣上下甩動。我們的對話很快就轉向穩定目光的重要性，以及適應奔跑的動物（生物學術語是「走獸」）頭部後方有類似橡皮帶的特殊結構，稱為頸韌帶（nuchal ligament），作用和彈簧一樣，用以保持頭部穩定。一把豬送回豬圈後，我和布蘭博就觀察豬、狗和其他動物的頭骨。神奇的是，牠們的頭骨都保有頸韌帶是否存在的線索。不久之後，我們開始觀察人類石膏模型。他告訴我，狗、馬、羚羊和其他走獸都有頸韌帶，但豬和其他不會跑的動物沒有。更令人興奮的是，我們可以看到大猩猩、黑猩猩以及早期人類沒有頸韌帶，但人類和人屬的化石物種都有。如果頸韌帶是在奔跑時穩定頭部的適應作用，就可說是幾百萬年前人類在天擇下開始奔跑的證據。

後來幾年，布蘭博和我合作進行一連串實驗，研究人類和其他動物奔跑時如何穩定頭部。我們開始蒐集及分析分別在人類和其他經常奔跑的動物身上形成的特徵清單。此外，我們還記錄了化石上最初出現這些適應特徵的年代。最後，我們決定撰寫一篇論文檢視這些證據。這篇於二〇〇四年發表在《自然》期刊上的論文是〈人類的耐力跑與演化〉（"Endurance Running and the Evolution of Homo"），當期雜誌封面特別介紹我們這篇論文，寫著「天生就會跑」。[4]我們的基本主張是兩百萬年前，人類的祖先直立人已擁有在高熱下長距離奔跑所需的解剖結構，以便於採集和狩獵，這比弓箭和其他投射武器問世早了許多。我們和卡利爾同樣主張，人類祖先有時會被牛羚和扭角條紋羚等速度極快的動物追捕，就像我在亞利桑那州普雷斯科特那個炎熱的上午跑贏馬兒一樣。

讀者如果覺得懷疑，不用緊張，因為這很自然。如果出門看看，就會發現大多數人類沒在跑步，而是走路，即使跑得最快的人一定也比大多數動物跑得慢又笨拙。如果人類是動物界裡的烏龜而不是兔子，要怎麼跑贏自然界跑得最快的動物？此外，這類長距離奔跑又如何協助人類狩獵？世界上明明有更容易、更輕鬆的覓食方法啊？要解決這些問題，第一步是思考人類和其他動物如何奔跑，以及我們具備哪些特徵協助我們奔跑。

從一隻腳跳到另一隻腳

如果可以的話，請先放下這本書，走個幾步，接著開始奔跑。雖然這兩種步態運用的解剖結構相同，但奔跑的力學原理顯然不同也比較困難。我們行走時，任何時刻至少會有一條腿接觸地面，作用類似上下顛倒的鐘擺。每走一步，身體會抬起並從上方越過。但我們轉為奔跑時，兩腿的作用會變得與彈跳棒一樣，如圖23。每一步開始時，我們的身體質量中心不會升高，而是隨髖部、膝部和腳踝彎曲而降低。彎曲這些關節可以延展腿部肌腱（尤其是阿基里斯腱），讓肌腱像彈簧一樣儲存彈性能。接下來在支撐期後半肌腱回彈，肌肉同時收縮，拉直關節，把身體向上推到空中。在此同時，我們會本能地略微前傾、彎曲手肘、擺動膝部並進一步收縮，手臂擺向腿部的反方向。本質上，跑步其實是從一條腿跳到另一條腿。

如果我們恰巧跟馬並肩跑在一起，就會發現牠也是用腿

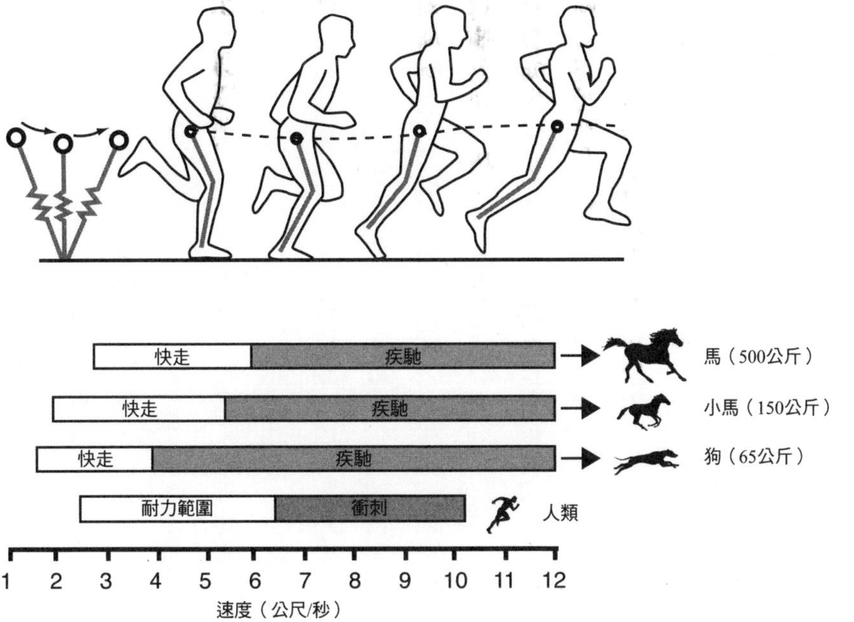

圖23　奔跑力學與速度。上圖：奔跑的性質和彈簧相仿。支撐期前半，身體質量中心降低，把彈性能儲存在腿部的肌腱和肌肉中。接著在支撐期後半，這些結構回彈，共同把身體推向空中。下圖：人類耐力跑和短跑速度範圍與狗（靈緹犬）、小馬和馬的快走（耐力）與疾馳比較。請注意，人類長距離奔跑速度高於狗和小馬的快走速度，有時甚至比馬更快。（圖片修改自Bramble, D. M., and Lieberman, D. E. [2004], Endurance running and the evolution of Homo, *Nature* 432:345－52）

向前跳，只不過牠的腿比較長也比較壯，而且數量是我們的兩倍。事實上，兩足動物奔跑相當於四足動物快走。我們一邊的手臂和對側的腿同步移動（也就是左手和右腿同時向前擺），同樣地，馬快走時是以一邊的前肢和另一邊的後肢向前跳。不過馬兒有個動作是兩足行走的人類做不到的，也就是疾馳（gallop）。四足動物疾馳時，前肢和後肢交互著地，不只用到腿，還把脊椎當成彈簧。[5]

有了這些關於奔跑的基本認識，接著我們來探討一般人為何及如何能跑贏馬。首先，圖23中的白色橫條比較了人類奔跑馬拉松距離的最高速度，與靈緹犬、小馬和成年純種馬的快走速度。[6]我這樣比較的原因是馬這類四足動物只能以快走的方式長距離移動，所以雖然馬、狗、斑馬和羚羊疾馳的速度比人類短跑更快（灰色橫條），但只能疾馳個幾公里，就必須改成慢走或快走，尤其是天氣炎熱時。[7]跑馬拉松時，連中年教授的速度也能明顯超過靈緹犬、小馬，甚至成年純種馬快走相同距離的速度。

人類除了能以較快的速度長距離奔跑，更特別的是人類本來就很習慣長距離奔跑。有誰看過野生動物沒有特殊理由就自己跑上好幾公里？除了狼、狗和土狼等群居肉食性動物有時會跑十五公里狩獵之外，其他動物如果不是逼不得已，很少自願跑一百公尺以上。[8]羚羊和大草原上的其他獵物必須衝刺逃離追捕牠們的獅子和獵豹，但這類瘋狂衝刺持續的時間不會超過幾分鐘。狗和馬等動物能跑許多公里，但必須靠我們用鞭子和馬刺驅策才行。一九三〇年代一些令人不快的實驗指出，狗在強迫下可在跑步機上快走將近一百公里，受過耐力訓練的馬則可載著騎士快走一百六十公里。[9]依據這些標準，人類算很厲害。許多和我媽媽一樣的一般大眾，每天穿上跑鞋跑八公里、沒有週休。美國至少有五十萬人每年完成一次馬拉松，每週通常練習五十公里以上，持續好幾個月。[10]

在成本方面，我的教授認為人類行走效率和企鵝一樣差是不對的。如果以許多人當樣本，並依照體型差異進行標準化，人類每公斤體重的奔跑效率和馬、羚羊與其他已經相當適應奔跑的物種相當。[11]

那麼，是什麼因素使源自扁平足猿類的一般人類變得如此擅於耐力跑？最明顯的因素是人類的腿長又有彈性。人類腿部末端雖然是笨重的腳，但以體型而言算相當長，這點只要往黑猩猩、羊或靈緹犬旁邊一站就能輕易看出，這些動物的體重都和一般人類相同或略輕，但腿都短得多。[12]同樣重要的是，人類腿部有阿基里斯腱這類長又富彈性的肌腱。連人類的腳也有類似彈簧的組織在足弓底下。肌腱雖然在走路時派不上用場，但在奔跑時具有類似彈簧的作用。我們奔跑時腿和腳每次著地時，髖部、膝部和腳踝彎曲，足弓變平，這些肌腱便隨之延展。肌腱回彈時，儲存在其中的能量釋出，把我們再推到空中。從袋鼠到鹿等各種已適應奔跑的動物，全都具備長又富彈性的肌腱，但在人類的近親非洲猿類身上，這些肌腱卻相當短。這表示人類獨立演化出阿基里斯腱等較長的肌腱，以便於奔跑。依據一項估計，阿基里斯腱和人類足弓內的彈簧組織，可重新釋出人體接觸地面時的一半力學能。[13]

下次氣喘吁吁、覺得自己像樹懶一樣遲鈍時，別忘了圖24的內容。速度等於雙腿移動的頻率（步頻）乘以每一步移動的距離（步幅），所以這兩張圖說明了優秀人類跑者、體型相仿的靈緹犬，以及體重高達六倍的馬三者的速度對步幅和步頻的變化。我和布蘭博最初把這些資料畫成圖表時相

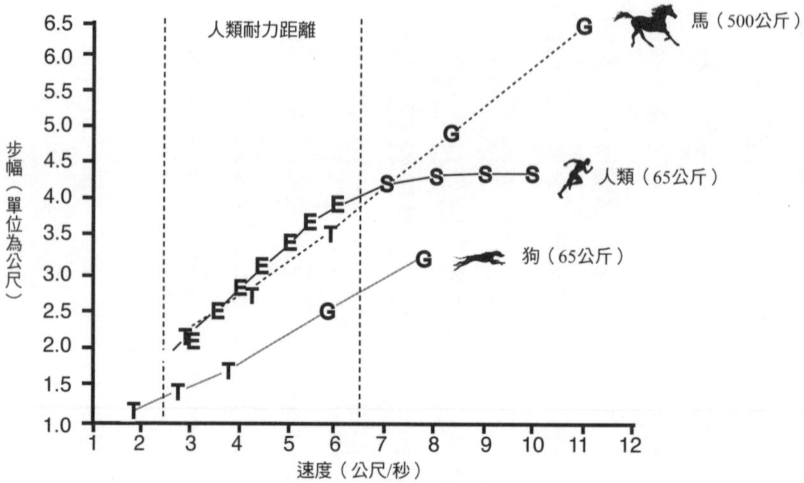

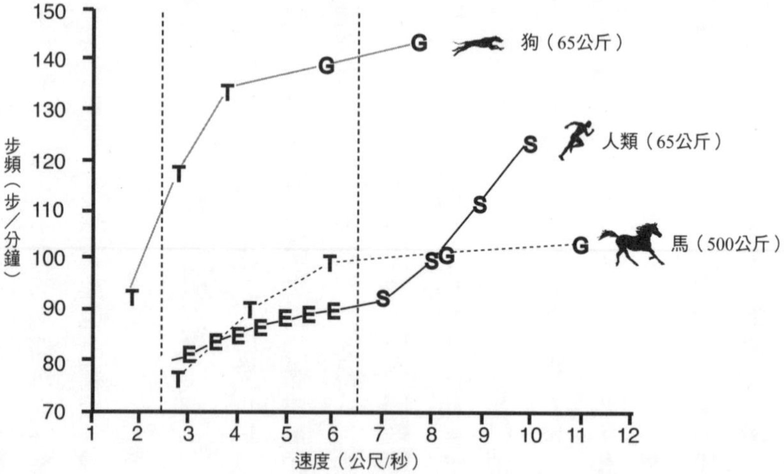

圖24 優秀人類跑者、靈緹犬和馬的速度與步幅（上圖）和步頻（下圖）對照圖。E為耐力距離、S為衝刺距離、T是快走、G是疾馳。請注意人類的體型只有馬的七分之一，但表現相當接近。（資料來源：Bramble, D. M., and Lieberman, D. E. [2004], Endurance running and the evolution of Homo, *Nature* 432:345－52）

當驚訝。在已知的耐力速度下，優秀人類跑者的步頻比成年馬兒低，但步幅相仿。相反地，狗的步幅小得多，但步頻較快。換句話說，在耐力速度範圍內，人類和馬一樣跳躍前進。不過如果馬兒加速，人類就輸定了，因為人類衝刺時無法進一步加大步幅，只能靠提高步頻增加速度，但提高步頻耗能較高、效率又低。幾秒鐘內，馬兒就能讓人類吃土。但馬兒最後還是必須慢下來，通常是因為太熱。

除了腿部效能非常高，人類最重要也最獨特、協助我們長距離移動的適應特徵，是大量排汗的能力。奔跑使身體產生大量的熱，讓我們在冷天時溫暖又舒適，但在高熱高濕下則會變得危險。如果不能排除這些熱，就必須停下來，否則將會熱衰竭，因為體溫超過攝氏四十一度時，腦部和其他細胞就會受到傷害。人類和所有哺乳類一樣依靠蒸發降低體溫：高熱使水變成蒸汽時，散失的能量可降低皮膚溫度。大多數動物透過短而淺的喘氣使喉嚨和舌頭上的唾液蒸發，利用這種方式達成天然冷卻。水分蒸發冷卻皮膚時，皮下血管中的血液也會冷卻。冷卻的血液接著冷卻身體其他部位。不過喘氣有兩項限制。第一項限制是舌頭、嘴巴和鼻子無論多麼濕潤，用以冷卻的表面積都很有限。更糟的是，狗和其他四足動物疾馳時無法喘氣，因為疾馳是往復式的步態，每一步都會使內臟像活塞一樣壓擠橫膈膜。[14] 四足動物從快走轉換成疾馳時，必須停止喘氣，讓呼吸和步伐同步（讀者可以試試帶狗跑步，但不要讓狗在炎熱天氣下疾馳太久，否則狗的體溫會過高）。

在某個時候，人類運用特殊的液體分泌腺體，演化出優異的冷卻系統。大多數動物只有腳掌才有這種腺體。猴子和猩猩身體的其他部位也有少量汗腺，但只有人類皮膚各處擁有五百萬到一千萬個汗腺，尤以頭部、四肢和胸部最多。[15]大量排汗使得整個身體變成超大型舌頭。此外人類沒有毛皮，空氣可以不受阻礙地在皮膚表面流動，讓我們迅速排除大量的熱。馬科的幾種動物和駱駝也會排汗（汗沫）但效率較差，而且只能透過有油脂的腺體，而這類腺體和人類腋下和鼠蹊部的腺體相同。整體說來，人類是動物界中最擅於排汗的動物。我們在高熱下奔跑時，每小時能排汗一公升（有時更多），足可在攝氏三十二度下跑馬拉松時保持涼爽，其他動物都做不到這點。[16]

人類還擁有其他的適應特徵。我們靜止不動時，心臟每分鐘推送四到六公升的血液，但奔跑時必須推送多達五倍的血液，供應給努力工作的肌肉和冷卻身體。一般跑者的心臟每分鐘推送二十到二十四公升血液，菁英跑者則可達到令人驚奇的每分鐘三十五公升。我和同事羅伯・謝夫（Rob Shave）和艾隆・巴吉希（Aaron Baggish）證明，一般人類和馬或其他已適應耐力活動的動物一樣，演化出寬大又富彈性的心臟腔室，與猩猩較小、較厚又較僵硬的心臟明顯不同，因此每次跳動都能推送大量血液。[17]人類也具備精細的腦部血液供應系統，在運動時有助於冷卻這個重要器官。[18]此外，一般人類的腿部肌肉通常擁有50％至70％抗疲勞的慢縮肌纖維，遠多於黑猩猩的11％至32％。[19]受過速度訓練的人類可提高快縮肌纖維的比例，但一般大眾仍以慢縮肌纖維為主，因此耐力比猿類更強。[20]

前面這些協助人類奔跑的特徵，幾乎全都是生物學家所謂的「趨同」（convergent）演化，也就是這些特徵在人類和其他動物身上分別形成，藉以適應奔跑。然而人類是從習慣爬樹的猿類演化而來的不穩定雙足動物，所以奔跑時也格外容易跌倒。被輕輕一撞或不幸踩到香蕉皮時，人類比四足動物更容易跌倒。腳踝扭傷或手腕受傷在石器時代往往等於宣告死刑，可以想見人類必須演化出一套獨特且重要的穩定特徵。在這些適應特徵中，我最欣賞的是臀大肌的增大。臀大肌是人體最大而且很可能是最豐滿的肌肉。把手放在臀部走個幾步，就會注意到這塊肌肉大多沒有動作，但如果開始奔跑，就能感覺到它隨著每一步踏出而強力收縮。我實驗室進行的實驗指出，這塊重要肌肉的主要動作是防止軀幹在腳部每次著地時向前傾。[21] 協助我們奔跑時維持穩定的適應特徵還有我們旋轉軀幹時，對側手臂會同時擺動，[22] 以及前面提過的頸韌帶可防止頭部擺動過大。[23]

即使不喜歡跑步，我們的身體從上到下都具備許多特徵，協助我們省力快速地長距離奔跑。許多這些特徵對我們步行或進行其他動作沒有幫助，所以顯然是為了適應奔跑而形成。一般跑者能在馬拉松中跑贏馬兒顯然不是僥倖。

但為什麼會這樣？

強力腐食與持久狩獵

幾十年來我一直努力試圖解釋人類祖先為什麼發展出這麼多適應特徵，以便奔跑這麼長的距離，我能想到的唯一解釋是為了取得肉類。

在現在的農耕和超市時代，讀者們有可能吃素，即使不是，應該也不會吃路邊的屍體。更進一步說，就算打獵應該也是為了比賽。但這些都是非常現代的說法。狩獵採集者絕不會拒絕不花力氣取得肉類的機會，即使不大新鮮也沒關係，而狩獵也是取得營養食物和獲得社會地位的重要途徑。但以往腐食和狩獵不僅困難、危險，而且幾乎一定需要奔跑。

最先開始食用的應該是腐肉。假設我們是飢餓的早期人類，例如兩百萬到三百萬年前的巧人，不僅矮小、速度慢、瘦弱，而且僅有的武器是木棒或石塊。我們在非洲大地上四處跋涉、尋找食物時，不大可能碰到可以撿拾的屍體，因為這些都是迅速消失的寶貴資源。動物一旦死去或者獅子和其他掠食者離開屍體後，立刻就會掀起一場騷動，禿鷹、土狼和其他食腐動物爭相搶食剩下的肉。肚子餓想吃肉的食腐動物不僅動作要快，還要願意加入這場吵雜凶惡的競爭。

對於具備中長距離奔跑能力的弱小人類而言，有個可能對策稱為強力腐食（power scavenging），最常見的狀況一開始是看到禿鷹在遠方盤旋，就代表地面有屍體。如果日正當中、天氣炎熱，這時候跑起來，就很有機會比不適應在高熱下奔跑的土狼早一步到達。如果能趕走禿鷹，就很有機會吃到東西，包括獅子吃不到的骨頭，裡面含有許多骨髓。哈札人和桑族等覓食者現在仍然使用這種方法。[24]

人類起初應該是靠腐食開始吃肉的，但有明確的考古證據指出，人類兩百萬年前也會獵捕牛羚和扭角條紋羚等大型動物。[25] 但如果沒有好用的武器，要打獵可沒那麼容易。弓箭發明年代距今不到十萬年，在長矛上安裝石製矛尖大概也只有五十萬年。[26] 在這些武器問世之前，獵人必須接近獵物，有時甚至必須直接以長矛刺殺動物。然而，千萬不要嘗試這麼做。肉類確實營養豐富，但以極度靠近生氣的牛羚而被踢傷或頂傷的風險看來，很難想像狩獵採集者祖先大多數不吃素。

早期人類打獵的方式可能有好幾種，但卡利爾曾經於一九八四年提出，其中一定包含持久狩獵（persistence hunting）這種方式。這種古老的狩獵方式雖然現在已經沒什麼人知道，但許多人類學家和探險家都曾提到不同文化和環境的人類採用持久狩獵法，範圍遍及各大陸，除了南極洲之外。[27]最詳細的記述出自保育專家路易・李本柏格（Louis Liebenberg），他投注數十年時間研究喀拉哈里沙漠的桑族狩獵採集者，還曾經和這些持久獵人一起奔跑。[28]我和同事也在墨西哥訪問過塔拉烏馬拉長者，記錄他們年輕時以這種方式打獵的經驗。[29]其他同事也介紹過亞馬遜獵人追捕猯豬。雖然許多西方人質疑這種狩獵方式，但許多證據顯示持久狩獵曾經相當普遍。

持久狩獵的方法有好幾種，其中一種是發揮人類奔跑時體溫不易過高的特殊能力。在一天當中最熱的時段，一群獵人追捕一隻動物。這隻動物越大越好，因為體型大的動物就像體型較大的人類一樣，比較容易疲勞和體溫過高。起先，獵物疾馳起來當然比人類快，人類通常會以輕鬆的步調慢慢奔跑。接著這頭可憐的動物開始喘氣降溫，獵人會持續跟蹤下去，通常用走的，以便在獵物降溫完成之前再次趕上牠。這場貓捉老鼠的的追逐和追蹤不斷地重複下去。假設獵人不等動物完全降溫就再度開始追逐，牠的體溫就會逐漸升高，最後因為熱衰竭而倒地。接下來獵人便可以走向這頭動物，不需要先進的武器（有時只要一塊石頭）就能解決牠。依據李本柏格在喀拉哈里沙漠中十多次狩獵的詳盡紀錄，平均移動距離略多於半程馬拉松，獵人大約有一半時間用走的，另一半時間以每公里六・二分鐘的速度奔跑，算是適中的慢跑速度。李本柏格強調，這種狩獵方式最具挑戰性的部分不是奔跑，而是藉由腳印、血跡和動物可能行為的知識追蹤動物。[30]

這種追逐和追蹤法在寒冷天氣下也能讓動物筋疲力竭或受傷，因此同樣有效。塔拉烏馬拉人有時會在冬天長距離追捕鹿，喀拉哈里沙漠中的桑族會在砂質土壤上追逐羚羊，使羚羊筋疲力盡。斯堪地那維亞半島北部的薩米（Sammi）族獵人據說會使用越野滑雪板在粉狀的雪地上追逐馴鹿。粉狀的雪特別容易使動物疲倦，最後不支倒下。[31]

有一種相關狩獵法同樣需要奔跑，有時距離相當長，這種方法是驅使動物跑進天然或人為陷阱，如此輕鬆安全地置獵物於死地。美國原住民經常記錄的一種常見方法是獵人把鹿或其他獵物趕向溝壑、懸崖、沼澤或深溝、尖刺、網子或藏匿獵人的陷阱。這類追逐以及高熱下的狩獵一樣有多名獵人參與，他們會策略性地合作，並且運用關於環境和獵物的知識。[32]人類學家諾曼・廷德爾（Norman Tindale）曾經說明原住民獵人兩人一組追捕袋鼠時，如何「利用這種動物奔跑時一定沿圓弧移動的習性。當一名獵人筋疲力盡時，另一個年輕人抄近路，開始奔跑」。[33]

可以想見，現在除非像亞歷山大・塞爾科克（Alexander Selkirk）一樣逼不得已，否則沒有人會採取持久狩獵這種方法了。賽爾科克據說是《魯濱遜漂流記》的靈感來源，困在南美洲島嶼上時曾經追逐野生山羊。[34]現在的獵人有槍、狗和各種發明，而且野生動物少上很多。桑族也曾被禁止狩獵。不過，如果我們能坐時光機回到幾千年前，就會發現世界各地應該都有人採用需要奔跑的狩獵方法。

令人開心的是，現在我們有更安全方便，而且更可靠的方法來獲取肉類（或是選擇吃素），但長途奔跑對人類祖先還有其他益處。人類奔跑的目的還有打仗、敬拜神祇、吸引異性以及好玩。對許多美國原住民來說，賽跑和袋棍球（lacrosse）等運動競技都在頌揚長距離奔跑，某些形式的奔跑則是一種祈禱，與塔拉烏馬拉男性的rarájipari和女性的ariwete一樣。[35]這些傳統告訴我們，奔跑不是男性的專利。如果參加大型比賽，就會知道在波比．吉布（譯注：史上首位完成波士頓馬拉松的女性）和凱薩琳．斯威策（譯注：史上首位正式參加波士頓馬拉松的女性）等先驅的努力下，現在女性跑者已達到一半之多。[36]雖然在狩獵採集社會中負責狩獵的大多是男性，但女性有時也會參與持久狩獵，而且也會參與宗教性和世俗性的賽跑。[37]

但人類奔跑的演化史帶出了一個難題：如果人類在演化影響下開始跑步，為什麼有那麼多跑者受傷？

我應該跑步去看醫生嗎？

中年危機來襲時，我沒跟老婆離婚、買跑車，而是靠練習初馬來克服危機。劇烈的疼痛接踵而來。我掙扎著下床，舉步維艱地走到洗手間，感覺好像有隻看不見的惡鬼侵入我的腳，用尖刀戳我的腳底一樣。幾分鐘後，這股劇痛會慢慢消失，只不過稍後又會再度造訪。我和許多跑者一樣得了足底筋膜炎（plantar fasciitis），腳底一條粗大的結締組織發炎。這條組織位於足弓下方，看來就像弓弦。依照網路上查到的建議，我應該增加更換跑鞋的頻率。跑鞋的彈性衰退時，足弓支撐效果降低，對足底筋膜造成更大的應力。所以我立刻衝到跑鞋專賣店買了新鞋，問題才慢慢解決。後來我每隔三個月就換一雙新鞋，不在乎花費多少。不過隔了一年之後，我又碰上阿基里斯腱發炎和其他不明疼痛，我擔心可能永遠都不能跑了。

諷刺的是，雖然我執迷不悟地買新鞋，但也開始研究人類如何赤腳跑步。這項研究開始於我和丹尼斯．布蘭博（Dennis Bramble）在《自然》期刊上發表〈天生就會跑〉論文後不久，在一個陰暗暴風雨夜晚舉行的公開演講。演講廳第一排坐著一位留著大鬍子、襪子貼了一圈膠帶的研究員。演講結束後，他說自己叫傑佛瑞，並提出一個很好的問題：「我就算跑步也不喜歡穿鞋子究竟是怎麼回事？」當時我的直覺反應是「你一定超級喜歡赤腳跑步！」還有「人類在演化影響下當然適應赤腳跑步！」傑佛瑞住在波士頓，所以我問他有沒有興趣到實驗室來。幾天後，他果然帶著長滿厚繭的雙腳來到實驗室，讓我們記錄他跑步的資料。傑佛瑞不同於我或我測量過的大多數跑者，他跑步時以拇指球接觸地面（前足著地），輕盈地就像羽毛一樣，因此能避免腳跟著地時經常造成的衝擊峰值和震波。這個發現讓人恍然大悟。鞋子發明之前，人類已經奔跑了幾百萬年，演化出這種奔跑方式會不會是為了避免沒有鞋子緩衝時以腳跟著地的痛楚？果真如此，這個結論是否有助於防止跑步常見的傷害？

其後幾年，我和學生開始研究赤足跑步。傑佛瑞是美國一個不穿鞋跑團的成員，我以前沒聽過這個團體。赤足傑佛瑞介紹我認識赤足普雷斯頓、赤足肯巴伯，以及其他尊稱「赤足」的人士，我們立刻開始研究來自全美國各地的赤足大仙，測量他們跑步的方式，繪製腳跟著地和拇指球著地的生物力學圖形。接著我們還到肯亞研究從沒穿過鞋子的跑者，並在《自然》期刊上發表另一篇論文。這篇論文也出現在當期封面，標題是〈輕輕下腳：鞋子問世前人類如何舒適地奔跑〉。[38] 我們這篇論文提出模型並加以檢驗，說明以拇指球著地為什麼能避免以腳跟著地造成的衝擊力，同時證明傑佛瑞這類習慣赤足者通常（但不是絕對）以這種方式跑步。我們也推測人類奔跑時主要以前足著地，並且號召科學家檢驗這種菁英跑者常用的跑步方式是否能預防傷害。

許多跑者和有意開始跑步的人擔憂跑步本身可能是傷害。除了摔倒和其他意外可能帶來危險之外，許多人認為持續撞擊路面會累積損耗，跟汽車行駛里程過多一樣。這類傷害通常稱為過度使用傷害。研究指出，每年大約有20%至90%的跑者發生這類傷害，代表有好幾百萬跑者跑得太多。[39] 這類傷害最常出現的位置是膝部，其他傷害包括脛骨痛、脛骨應力性骨折、跟腱炎、小腿肌肉撕裂、足底筋膜炎、腳趾應力性骨折以及下背痛等，[40] 但絕大多數是膝部。我算不出有多少人（包括醫生在內）跟我說過他們跑太多，所以膝蓋壞掉了。跑步真的那麼容易造成傷害嗎？如果人類受演化影響而長途奔跑，身體為什麼還是不適應？

有個假設是跑步傷害是不匹配狀況，就像人體不適應現代生活環境而造成的第二型糖尿病和近視一樣。依照這種思考方式，如果我們順應演化，用赤腳跑步，跑步傷害應該會比較少。某些跑步傷害確實是不匹配，但這個理想化思考方式的問題是：一切事物或多或少都有權衡和風險，身體活動也是一樣。雖然孕婦在演化影響下懷孕、進食和走路，仍然經常會背痛，有些人吃東西時會噎到，全世界每天都有人扭傷腳踝，跑步怎麼可能有什麼不同？

另一個假設是人體已經神奇地適應跑步，跑步的危險被過分誇大。如果說全世界幾百萬名跑者有80％因傷害而紛紛中箭落馬，醫師辦公室應該會擠滿受傷跑者，慢跑者最後應該會變成稀有動物。

針對數百項小型研究的總體證據進行的分析指出，跑步傷害比率呈現U形曲線：受傷機率最高的是跑步里程大幅增加的新手、競爭性的高速跑者，以及馬拉松選手，至於介於這兩個極端間的一般跑者受傷的機率則低得多。[41]舉例來說，我和同事發現哈佛大學越野隊的中長距離跑者，每年有四分之三發生嚴重的傷害，這些運動員每年以很快的速度跑超過三千公里。[42]相反地，以合理速度跑適當距離的荷蘭慢跑者只有五分之一發生傷害，其中許多傷害相當輕微。[43]

我們應該盡一切可能防止跑者受傷，但如此一來，我們就必須破解幾個關於跑步傷害的普遍迷思，其中最大的迷思是跑太多造成的損耗會侵蝕膝部和髖部軟骨，造成退化性關節炎。其實不是這樣的。無論許多醫師和民眾怎麼說，已經有十多項完整研究證明非職業跑者罹患退化性關節炎的機率不比不跑步的人來得高。[44]事實上，跑步和其他身體活動都有助於增加健康的軟骨，也能防止退化性關節炎。我實驗室的一項研究指出，近兩個世代以來，同一年齡和體重的人罹患膝部退化性關節炎的機率增加了一倍，原因是活動量減少，而不是增加。[45]即使如此，傷害仍然確實發生，而且大多出現在膝部。姑且不論腳踝扭傷等傷害，我們該如何防止跑步傷害呢？

有個避免傷害的明顯方法是讓身體適應跑步對身體的要求。即使像我媽媽那樣每週跑五天、每次跑八公里的慢跑者，每年也會跑上兩百萬步，因此也可能因為一再重複蹬地或腳趾過度用力踩踏等中等力量動作，而造成「重複性應力傷害」（這個詞比「過度使用傷害」好一點）。這些動作施加的應力可能造成起初察覺不到的微小損傷。但如果我施加給脛骨的負荷持續超過其承載能力，小裂痕就會越來越嚴重，最後我會脛骨痛，接著是脛前疼痛。如果置之不理，還可能造成應力骨折。其他骨骼和軟骨、肌腱、韌帶和肌肉也可能出現類似的傷害。然而如果我的組織夠強壯，能承受這些應力而不出現損傷，我就不會受傷。問題是骨骼、韌帶和肌腱等結締組織的適應速度比肌肉和耐力慢很多。新手跑者，尤其是第一次跑馬拉松的人，跑步里程或速度（或兩者皆有）增加的速度可能遠超過脛骨、趾骨、阿基里斯腱、髂脛束和其他組織適應的速度，所以比較容易受傷。因此許多專家建議跑步里程每週只增加10%。[46]

另一個考量是肌力。肌肉的用途除了推動身體前進，還有控制動作和減少可能對組織造成壓力和傷害的負荷。耐力充沛但核心肌群和足部與腿部穩定肌群太弱的跑者，膝部和其他部位受傷的風險較高。[47]髖部旁邊的肌群（稱為髖外展肌群〔hip abductor〕）以經常成為較弱的環節著稱，該肌群可防止膝部在我們跨步時向內壓、造成傷害。[48]

不過人體當然會適應。二〇一五年，我隨同八位業餘跑者跑步橫越美國，為對抗兒童肥胖募款，總距離接近五千公里。在六個月內，這幾位二十多歲到七十多歲的跑者，每天跑大約全程馬拉松的距離，每週只休息一天。

除了測定他們的生物力學狀態，我還請這幾位勇敢的跑者每天記錄自己的傷害。最初幾週，他們最常記錄的狀況包括膝痛到水泡等。不過一個月後，隨著身體逐漸適應，他們記錄的傷害越來越少。在八位跑者記錄的五十項傷害中，有四分之三是在第一個月內，最後一個月則完全沒有紀錄。

除了跑量之外，另一個可能降低受傷機率的方法是跑步方式。如果重複應力傷害源自多次重覆的強力動作，那麼一定有些跑步方式造成的應力會比較小。然而，輕鬆溫和地跑步說來容易做來難，而且在我的經驗中，許多跑者根本不清楚自己的跑姿，就只是穿上舒服的鞋子出門跑步。許多教練也不很注意跑姿。這個「跑法人人不同」的假設，是我們每個人都會發展出自己最偏好、最有效的跑步方式，包括步頻、前傾程度、足部蹬地方式，以及我們彎曲髖部、膝部和腳踝的方式。只要我們維持這個跑姿，就比較不容易受傷。[49]

人類學方法結合我們已有的跑步生物力學知識提供了另一個觀點。[50]我詢問不同文化的跑者世界上是否有最佳跑步方式時，他們異口同聲地回答，他們認為跑步是學習來的技能。人類學家約瑟夫．亨里希（Joseph Henrich）已經證明，所有文化的人類都依靠模仿擅長重要技能的人來學習這些技能。[51]如果學羅傑．費德勒（Roger Federer）打網球很合理，那麼學埃利伍德．基普喬格（Eliud Kipchoge）或其他傑出跑者跑步不也很合理嗎？塔拉烏馬拉跑者告訴我，他們跟著踢球比賽冠軍學習正確的跑法。肯亞長跑選手也是這樣，經常以團體方式練習跑步技巧，我有時也會加入艾爾多雷特市外的團體。日出後不久，大約十到十二名跑者在當地教堂附近集合，每次都由同一人帶隊，開始慢慢跑出城鎮，我們跟著他跑時，我想：「好，這我可以！」但後來我們慢慢加速，最後我喘到必須脫隊，其他跑者則笑著祝我好運。除了互相激勵，這些團體成員還會邊跑邊學跑姿。看十個美國人練跑，通常會看到十種不同的跑步方法，但一群肯亞人通常看起來就像同一種鳥，帶隊者不只設定配速，還示範跑步方法，所以跑者動作一致，步頻、擺臂和優雅的踢腿都一樣。

但良好的跑姿是什麼？傷害和跑姿之間的關係研究起來十分困難，因為重複應力傷害需要好幾個月甚至好幾年累積，每個人的身體又都不同，而且我們不知道一個人的跑姿是否源自舊傷或是造成舊傷的原因，所以回溯性研究更加困難。許多研究只測定跑姿與可能造成傷害的力之間的關聯，例如跑者蹬地的用力程度等。知道這些警訊後，我想經驗豐富的跑者和教練大多同意圖25呈現的四個相關重要事項：一、不要跨步過大，否則足部著地時會在身體前方太遠。二、每分鐘跑一百七十到一百八十步。三、不要前傾過多，尤其是腰部。四、足部著地時接近水平，避免與地面產生快速強大的衝擊力。[52]

一、避免跨步過大。腿部向前擺動，同時提高膝部，因此著地時小腿會與地面垂直、足部在膝部下方，不要在髖部前方太遠。這

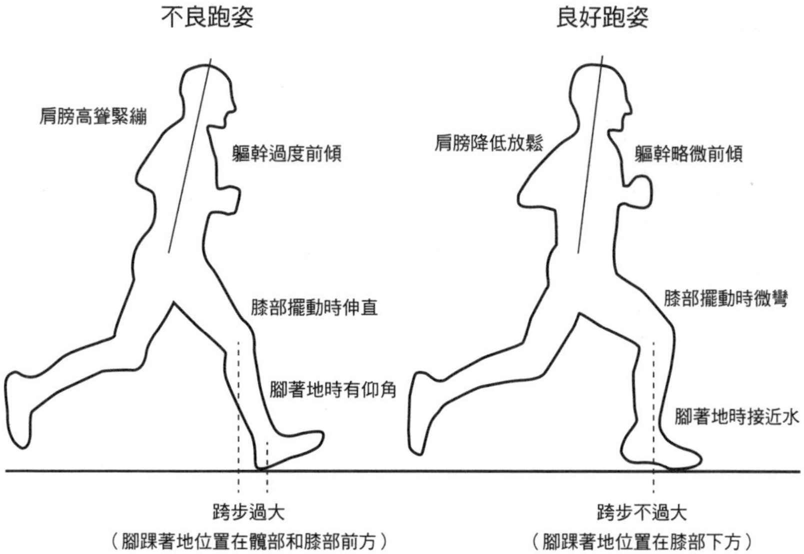

圖25 良好的跑姿（右）和常見不良跑姿（左）的比較。

樣可防止腿部太用力著地，造成太強的煞車力，減慢速度。

二、步頻通常隨速度增加，但有經驗的耐力型跑者無論跑什麼速度，每分鐘都是一百七十到一百八十步。因此他們省力地提高速度的方式是跳遠一點（跑步其實是從一條腿跳到另一條腿），高步頻也可防止跨步過大。

三、身體稍微前傾，但腰部不要前傾太多。上半身前傾過多會讓我們花費太多能量來防止軀幹向前倒，也容易造成跨步過大。

四、腳著地時接近水平。如果赤腳跑步又沒有跨步過大，拇指球幾乎一定會先接觸地面，腳跟才會放下，這種方式稱為前足或中足跑法。前足和中足跑法通常不會造成衝擊峰值，也就是不穿鞋子時讓腳感到疼痛的強大撞擊力。不過，中前足跑法會產生旋轉力（轉距），這個力在膝部較小而在腳踝較大，需要擁有強壯的小腿肌肉和阿基里斯腱，對於想改用中前足跑法的人可能會造成問題。如果要改變著地位置，請加強肌力並慢慢調整。

圖25中的良好跑姿在許多方面都與我和其他研究者在世界各地觀察到的赤腳跑者相符，一再讓我感到驚訝。[53]這點帶出最後但最具爭議性的傷害預防方法，也就是跑步時在腳下的東西，例如鞋子和地面。儘管有些天生跑者宣稱有緩衝的現代跑鞋一定會造成傷害，但這其實過於誇大。沒錯，鞋子可能會削弱足部力量，並促使我們用腳跟用力著地，但許多穿鞋的跑者並沒有受傷。此外，與某些說法相反的是，不穿鞋不一定能讓我們跑得更好，而且有許多人穿鞋也跑得很好。不過赤足確

實能提供許多穿鞋時缺少的感覺回饋。[54] 如果要不穿鞋以中等速度在堅硬地面上長距離跑步，必須跑得相當輕盈緩和。一般人通常會以赤足跑的方式來達到這目的，包括高步頻、跨步不過大，以及以拇指球著地等。一九七〇年代現代跑鞋問世之前，大多數人類採用這種方式跑步已有幾百萬年之久。我認為它很可能是比較好的跑步方式。別忘了，人類祖先從沒有在堅硬平坦的馬路上跑過步，而且每一步的狀況都相同。此外，他們跑的次數也比跑步迷來得少、速度也比較慢。

人類祖先也沒接受過訓練。我們在許多方面都看到，運動完全是現代現象，石器時代沒有人會練習跑步好幾個月或好幾年，準備站在一條畫好的線上，盡可能快速跑二十一公里或四十二公里，衝向另一條線。但對許多人而言，沒練習過就能跑馬拉松似乎很不可思議。塔拉烏馬拉人這類從不運動的農人和持久狩獵的狩獵採集者怎麼「練習」長距離跑步的？有個重要因素一定是長時間的長距離步行以及其他有助於提升肌力和耐力的工作。但說來似乎奇怪的是，我認為另一個重要練習方式是跳舞。

不來跳舞嗎？

一九五〇年代，在雷神公司（美國軍火商）賺了不少錢的勞倫斯・馬歇爾（Laurence Marshall）退休後決定多陪家人，帶他們一起旅行。他詢問過哈佛人類學家後，跟太太羅娜和小孩伊麗莎白和約翰前往地球另一端偏遠的喀拉哈里沙漠。後來八年，馬歇爾家又多次返回喀拉哈里沙漠，觀察和記錄當時還是狩獵採集者的桑族人生活，其中一次待了一年半之久。[55]馬歇爾家除了寫了幾本關於桑族的書，還帶回詳細的筆記、物件和照片。才華洋溢的電影攝影師約翰還拍攝了數千小時的影片。

約翰．馬歇爾許多影片呈現桑族外出覓食和打獵時步行很長的距離，還有一些影片記錄了包含奔跑的持久狩獵。但其中有一段影片（參見圖26）記錄了完全不同但同樣重要、而且經常被運動科學家忽視的持久身體活動：舞蹈。

為了說明狀況，我們先想像有個世界裡面沒有醫生、制度化宗教、電視、收音機、書籍或用以滿足身心需求以及娛樂與教育目的的機構或方法。但在我們研究過的每個非工業化社會，包括桑族在內，舞蹈都有助於滿足這些需求和目的。依據馬歇爾家族和其他觀察者指出，舞蹈不只是開心的社交聚會，能凝聚團體中的每個人，而且是重要、頻繁和體力需求相當高的儀式，有助於驅逐邪靈並治癒疾病。[56]

桑族的驅病舞大約每週舉行一次，通常開始於日落之後，大家都聚集在營火邊時。男性和女性一起歡樂地唱著沒有歌詞的古老歌曲，一邊拍手，幾位男性開始排成彎彎曲曲的隊伍，繞著大家跳舞，跟隨歌曲的節奏跺腳，通常還會加上輕盈的步伐。跳舞的大多是男性，女性也會依心情跳個一兩輪。夜越來越深，催眠舞蹈的熱情逐漸升高，會有更多男性加入，黎明時有些人開始進入恍惚狀態，稱為「半死」狀態。恍惚的舞者發出異於平常的聲音，動作變得不受控制：手不斷揮動、搖著頭，有時會快速地跑來跑去或是躺在地上發抖。桑族相信這種半清醒狀態有神奇的力量，可讓治療者的靈魂在人世和其他世界之間來去自如，消除明顯和尚未顯現的疾病，防範看不見但逐漸接近的

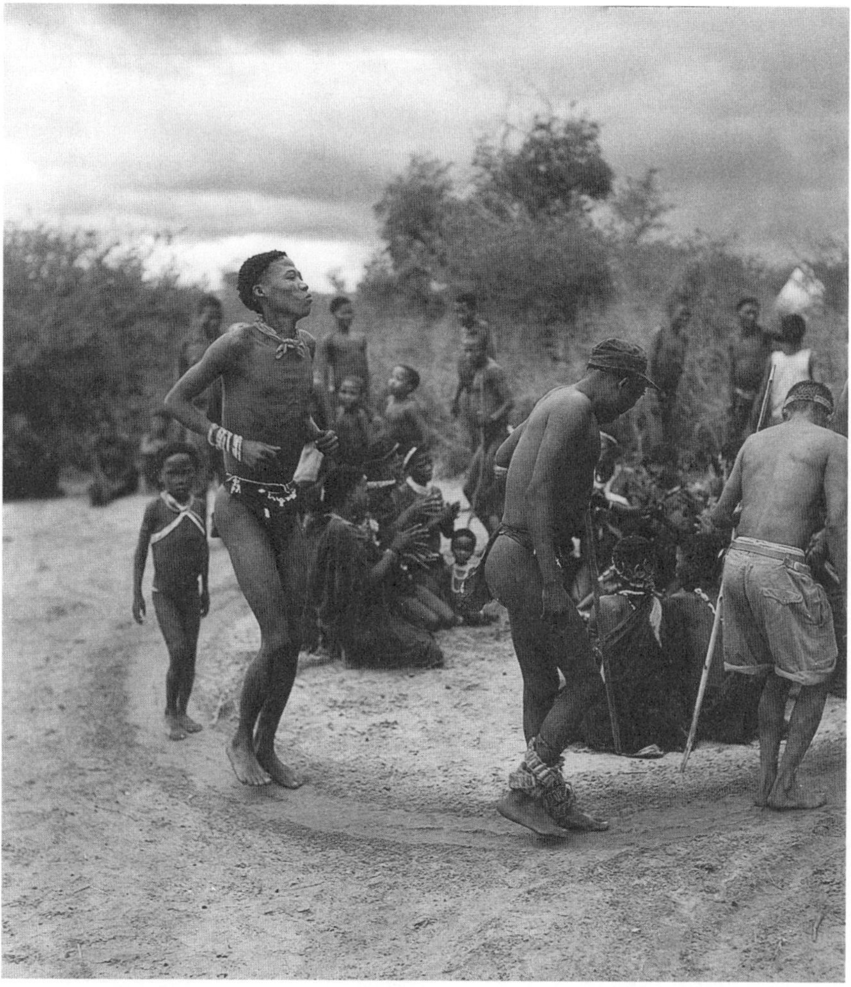

圖26 納米比亞桑族舞蹈。（照片獲贈自Laurence K. Marshall and Lorna J. Marshall © President and Fellows of Harvard College, *Peabody Museum of Archaeology and Ethnology*, PM2001.29.14990）

危險。

桑族不是靠跳舞維持體態，但每週通宵達旦地跳舞需要且有助於培養強勁的耐力。此外，他們的舞蹈傳統是規則而非例外。我聽過的每個非工業文化中，男女性都會定期舞蹈好幾個小時。舉例來說，哈札人有時會在晚餐後歡樂地跳舞到凌晨，排成一列跳舞，有些動作非常具性暗示。在沒有月亮的漆黑夜晚，哈札人還會演出宗教性的埃皮姆（epeme）舞，藉以消弭社會不和和祈求狩獵好運。[57] 塔拉烏馬拉人有三到四種舞蹈，通常會持續十二到二十四小時，有些聚落每年跳三十次之多。[58] 挪威探險家卡爾・蘭姆赫茲（Carl Lumholtz）於一九〇五年寫道：「跟這些人一起跳舞是非常認真和正式的事，是敬拜和禱告，而不是娛樂。」[59] 即使以壓抑著稱的英國人，以往跳舞的頻率也比現在高得多。在珍・奧斯汀的時代，舞會往往延續一整夜。在《理性與感性》（*Sense and Sensibility*）中，韋勒比先生「從八點鐘跳到四點鐘，一刻都沒有坐下來」。[60]

跳舞和跑步不同，但通常比較有趣，而且是相當普遍又重要的人類身體活動，所以我們應該把它和跑步同樣視為步態。的確，人類跳舞時雖然有時會像步行一樣把腿當成支柱，但大多會像跑步一樣從一隻腳跳到另一隻腳。此外，跳舞也和長跑一樣可能持續數個小時，需要耐力、技巧和肌力。

跑步和跳舞間有個很少人注意到的共通點，就是兩者都可能引發變化狀態。長時間激烈運動會刺激腦中提振心情的化學物質，包括類鴉片、腦內啡以及最重要的內生性大麻（與大麻中的活性成分相同），其結果就是跑者或舞者的愉悅感。我從沒跳過整夜的舞，但有時會在辛苦的長距離跑步中感受到愉悅和放鬆，我的視覺、聽覺和嗅覺都變得特別敏銳。藍色的東西變得更藍、每隻在唱歌的小鳥、按喇叭的汽車和腳步聲都變得異常清晰。我認為這種意識強化狀態的用意是協助奔跑的獵人追蹤動物。超馬跑者曾表示，他們跑了很長的距離之後，往往會進入像桑族驅病舞者一樣的恍惚狀態，李班柏格曾在一篇記述中提到，他和桑族在喀拉哈里沙漠中進行持久狩獵時，曾經覺得自己變成了一頭公扭角條紋羚。[61]

幾百萬年來，人類奔跑或跳舞時往往連續好幾小時從一條腿跳到另一條腿。雖然這種激烈的身體活動從來沒有被當成運動，用來維持體態和健康，但依然能強化耐力，讓人能像以前的人類一樣長途、分段而且速度不算很快地跑步。

跑步和跳舞也是可以持續一生的活動。年長夫妻讓世界各地的舞池增色不少，我也看過八十多歲的塔拉烏馬拉跑者一公里又一公里地踢球（別忘了恩尼斯托），就像從二十一歲到八十四歲每年都參加波士頓馬拉松的傳奇跑者強尼・凱利（Johnny Kelley）一樣。幾年前在紐約馬拉松終點線附近，我看到一位九十歲的老先生帶著我生平見過最開心的笑容小跑步，享受著賽道兩邊數千名觀眾熱情的加油聲。我超過他的時候也為他的努力喝采，我記得當時我還在想，我如果有幸活到他那個年紀，也希望自己能像他一樣。他到九十歲還能跑馬拉松的能力究竟是僥倖，還是他這輩子不停跑步累積的結果？

第十章

耐力與老化：高活動量祖父母和高耗能修復假說

迷思 10：年紀大時活動量減少是正常的

年輕人說道：
「你已經老啦，威廉爸爸，
你頭上長滿了白髮。
可是你老是頭朝下倒立著，
像你這把年紀，這合適嗎？」

——《愛麗絲夢遊仙境》，路易斯．卡洛爾

每個人都希望自己長壽，沒有人想變老。所以幾千年來，人類尋求各種方法來減緩老化和延後死亡。渴望帶來豐沛的商機。不久之前，江湖術士還試圖引誘我們購買菸草、水銀或磨碎的狗睪丸來延後長眠的到來，現在長生不死販子的利器則是人類生長激素、黑色素、睪固酮、大量維他命或鹼性食物。[1]不過幾千年來，合理的建議中一定包含運動。每個人都知道已經有無數研究證實過的事實：身體活動可減緩老化過程，有助於延長生命。我覺得二千五百年前希波克拉提斯寫「飲食本身無法促進健康，必須輔以運動」時，[2]應該沒有人會覺得驚訝。耐力可以加強耐力。

但如果人類從未演化出運動天性，運動又為什麼如此有益？儘管運動有助於長壽的建議隨處可見，我們又該怎麼解釋常見的例外狀況？舉例來說，有兩個都叫做唐納的人出生在二次大戰末期，他們的運動習慣完全不同，命運也大不相同。

唐納．川普（Donald Trump）不需多做介紹了。他出生於一九四六年，雙親富有，他被送進理論上一定會運動的軍校。川普雖然不菸不酒，卻以愛吃大量垃圾食物和牛排、喝健怡可樂、不愛睡覺，而且除了高爾夫球以外不做其他運動聞名。依據傳記作者的說法：「川普認為人體像個電池，能量是有限的，運動只會消耗能量。所以他不運動。」[3]川普中年時開始過重，醫師曾開降低膽固醇和血壓的藥給他，但二〇一八年他公開的醫療紀錄顯示他健康狀況良好，血壓正常（一一六／七〇），膽固醇值也正常。[4]無論我們對川普的看法如何，幾十年不做激烈運動並沒有妨礙他在七十歲成為美國第四十五位總統。

唐納．里奇（Donald Ritchie）比川普早兩年出生在大西洋對岸的蘇格蘭。里奇從小就是好勝的跑者，從十幾歲開始參加四百公尺比賽，成年後跑超馬。他覺得馬拉松不夠具挑戰性，所以締造多項世界紀錄，包括一九七七年以十一小時三十分五十一秒跑完一百六十公里，平均每公里不到四分二十秒，速度相當驚人。他曾從蘇格蘭最北端跑到英格蘭西南角，總距離一千三百五十八公里，只花了十多天，平均每天跑超過三個全馬，而且還帶著嚴重的支氣管炎。依據里奇自己的估算，他一生跑過的總里程超過三十三萬公里。[5]但他五十一歲時得了糖尿病這種與健康、體態良好的運動員無關的疾病。里奇得的是罕見的成年第一型糖尿病，原因是他的免疫系統破壞了胰臟中製造胰島素的細胞。不過他仍然繼續跑步。他五十六歲參加了一場枯燥乏味的比賽，在二十四小時內連續不停地跑了兩百一十九公里。不過里奇最後不得不停下來，因為他的高血糖引發一連串心血管問題，包括頸動脈阻塞、心律不整、高血壓和一連串小中風。里奇於二〇一八年去世，享年七十三歲。

我們該怎麼看待這兩位唐納完全相反的健康狀況？我絕不會說運動不能減緩老化和提高長壽機率，但運動是不是被過度吹捧成抗老靈丹？川普是否只是運氣好，而里奇只是運氣不好？還是說里奇的運動量如果沒那麼大會更早離開人間，而川普如果多運動一點，七十歲時的身心健康狀態會更好？

或許川普的運動就是他的工作。站在台前手舞足蹈地講話雖然不算激烈，但也算是身體活動，而且川普打高爾夫球的時間超過史上歷任美國總統（只不過是坐高爾夫球車在球場上移動）。[6]的確，川普在許多人早已退休的年齡依然精力充沛。不過，退休不就是要休息嗎？六十五歲之後不是就可以蹺腳享清福，打高爾夫球、玩玩橋牌、釣魚、坐郵輪出遊或是做些其他讓人放鬆的事？

專家說並非如此。專家要我們別看兩位唐納的特殊狀況，而是應該留意大量證據指出青春之泉流的是汗水。此外，這些汗水在我們年齡漸長時必須持續流動。

探討運動對老化有何影響的長期研究中最重要的是一九七〇年在達拉斯進行的庫柏中心縱向研究（Cooper Center Longitudinal Study）。研究者是發明「有氧運動」這名詞的肯尼斯．庫柏（Kenneth Cooper）。該研究中有一項分析追蹤三十五歲以上的一萬多名男性和三千多名女性，檢視體態良好的運動者是否活得更健康、更長壽。大致上的確如此。依年齡標準化後（因為較年長的人在同一年的死亡機率高於較年輕的人），庫柏發現體態最佳的男女死亡率大約是體態最差者的三分之一至四分之一。[7]此外，針對起初體態不佳、但開始運動並提升體適能的人再次抽樣後，其年齡標準化的死亡率是持續缺乏活動且體態不佳者的一半。[8]由於健康比活著重要，所以庫柏中心研究人員持續追蹤一萬八千多名健康中年人長達數十年，觀察哪些人罹患糖尿病和阿茲海默症等慢性疾病。體態較佳的男女罹患慢性疾病的機率大約只有一半，而且即使罹患，罹病年齡也比較大。[9]這些研究都讓我們可以有把握地說「人不是因為老化而放棄玩樂，而是因為放棄玩樂而老化」。

再回頭看看這兩位唐納的比較，我能理解為什麼有很多人不在意或懷疑我剛才舉出的統計數字。每個人都聽說過年輕就去世的運動員以及很少運動但長壽的人。此外，本書也一再提到，避免不必要身體活動的川普只是順應人類演化後的習慣，尤其是年紀漸長時。最後，就算「運動是良藥」，身體活動又對人體老化有什麼影響？原因是什麼？我們在前幾章已經瞭解，要解答這些問題，我們的眼光必須超越只以西方人為對象的研究，並以演化和人類學觀點觀察。此外，我們還必須解決一個存在已久的問題，也就是「人類為何老化」。一如往常，人類老化的方式也相當獨特。

不同時代的老年

我對祖父母的記憶有許多與他們給我們兄弟吃的東西有關。我最記得的是外祖母，她的拿手好戲是早餐。每到週末，一天的第一餐是包含好幾道菜的全餐，通常一開始是半個葡萄柚，接著是熱穀片，然後是貝果夾奶油乳酪和燻鮭魚。我的祖母雖然不是很會做菜，但每次來一定會帶她的招牌點心無糖燕麥餅乾來。我的內外祖父也常參一腳。我的外祖父每週日上午會開車在布魯克林區巡迴，在一家熟食店買最棒的燻鮭魚，去另一家店買白魚，再到另一家買最棒的貝果。我的祖父每次來都會帶著一條巨大的沙拉米臘腸和一罐荷蘭可可粉。

現在看來，我的祖父母都是以布魯克林的方式做人類的祖父母（在所有物種中獨一無二）已經做了幾百萬年的事：供養孫子。這個獨特行為和人類格外長壽關係相當密切。人類停止生育後通常還會活很久。在動物界中，過了繁殖時期壽命仍很長的例子相當少見。舉例來說，黑猩猩很少活到五十歲以上，這時母黑猩猩剛過更年期，公黑猩猩也過了能繁衍後代的年紀。[10]從演化觀點來看，停止繁殖及養育後代後不久就死亡似乎相當合理。在這個階段，生物進入生物學家彼得．梅達瓦（Peter Medawar）所謂的「天擇陰影」。[11]理論上，個體進入這個可怕的陰影後，在生物和演化上就要被淘汰，因為天擇已經無法發揮作用來對抗自然的老化過程。

還好，年長的人類並未被淘汰。要理解人類特殊的繁衍策略如何協助我們至少躲開一部分無情的天擇陰影，可以看看每次只養育一隻後代且外力協助極少的母猿類。舉例來說，母黑猩猩每五到六年才能生下一隻寶寶，因為牠們每天取得的食物只夠維持自己和一隻小寶寶的熱量需求。等到小黑猩猩長大到完全斷奶並自己覓食，母黑猩猩才能取得足夠熱量，再度繁衍後代。相反地，人類的狩獵採集者通常在三年後就讓後代斷奶並再度懷孕，此時原本的後代還無法完全自己覓食或自衛，更無法逃避危險。舉例來說，一般的狩獵採集者女性可能得同時帶著六個月大的嬰兒、四歲大的幼兒和八歲大的小孩。這位女性每天通常只能採集到大約兩千大卡的食物，但本身的實質熱量需求就已超過兩千大卡，再加上幾個仍無法自己覓食的後代，取得的食物顯然完全不夠，[12]所以她需要協助。

伸出援手的是中年和老年人。人類學家已經證明從澳洲到南美洲，祖父祖母、叔伯阿姨和搜食群體中其他年長個體一生都在活動，每天採集和狩獵取得的熱量遠超過本身消耗，用來提供給較年輕的世代。[13]這些額外的食物協助提供足夠的熱量給兒女、孫子女和甥姪，分攤了母親的工作。生育期間過後，年長狩獵採集者還可貢獻知識、學問和技能，協助較年輕的世代長達二、三十年。許多人認為狩獵採集者年紀很輕就去世，但其實只要活過剛出生的幾年，搜食者大多可活到六十八歲到七十八歲。[14]這數字和目前美國的預期壽命（七十六歲到八十一歲）相差不遠。

狩獵採集者停止生育後仍繼續活動數十年的證據，對理解人類老化的特質相當重要。最重要的是，人類獨特的世代合作制度，尤其是食物共享，使得梅達瓦無情的陰影延後到來。中老年狩獵採集者沒有被淘汰，而是為兒孫提供食物、照顧小孩、處理食物、提供專業知識，以及在各方面協助年輕世代，加強自己的繁衍成功率。石器時代開始出現這種嶄新的合作策略，也就是狩獵採集生活方式的本質後，天擇選擇了長壽。依據這理論，勤奮提供支援的祖父母既照顧他人又擁有長壽基因，因此擁有更多兒孫，進而把這些基因傳下去。[15]一段時間之後，人類顯然因為天擇而活得更長，成為慷慨又有貢獻的祖父母。[16]由於證據指出祖母扮演的角色格外重要，所以這個概念有個版本稱為「祖母假設」。[17]

為了闡明運動和老化間的關聯，我針對「祖母假說」提出一項推論，稱為「高活動量祖父母假說」。依據這個概念，人類長壽不僅因為天擇，也是因為老年時必須適度工作，盡可能協助兒孫和其他年輕親屬生活和興盛。也就是說，天擇作用可能篩選了協助人類活到五十歲以上的基因（但尚未找到），此外也可能篩選在人類持續活動時修補和維護身體的基因。所以，許多減緩老化和延長生命的機制由身體活動負責觸發，尤其是我們年紀漸長時。換言之，人類的健康和長壽不只是身體活動的根源，也是身體活動的結果。

「高活動量祖父母假說」的另一個表達方式，是人類長壽的目的不是讓老人退休後搬到佛羅里達州，坐在池塘旁或是坐著高爾夫球車來來去去。相反地，石器時代時的老年人需要進行許多走路、挖掘、搬運等各種形式的身體活動。因此，在天擇中有利的年長者身體可激發修復和維護機制，以便因應這些活動帶來的壓力。由於中老年人類沒有機會退休享清福，所以不會出現強烈的天擇作用在缺乏身體活動下啟動這些機制。

我們再回到哈札地區，看看石器時代的祖父母做些什麼身體活動以及活動量有多大。哈札祖母平常的一天開始於天亮後不久，她會先整理火堆，幫忙餵食和照顧小孩。幾小時後，她和營地的其他女性走進灌木叢。她們帶著兩歲以下的嬰兒，用背帶綁在身上，同時帶著六、七歲以上的小孩，有時會有帶著武器的男性或幾個十幾歲的男孩保護她們。要找到挖掘的好地方，有時需要花上一小時。她們發現藤蔓，代表地下有哈札人平常食用的塊根和薯類後就停下來挖掘。她們的主要裝備是挖掘棒，那是一根粗細和藤條相仿的硬木棒，一端削尖後用火燒硬。挖掘相當耗費體力，因為許多薯類藏在數英尺深的地方，必須先撬起石頭才能挖到。這些女性邊聊天、邊工作，直到下午三點左右。大家通常會在正午時間休息吃午餐，和大多數哈札菜餚一樣，薯類通常被直接丟在火中烤幾分鐘，之後就直接拿起來吃。午餐後繼續挖掘，最後這群女性啟程回家，背帶裡帶著沒吃完的薯類。

哈札女性都很會挖掘，但祖母群比母親群更常挖掘，部分原因是她們不需要餵奶或花那麼多時間照顧小孩。依據克里斯登．霍克斯（Kristen Hawkes）等人的測定，哈札母親每天通常花四小時左右覓食，但祖母每天覓食的時間通常是五到六小時。[18] 有時候她們挖掘的時間比較少，花較多時間採集莓果，但整體工作時間比母親長一些。祖母們每天花大約七小時覓食和準備食物，祖父們也持續狩獵，採集蜂蜜和猴麵包樹的果實，一天移動的距離大多與年輕男性差不多。人類學家法蘭克．馬洛（Frank Marlowe）指出：「老人最容易因為摔下高大的猴子麵包樹而死亡，因為他們即使老了也會持續採蜂蜜。」[19]

美國有多少老人會每天挖掘七個小時？爬樹和徒步打獵更不用說了。不過我們可以比較美國人和哈札人走多少路。一項針對數千人進行的研究發現，二十一世紀美國十八歲到四十歲一般女性，每天走五千七百五十六步（大約三到五公里），但步數隨年齡而迅速下滑，到七十多歲時，美國女性每天走的步數只剩一半。美國人七十多歲時的活動量是四十多歲時的一半，而哈札女性每天走的步數是美國人的兩倍，而且年紀漸長時只有微幅減少。[20] 此外心率感測器也指出，年長哈札女性每天的中高強度活動比有小孩的年輕女性還多。[21] 假設年長美國女性每天必須走八公里幫兒孫買東西，而且不是把物品拿下貨架，而是必須花好幾小時在石塊很多的堅硬土壤挖掘穀片、冷凍青豆仁和水果糖，會是什麼狀況？

不令人意外地，努力工作讓年長的狩獵採集者維持體能。最有效的年齡相關體能測定方法是步行速度，這個數字與預期壽命關係相當密切。[22] 美國的五十歲以下一般女性的步行速度，大約是每秒鐘〇・九二公尺，但到六十多歲時大幅減慢到每秒〇・六七公尺。[23]拜沒有所謂退休的高活動量生活之賜，哈札女性的步行速度不因年齡而明顯下滑。她們到七十多歲時，平均步行速度仍然高達每秒一・一公尺。[24]我為了跟上哈札祖母的腳步走得相當辛苦，足以證明她們在燠熱下還是走得很快。年長哈札男性同樣走得飛快。

儘管年長狩獵採集者活動量仍然相當大，但畢竟年紀大了。研究人員量化老化對非洲和南美洲狩獵採集者的肌力與體能之影響，方法是測定握力、伏地挺身和引體向上次數，以及五十公尺短跑時間。這些測試指出，男性在二十多歲初期的體能達到最高峰，接下來肌力和速度到六十多歲中期減少約20%到30%。女性的肌力和速度都不及男性，但同樣隨年齡衰退。亞馬遜河流域的搜食部落阿奇族中，女性的最大攝氧量（VO_2max）成年後一直相當高，年紀大的女性也沒有明顯降低。男性的VO_2max則會隨年齡降低，但即使是六十五歲的阿奇族爺爺，有氧能力依然遠高於四十五歲的美國男性。[25]整體而言，狩獵採集者的肌力和體能高於一般後工業西方人，衰退速率也比較慢，年老時體力仍然充沛。造成衰弱的肌肉流失對搜食者而言不是問題。

「高活動量祖父母假說」帶來常見的雞生蛋或蛋生雞問題。人類要活到多老才能成為高活動量祖父母、協助年輕世代？或是努力工作到什麼程度才能使他們長壽？人類的長壽是身體活動的結果，還是維持身體活動的適應作用？此外，人類的狩獵採集者祖先不再狩獵採集後，該如何應對避免不了的天擇陰影？現在有些國家有照護中心、安養院和政府提供的照護服務來照顧年長國民。年老的狩獵採集者雖然受到很大的尊敬，但不能長距離步行、挖掘薯類、採蜂蜜和搬運物品回家的老人，在糧食不足時可能成為負擔。此外，如果人類因為天擇而在停止生育後存活很久，那麼我們應該不會因為天擇而在慢性病纏身下度過這些時間吧。從演化觀點看來，最佳策略是活得久又有活動力，而在無法活動後很快就死亡。不過，更好的策略其實是避免健康隨年齡增加而惡化。[26]

衰老的本質

我有時候看著鏡子，會認不出鏡子裡那個滿頭白髮、髮線變高的老頭是誰。幸運的是，我覺得自己沒那麼老。老化無法阻擋，但是身體機能隨時間衰退，也就是所謂的衰老，比較不容易受年齡影響，影響較大的反而是飲食習慣、身體活動或放射線等環境因素，因此老化是可以減緩，甚至預防或部分逆轉的。老化和衰老之間的差別似乎很明顯，但經常有人把這兩個過程混為一談。許多狀況通常隨年齡增長而出現，但只有某些狀況是年齡造成的。舉例來說，更年期是老化的正常結果，原因是女性卵巢中的卵子已經排空。相反地，年長者罹患第二型糖尿病的原因不是老化過程使然，而是肥胖和身體活動等因素造成的傷害隨年齡累積的結果。

以另一種說法來講，某些方面的衰老既非無法避免，也不是普遍現象。[27]我們年齡增長時，不是每個人都會有高血壓、失智或失禁。此外，某些物種似乎對衰老免疫。弓頭鯨、巨龜、龍蝦、烏龜和某些蚌類能存活和繁殖數百年之久（世界紀錄是一個稱為「明」的蚌類，諷刺的是研究者把牠挖出之後弄死了牠，判定其年齡為五百零七歲）。[28]為什麼某些動物和人類衰老得比較慢，經常運動的人也是如此？

就機械層面而言，衰老是因為許多不良過程造成細胞、組織和器官損傷。有個令人不安的耗損原因是維持生存的化學反應；我們呼吸的氧在細胞內產生能量，但留下不穩定的氧分子和不成對的自由電子。這些活性含氧物（通常又稱為自由基〔free radical〕）會隨意竊取其他分子的電子，使這些分子「氧化」。這些小偷又創造更多需要電子的不穩定分子，然後從更多分子竊取電子。氧化使物質持續緩慢地毀壞。氧化會使金屬鏽蝕和蘋果變黑，同樣也會改變DNA、破壞血管壁、抑制酵素作用、擾亂蛋白質，傷害全身各處的細胞。矛盾的是，我們消耗的氧越多，產生的活性含氧物越多，所以理論上說來，消耗大量氧氣的激烈身體活動應該會加速衰老才對。

另一個促進衰老的相關因素是粒線體機能失常。粒線體是細胞內的小小發電廠，以氧燃燒燃料產生能量（ATP）。在肌肉、肝臟和腦等等能量需求很大的器官中，細胞往往擁有數千個粒線體。粒線體具有自己的DNA，所以在細胞功能調節中也佔有一席之地，還能製造有助於防範糖尿病和癌症等疾病的蛋白質。[29] 然而粒線體會燃燒氧，產生活性含氧物。這些物質若不受控制，就可能傷害粒線體本身。粒線體無法正常運作或數量減少時就會造成衰老和疾病。[30]

另一個因為生存和使用能量而造成自身傷害的反應是褐變，又稱為糖化作用（glycation）。褐變的原因是糖和蛋白質在熱的協助下產生反應。糖化作用是烤熟的麵包和肉類表面顏色變深、發出香氣和味道可口的原因，但這個對餅乾而言很重要的作用卻對腎臟不好。這些反應可能傷害組織、產生糖化終產物（advanced glycation end product），使血管硬化、皮膚變皺、眼球中的水晶體硬化、阻塞腎臟等。這類損傷都可能導致發炎。

我們已經知道，免疫系統會透過發炎，防止病原體侵襲和身體活動造成的自身損傷。就短期而言，發炎可以挽救生命，但持續數個月甚至數年的低度發炎會對身體有害，因為它會緩慢攻擊身體。一段時間之後，長期持續發炎的破壞效果會累積在全身上下的細胞和組織中，包含腦部的神經元、關節內的軟骨、血管壁和肌肉，以及脂肪細胞中的胰島素受體等。

如果氧化、粒線體機能失常、突變、糖化和發炎還不夠，還有許多過程也會傷害和破壞細胞，導致衰老。一段時間後，微小的分子就會附著在細胞中的DNA上。這些表觀遺傳（在基因組以外）修飾可能影響特定細胞中會表現出哪些基因。[31]由於飲食、壓力和運動等環境因素會影響一部分表觀遺傳修飾，因此我們年紀越大，累積的修飾就越多。[32]大多數表觀遺傳修飾沒有害處，但同一年齡的修飾越多，死亡風險就越高。[33]其他形式的衰老還包括細胞失去回收受損蛋白質的能力、[34]難以感知與獲取營養，[35]以及防止染色體兩端散開的小套子（端粒）變得太短，因此細胞無法分裂（這種狀況比較少見）。[36]

如果這些老化機制讓讀者感到擔憂，其實也很正常。整體說來，這些機制會慢慢造成破壞。垢塊會積聚在血管中，使血管硬化及阻塞。細胞上的受體會被阻隔。肌肉會失去力量。渣滓會積聚在神經元和其他重要細胞周圍。腦細胞死亡、細胞膜破裂。骨骼萎縮及碎裂。肌腱和韌帶磨損。免疫系統對抗感染的能力變差。除非我們修復這些損傷，否則身體將會像開了太久的車一樣容易故障。

但還是有希望。老化和衰老並非一定同時出現，因為這些破壞過程或多或少都能預防或減緩，造成的損傷也可以修復。舉例來說，抗氧化物能與活性含氧物結合，遏止氧化，消除危害。有些抗氧化物來自食物，例如維生素C和E，但人體也能大量合成許多抗氧化物。同樣地，粒線體可以重新產生，酵素也可以清除或分解某些糖化產物，修復這些物質。[37]白血球和肌肉製造的抗發炎蛋白質能消除發炎，端粒也可以拉長，DNA可以修補，細胞能恢復或修復數十項機能。的確，造成各種組織老化的原因幾乎都有機制能夠反轉、修復或預防（除了眼球水晶體硬化等少數例外）。

人體的許多抗老化機制帶來了一個難題：既然人類已經在天擇下活得比大多數動物更久，為什麼沒有更早、更常運用這些機制來減緩衰老，讓還有貢獻的祖父母們活得更健康、更久？

演化生物學家研究這個問題已經好幾個世代。直截了當地來說，目前最完整的解釋是天擇的力量會隨我們年齡增長而變弱。[38]遭遇疾病、掠食者、惡劣天氣和其他自然殘害（生物學家婉轉地稱之為「外部死亡」）時，較年長的個體就一定會減少。因此，天擇對於年長者體內延長壽命和促進修復的基因作用較小。所以即使中老年人能協助年輕世代，使梅達瓦的天擇陰影延後出現，但人類年紀越大，天擇就越不會積極對抗隨年齡出現的耗損。[39]無論我們喜不喜歡，陰影終究會來到。不過還好的是，身體活動能延後它來到的時間並降低強度。

高耗能修復假說

一九六〇年代中期，達拉斯有一組生理學家付費請五位健康的二十歲年輕人臥床三週，接著接受八週的密集運動訓練，藉以比較不動和運動對健康的影響。臥床造成的害處相當大。志願受試者終於能起身時，身體許多方面變得和四十歲的人不相上下。他們變得較胖、血壓升高、膽固醇值升高、肌肉量減少、體適能也衰退。[40]然而接下來八週的運動不僅扭轉衰退，某些方面還出現進步。對研究主持人班格特・沙爾廷（Bengt Saltin）而言，這個結果的重點很簡單：「要活就要動。」然而一段時間之後，為了評估老化對不活動的效果有何影響，研究人員聰明地在三十年後再次研究這五位志願受試者。

三十年典型的美式生活對這五位志願受試者不留情面。他們全都胖了約七公斤，血壓升高、心臟變弱、體適能和許多健康狀況也變差。但他們同意再次參與研究，希望以六個月的步行、騎單車和慢跑計畫消除三十年四體不動的結果。幸運的是，中年後的第二次運動計畫確實協助這些志願者減輕了四・五公斤左右，更令人驚奇的是大致上逆轉了心血管狀況的惡化程度。經過六個月中度運動，志願受試者的平均血壓、安靜心率和心輸出量都回復到二十歲時的狀態。[41]其他許多研究也證實運動的抗老化效益，[42]但極少研究解釋原因何在。

運動為何能減緩甚至逆轉健康逐漸惡化的趨勢？最常見的解釋是身體活動能防止或改善加速衰老的不良事物。首要元凶是脂肪。運動能延緩甚至逆轉多餘脂肪累積，尤其是腹部脂肪，它是導致發炎和其他問題的主因。此外，運動還能降低血液中的糖、脂肪和不健康膽固醇，這些物質會緩緩造成血管硬化、蛋白質損傷以及影響身體健康。達拉斯臥床與訓練研究等實驗指出，運動還可增進心血管功能、降低壓力荷爾蒙值，提升新陳代謝、強化骨骼等。不過運動對健康的效益只能解釋身體活動如何對抗衰老，無法說明原因。要瞭解身體動為何能啟動數十種維持身體機能和修復年齡累積損傷的過程，必須探討我提出的高耗能修復假說。

為了說明這個概念，我們先觀察我太太（在她的同意和圖27的協助下）在週六安排健身房練習之後的效果。圖27說明X軸的時間以及Y軸的熱量消耗。我把她的總消耗能量（TEE）分成安靜代謝率（RMR）和活動（活動能量消耗（AEE））兩部分。我們可以看出，當天最初幾個小時，我太太沒有活動或只有少量身體活動。接著到上午十點，她到健身房做了四十五分鐘的激烈心肺運動，接著是辛苦的四十五分鐘重訓。不令人意外地，我太太的活動能量消耗在這九十分鐘運動中飆高，後來她不只疲勞而且肌肉有點酸痛。不過殘酷的是，她停止運動後，安靜代謝率不會馬上

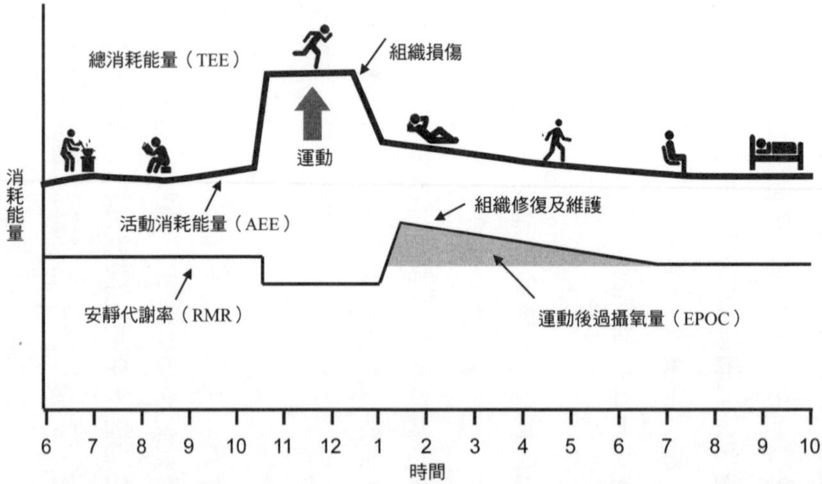

圖27　高耗能修復假說。一天中的總消耗能量（TEE）、安靜代謝率（RMR）和活動消耗能量（AEE）曲線說明運動前、中、後消耗多少能量。運動前AEE很低、運動中開始上升，然後再度降低。不過，安靜代謝率在運動後仍會提高數小時，此時身體正在復原、補充儲備能量，以及修復損傷。

回到先前的水準，而會繼續略微提高好幾個小時，這個狀態稱為運動後過攝氧量（EPOC），通稱「後燃」（afterburn）。

「後燃」或許有助於解釋身體活動為何與如何協助減緩衰老。重要的是，我太太的運動課不只熱量消耗很大，生理上也很辛苦。她努力完成心肺和重量訓練時，體內的「戰或逃」系統會釋出皮質醇、腎上腺素和其他與壓力有關的荷爾蒙，加快心跳及動員儲備能量。她的肌肉迅速消耗熱量時，釋出可能影響細胞機能的廢棄化合物，粒線體釋出大量有害的活性含氧物，這些物質可能損害DNA和體內各處的其他分子。更糟的是，她努力舉起重物時，體內努力工作的肌肉還出現微撕裂。總而言之，我太太的激烈運動除了造成不適，還會造成短期損傷。

如果運動這麼有破壞力，為什麼對健康有益？有個解釋是我太太一停止運動，體內就會開始修復運動造成的傷害，重要的是還會修復先前她沒運動時累積的損傷，因此她能讓許多組織恢復到先前的狀態。這些修復和維護開始作用，她的「休息與消化」系統使心跳減慢、降低皮質醇量，同時把沒用掉的能量送回肌肉和脂肪細胞，以補充儲存能量。為了處理運動造成的組織損傷，她會啟動初期發炎反應，接著再啟動抗發炎反應。此外，她還會製造大量強效抗氧化物，清除粒線體釋出的活性含氧物。接著她會啟動許多其他過程，清除細胞中的廢物，並且修復DNA突變、受損的蛋白質以及表觀遺傳修飾，同時修補骨骼上的裂縫、更換和添加粒線體等等。[43] 雖然這些維護和修補過程消耗的能量沒有運動那麼多，但還是需要熱量，因此能把安靜代謝率稍稍提高一段時間。研究指出，人類的「後燃」可持續兩小時到兩天，依身體活動的強度和持續時間而定。[44]

運動可恢復大多數結構（生物學家稱之為恆定〔homeostasis〕），某些狀況下甚至能使它比原先更好（稱為動態恆定〔allostasis〕）。舉例來說，費力的身體活動可以提升骨骼和肌肉的力量、提高細胞由血液取得葡萄糖的能力，同時加強和更換肌肉中的粒線體。此外，修復機制有時會大於運動造成的損傷，因此帶來淨效益。這種狀況就像東西潑灑在廚房地板後認真清理，最後整個地板比原先更乾淨一樣。除了其他效應，身體活動雖然起初會促使發炎，尤其是肌肉發炎，但接下來會使肌肉產生更強、持續時間更久，範圍也更廣的抗發炎反應。這個反應的長期效應是減少發炎，而且不僅是相關肌肉，還包括其他地方。[45] 因此，活動量較大的人，發炎底線較低。此外，運動還會使身體製造高於需求的抗氧化物，降低整體氧化壓力，[46] 亦能使細胞清除受損的蛋白質、拉長端粒、修復DNA等。總而言之，運動造成的中等生理壓力可引發修復反應，帶來普遍性的益處，這個現象有時稱為「激效作用」（hormesis）。[47]

讀者如果是企業家，或是不喜歡運動，或者兩者皆是，這些有益反應或許可以帶來靈感。與其麻煩又辛苦地運動，何不找個比較容易又能消耗能量的方法啟動這個維護和修復機制？[48] 何不吞個藥丸就好？不用大量爆汗，只要買些維生素C和E還有β胡蘿蔔素，就能提高抗氧化力，再買些含有薑黃、omega-3脂肪酸和多酚等抗發炎物的膠囊。這些仙丹有時還搭配醫師和科學家的推薦來行銷。得過兩次諾貝爾獎的萊納斯・鮑林（Linus Pauling）曾寫過一本書，書名很低調，叫做《如何活得更久更好》（*How to Live Longer and Feel Better*）。這本書宣稱我們只要服用大量維生素C，壽命就能延長二、三十年。[49]

鮑林是優秀的化學家，但他對維生素C的推崇太浮誇。好幾十項研究發現，服用抗氧化物藥丸無法取代身體活動來對抗衰老。一項發表於二〇〇七年的全面性探討檢視了六十八項臨床試驗，試驗中比較維生素C等常見的抗氧化物處方和安慰劑的效果，研究對象超過二十三萬人。其中有三到四項研究指出有中等效益，但其他研究發現抗氧化劑沒有幫助，甚至可能提高死亡風險。[50]

更糟的是，其他研究指出抗氧化劑如果加上運動，有時可能弊大於利。這個令人意外的結論出自二〇〇九年麥可・里斯托（Michael Ristow）開創性的實驗。里斯托的研究團隊請四十名體適能程度不等的健康年輕男性在監督下做四週的運動。其中半數受試者服用大量維生素C和E，另一半服用安慰劑。運動前後進行的肌肉切片檢查指出，一如預期地身體活動造成大量氧化壓力，但服用抗氧化劑的受試者體內自己製造的抗氧化物少得多，所以發生的氧化損傷較多。[51] 抗氧化劑藥丸顯然抑制了人體正常的抗壓力反應，原因可能是身體內促進健康的抗氧化防衛機制必須由運動造成的氧化損傷來引發。同樣地，運動時攝取大量碳水化合物將會抑制人體的抗發炎反應。[52]

另一種以模仿運動效果保養身體的方法是非身體活動的折磨。這類「一分痛苦一分收穫」的想法形成各種各樣的自虐行為，以為可以藉此避免老化（另一個效益是強化意志力）。許多人為了活得更久沖冷水澡、限制熱量攝取、長時間不進食、不吃碳水化合物、用很辣的食物燒灼消化道等等。[53] 這類方法有些根本就有問題，除了間歇性斷食外也全都沒有明確證據證明它們能延年益壽。[54]

規律身體活動為什麼是延後衰老和延長壽命的最佳方法？

別忘了，依據高耗能修復假說，生物的能量來源有限時（人類以往大多如此）就必須把有限的熱量分配給繁衍、行動或維護身體，但天擇只在乎繁衍。因此人體受演化影響會盡可能地把能量分配給高耗能維護和修復方面。因此，雖然身體活動能引發損傷與恢復循環，天擇終究還是有利於分配適當能量來製造抗氧化物、強化免疫系統、生長和修復肌肉、修補骨骼的個體。挑戰就在於，適當地維護和修復身體活動造成的損傷，而且要選擇正確位置和正確時間進行維護。

演化對這個問題的小氣解決方法是依需求分配適當的能力。在這個狀況中，需求是身體活動造成的壓力，尤其是活性含氧物和導致血管硬化、基因突變和細胞汙染的有害過程。至於能力，就是維護（通常是修復）穩定體內環境的能力，讓我們能充分有效地執行生存和繁衍的機能。此外重要的是，身體活動啟動的維護和修復機制不會隨我們的年紀漸長而停止。雖然有些機制反應較慢，但仍會繼續運作，讓超過繁衍時期但持續活動的個體減慢或延後衰老。

可惜的是，這個神奇系統有個很大的缺陷。演化並未讓我們在缺乏規律身體活動時有效地啟動這些維護和修復反應。前面提過，石器時代幾乎每個人都必須步行、奔跑、挖掘、攀爬或其他體力勞動好幾個小時，祖父母當然也不例外。狩獵採集者不論年齡，每天都會因為生活方式產生的需求而激發體內的自然修復機制。所以正如演化不會讓人類節食或克服時差一樣，它也不會讓我們在身體不活動下成功逆轉許多老化過程。因此，缺乏規律身體活動在我們年紀漸長時成為不匹配條件，使我們衰老得更快。

除非你像川普或許多老年人那樣每天走不到一萬步也能長壽，那更不用說跑馬拉松和在健身房裡推拉重物了。越來越多年長者缺乏運動但顯然相當健康，是否代表身體活動的長期效益或許過度誇大？

患病狀態延長或壓縮

我念高中時，學校規定我們必須選修健康教育來取代一學期的體育課。在這堂課裡，我們不用攀繩或打籃球，而是去到學校體育館下一間昏暗的教室，然後有一位肥胖而臉色紅潤的老師在走道走來走去，拇指塞在吊帶底下，大聲教授健康知識。我不記得他說了什麼內容或忠告，只記得他宣稱能從耳垂看出我們有沒有吸大麻，而且90%的吸菸者會得肺癌死掉。有個自作聰明的朋友（是我朋友，真的不是我）問道是不是得到肺癌的人最後一定都會死掉，老師大吼道不是，只有90%會死掉。後來有一天我們去上課，代課老師說我們的健康教育老師死於心臟病發作，他的死無意中又給我們上了一課。

我們都會死於某種原因，即使是經常活動、飲食適度，十分注意健康的人也一樣。事實上，儘管知道應該運動，像川普這樣不運動的人現在也比以前活得更久、更健康。

為了評估這個難題，我們先仔細觀察死亡和患病間的機率關係。大多數狀況下，與老化有關的統計數字集中在生命年限，而沒考慮到健康年限（健康良好沒疾病的時間）。要同時考慮生命年限和健康年限有個不錯的方法是以時間為X軸，功能能力（健康狀況的測定方法）為Y軸畫出圖形，如圖28。健康的人儘管偶爾短暫生病，但大多數時候的功能能力接近百分之百。接著在某個時候，與年齡有關的衰老出現，功能能力因嚴重疾病而下降，最後造成死亡。

千萬代以來，一般狩獵採集者若沒有夭折，健康年限和生命年限看起來大概和圖28的上圖差不多。這張圖的依據是針對狩獵採集者進行的醫學調查，這些人大多死於呼吸和傳染病、暴力和意外，長期慢性非傳染疾病發生率相當低。[55]這些資料顯示，年紀較長的狩獵採集者約有三分之二在死亡前仍擁有高功能能力，處在患病狀態的不多，大多數的人在七十多歲時仍然如此。因此他們的健康年限和生命年限相仿。

從圖28的下圖可以看出，公衛和醫療科學的進步對健康年限和生命年限的影響有好有壞。壞消息是雖然傳染病的預防和治療都有長足進步，但現在許多人罹患慢性非傳染疾病，在死亡前有多年患病狀態。在醫學術語中，這段死亡前的長期患病狀態稱為「患病狀態延長」（extension of morbidity）。在西方族群中，許多人長期患病，最後死於心臟病、第二型糖尿病、阿茲海默症和慢性呼吸疾病，許多人還有退化性關節炎，以及越來越多的自體免疫疾病。[56]美國六十五歲以上的民眾至少有五分之一健康狀況普通或差。儘管患病率這麼高，我們活得還是比農耕祖先久得多，也比狩獵採集祖先久一點。二〇一八年美國平均壽命是七十八歲，接近一百年前的兩倍之多。[57]

更多人活得更久，但大多死於慢性疾病而非傳染病。這種延長患病期間的改變被稱為「流行病學轉變」（epidemiological transition），通常被視為醫學進步。沒有在年輕時罹患天花而迅速死亡，而是在年老時緩慢地死於心臟病，不算是幸運嗎？這樣的想法是不對的。我的上一本書《從叢林到文明，人類身體的演化和疾病的產生》提到，現在許多使我們緩慢死亡的疾病是不匹配疾病，原因是

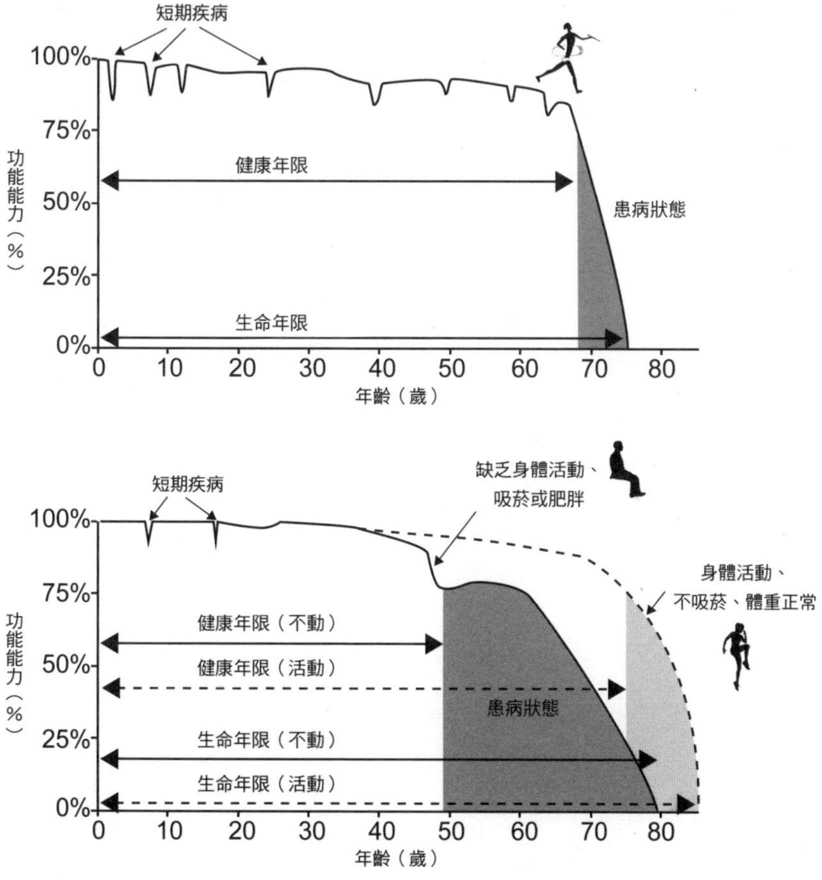

圖28　身體活動對健康年限（患病狀態）的影響大於生命年限（死亡）。狩獵採集者（上圖）與身體經常活動或不動的工業化人類（下圖）的一般健康年限和生命年限比較。

人體難以適應現代環境條件或適應不足，包括吸菸、肥胖和身體活動不足。[58]雖然這些疾病經常發生在中年，所以被歸類為老化疾病，但並非年齡所致，也不該視為老化的必然結果。很多人活到老年並未罹患這些疾病，這類疾病也很少侵襲年長的狩獵採集者以及生活在自足社會中的許多老人。

如果許多人所謂的老化疾病是可以預防的，那麼生命結束時的緩慢折磨也就可以避免。史丹福大學醫學教授詹姆斯・弗里斯（James Fries）在一項著名研究中指出，預防藥物可藉由壓縮患病期間，協助人類活得更健康、更久。弗里斯起先依據他的主張進行大規模研究，測定兩千三百多名賓州大學校友的生命年限、失能和三項疾病風險因素（高血壓、吸菸和缺乏運動）。可以想見，風險因素超過兩個的校友之死亡年齡，比僅有零或一個風險因素的校友早三・六至三・九年。更重要的是，他們死亡前的失能期間多出五・八至八・三年。[59]簡單說來，不健康的生活方式對患病狀態的影響是死亡的兩倍。

弗里斯的患病期間壓縮模型（參見圖28下圖）有助於我們思考身體活動對老化的影響。簡而言之，針對導致現代工業化西方社會大多數民眾死亡的主要疾病而言，長期缺乏身體活動、吸菸和體脂肪過高，是影響罹患機率與時間的三大因素。[60]雖然美國民眾的死亡證明上有三分之二的死因是心臟病、癌症或中風，但這些疾病更基本的原因大多是吸菸、肥胖和缺乏身體活動。

缺乏活動的人通常過重，有時還會吸菸，所以很難判定身體活動本身對患病狀態和死亡的影響。史丹福跑者研究的目的就是想瞭解這點，該項研究的主持人還是弗里斯。一九八四年，他和學生開始研究五百多名業餘跑團成員以及四百多位健康但缺乏身體活動的對照組。當時這些研究對象都超過五十歲，健康良好，很少人吸菸，沒有人酗酒，也沒有人肥胖。其後二十一年，弗里斯等人耐心地記錄每位研究對象的身體活動習慣、每年進行一次失能問卷調查，測定行走、穿衣和進行日常活動的能力，有人死亡時還會記錄死亡年度和死因。

弗里斯等人必須等待二十年才能知道結果，但我在圖29中就已經總結了結果，這些結果值得仔細研究。上圖是跑者和非跑者在給定年度生存機率與時間的關係。下圖是失能與時間的關係。從圖中可以看出，健康的非跑者死亡率的提高速度高於跑者，研究結束時、在給定年度死亡的機率超過跑者的三倍。就死因而言，非跑者死於心臟病的機率超過跑者兩倍，死於癌症的機率是兩倍，死於神經性疾病的機率超過三倍。此外，非跑者死於肺炎等感染的機率超過十倍。同樣重要的是，下圖中的失能分數指出，非跑者的功能能力流失速率是跑者的兩倍。研究結束時，非跑者的失能分數超過跑者兩倍，代表就這方面而言，跑者的身體大約年輕十五年。總而言之，跑步可以壓縮患病狀態，進而延長生命。

希波克拉提斯應該預測得到，針對身體活動對患病狀態和死亡的影響所進行的其他研究，結果也大致相同。[61]不過，這不表示身體活動就確定是青春泉源，而且別忘了它本身無法預防老化，進而延後死亡。但身體活動確實可引發許多機制，阻止衰老和預防許多隨時間導致死亡的慢性疾病，提高年紀漸長時維持健康的機率。這個推理帶出三項十分重要的結論，協助我們解釋為什麼川普不愛運動又過重，但沒有年紀輕輕就死掉。

首先也是最基本的，我舉出的死亡和患病狀態統計數字都是機率。飲食適度和運動不保證長壽

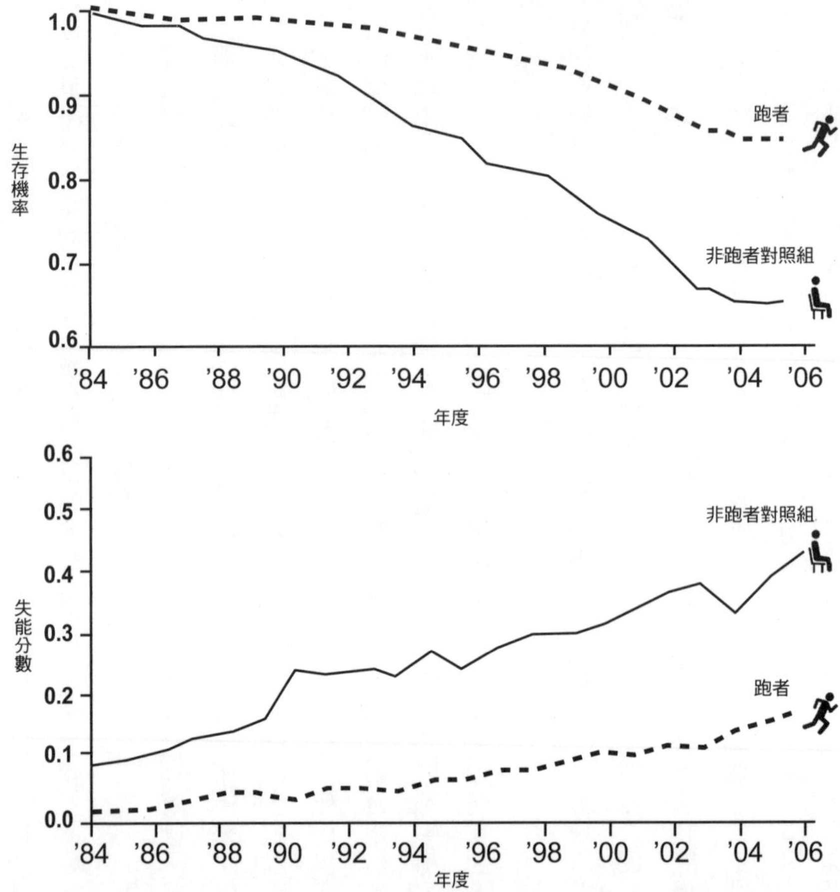

圖29　史丹福跑者研究。這項研究於一九八四年開始，以二十年時間測定一群五十歲以上的業餘跑者在給定年度的生存機率（上圖）和失能程度（下圖），並與一群健康的非跑者對照組比較。二十多年後，跑者組的生存機率高出20%，失能程度則低50%。（取得同意後修改，資料來源：Chakravarty, E. F., et al. [2008], Reduced disability and mortality among aging runners: a 21-year longitudinal study. *Archives of Internal Medicine* 168:1638－46）

和健康良好，而只能是降低患病的風險。依據相同概念，吸菸者罹患肺癌的風險較高，體態不佳或肥胖者比較容易罹患心臟病或糖尿病，但也有很多人沒有罹病。

第二，醫療進步正在改變患病狀態和死亡的關係。[62]糖尿病、心臟病和某些癌症已不是不治之症，而能以維持血糖、減少有害膽固醇、降低血壓和對抗突變細胞的藥物治療或控制多年。以川普的例子而言，他據說正常的血壓和膽固醇值，可能代表他服用的藥物降低了這些風險因素。[63]

最後，許多複雜的環境和遺傳因素可能影響罹患某種疾病的機率，因此難以釐清因果關係。雙胞胎研究發現，活到八十歲的長壽只有20%可歸因於基因。然而我們如果活到那個年紀，基因在判定我們是否能成為百歲人瑞時扮演的角色就會越發重要。[64]不過，這不表示基因在疾病中扮演的角色不重要。遺傳變異影響許多種慢性疾病，例如冠狀動脈疾病、心律不整、第二型糖尿病、發炎性腸道疾病和阿茲海默症等。[65]在這些疾病中，基因負責裝上子彈，但扣下扳機的是環境。此外，大多數這些疾病背後的基因通常很少，影響也很小。我可能遺傳了幾百個提高心臟病機率的基因，但每個基因對我得病的貢獻微乎其微。

醫療科學讓我們在年紀漸長時維持活力已有長足的進步，但實際上說來，年紀漸長時維持健康的最佳建議幾百年來一直沒有改變：不要吸菸、避免肥胖、飲食適度，當然也要經常活動。因此，以下幾章將會詳細說明哪些運動和運動量能激發修復和維護機制，幸運的話或許能幫助我們成為高活動量祖父母，甚至曾祖父母。

我太太的祖母非常想當曾祖母，所以她在我們結婚前就拿出一千美元獎勵我們生小孩。我們婉拒了這筆錢，選擇適合的時間結婚。不過我們後來還是生了女兒，讓她開心地當上曾祖母，後來以九十三歲高壽去世。假如我岳祖母是狩獵採集者，她提出的獎勵可能會是薯類和莓果，但她想抱孫子和曾孫的心情證明人類延續千萬代的獨特本能。

回到前面的問題，人類停止生育後仍可存活數十年的特質，一部分或許是為扶養子女和孫子（以及曾孫）預作準備，但也可能是為了扶養年輕世代而維持身體活動的結果。[66] 無論原因是什麼，結論都是運動不只是年輕人的專利。演化使人類年老時仍能維持身體活動量，相對地，維持活動量可讓我們年老時活得更好。此外，我們維持活動的時間越長，效益就越大，而且改善體態永遠不遲。六十歲之後才決定改變生活方式、改善體態的人，死亡率仍比缺乏運動的人明顯降低。[67]

對大多數人而言，問題不是認知身體活動的益處，而是克服任何年齡都不喜歡運動的自然本性，以及知道該做哪些運動和做多少運動。

第四部

現代世界中的運動

Exercise in the Modern World

第十一章

要動還是不動：該怎麼運動

迷思 11：「做就對了」一定有用

人人都拚命爭取不值得掌握的東西！

——薩克萊，《浮華世界》（*Vanity Fair*）

劇作家及歌手諾維．考沃（Noël Coward）曾說，他這輩子每件事情都願意嘗試一次，唯獨亂倫和跳土風舞例外。我的禁忌清單雖然長一點，但我也很願意嘗試新體驗。所以有一天早上七點，我和一群醫護人員一起參加Ironstrength訓練。這次訓練由喬登．梅澤爾醫師（Jordan Metzl）帶領。梅澤爾這位運動提倡者高䠷精瘦，精力無窮，公餘時間從事鐵人三項運動。我們曾同時參加一場運動醫學研討會，我參加這場活動的原因除了好奇之外，是因為有人說它非常好玩。此外，如果我成為探討「運動就是良藥」會議中唯一沒來運動的與會者，我一定會被排擠。

所以我們早餐前在飯店花園的棕櫚樹下集合，大家都穿著相同的研討會T恤。帶領我們運動的擴音喇叭傳出嘹亮的電子運動音樂，掩蓋了打到飯店旁海灘的海浪聲。活力十足、能量充沛的旋律搭配強勁的節奏，把整個建築帶到新的高潮。我們分好隊之後，接下來四十五分鐘做了各種運動：棒式、深蹲、仰臥起坐、衝刺，還有波比跳（綜合深蹲、伏地挺身和垂直跳的運動），同時不斷互相擊掌和大喊激勵口號。最後大夥都筋疲力盡，我們互相恭喜完成了這次挑戰，大聲贊同這次訓練有多好玩。

我自己是很開心，但這樣真的好玩嗎？我盡全力做了這些運動，但我真正喜歡的是參與感、美麗的環境、擊掌甚至音樂。後來我也喜歡上激烈運動後的感覺。不過坦白說，棒式、深蹲、仰臥起坐、衝刺和波比跳都很辛苦。這些運動讓人想起跑步大師喬治．希恩（George Sheehan）說的：「運動違反我們的意願，持續運動的唯一原因是其他的選擇更糟。」

我那天早上運動的理由完全符合本書名言，就是人類從未受演化影響而運動，也就是為了健康和體態而自願從事身體活動。我參加活動的原因是我覺得應該參加，而且應該會很好玩。無數世代以來，人類祖先不分老少，每天早上醒來慶幸自己還活著之餘，沒有別的選擇，只能花上好幾小時步行、挖掘和進行其他身體活動，才能活到第二天。他們有時也會為了樂趣和社交理由玩鬧或跳舞。除此之外，他們通常不會從事不必要的身體活動，以避免分散能量，只把能量投入演化唯一在乎的事——繁殖上。但矛盾的是，我們的身體受演化影響而必須維持身體活動，如此運作才能達到最佳狀態，但我們的思想卻受演化影響，必須要在有必要、令人愉悅或有其他獎勵才願意運動。我們降生在後工業世界中，因此必須辛苦地把身體活動改換成運動，這種行為既非必要，通常也不令人愉快。儘管醫師、教練、健身房老師和其他人經常嘮叨要我們運動，我們通常還是不愛運動。

依據二〇一八年美國政府一項調查，幾乎每個美國人都知道運動可促進健康，也認為自己應該運動，但有50％成人和73％高中生表示自己沒達到最低程度的身體活動標準，更有70％成人表示自己閒暇時從不運動。[1]

演化人類學方法能協助我們改善這點嗎？如果人類受演化影響，只會基於需要或好玩而活動，那麼如果我們把運動變得必要又好玩，就像我的Ironstrength訓練一樣，不就可以解決這個問題了？

如果事情有那麼簡單就好了。運動的定義是自願的身體活動，所以它本來就不是必要的。而且對許多人、尤其是對體態不佳的人而言，運動真的不好玩。儘管如此，我們的社會制度依然試圖為大多數年輕人達到這兩個目標。在世界各地，下課時間、體育課和運動競技是某些中小學的必要項目，而對某些學生而言，這些暫時離開教室的機會是開心玩樂的時間。[2]大人就不一樣了，我知道世界上只有一個地方試圖讓所有成年員工都覺得運動十分必要又好玩，那是位於瑞典斯德哥爾摩一間很特別的公司。出於好奇以及一點懷疑，我帶著邀請函到比約恩柏格（Björn Borg）運動服裝公司親自考察。

比約恩柏格的運動時間

如果要找人扮演一位曾做過瘋狂舉動（例如滑雪到北極）的英勇維京人，最佳人選一定是比約恩柏格體育服裝公司的執行長韓瑞克．邦吉（Henrik Bunge）。這家公司的名稱源自傳奇網球選手柏格。[3]韓瑞克（他真的曾經締造滑雪到北極的紀錄）高眺精瘦，擁有鮮明輪廓、金髮、深邃藍眼，壯碩又結實的上半身把毛衣都撐開。如果想在他的公司工作，最好準備好加入全員參與的「運動時間」，一個都不能少，連董事會成員或像我這樣在二〇一八年十二月某個陰暗寒冷的日子造訪位於斯德哥爾摩市區公司總部的訪客也不例外。

比約恩柏格的運動時間是每週五上午十一點整。在這個例行的每週大事之前，公司裡異常寧靜。從九點到十點，全公司員工安靜坐著一小時，思考工作目標以及如何提升自己。「安靜時刻」結束後，大家起身喝咖啡，輕聲談話，再回頭工作約四十五分鐘，讓沉靜的心情消散。突然間，整個公司動了起來。從執行長到收發室員工，大樓裡的每個人全都拿起運動背包，走到幾條街外的健身房。我跟著他們移動時，幾個員工拍拍我的背，跟我說我一定會喜歡這段運動時間。

還好韓瑞克已經給了我幾件比約恩柏格的運動服（包括他們的「高性能內褲」），所以我和我的私處在寬闊歡樂的健身房完全不會不自在，大家都穿著印有鮮明公司圖案的高科技上衣、短褲和內褲。有幾位

圖30 比約恩柏格公司的運動時間。左前是公司執行長韓瑞克．邦吉。（攝影：© Linnéa Gunnarsson）

員工看起來像韓瑞克一樣體態健美又擅長運動，但大多數就是三十到五十多歲的一般瑞典人。有幾位有點過重，一位女性顯然懷了孕。大家邊伸展邊聊八卦，十一點整，教練喬安娜上台，播放節奏強烈的音樂，要我們找個同伴做交叉訓練式的運動。

這個運動真是厲害。我跟公司的人資主管雷娜．諾丁（Lena Nordin）一組，她和韓瑞克一樣非常喜歡這個指定運動計畫。接下來一小時，我們不停地做著各種心肺和重量訓練，相當吃力，但我必須承認很好玩。我和雷娜沒有做一般的棒式（我很不喜歡做棒式），而是一起改成類似拔河的運動。接著喬安娜要我們用重物和大球做一些雙人運動，接下來的運動還包括深蹲、弓箭步和捲腹。最後，公司全體分成兩隊比賽波比跳。這段時間內，我們不停地跟著電子運動音樂互相擊掌。每個人都參加了，不過有幾位（包括懷孕女性）運動得比較輕鬆。到了中午十二點整，音樂停下，大家立刻跑回寄物間沖澡，回到工作崗位。

如果老闆規定必須運動，讀者會覺得如何？韓瑞克說他希望員工運動，因為他希望員工（當然也包括整個公司）越來越好，而想要越來越好就必須運動。所以運動時間就像安靜時刻和公司其他特殊文化一樣是必要的。為了檢視這個計畫的效果，每個員工每年必須測驗體適能兩次（團體（非個人）資料會提供給管理階層）。此外，運動是該公司整體體適能文化的一部分。這家公司的耶誕節派對不喝酒，而是去滑雪橇後喝熱巧克力。每年夏天，公司會舉辦十公里的「趣味路跑」，在斯德哥爾摩的街道上跑步。

老實說，我對韓瑞克的經營方式有點疑慮。在思想上，我把自己歸類為「自由派家長制」的擁護者，認為公司、政府或其他制度應該協助我們依據最大的自身利益生活，同時尊重我們的選擇自由。[4]自由派家長制偏好助推而不贊成強迫。自由派家長制不會強迫人運動，而是提供誘因。自由派家長制不會指望我們自己說要捐贈器官或給侍者小費，反而要我們自己說不參加這些計畫或是設定信用卡自動提醒付帳時支付小費。自由派家長制不會禁止吸菸，而會在香菸包裝打上警語，同時呼籲課以重稅。運動為什麼該跟吸菸不一樣？吸菸有礙健康，但我們還是有權吸菸，同樣地，我們也有權不運動不是嗎？

在這個想法下，我在比約恩柏格公司花了幾天時間，訪問願意說出想法的員工。如果韓瑞克禁止吸菸或只准吃素會有什麼想法？如果他規定每週要運動二到三次呢？運動時間是否曾讓你對自己的身體或體適能狀態感到羞愧？你覺得自己被強迫嗎？有障礙的員工呢？你是否知道有人不想被迫運動而離職？得跟肌肉發達的主管袒裎相見、當然一起淋浴更不用說。

我聽到的說法一如預期又令人驚奇。韓瑞克於二〇一四年就任比約恩柏格公司的「總教練」時，有些屬下不大高興。一位老員工告訴我，他起先對韓瑞克的想法是「可惡，別讓我看到這傢伙！」大約有20%的員工離職。但留到現在的員工幾乎都覺得效益大於代價。的確，有些員工進入公司是因為喜歡運動，但許多人承認公司的運動時間通常是他們整週唯一的運動時間。一位女性說她在一次活動中受傷。無論他們對運動的喜愛程度如何，我訪問過的每個人都說規定的運動時間讓他們更健康，與管理階層一起運動也能激發群體感、參與感和共同目標。一位比約恩柏格員工表示：「我們瑞典人很內向，沒喝酒通常不會敞開心胸，但這個效果更好，很特別。」

幾天後我坐飛機回家時，對韓瑞克的運動規定有點左右為難。一方面，他讓員工依照我視為舊石器時代戒律的方式運動：讓運動變得必要又好玩。此外，就客觀角度看來，他的規定對員工和公司都有益。但另一方面，韓瑞克規定的運動時間違反了不該強迫成人做任何事的普世原則。強制運動對我們或許很好，但這樣太專制。就我看來，演化生物學觀點有另一個同樣有效但沒那麼專制的方法可以幫助我們運動。

我寧願不要

假設我們是公司執行長，底下有許多員工經常久坐不動。公司支付的醫療費用不斷攀升，部分原因是員工缺乏運動，但我們不像韓瑞克那樣，不想硬性規定員工運動。或者我們也是家長，正在苦惱該如何促使性格不定又沒興趣的青少年運動。或者我們自己也正在努力掙脫沙發，站起來運動，但常常不成功。這時候該怎麼辦呢？

每個人都在努力克服拖延或逃避運動的衝動，所以如果環境不強制也不鼓勵身體活動，就一定會導致我們不活動。[5]如果我必須在舒服地坐在椅子上和滿身大汗地辛苦做運動兩者之間做選擇，椅子當然一定比較吸引人。我腦中緩慢理性的部分知道自己該運動，但本能又會說「我寧願不要」，另一個更具誘惑力的聲音說「何不明天再運動？」[6]或許我沒有時間或體力，我時間有限，所以必須特意出門運動，我住的城鎮沒有人行道，或是我的大樓樓梯間太昏暗、不方便行走。除了這些阻礙，或許我的基因已經使我天生就不愛運動。科學家已在實驗室中培養出本能上就喜歡或討厭跑轉輪的小鼠，許多人類研究也指出，有些人類天生就比較不喜歡運動。[7]

為了找出克服天生不愛運動的方法，有好幾百項實驗測試過許多促使不運動的人動起來的方法。有些研究評估提供資訊的效果。這些方式可能包括透過講座、網站、影片和小冊子介紹運動的理由以及如何運動，或是提供運動手環等裝置，讓受測者知道自己做了多少活動。有些實驗試圖影響行為；這些研究包括讓醫師針對個人提供明確運動處方、提供免費健身房會員、付費請受測者運動、針對不運動的受測者罰款、提升受測者信心，或是以電話、簡訊和電子郵件不斷提醒運動。最後，有些研究試圖改變環境，以便鼓勵運動，例如讓受測者走樓梯而不坐電梯，以及建造人行道和單車道等。只要說得出來，就有人嘗試過。[8]

好消息是這裡面有些方法確實有效。典型的例子是二〇〇三年有一項研究涵括九百名年齡介於四十歲到七十九歲缺乏運動的紐西蘭人。其中半數接受一般醫療協助，另一半則由醫師提供個人化運動處方，之後在三個月內進行三次電話追蹤，再加上運動專家每季提供的郵件。一年後，接受運動處方的受試者平均每週活動時間比一般對照組多了三十四分鐘。[9]

壞消息是，這些成功案例是例外而非常態。提供紐西蘭人運動處方使每週運動時間增加三十四分鐘確實是進展，但投注這些心力所增加的身體活動時間每天只有五分鐘。針對數百項高品質研究進行的全面性回顧發現許多方法失敗，而成功的方法通常效果也同樣不大。[10]此外，在某項研究中有效的方法在其他研究中經常無效。美國衛生及公共服務部二〇一八年曾徹底審視各種嘗試過的運動促進方法，如果仔細爬梳其中提到的所有研究，會一再看到「微小但正面的效果」這句話。[11]不過，千萬不要認為我主張應該放棄這些努力，事實恰好相反：即使是微小的改變也能改善大眾的健康，而且這些方法有時還會造成大轉彎。我有個朋友四十多歲時被診斷罹患第二型糖尿病，擔心自己可能活不到孫子出生，因此在他的醫師提出嚴格的運動方案後，他非常認真地實行，現在甚至可以跑半馬，而且不需服藥。但他這樣的成功案例只是一小部分，失敗的例子更多。世界上沒有絕對保證成功的方法能說服或勸導不運動的人積極運動。

不過，我們不是早就知道了嗎？如果有一種有效可靠的方法能讓久坐不動的人開始規律運動，這種方法一定會風靡全球。這些方法為什麼跟我們的新年新希望一樣大多變成空談呢？

理由之一是人類複雜又多變。即使是西方工業化族群，民眾在生理、文化和生物學各方面的差異也多不勝數。對洛杉磯大學生有用的方法，怎麼可能對倫敦的老阿嬤或東京市郊時間有限的家長同樣管用？我們真的認為同樣的行動方案可能對過重和瘦削、內向和外向、缺乏信心和自信滿滿、男性和女性、大學生和教育程度較低、富有和貧窮、都市和鄉村、固執和順從的人一樣有效？的確，試圖探討哪些人有或沒有規律運動習慣的研究，並未發現運動者有什麼共同點，只有幾個相當明顯的特質，那就是：以往有運動經驗、健康良好而且不過重、對自己的運動能力有信心、教育程度較高，以及喜歡和願意運動。[12]這些特質的參考價值大概跟參觀美術館的人通常喜歡藝術差不多。

就我看來，如果想有效推廣運動，必須先解決為了健康和體態而從事自願性身體活動是現代化的異常行為和非必須行為這個問題。無論我們喜不喜歡，我們腦中都有個微弱的聲音促使我們逃避沒必要又不好玩的身體活動。所以我們一起從演化人類學觀點來重新探討這些特質。

首先是必要性。世界上每個人，包括運動經常不足的幾十億人，都知道經常運動對身體有益。這些不運動的人當中，有許多人感到沮喪或覺得自己不行，而嘮叨和吹噓運動益處又煩人的運動專家經常提醒這些人要慢跑、長距離走路、上健身房和爬樓梯，但通常無濟於事。這問題有一部分是「應該」和「需要」之間的差別。我知道自己需要運動，這樣更有可能會更健康、更快樂和活得更久，而且失能更少，但不需要運動的正當理由也很多。事實上，我們即使不運動，顯然也能擁有還不錯的健康生活。川普可以證明，很少或不運動的50%美國人不是一定會過早死亡。沒錯，缺乏運動會提高他們罹患心臟病、糖尿病和其他疾病的機率，但這些疾病大多要到中年後才會出現，到時候應該可以接受一定程度的治療。即使美國有超過50%民眾很少運動甚至不運動，美國的平均預期壽命仍有八十歲左右。

運動不僅本來就沒必要，現代機械化世界更消除了以前必要的非運動身體活動。我完全不需要提高心率或流汗也能輕鬆過日子。我可以開車上班、坐電梯到我辦公室的那一樓、在椅子上坐一整天，然後再開車回家。我通常只要按個按鈕或轉水龍頭，不用花力氣就能完成很多以往相當辛苦的日常工作，例如取得水和食物、做晚餐和洗衣服等。我甚至還可以買機器人來吸地板。這些節省勞力的產品有時被批評為頹廢和邪惡，但因為我們喜歡，所以很受歡迎。

除了沒必要之外，運動還要花費寶貴的時間，讓我們難以進行其他更重要的活動。很幸運地，我的通勤距離不長，工作時間也很有彈性，所以幾乎一定有時間跑步或跑回家遛狗。但我許多朋友通勤距離很長，工作性質必須連續好幾小時久坐不動，而且還有照顧小孩和老人等其他責任必須投入很多時間。矛盾的是在人類歷史上，現在有錢人的活動量第一次超越有工作的窮人。[13]當空閒時間不夠時，運動這類非必要活動通常會放到週末，然而到了那時候，工作整個禮拜累積的疲勞又讓人很難提起勁來運動。許多人被問到什麼因素使他們無法運動時，幾乎一定會回答時間是最大的障礙。

這讓我們想到好玩。時間不夠可能壓力很大，但即使是我認識最忙的人，也一定找得出時間做他們喜歡或有獎勵感的事，例如看電視、上網或聊八卦等。我覺得其他幾百萬不運動的人如果發現運動很有趣，一定也會把運動看得更重要，但運動對他們而言經常在心理上沒有獎勵感、身體上也不愉快。這些負面反應可能是古老的適應作用。我們和大多數生物一樣，因為天擇而喜愛和需要性愛、進食和其他有助於繁衍成功的行為，同時不喜歡禁食這類無助於生更多小孩的行為。如果石器時代的人類祖先覺得沒有需求的八公里慢跑這類非必要身體活動沒樂趣，他們就會避免浪費有限的能量，把能量盡量分配給繁衍。

這個說法或許只是想當然爾，但應該不會有人反對不運動的人並非完全不理性，因為運動是現代行為，就定義上而言沒必要，而且通常在身體上和心理上沒有獎勵。對許多人而言，運動既不方便又不容易入門。如果我們無法使運動變得必要又好玩，或許可以使運動變得比較必要和比較好玩一點。

如何使運動變得更好玩？

我覺得最不好玩的一次運動經驗是二〇一八年的波士頓馬拉松。我知道這聽起來很自誇又可笑（馬拉松怎麼可能好玩？），不過請先忍耐一下，因為當天狀況真的很可怕，因此說明了很重要的一點。四月底波士頓的天氣有時很好、有時寒冷、有時溫暖、有時下雨，但當天侵襲波士頓的東北風暴嚴酷得很不尋常。上午十點鐘比賽開始時，大雨已經連續下了好幾小時，氣溫只比冰點高幾度，而且持續吹著強烈逆風，風速高達每小時五十六公里。一般說來，無論給我多少錢，我都不願意在這麼糟糕的天候下跑步，而且我在賽前拚命查看天氣預報時，覺得儘管我已經練習了好幾個月，我還是應該留在家裡。但到了比賽日，我在全身塗滿凡士林，穿上好幾件防水衣，先戴上浴帽再戴兩頂帽子，戴著應該防水的手套，用塑膠袋套著鞋子，避免鞋子還沒起跑就濕掉。我像隻旅鼠一樣，在波士頓市區上了巴士，前往遙遠的霍普金頓小鎮，比賽的起點就在那裡。

霍普金頓的景象讓我想到電影裡描寫的一次大戰前壕溝裡的士兵。跑者等待起跑的高中運動場已被二萬五千名寒冷、濕透又可憐的馬拉松跑者踩成爛泥。我在賽前一向很緊張，內心交織著害怕、焦慮和興奮感，但這次我的心中只有擔憂。我要怎麼做才能完賽而不失溫？但我的預定起跑時間來到時，我還是縮著身體，在大雨和寒風中站在起跑線上，淒涼地吃著我的幸運藍莓馬芬（這是一種儀式），等著起跑槍聲響起，這樣我才能跟其他幾萬名焦慮又可憐的跑者一起勉力前進。

這四十二公里跑得非常痛苦。有時逆風和大雨強到無法前進，吸滿水的跑鞋每踩一步的聲音都像大象走路，全身上下又濕又冷。不到幾公里我就確定如果我想回到家避免自己更冷，最快的方法，就是不要理會滂沱大雨、水坑還有吹個不停的強風，一直向前跑。我衝過終點線的主要動力是盡快跳進被窩取暖，當時我就是這麼做的。

後來幾天我的身心逐漸復原時，我開始思考我和另外兩萬五千個神經病為什麼會在這樣的暴雨中跑步？如果我的目標只是要跑四十二公里，我可以等到第二天，好好享受無可挑剔的天氣。我想到唯一的解釋是我為了社交理由而跑。就像戰場上的士兵一樣，我不是孤軍奮戰，而是群體中的一員，一起艱苦地幹一件大事。波士頓馬拉松是從一八九七年延續至今的重要傳統，二〇一三年遭到恐攻後意義更加重大。我覺得我不只為了自己，也為了其他人跑，包括不畏寒風前來幫我們加油的幾十萬觀眾。最後，雖然不好意思但我必須承認，我跑下去是因為我不想面對被視為膽小鬼或棄賽者的社會責難。同儕壓力是強大的推手。

這當中隱含說明了人類為何運動的重要解釋。運動本身不是必要的，所以我們大多為了心理或生理上的獎勵而運動。而在二〇一八年那個痛苦的四月天，得到的只有心理上的獎勵，這些獎勵源自這個活動的社會性質。近幾百萬年來，人類極少單獨從事連續數小時的中高強度活動。狩獵採集者女性覓食時通常群體行動，一邊聊八卦、互相陪伴，一邊步行尋找食物、挖掘薯類、採摘莓果等等。男性通常兩人以上成群結隊打獵或採蜂蜜。[14] 農民翻土、播種、除草和收割時也是團體行動。所以朋友或交叉訓練的學員在健身房一起練習、球隊進行美式足球友誼賽，或是幾個好友邊聊天邊散步或跑步很多公里時，都是在延續社會性身體活動的悠久傳統。

我認為有個更深入的演化解釋可以說明所有書籍、網站、文章和podcast提到鼓勵運動的方法時，為什麼幾乎都建議找一群人一起運動。人類是社會性很強的生物，我們和沒有關係的陌生人合作的程度也超越其他物種。我們曾經一起狩獵和採集，現在依然共享食物、居所和其他資源。我們互相幫忙扶養小孩、一起戰鬥、一起玩鬧。因此，我們因為天擇而喜歡群體活動，互相協助，並且在意其他人對自己的想法。[15]運動等各種身體活動也不例外。我們因為疲勞或技能不佳而辛苦掙扎時，會互相鼓勵和協助。我們成功時會互相讚賞。我們想放棄時，身在團體中往往會撐下去。我做過最辛苦的練習一定是團體活動，而且我出門跑步或運動經常只是因為我已經跟朋友約好。當然，運動有時不需要社交也很有樂趣。單獨走路或跑步可以好好沉思，在健身房邊運動邊聽podcast或看電視（這顯然是現代現象）也很有趣。但對大多數人而言，跟其他人一起運動在心理上更有獎勵。由於這個理由，運動競技、比賽、跳舞和其他玩鬧是最普遍的社交活動，規律運動者經常會加入俱樂部、團體或健身房。為了吸引客戶，街上那家健身房有個大大的招牌，寫著「絕不要單獨運動！」，最普遍又有效的運動方式是交叉訓練、尊巴舞（Zumba）和橙色理論（Orangetheory）等團體運動。

運動也能讓我們感到舒暢，這讓運動變得有樂趣。激烈運動後，我會感到敏銳、興奮、平靜和沒有痛楚，效果跟服用類鴉片差不多。事實上，天擇確實採取這種藥物鼓勵策略，讓人類腦部隨身體活動製造許多種提振情緒的物質。[16]這類內生藥物中最重要的四種是多巴胺、血清素、腦內啡和內生性大麻，但由於典型的演化設計缺陷，通常只有身體活動量大的人才能感受到這些物質的激勵。

多巴胺。這種分子是腦中獎勵系統的關鍵，它會命令大腦內部的某個區域「再來一次」。因此演化讓腦部在提高繁衍成功的行為發生時製造多巴胺，例如性行為、吃美食以及（令人驚奇地）做運動。不過，這個獎勵系統對現在缺乏運動的人而言有三個缺點。第一，我們必須先運動，多巴胺才會增加，所以它沒辦法促使我們離開沙發。更糟的是，缺乏運動的人腦中多巴胺受體活化程度低於規律運動的人。[17] 雪上加霜的是，肥胖者腦中活化多巴胺受體又更少。[18] 因此，缺乏運動者和肥胖者必須運動得更辛苦、更久（有時長達好幾個月）才能使受體活化程度達到正常水準，這時才會形成所謂的「運動癮」。如果經常運動，就會知道那種好幾天沒運動的感覺：有點怪怪的、癢癢的，很想藉由身體活動來滿足飢餓的多巴胺受體。在極端狀況下，運動癮甚至可能有嚴重依賴性，但這個名詞一般用來形容正常、無害且通常有意的獎勵系統。[19]

血清素。這種目前還神祕難解的神經傳導物質有助於感受愉悅和控制衝動，但也會影響記憶、睡眠和其他機能。我們從事有益行為時，腦部會製造血清素，例如與相愛的人身體接觸、照顧嬰兒、待在自然光下的戶外，以及……沒錯就是運動。[20] 血清素值提高能引發幸福感（搖頭丸的原理就是大幅提高血清素值，強化這種感覺），同時使我們更能控制非適應性衝動。因此，血清素過低往往造成焦慮、憂鬱和衝動。有些憂鬱症患者服用藥物來維持血清素正常機能，但科學家也證明運動的效果通常與藥物相仿。[21] 然而，與多巴胺的狀況一樣，缺乏運動者的血清素活性較低，所以比較容易憂鬱，而且難以控制逃避運動的衝動，因此血清素值更難以提高。

腦內啡。腦內啡是天然類鴉片，可協助我們忍耐費力時的不適。[22] 人體自身的類鴉片效果沒有海洛因、可待因和嗎啡那麼強，但也能抑制疼痛和產生快感。類鴉片讓我們能長時間爬山或跑步，而不會留意到肌肉酸痛或腳上已經起了水泡，或許也有助於形成運動癮。不過它同樣也有玄機。腦內啡的效果雖然能持續數小時，但必須激烈運動二十分鐘以上才會開始生成，因此體態良好、足以這樣激烈運動的人才感受得到獎勵效果。[23]

內生性大麻。多年以來，我們一直認為萬惡的跑者愉悅感來自腦內啡，但現在知道真正在這個現象中扮演重要角色的是內生性大麻，也就是體內自然生成的大麻活性成分。[24]這個系統雖然能產生愉悅感，但其實和大多數運動者沒什麼關係，因為通常必須激烈運動好幾個小時，腦部才會釋出這種提振情緒和感覺的物質。此外，不是每個人都具備產生跑者愉悅感的基因。[25]我猜想跑者愉悅感的主要用意是提高感覺敏銳度，協助獵人在持久狩獵時追蹤動物。

運動釋出的這些化學物質雖然有助於運動，但缺點是它們大多藉助良性循環發揮作用。我們走或跑十公里時，腦部會產生多巴胺、血清素和其他化學物質，讓我們覺得舒暢，願意再來一次。但是當我們久坐不動時，就會形成惡性循環。我們體態越來越差，腦部就越難獎勵我們運動。這是典型的不匹配狀況：人類祖先很少缺乏活動和體態不佳，所以腦部對運動的快樂反應未曾演化到能在久坐不動的個體身上充分發揮作用。

所以人類社會和你我這些個體該怎麼做？我們能如何使運動變得更好玩、更有獎勵感，尤其是體態不佳的人？

首先最重要的是，我們不要再硬說運動一定很好玩，尤其是對沒有運動習慣的人。如果讀者就是這樣，請從選擇自己最喜歡或最不討厭的運動開始。[26] 同樣重要的是，弄清楚如何在運動時用其他有趣的東西轉移注意力。最起碼，這些轉移方法有助於使運動沒那麼痛苦。要讓運動比較有趣（或沒那麼痛苦），最常見的合理方法包括：

- 增添社交性：跟朋友、團體或合格的好教練一起運動。[27]
- 娛樂自己：聽音樂、podcast或有聲書，或是看電影。
- 在漂亮的戶外環境中運動。
- 跳舞或參加運動比賽。
- 變化可以增加樂趣，所以可嘗試做多種不同的運動。
- 依據時間選擇符合實際的目標，不要依據表現，這樣才不會讓自己失望。
- 獎勵自己運動。

第二，如果運動得很辛苦，可以回想一下運動要花多少時間才會變得有樂趣或不那麼痛苦，以及原因是什麼。演化沒有使人類變得四體不動或身材走樣，所以我們必須投入好幾個月努力來提升體適能，適應作用才會讓身體活動有獎勵感和成為習慣。運動會慢慢地、漸漸地從難受又缺乏獎勵感，進而讓我們不想運動的負回饋循環，變成讓人有成就感的正回饋循環。

所以沒錯，運動可以變得更有成就感和更好玩。但我們不要自欺欺人。無論我們怎麼使運動變得更有樂趣，運動通常還是比坐著不動來得沒吸引力又不舒服。我每次打算運動時，都要先努力打倒不想運動的本能。後來，我從不會後悔，但要克服自己的慣性，通常必須想想如何使運動顯得必要。

如何讓運動顯得必要？

多年以來，我有個朋友很想規律運動，但一直沒有成功。她試過新年新希望、加入健身房會員，還有擬定運動時間表等。每次三分鐘熱度一過，她又打回久坐不動的原形。在挫折感下，她決定嘗試全然不同的方法：以責罰代替獎勵。她的方法是這樣的：她匯給StickK.com網站一千美元，保證每天要走路六．五公里，而且指定她先生是裁判。依據先生的裁定，她只要有一週沒達成目標，網站就會匯二十五美元給美國長槍協會（NRA），這個組織反對美國槍枝管制，因而頗具爭議性。她表示：「我有好多天心裡不想出門走路，但想到美國長槍協會拿到錢我會更受不了，所以我別無選擇。」這個方法果然奏效，一年以來她每次都達標，現在已經變得很愛走路。我朋友和比約恩柏格員工之間的主要差別是她找方法強迫自己，韓瑞克邦吉則是強迫自己的員工。

讀者對強迫的感覺如何？讀者們如果跟我一樣，應該會反對強迫他人。強迫運動並不尊重個人自主決定生活方式的權利，違反了普世最高原則。我有權不吃維他命、不吃蔬菜，或是不用牙線清潔牙齒，也有權不運動。

但不強迫他人運動的原則是有例外的。有個例外狀況是緊急救援人員和軍人等在工作上必須具備一定程度的體適能。舉例來說，軍人顯然必須運動維持強健體魄以便戰鬥。軍人從軍時就知道，新訓中心的教育班長會大吼要他們做伏地挺身、仰臥起坐、引體向上和跑操場。不運動就要受罰。另一個重要例外是兒童。我們強迫兒童運動通常是因為這樣對他們有益。專家認為兒童每天至少應該有一小時中高強度運動，所以世界各國的學校幾乎都有體育課。[28]這樣說來，我們可以為了兒童好而強迫他們運動，但為什麼不能強迫不是軍人或消防員的成人運動？

有個理由是兒童和成人不一樣，他們還不懂得依據自身的利益做決定。因此我們通常容許強迫兒童做有益的事，例如吃健康的食物、上床睡覺、上學、坐汽車安全座椅、打疫苗，以及禁止兒童吸菸和喝酒等。某些時候，我們會允許成人自己做這些決定，但有些狀況例外。美國成年人有權不運動和吸菸，但禁止吸古柯鹼，而且還是得繫安全帶。

純粹從實用觀點來看，規定必須運動跟強制繫安全帶有什麼不同？依據美國國家運輸安全委員會指出，在美國，安全帶每年可防止大約一萬人死亡。[29]而依據美國疾管中心的資料，在美國，活動量不足每年導致大約三十萬人死亡，是車禍死亡人數的三十倍之多。[30]在全世界，活動量不足每年造成約五百三十萬人死亡，與死於吸菸的人數相仿。[31]但就心理上而言，這些死亡人數很不一樣。我們只要開車遭遇重大車禍或在電視上看到汽車內部殘破的屍體，就能理解被迫繫安全帶是為了我們好，但因為鬱血性心臟衰竭或第二型糖尿病而死通常不被注意或是在平常看不到的醫院裡。此外，我們通常認為二十歲的生命因車禍而結束很可惜，七十歲的生命因結腸癌或心臟病發而死沒什麼。我們也已經習慣被迫繫安全帶。安全帶規定剛開始實施時，我岳父就不願遵守規定，因為安全帶侵犯他的自由。但我女兒那一代就認為這個規定十分正常。

儘管有其實際效益，我仍反對強迫每一個人都要運動，因為成人有權做出不健康的決定。弔詭的是，嘗試運動但不成功的人之中，大多數其實還是想運動。[32]我們繼承了避免非必要身體活動的天性（有些人格外嚴重）[33]，這不是我們的錯，但我們生在現在的世界，身體活動已不再必要，而且因為通勤、靜態工作、電梯、購物車、街上沒有人行道、大樓沒有好走的樓梯等等因素而更加困難。我們不用因為四體不動而不好意思或自責，而是需要同理心的協助，讓運動變得更有必要。最容易接受的方法，是想辦法透過自己認可的助推和強推來強迫自己。

助推是影響我們的行為但不會強迫、限制我們的選擇，也不改變經濟誘因。[34]常見的助推是改變預設選擇（例如預設我們捐贈器官，而非預設不捐贈），或是稍微改變環境（例如把較健康的食物擺在沙拉吧前端）。可以想見，許多有意運動者得到的建議是嘗試各種助推，使選擇運動的行動更理所當然、簡單又不麻煩，例如：

- 運動前一晚準備好運動服，這樣早上一起床就可以穿上，準備去運動（也可以直接穿運動服睡覺）。
- 把運動設定為預設活動。
- 找朋友或使用軟體提醒自己運動。
- 讓走樓梯比坐電梯或電扶梯更方便。

強推是力道較大的自我強迫，類似我朋友走路以避免送錢給美國長槍協會。這類行為無從反對，因為我們這麼做是出於自願，但力量比助推更大。強推的例子包括：

- 事先安排與朋友或團體一起運動。這樣就會有一定要到場的社交義務。
- 參加交叉訓練課程等團體方式運動。如果開始動搖，團體會讓我們堅持下去。
- 跟StickK.com等機構簽訂承諾合約，若沒有運動就送錢給不喜歡的機構（責罰），或是有運動就送錢給喜歡的機構（獎勵）。
- 參加（付費的）比賽或必須練習的其他活動。
- 把運動貼上網路，讓其他人看到自己正在（或沒有）運動。
- 指定一個朋友、親戚或自己欣賞或敬畏的人當裁判檢查進度。

請注意，這些方法都有個重要特質，就是社會承諾。無論是打算跟朋友、瑜珈班、團隊、交叉訓練小組或同時參加5K賽事的其他跑者一起運動，或是在線上張貼運動成績（或沒成績），都是向他人宣示自己要運動。相對地，我們會得到鼓勵和支持等獎勵，以及羞愧或非難等責罰。想找出證明社會承諾確實有效的證據，只要看看婚姻、宗教和教育這幾個最普遍、歷史最悠久、協助我們實現期望的社會制度就知道了。這些制度都是公開展現對制度和法則的承諾，以便取得社會支持和責備帶來的效益，只是程度不等。婚姻和宗教不算很好的模範，但我認為我們應該把運動當成一種教育。

對兒童而言，我們已經這麼做了。我們規定兒童必須上學，同樣地，我們也要求兒童必須運動（但其實常常不夠）。我們也和學校一樣，盡量讓運動社交化，進而變得更加好玩。那麼我們何不把運動當成像上大學一樣，對成人這樣要求？對成人而言，上大學也是高度社交性的承諾合約，也包含獎勵和責罰。我學校的學生付出大筆學費，讓我這樣的教授強迫他們唸書、學習和工作，表現差就會分數太低或被當掉。我的學生爭取並同意這些條件，因為他們知道如果沒有學校的助推、強推和規定，他們就不會好好學習。相對地，他們也很喜歡這個通常很好玩的社會經驗，包括來自同學和教職員的支持，以及鼓勵他們參與更大的團體。這類承諾合約模式是否有助於促進運動？尤其對年輕人而言？

鎖定年輕人

年輕人需要動起來。人類錙銖必較的生理特質能因應需求建立能力。十歲前充分活動身體，是擁有強健體魄的必要條件。每天至少一小時中高強度身體活動，可降低兒童肥胖風險，並有助於發育健全的肌肉、骨骼、心臟、血管、消化系統，甚至腦部。活動量較大的兒童學習更多、更快，更聰明、更快樂，也比較不容易出現憂鬱和其他心理問題。

但我們正在無情地慣壞兒童。在美國，每天至少活動一小時的兒童不到四分之一。[35]女生運動得比男生更少、年齡較大的兒童活動量比年齡較小的更少。[36]依據世界衛生組織（WHO）指出，全世界的狀況通常更糟，每天活動不到一小時的兒童超過81%。[37]造成這個狀況的因素很多。現在兒童每天看著大小螢幕的時間更長、更少走路上學，在某些區域，公園和街上都很危險，而且越來越多學校讓體育課變得可有可無。大多數學區規定必須有體育課，但時間足夠的比例少得驚人。美國只有11%的小學學區在上學日有固定的教室運動時間，高中的比例則陡降到只有2%。[38]此外依據我自己的經驗，學生在教室的運動時間中有一半以上的時間沒在運動，只是坐在凳子上或排隊等著打球或運球。[39]更糟的是，許多學校的競賽性運動專屬於某些人，因此形成布萊德利．卡迪諾（Bradley Cardinal）所謂的「逆向」制度，學生程度越高，反而越容易被忽視甚至排除。[40]總而言之，四體不動在年輕人中十分普遍。

我自己居住的麻州也不例外。麻州一般法七十一．三條規定「各級學校所有學生均必須修習體育課」。但一九九六年，麻州教育委員會廢除了體育課最低時數，以便增加標準化考試準備時間。依據當地報紙報導，在學期中麻州學生平均每天只有十八到二十二分鐘的體育課。[41]這是優先順序和政策失當。除了普遍忽視兒童缺乏活動的長期後果，家長和教育者顯然更重視考試成績、秩序和安全，只要有足夠的身體活動，這幾件事情不僅不會退步，而且還會進步。[42]我們似乎已經忘了身體和心智其實緊密相連。

很可惜的是，大學正好體現了我們的集體健忘和漠視「健全的心靈寓於健全的身體」這句名言。教育者一向知道身體活動對學生有益，美國所有四年制學院和大學幾乎也都規定必須修習中級體育課。[43]這些規定大多已廢除，而少數保留的也打了折扣。我自己任教的哈佛大學首先於一九二〇年規定必須有體育課，但在一九七〇年廢除所有規定。哈佛現在和大多數大學一樣，只有大約四分之一學生有基本程度的規律運動，而憂鬱和焦慮等心理問題比例高到嚇人。到目前為止，我提議恢復研究所運動課程的努力尚未成功。最常見的反對意見包括規定運動就是強迫、我們的工作是教書不是鍛鍊身體、學生時間不夠，以及運動建議對於身體有障礙、過重或對自己的身體沒信心的人來說，是傷害和歧視等。

這些考量有些確實存在，但全都可以解決。最不具說服力的考量就是強迫。前面已經說明，大學成功的基礎就是承諾契約模式。學生入學就是自願受教授和教務長強迫，必須服從一大堆規定。若不喜歡這些規定，他們可以轉到其他沒有這些規定的學校。此外，我也不同意我們無權要求學生必須活動。我們的主要職責是教育，身體活動有助於學生的智能、社會和個人發展。運動有助於年輕人維持心理健康，同時培養能持續下去的良好習慣。依據一項研究，大學時規律運動的學生中有85%後來持續運動，但大學時不運動的學生中有81%後來一樣缺乏活動。[44]不過為了避免造成反效果，體育必須是必修課也必須是正面的。研究指出，把體育課列為選修，將會吸引活動量原本就大又愛運動的學生，反而助長不活動，這類負面體育經驗（例如永遠落選，只能坐冷板凳）將會降低學生成人後的運動意願。[45]

而在時間方面，我很同情但無法贊同。學生的生活都很忙，但除了偶爾趕交報告和必須準備考試之外，每週抽不出五次三十分鐘來運動，其實大多是因為運動的優先程度比不上其他課外活動（包括花在社群媒體上的大把時間）。[46]事實上，不運動有時對時間不多的學生反而不好。針對大學生進行的隨機對照試驗證實了一件我們本來就知道的事：即使是短時間的中等強度運動，也能強化記憶和專注力。[47]

最後，我完全同意我們必須顧及有身體障礙或對運動沒安全感、不適合或不舒服的學生的感受。每個學生有不同需求，造成對身體或體適能羞愧不僅錯誤，又會造成反效果。然而對體適能不佳的學生而言，不協助他們運動不是最好的對待方式，因為運動的效益對每個人都很重要，尤其是體適能不佳的人。所以我們的最主要挑戰是支持和協助各種程度的人，不帶批判眼光，並且以他們能接受和有成就感的方式從旁協助。

簡而言之，我們都需要助推。所以假設我們已經知道如何開始運動，接下來的問題就是該做哪些運動以及做多少運動。

第十二章

做什麼運動？做多少運動？

迷思 12：世界上有最佳的運動劑量和種類

萬物都是毒，無物不含毒，但毒性視乎劑量而定。

——帕拉塞爾蘇斯（Paracelsus）

假設某個遙遠的國家有個偉大的國王，鍾愛女兒勝過世上一切。這位公主善良又熱情，精通哲學、數學、歷史和語言。但這位公主和國王一樣四體不動又體態不佳。輔臣、教練、保母和家庭教師都說不動虛弱無力的國王與公主運動。國王知道這是個問題，所以公主到了適婚年齡時，他邀請遠近幾十個國家王子來比試招親。但國王這次不是讓王子們比試長槍、擊劍或角力，而是請他們在城堡裡的大堂坐下來筆試。上午九點十五分鐘聲響起，所有王子打開答案卷，有三小時的時間回答同一個問題：最好的運動方式是什麼？

王國裡瀰漫著史無前例的安靜。傑出的王子們賣力揮著筆桿時，小狗不敢叫、馬兒不敢嘶鳴，連門都不敢嘎吱作響，城堡方圓好幾公里的生物全都屏息以待。中午十二點十五分，所有的筆都放下，試卷集中掃描後，貼到網路上供大眾瀏覽和張貼評語，國王的評審則閉門決定誰雀屏中選。

答案形形色色又十分優秀。最受歡迎的答案是包含十二個步驟的「強若母獅」計畫，在多次重複舉起中等重量間穿插少數幾次較大的重量。另一位聰明的王子寫「跑跑走走、活到永久」，這項計畫包含十個步驟，一開始是長距離行走，接著加入短距離跑步，慢慢加長到十六公里。廣受大眾喜愛的其他方案還有「七分鐘護一生」，宣稱只要每天做七分鐘的高強度間歇訓練就能「強身健體」。另外是「長壽賽過洞穴人」，模擬舊石器時代體態養生法，包括赤腳走路、爬樹和舉石塊。還有些計畫提倡伸展、游泳、騎單車、慢跑、跳舞、拳擊、瑜珈，甚至玩彈跳棒。有些方案提到基因變異，有些針對男性和女性提供不同計畫，有許多計畫的目的是盡量減輕體重，有些則是巧妙地結合女性的月經週期。評審們細細思量時，記者、部落客、名人、熱心群眾和網路小白則在瘋狂爭論每個方法的優點。大家公認的最佳方案每天都不一樣。

經過一週等待和爭論之後，發表結果的日子終於到了。當天中午，皇室網站只貼了兩句話：「經過深思熟慮之後，評審判定世界上沒有最好的運動方式。請明年再來解答比較好的問題。」

看完前面十一章後，希望讀者們會同意這個故事裡評審的決定十分睿智，因為這個問題本身就有問題。儘管表面看來不是這樣，但世界上怎麼可能有最好或效果最佳的運動種類和運動量？甚至「最好」是什麼意思都有待釐清，是以能增加幾年壽命為準，還是以時間上最經濟的為準？預防心臟病效果最好，還是減重、避免受傷、避免阿茲海默症？即使真的能針對這些目標找出最好的計畫，但同樣的計畫可能不分年齡、性別、體重、體適能程度和傷害史，對每個人都最好嗎？

雖然世界上可能沒有效果最好的運動方法，但身體活動確實能促進生長、維護和修護機制，提高能力和減緩老化。因此我們已經把運動當成藥物。同樣地，儘管運動算是一種特殊藥物，還是必須指定劑量和種類。但運動量應該多少？應該做哪些運動？無論是為了好玩或是體態而運動，依據目標和狀況不同，還是有某幾種運動和運動量對健康比較有益或比較不利。我們會以重量訓練鍛鍊肌肉、以心肺運動強化心臟，或以高空彈跳嚇壞家長。這一章和最後一章就要討論各種運動處方，對幾種可能危害生命或身體機能的常見疾病有何影響以及原因所在。但首先我們應該先研究該做哪些運動以及多少運動的總體問題。

無論如何，運動劑量和健康之間的關係很令人困惑。我就認識得過諾貝爾獎的科學家同樣對互相矛盾的各種聲音感到無所適從。許多專家建議我們只要做自己喜歡的運動就好，因為有運動總比不運動好。有些則認為做短時間的高強度訓練最經濟。在心肺運動方面，有人熱烈支持跑步、每天走一萬步、游泳，或是使用滑步機等低衝擊運動機。在重訓方面，有人建議運用自身重量，有人則建議自由重量，也有人選擇使用機械器材。但在各種方案中，目前最常見、全世界各大健身機構幾乎都推薦的方法，就是每週至少一百五十分鐘中等強度或七十五分鐘高強度有氧運動，另外加上兩次重量訓練。[1]

每週一百五十分鐘？

活到九十六歲的運動大師傑克・拉蘭內（Jack LaLanne）喜歡說：「人會死不是因為老化，而是因為不活動。」[2]這麼說有點誇大，但自文明出現、甚至更早之前，身體活動顯然就可以促進健康。不過在人稱「帕夫」的小勞夫・帕芬巴格（Ralph S. Paffenbarger Jr.）開創性的研究之前，沒人證明過運動量和壽命間的關係與藥物相似，也就是同樣有劑量反應曲線。帕芬巴格出生於一九二二年，研究生涯一開始為美國政府研究脊髓灰質炎疫苗，但後來把焦點轉往研究慢性病，同時任教於哈佛大學，後來再到史丹福醫學院。帕芬巴格發表了許多傑出的研究（其中一項研究主張定期食用巧克力可使壽命延長將近一年）[3]，但他最大的突破開始於發現可以利用大學會跟校友保持聯絡，以便向校友募款這件事。從一九六二年開始，帕芬說服哈佛大學和賓州大學，向五萬名校友徵求活動習慣和健康相關資料。接著他耐心等待數十年，讓校友年齡漸長，許多人去世。最後他取得一萬七千多人的資料可以使用。

圖31（左）摘錄帕芬巴格一九八六年發表在《新英格蘭醫學期刊》上的重要論文主要結果。[4]X軸是

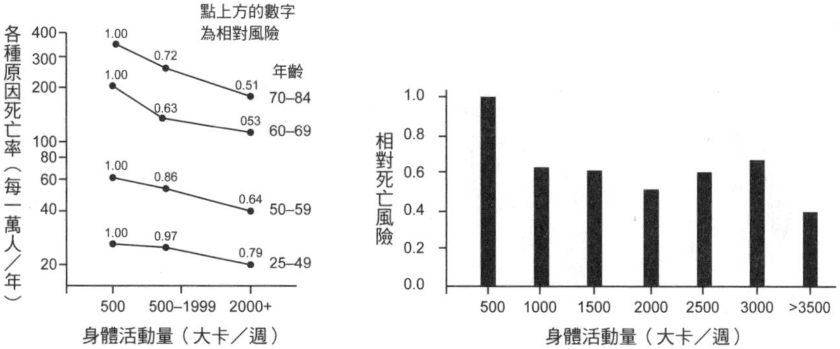

圖31 哈佛校友運動與死亡風險的劑量反應。哈佛校友死亡率依年齡（左圖）和所有年齡層身體活動量（右圖）分組。（資料來源：Paffenbarger, R. S., Jr. [1986], Physical activity, all-cause mortality, and longevity of college alumni, *New England Journal of Medicine* 314:605-13; Paffenbarger, R. S., Jr., et al. [1993], The association of changes in physical-activity level and other lifestyle characteristics with mortality among men, *New England Journal of Medicine* 328:538-45）

劑量，以每週消耗在身體活動上的平均大卡數表示，Y軸是校友死亡率。每個點上方的數字是相對風險（與同年齡層缺乏活動者相比的死亡機率）。可以想見，年紀最長的校友死亡率是年紀最輕的十倍以上，但請注意各年齡層的劑量反應關係斜率不同：年齡層越大，斜率也越大（斜線越陡）。每週運動消耗兩千大卡以上的中年校友，死亡風險比缺乏運動的同期低21％，七十歲以上且運動量相同的校友，同一年度死亡的風險是缺乏運動的同期之一半，對，是一半。這項研究的發表是史上第一項證明運動與死亡率間有強大劑量反應關係的明確證據。運動不是萬靈藥，但我們運動得越多，就可能活得越久，而身體活動對長壽的影響隨年齡更加顯著。

隨時間過去，帕夫巴格等人持續擴充研究結果。一九九三年，他們取得足夠資料，證明長壽和身體活動之間的關係不是線性的，如圖31右側所示。[5]這張圖呈現同一群校友的相對死亡風險與所有年齡層活動量的關係。請注意，即使是中等程度的身體活動（每週一千大卡），也能使死亡率降低將近40％，而活動量達到兩倍的效果更好。然而劑量增加時，效益開始逐漸降低。圖中沒有呈現的另一項發現是，表示自己中度或激烈運動的校友表現得優於只有輕度活動的校友。最後，年紀較大才開始運動的校友，死亡率和持續運動的校友同樣較低，所以開始運動永不嫌遲。

暨帕芬巴格開創性的研究後，又有好幾十項研究探討健康與運動量在美國等西方國家的關聯。這類研究有許多和帕芬巴格的研究一樣以運動劑量不等的大批樣本為對象，觀察死亡率或疾病罹患率。有些研究是隨機對照試驗，測定各種指定運動劑量對健康預測因素的影響，例如血壓、膽固醇或消化糖的能力等。一九九〇年代，研究結果已經相當多，因此三大健康機構決定召集專家委員會檢視證據及提出建議。一九九五年和一九九六年，三個委員會發表幾乎完全相同的建議：要降低慢性病的整體風險，成人每週至少應該做五次中等強度運動，每次至少三十分鐘。[6]此外，他們認為兒童每天至少應該做六十分鐘活動。從此以後，這些規則——也就是成人每週運動一百五十分鐘，兒童每天運動六十分鐘——就一再被提出和證實，而且只有微幅修改。

我們來看看美國衛生及公共服務部（HHS）二○一八年的最新資料。這份周詳的全面性報告包含許多結果，也有帕芬巴格著名的運動與死亡率劑量反應關係的最新分析結果，如圖32所示（左）。[7]這張圖涵括超過一百萬名成人的資料！這張圖和帕芬巴格的研究結果類似，X軸是每週有氧運動總劑量，Y軸是給定年齡的相對死亡風險，並依據性別、是否吸菸、酒精攝取量和社經地位等因素進行校正。從圖中可以看出，死亡率差距最大的是每週運動六十分鐘和不運動這兩組，大約是30％。不過當運動劑量增加時，死

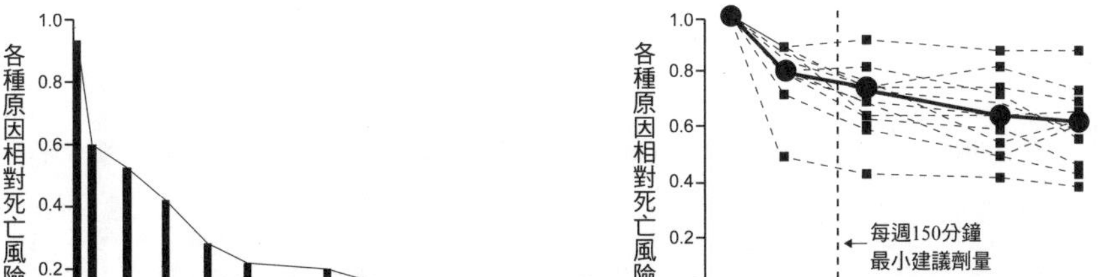

圖32 每週身體活動量和相對死亡風險之間的劑量反應關係大規模研究結果。左圖：多項研究的總結果，涵括人數超過一百萬人。即使是少量運動，效益也很顯著，但效益最後會逐漸持平。每星期運動一千九百分鐘（運動量極大，超過三十小時）的小幅度提升在統計上不具顯著性。右圖：十二項研究的差異與中位數劑量反應關係（粗線）。（資料來源：Physical Activity Guidelines Advisory Committee [2018], *Physical Activity Guidelines Advisory Committee Scientific Report* [Washington, D.C.: U.S. Department of Health and Human Services]; Wasfy, M. M., and Baggish, A. L. [2016], Exercise dosage in clinical practice, *Circulation* 133:2297-313）

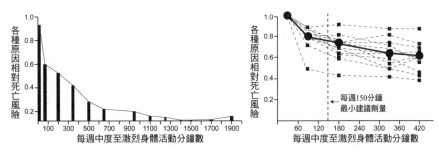

亡風險會持續降低。每週運動三小時和六小時，死亡風險可再分別降低10%和15%。分析中也依據強度觀察運動劑量，所以這項研究進一步斷定，半小時激烈運動和一小時中等強度運動帶來的效益相同。[8]

最後，二〇一八年美國衛生及公共服務部委員會推斷有活動比不活動好，活動量增加可提高健康效益，而要取得「顯著健康效益」，成人每週至少應該做一百五十分鐘中等強度或七十五分鐘高強度有氧運動，或是等值的兩者綜合（中等強度有氧運動的定義，是最大心率的50%至70%，高強度有氧運動是最大心率的70%至85%）。此外，他們也重申已經存在許久的建議，強調兒童應該每天運動一小時。最後，他們還建議應該每週做兩次重量訓練。

所以帕芬巴格說對了。但我們更仔細、更刁難地看看成人的建議最低運動量。請記得圖32左邊的劑量反應曲線來自許多研究，我的同行梅根．沃斯菲（Meagan Wasfy）和艾隆．巴吉許（Aaron Baggish）把其中十幾項的結果呈現在圖32右邊。跟前面一樣，X軸是每週中高強度身體活動分鐘數的中位數，Y軸是與每週運動不到一小時者相比的相對死亡風險，[9]粗線代表十二項研究中最普遍的值（中位數）。

我希望讀者留意這張圖中幾個值得注意的發現。第一，是這些研究間的差異。身體活動對死亡風險的影響在某些族群是其他族群的一半，原因可能是年齡和運動種類等因素。第二，儘管有這些差異，身體活動和死亡率間的劑量反應關係依然符合常見模式。在每項研究中，效益最大的是每週運動九十分鐘，平均可使死亡風險降低20%。接下來，死亡風險隨劑量增加而降低，但沒那麼迅速。如果我們假定這些研究的中位數是合理參考值，想要讓風險比每週九十分鐘再降低20%，必須多運動五小時半，每週總時數增加到七小時。

在最後的分析中，每週最少運動一百五十分鐘是不錯的方案，而且是可以達到的明確劑量。但世界上沒有效益最大、最好的運動劑量。極少運動的人只要稍微增加運動量獲得的效益最大，越多越好，而效益隨運動量增加而逐漸降低。那麼我們有可能運動過多嗎？

我們可能運動過多嗎？

二〇一五年二月初某一天，我的收件匣出現一堆憤怒、困惑和幸災樂禍的電子郵件，郵件中提到著名的《美國心臟病學院期刊》（*American College of Cardiology*）剛刊出的一篇廣受報導的論文。[10] 丹麥研究人員從二〇〇一年開始比較哥本哈根一千名自認跑者和四百名為年齡相當但缺乏運動的丹麥人。研究人員記錄這兩組人其後十二年的死亡人數時，發現慢速中距離跑者死亡率比缺乏運動的人低30%，但跑最多、最快的跑者的死亡率和不運動者相同。世界各地的新聞標題大聲疾呼「跑太快跟坐著不動一樣危害生命」「沙發懶蟲的福音」，還有「慢慢跑贏在終點」。

我們目前已經瞭解不同劑量可以克服身體活動太少的不利影響，隨處可見的每週一百五十分鐘的建議也包含在內。但好東西是否也有可能過多？從演化觀點來看，運動劑量和死亡率之間的關係呈現U形曲線相當合理。狩獵採集者通常只有中度身體活動，不是沙發懶蟲也不是超馬選手，所以最適合人類的應該是中等運動，而非高強度運動。雖然很少人認為跑步橫越美國或泳渡大西洋是合理的活動，但很多人覺得看到《哥本哈根市心臟研究》（*Copenhagen City Heart Study*）的結論指出坐在沙發上不動跟跑馬拉松一樣健康很合理。

哲學家喬治．桑塔亞那（George Santayana）曾嘲諷道：「懷疑就像貞操一樣，不該輕易放棄。」一對健康新聞而言，不輕信格外重要，因為科學和新聞業和其他工作同樣容易受人類的缺點影響。對於希望肯定不運動比跑步更好的人而言，可惜的是《哥本哈根市心臟研究》的說法只是表面而非事實。雖然研究人員選擇的樣本超過一千人，但其中只有八十人（7%）從事激烈運動，而在這少數樣本中，只有二人在研究中去世。此外，由於研究人員從未瞭解死因，因此交通事故和心臟病並沒有區別。我們不需學過統計學，就能瞭解這項研究的結論沒有意義，而且可能造成誤導。

還好，比較完善的研究已經發表。與運動劑量和死亡率間呈現U形曲線相反，沒多少證據指出極端運動量有害或格外健康。有些研究發現，菁英運動員，尤其是耐力運動競技選手，不僅壽命較長，而且使用的醫療資源少於非運動員。[11] 讀者可能會說運動員的基因比一般人好，因此不會受到極端運動傷害，那麼有一項研究追蹤將近二萬二千名一般非運動員十五年之久，發現運動量最大的人死亡率不比中度運動者高或低，而且死因包括心臟病。[12] 另一項規模更大、涵括六十多萬人的分析發現，運動量超過每週一百五十分鐘標準建議量十倍的極端運動者，死亡率並未明顯高於運動量為標準劑量五到十倍的人。[13] 綜合這些資料，沃斯菲和巴吉許斷定「這些發現進一步證實輕度到中度運動劑量對健康確實有正面影響，但運動劑量持續增加則不會更好也不會更壞」。[14]

老實說，極端運動或許有害，但很少人長期持續這樣的運動量，因此運動過度的影響很難精確研究。但如果讀者或所愛的人恰好是超馬選手或環法自行車賽選手，或許還是會擔心。

有個存在已久且十分正當的疑慮是運動過多可能影響免疫系統。一九一八年的西班牙流感橫掃世界，導致數百萬人死亡，威廉·考爾斯博士（William Cowles）提出，依據他在波士頓市外格羅頓學校（Groton School）治療教職員和學生的經驗，「劇烈運動」造成的疲勞是肺炎罹患率較高的原因。[15] 一九八〇年代有研究發現，馬拉松選手和超馬選手在艱辛比賽結束後自訴有呼吸道感染症狀的比例高於運動量較小的人，使這個疑慮獲得進一步支持。[16] 其他研究則發現，在密集激烈運動後，血液和唾液中對抗疾病的白血球數量迅速減少。[17] 因此有人依據這些資料提出假說，認為極端運動的能量需求，可能造成短暫的感染「空窗期」。

空窗期假說聽來合乎常理，但運動多少才算太多則還有待研究。研究人員使用醫學診斷取代自我感受，再次執行馬拉松和超馬選手呼吸道感染研究時，發現激烈運動後的感染發生率並未提高。[18] 此外，新的精密實驗不只測定血液中的免疫細胞量，還追蹤了長時間運動後免疫細胞如何在體內各處移動。依據這些研究，長時間、高強度運動確實會使血液中對抗感染的重要免疫細胞減少，但也會把這些細胞重新分配到肺部和其他佈滿黏液的重要組織表面，因此可能加強偵察和保護效果。[19] 第十三章將會說明，有證據指出規律中度身體活動有助於預防某些傳染病，但還需要更多臨床資料，才能得知運動劑量要高到什麼程度以及在哪些狀況下，免疫系統抵抗感染的能力才會受到抑制。[20] 儘管如此，如果要抵抗嚴重感染，當然應該避免過度疲勞。有一項實驗讓小鼠感染致命的流感，然後強迫牠們在症狀出現前運動，發現連少量中度運動（每天跑二小時半）都會使小鼠的死亡率提高。[21]我認識的醫師全都建議，在對抗嚴重感染時應該休息，尤其是頸部以下的感染。

另一類大疑慮是心臟損傷。每隔一段時間，就有人在馬拉松或其他體育活動中不幸喪生，引出一些嚇人文章，探討運動過度的危害。我們也可能看到某些極限耐力運動員心臟異常肥大或出現冠狀動脈鈣化和纖維化組織過多等傷害徵兆。[22]任何事物都需要取捨，運動也包含在內，所以如果說極端運動不會對心血管系統帶來風險，才真正讓人覺得奇怪。除了骨骼肌肉傷害增加，極大運動劑量最常見的危害顯然是出現心房顫動的機率提高，心房顫動是心率異常加快。[23]然而，許多據說值得擔憂的運動員風險因素顯然是醫師錯誤解讀證據，把運動員的心臟拿來和缺乏運動但沒有診斷出疾病的「正常」人相提並論。我們已經一再得知，從演化觀點來看，四體不動絕對稱不上正常，這類人比較容易罹患慢性疾病，而且壽命短於活動量較大的人。醫學上經常誤把缺乏運動的人視為「正常」對照組，這本身就已經導致某些診斷錯誤，例如錯把正常修復機制當成疾病徵兆。有個重要的例子就是冠狀動脈鈣化。

外號「安比」的阿姆布洛斯．貝福特（Ambrose Burfoot）六十五歲那年決定做徹底的心臟檢查。就任何標準來看，貝福特都是個極端運動者。二〇一一年那天走進醫師辦公室之前，他已經跑了十八萬公里，比過七十五場以上馬拉松（並於一九六八年贏得波士頓馬拉松冠軍），其他距離較短的比賽更是不計其數。他是頗受敬重的《跑者世界》編輯，經常撰寫關於跑步科學和健康影響的文章，比全世界大多數人更瞭解跑步的益處和風險。但醫師告訴他壞消息時，他完全沒有準備。在他的心臟掃描影像中，供應血液的冠狀動脈有許多亮亮的小白點。這些鈣化斑塊如果阻塞血管，可能導致心臟病發。斑塊中含有鈣，而鈣會清楚呈現在電腦斷層掃瞄影像上，所以醫師按照慣例以鈣含量給斑塊打分數，就是所謂的冠狀動脈鈣化指數（CAC）。冠狀動脈鈣化指數超過一百通常被視為需要注意。貝福特的冠狀動脈鈣化指數高達九百四十六，依據其他研究，他的風險高於同年齡90％的人。[24]

貝福特離開醫師辦公室時被他的冠狀動脈鈣化指數嚇壞了。他說：「十分鐘後我開車到《跑者世界》辦公室，我覺得頭重腳輕、暈眩。我的手掌在方向盤上留下汗濕的手印。」然而貝福特其他方面完全健康，膽固醇值標準，沒有其他心臟病徵兆，而且他跟其他極限運動員沒什麼不同，應該不需要擔心。有一段時間，醫師指出許多競賽型跑者的冠狀動脈鈣化指數大於一百，而且認為這些患者的心臟病風險較高。[25]但這些風險估計的依據是非運動員，並沒有考慮斑塊的大小和密度、斑塊周圍冠狀動脈的粗細，或者斑塊是否可能變大、脫離，或發生任何可能導致心臟病發的狀況。另一個演化觀點認為，斑塊鈣化是身體正常防衛機制之一，跟發燒或暈船差不多。研究人員更仔細觀察時，發現經常出現在貝福特這類運動員身上的冠狀動脈鈣化現象密度較高，而確實可能造成心臟病發的斑塊較軟、較不穩定，兩者相當不同。因此，這種斑塊似乎是保護性的適應作用，功能類似OK繃，在動脈壁承受激烈運動造成的高壓後進行修補。[26]一項涵括接近二萬二千名中年和高齡男性的大規模分析發現，身體活動量最大者，冠狀動脈鈣化指數也最高，但心臟病風險最低。[27]

貝福特的冠狀動脈鈣化指數恐慌是典型的例子，說明高運動劑量恐懼的成因往往是不瞭解風險因素，而不是與這些風險因素有關的實際死亡案例。另一個例子是所謂的運動員心臟。貝福特等耐力運動員的心室往往特別大、肌肉更發達，讓每次收縮都能推送更多血液。這種現象的一個結果是安靜心率特別低（每分鐘僅四十到六十次）。這樣粗壯的心臟乍看之下很像鬱血性心臟衰竭患者的心臟肥大，所以許多人擔憂運動太多可能導致心臟病態擴大，而粗壯的心臟被視為不佳。運動員和心臟衰竭患者的心臟大小看起來很像，但原因和結果都不一樣。除了可能心律不整（尤其是心房顫動），沒有證據證明粗壯的心臟可能造成健康風險。[28]

還有許多說法擔憂運動太多可能影響心臟和其他器官，但即使出現新的疑慮，運動過度也不會成為重大公衛問題。儘管如此，大量運動仍包含潛藏的矛盾。我們已經一再得知，規律運動的人壽命比不運動的人來得長，包括極限運動者，但在暴風雪後鏟雪或跑馬拉松這類身體壓力極大的活動，確實會提高猝死風險。[29]然而這些死亡案例的原因大多是潛藏的先天或後天疾病，如果不運動，這些人可能會死得更早。[30]我們跑步時死掉的機率或許比觀看馬拉松時高一些，但練習馬拉松可以讓我們多活幾年。

那麼我們是否可能運動過多？運動量極大時或許可能，而我們嚴重感染或受傷需要復原時，則一定會過多。如果我們的骨骼、肌肉和其他組織還沒有適應奧運等級舉重、一天連打五盤網球、跑馬拉松或過度著迷某項運動造成的重複強大壓力，骨骼肌肉受傷的風險也會提高。換句話說，運動太多的負面影響，顯然比運動太少的負面影響小得多。我太太指出，運動太多最大的風險是可能破壞婚姻，我想補充的則是運動太少最大的風險是活不了太久，沒辦法好好享受婚姻。

或許綜合一下？

許多人不清楚怎麼決定運動量，也不知道該選擇哪些運動和運動強度。這個問題相當現代化。雖然至少從蘇格拉底時代以來，就有人為了健康而運動，其中大多是有錢有閒階級，但以往運動的人很少規劃每週做多少心肺運動和重量訓練，只是找方法有樂趣地活動，大多是在戶外，通常搭配各種各樣的練習，練習內容和每個人的謀生方式一樣各不相同。美國開國元勳班哲明．富蘭克林（Benjamin Franklin）喜歡游泳、走路、跳躍、舉起和揮動重物和「空氣浴」，也就是在冷風中展示裸體。[31] 美國第二十六位總統老羅斯福（Teddy Roosevelt）以喜歡拳擊、騎馬、舉重、爬山和在冰冷的河水裡游泳著稱。二十年後，赫伯特．胡佛（Herbert Hoover）認為當總統時沒辦法走路或騎馬，所以異想天開，要屬下不分晴雨，每天早上七點到七點半陪他打球。這種運動稱為胡佛球，融合網球和排球，玩法是在白宮草皮上架起二．四公尺高的網子，在網子兩邊托起和接住二．七公斤重的藥球。因此他的屬下被暱稱為「藥球內閣」，協助胡佛在辦公室裡瘦了十公斤。[32]

但第二次大戰後，運動逐漸開始醫療化。隨著證據增加，醫師和醫療科學家漸漸地把缺乏運動視為病態，運動則成為治療方式。由於運動醫療化，一般人開始選擇或被指定明確的運動量、運動強度和種類（心肺運動或重量訓練）。運動處方的主要依據是醫學證據。運動成為一種藥物。對這個轉變影響最大的是肯尼斯．庫柏醫師（Kenneth Cooper），他使中等強度有氧運動成為大多數運動方案的基礎。

中等強度有氧運動

庫柏念奧克拉荷馬大學時是田徑和籃球明星運動員，讀醫學院時暫停運動，後來迅速發胖、體態不佳，甚至在接近三十歲時出現心臟問題。他驚嚇之餘改變飲食習慣並且開始跑步。經過一年瘦了十八公斤之後，他跑了第一場馬拉松，結果他是最後一個回到終點的人，慢到他的太太不得不請求主辦單位在終點線等他，記錄顯示他跑了六小時二十四分。庫柏恢復身材後，開始對如何測定體適能和運動造成的影響等問題產生興趣。幸運的是，他的工作非常適合做這些事。庫柏是位於聖安東尼奧的美國空軍航太醫學實驗室主任，負責訓練太空人克服無重力太空中的肌肉和骨骼流失問題。他要求太空人走路、跑步、騎單車和游泳時，開發出一套計分系統，後來這套系統成為測定心肺體適能的十二分鐘測驗。一九六八年，庫柏在他的書籍《有氧運動》（*Aerobics*）中發表這項測試和科學原理（有氧運動這個名詞也是他發明的），這本書後來成為國際暢銷書，也是一九七〇年代體適能風行的主要推手。[33] 到現在一般人提到運動時，通常會想到持續的中等強度有氧運動。這個名詞有點繞口，我們把它簡稱為「有氧運動」。

有氧運動是持續的身體活動，能量來自燃燒氧。主要數據是心率和氧消耗量。依據傳統說法，有氧運動可把心率提高到最大心率的50%至70%（大多數人的最大心率介於每分鐘一百五十至兩百次，依體適能和年齡而定）。[34] 另一個測定運動強度的方法是氧消耗量的最大值，稱為VO_2 max。無論我們如何測定，有氧運動會使呼吸加快、加深到無法唱歌，但可以正常交談。常見的有氧運動包括快走、慢跑、騎單車或在家裡的電視機前運動（從拉蘭內和珍芳達開始）。如果體態良好，也可以長時間從事比較激烈的有氧運動，這類運動通常定義為最大心率的70％至85％。在快跑（但不是衝刺）等激烈有氧運動時，我們通常能說幾個字，但說不出完整的句子。

一九六八年起，數千項研究已經確切證實有氧運動的各種各樣益處。後面會介紹它對疾病的影響，但為了簡潔起見，最顯而易見的益處在心血管方面，所以稱為「心肺運動」。因為有氧運動的基本挑戰，是以更快的速率輸送更多氧給肌肉和其他器官，因此這個要求能刺激心臟腔室變得更強壯、容量更大和更有彈性。這些適應作用可提升心臟輸出，也就是心率和心臟每次收縮推送血液量的乘積。在血液中，有氧運動可增加紅血球數量，也會增加血漿量及降低黏性，讓心臟更輕鬆地推送血液。心臟輸出持續提高還能刺激其他小動脈和微血管擴張，讓氧交換可在肌肉各處進行，包括心臟本身的肌肉。此外，有氧運動還能增加所謂的好膽固醇（HDL）、降低壞膽固醇（LDL）和血脂肪（三酸甘油酯）。總而言之，這些效果可讓心臟更強壯、動脈清潔、柔軟又沒有阻塞，以及降低休息血壓。

有氧運動可進一步刺激體內幾乎所有系統生長和維護。在肌肉內部，它能增加粒線體數目，促進肌纖維生長，以及提升肌肉儲存碳水化合物及燃燒脂肪的能力。在新陳代謝方面，它能燃燒有害的器官脂肪，提升人體消耗糖的能力，降低發炎程度，有益地調整許多荷爾蒙值，包括雌激素、睪固酮、皮質醇和生長激素。有負重的有氧運動（可惜游泳不是）在我們年輕時能刺激骨骼長得更大、更緻密，年老時能自我修復，還能強化其他結締組織。適度有氧運動可刺激免疫系統，加強抵抗傳染病的能力。最後但同樣重要的是，有氧運動可增加送往腦部的血流，提高激發腦細胞生長、維護和運作的物質產量。良好的心肺運動確實能改善認知和情緒。

高強度有氧運動

我們做的運動大多是持續性低到中等強度有氧運動。不過有氧運動並非都是完全有氧。我們即使從不運動，有時也會短時間使出最大的力氣，讓我們氣喘吁吁，例如跑幾趟樓梯，或者追逐長頸鹿。在一九五七年的著名紀錄片《獵人》（*The Hunters*）中，約翰·馬歇爾（John Marshall）在喀拉哈里沙漠跟隨拍攝一群非常餓的桑族，他們打獵毫無收穫，最後碰到一群長頸鹿。在一個讓人目不轉睛的鏡頭中，一位獵人全速衝刺、沒穿鞋子，在草地上跑了大約一分鐘追逐長頸鹿，打算用毒箭射牠。他成功射中了，但長頸鹿仍然想逃，所以他和同伴繼續追逐受傷又中毒的長頸鹿五十公里以上，其中大多是走路，但有時需要慢跑。一開始的衝刺令人印象深刻地說明了，對比較常見的低中強度有氧運動而言，偶爾高強度短程衝刺是十分重要的輔助運動。[35]

短時間高強度心肺運動可使心率和攝氧量提高到接近上限，通常是最大值的85%至90%。運動員很早就知道，這種強度的反覆運動，稱為高強度間歇訓練（HIIT），是提升表現的有效方法。高強度間歇運動通常是短時間（十到六十秒）讓人喘不過氣（但不至於危險）的最大強度運動，中間穿插休息。自從芬蘭傑出中長距離賽跑選手「芬蘭飛人」帕沃·努爾米（Paavo Nurmi）採取反覆全力跑四百公尺的方法接受訓練、並於一九二〇年代贏得九面奧運金牌之後，高強度間歇運動訓練就在跑者和其他耐力運動員間格外風行。[36]

近年來，運動科學家開始研究、體認和肯定高強度間歇運動對一般大眾的健康也有許多助益，高強度間歇運動也蔚為主流。這股轉變背後的推手是一位頗具影響力的研究人員——加拿大生理學家馬丁・吉巴拉（Martin Gibala）。他的實驗室開始讓大學生在兩週內做六次高強度間歇運動訓練（以全力運動三十秒後短暫休息，重複六次），並與接受傳統長時間有氧訓練的學生做比較。令人驚奇地，高強度間歇運動提升學生心肺功能和使用血糖和燃燒脂肪能力等代謝功能的效果相同，甚至更好。[37]從此以後，有數百項研究探討並證實，高強度間歇運動對男性和女性都有效，不分年齡、體態、肥胖和健康狀況。高強度間歇運動對心肺系統的壓力大於中等強度有氧運動，因此可帶來迅速強大的效益。如果做得正確，高強度間歇運動可大幅提升有氧和無氧適能、降低血壓，降低有害膽固醇值、燃燒脂肪、改善肌肉機能、刺激有助於保護腦部的生長因素（第十三章會進一步說明）。[38]

讀者如果規律地每週輕鬆慢跑或騎單車三十分鐘，可以考慮在每週運動時間增添一點高強度間歇運動（不過這麼做之前請先諮詢醫師）。就某些方面而言，幾分鐘高強度間歇運動的效益和三十分鐘傳統有氧運動相同甚至更大，而且它還能提升體適能，不只是維持而已。高強度間歇運動的時間也好心地相當短，所以不需要辛苦運動好幾小時。簡短的高強度間歇運動課包含衝刺、跑樓梯或其他任何運動，對運動時間不多的人而言特別有用。

但這表示我們應該只做高強度間歇運動嗎？我不會這麼做。高強度間歇運動要做得正確，必須用盡全力運動，而且很辛苦，因此不建議體態不佳或有關節痛或心肺功能障礙等健康問題的人嘗試。此外，每週最好不要做多次高強度間歇運動，這樣燃燒熱量效果會變差，而且可能提高受傷機率。最重要的是，它沒有規律有氧運動那麼多樣化的效益。讀者們聽說過有人每週只做幾分鐘激烈運動就能體態良好嗎？總而言之，高強度間歇運動是速度較快的體適能提升方法，也是中度有氧運動的重要輔助，但不是改善和維持身材的唯一方法。

還有一點，高強度間歇運動是高強度心肺運動，所以許多（但非全部）高強度間歇運動不使用重量或重量相當小。[39]

阻力運動

有些運動是讓肌肉與反抗肌肉收縮的重量彼此對抗。這裡需強調的是對抗很大的負載時，肌肉可能縮短（向心收縮），但如果強力收縮同時長度維持不變（等長收縮）或拉長（離心收縮）時，肌肉壓力會更大、長得更大更強壯。人類從古到今都必須做包含三種收縮又很辛苦的阻力活動。還記得我剛剛提到的桑族獵人嗎？他們終於放倒那頭長頸鹿後，必須把牠支解，但長頸鹿非常重。影片中顯示他們費力地把這頭動物分解成一塊塊，剝掉厚厚的皮，再搬運數百公斤的肉。石器時代常見的其他阻力運動包括挖掘和攀爬。

現在很少人必須支解龐大的動物，更不用說搬運重物、挖掘或其他很多包含阻力的事情。為了取代這些活動，我們必須做伏地挺身和仰臥起坐等運動來對抗體重，或是舉起專門用來訓練的重物。十八世紀流行拆除教堂鐘（鈴）的錘，舉起變「啞」的「鈴」，「啞鈴」這個詞就是這麼來的。現在的健身房裡有各種各樣的啞鈴、自由重量和可以任意調整的機器，對肌肉整個活動範圍施加恆定的阻力。

無論怎麼進行，阻力運動對維持肌肉量都相當重要，尤其是產生肌力和爆發力的快縮肌纖維。阻力運動也有助於防止骨骼流失，提升肌肉使用糖的能力，加強某些新陳代謝機能，以及提高膽固醇值。因此，主要醫療組織都建議我們在心肺運動外添加重量訓練輔助，尤其是年齡漸長時。目前一致的建議是每週做兩次涵括各大肌群（腿部、髖部、背部、核心、肩膀和手臂）的肌肉強化運動。每次訓練間隔幾天，讓肌肉恢復，而且重量不需要很大，但每個運動應該重複八到十二次，做到累得想停下來，兩到三組運動比一組更有效。[40]

總而言之，我知道健身達人對心肺運動避之唯恐不及，而心肺運動愛好者就算有錢可領也不想碰槓鈴。但兩者結合對每個人都有益，因為重量訓練、中等強度心肺運動和高強度間歇運動對身體的效果各不相同，相輔相成。我們每個人都是獨一無二的個體，背景、目標和偏好都不一樣，而且隨年齡而改變，不可能有最佳運動種類比例，也沒有最佳運動量。[41] 所以儘管運動具有特殊又現代

化的特質，演化觀點仍然針對身體活動提出符合常理的相同建議，人類也遵循了數千年，只不過用語不同：每週運動數小時，大部份是心肺運動，但也要包含重訓，而且年齡漸長時要繼續維持。如果要有明確的處方，經過驗證的二〇一八年美國衛生及公共服務部的建議應該是不錯的最低要求。

最後且可以想見地，運動將永遠維持某種程度的醫療化。運動可以增進精力、活力和樂趣，但大多數人運動的原因還包括擔憂自己的體重以及心臟病、癌症和阿茲海默症等疾病。所以在本書最後，我們就來看看各種運動和運動量對於最容易致命或導致失能的疾病有何影響以及原因所在。

第十三章

運動與疾病

我唯一的運動是在規律運動的朋友告別式上抬棺木。

——馬克吐溫

運動或許有藥效，但絕不是萬靈丹。這個真理的最佳反例應該是人稱「吉姆」的詹姆斯．菲克斯（James Fixx）。菲克斯一九三二年生於紐約，後來擔任雜誌編輯，寫了幾本益智問答書，專門用來挑戰「頂尖天才」。他年輕時每天抽兩包菸，大口享用漢堡、薯條和奶昔等垃圾食物，體重高達一百公斤。他想到同樣不健康的父親三十五歲第一次心臟病發作後活了下來，四十五歲第二次發作時去世，因此在三十五歲那年決定大刀闊斧地改變生活。他戒掉香菸、改善飲食，同時開始慢跑。三年後，他跑了第一次八公里的比賽，最後一名完賽。但他繼續練習，跑馬拉松，最後減了二十七公斤。他深信跑步能改善健康和延長壽命，便於一九七七年出版《跑步全書》（*The Complete Book of Running*）。這本書非常暢銷，帶起跑步風潮，菲克斯也成了名人。七年後，他一個人在佛蒙特州路跑時死於嚴重的心臟病發，享年五十二歲。[1]

多年來，我聽過許多尖酸的批評，說菲克斯的死證明跑步對健康有害。但是就菲克斯以往的肥胖史、吸菸，甚至可能有先天性心臟的缺陷看來，他的心臟病發提醒我們，糟糕的飲食習慣和幾十年來每天兩包菸造成的損害是一輩子的。更正確地說，如果他沒有開始跑步的話，會死得更早。[2]

儘管有菲克斯這樣的例子，絕大多數的人還是相信運動能促進健康。然而我們必須記住，運動這種藥物十分特別，它的藥效大多源自身體缺乏活動有害健康。此外，運動不僅從演化觀點來看是反常行為，而且從沒有在演化影響下出現療效。相反地，人類因為演化影響，大多只會基於需要和其他社交理由而把將能量投入在身體活動上，否則會把寶貴能量保留給天擇最在乎的工作——繁衍成功上。為了撙節能量，許多維持身體運作的基因必須依靠增加活動量造成的壓力才會啟動。我們年輕時，身體活動促使我們發展出強壯的骨骼和優異的記憶力等能力；我們年齡漸長時，身體活動則會引發許多重要的維護和修復機制，讓我們在進入中老年後維持精力充沛。因此無數世代以來，人類祖先會盡可能休息，但每天也會花許多小時走路、背負和挖掘，偶爾也會奔跑、攀爬、投擲、跳舞和打鬥。他們的生活很辛苦，許多人很早就死亡，但身體活動讓許多活到成年的人成為高活動量又有生產力的祖父母。

接著在一眨眼間，人類發明了現代後工業世界。有些人突然以祖先們無法想像的方式一直輕鬆過生活。我們不需要走路、背負、挖掘、奔跑和投擲，整天大部分時間坐在人體工學椅上，盯著螢幕、按著按鈕。唯一的問題是，我們仍然從高活動量的祖先承襲了撙節能量的基因，必須依靠身體活動才能幫助身體生長、維持和修復。因此，久坐加上現代飲食以及其他新發明造成演化不匹配，**也就是人體對全新的環境條件適應不良，導致現在出現許多比以往更普遍也更嚴重的病症。**[3] 當然，二十一世紀的世界不是沒有超乎尋常的優點。現在有將近七十億人活得比大多數石器時代祖先更長也更健康，許多人享有的舒適遠超出埃及法老和古代帝王所能想像。但演化沒有幫助我們克服時差或可以狂喝汽水，也沒有讓我們因而持續四體不動。我們年紀漸長時，每日身體活動極少的時間（通常坐在椅子上）使我們更容易罹患各種以往十分少見甚至不知道的慢性疾病，例如心臟病、高血壓、許多種癌症、骨質疏鬆、退化性關節炎和阿茲海默症等。我們通常假定這些病症是更多人壽命增加時必定出現的副作用，但其實不完全正確。運動或許不是萬靈丹，但它能刺激生長、維護和修復，從而降低我們發生這類不匹配狀況的機會。就這方面而言，運動確實有藥效。但和其他藥物不同的是，運動不用花錢，沒有副作用，而且有時相當好玩。所以許多人為了保持健康和體態而運動。

但要怎麼運動或多少運動量才有助於抵抗疾病？我們在前面十二章已經探討過運動對老化、新陳代謝、體重、肌肉機能、膝部傷害和其他健康相關問題的影響。但我們還沒有探討過運動對最可能危害生命和身體機能的疾病有何影響以及原因所在。因此，為了以實際但有點令人憂心的說明當成總結，我們再次透過演化人類學的眼光，看看各種類型和劑量的身體活動對主要病症的罹患機率有何影響以及原因所在。這些病症可能都是不匹配現象，生理和心理都有。針對每種主要病症，我們提出三個問題：**現在這種病症比以往普遍是不是因為缺乏身體活動？身體活動如何幫助我們預防或治療這種病症？哪些運動和運動多少最有幫助？**

有幾點必須先說明。第一，本章算是某種指南手冊，讀者可以查找某種病症，瞭解身體活動對這種病症的影響，以及運動如何協助我們預防或治療該問題。此外，本章雖然介紹運動對健康的主要效益，但不提供運動方式和運動量的處方。讀者若打算開始實行運動計畫，請務必諮詢醫師，並考慮聘請經驗豐富的專業教練協助，尤其是已有某些病症或體適能不佳的人。最後，本章涵括的範圍並非全面，因為運動影響的病症多達好幾百種。我把範圍限縮在最令人憂心且廣為人知，而且明確受身體活動影響的不匹配狀況。這麼說來，我們的第一站應該是全世界最大、成長也最迅速的慢性疾病風險因素：肥胖。

肥胖

二〇一三年，美國醫學會把肥胖歸類為疾病，因而引發爭議。醫師定義肥胖的標準是身體質量指數（ＢＭＩ）。身體質量指數的計算方式是體重（以公斤為單位）除以身高（以公尺為單位）的平方。身體質量指數不一定是測定身體組成的最佳方式，但傳統上說來，身體質量指數介於十八．五至二十五之間為正常、二十五至三十為過重，三十以上為肥胖。[4]把肥胖歸類為疾病的用意是明確警告肥胖的種種健康風險、改變醫療界用於治療的方式，以及洗刷肥胖的汙名。儘管這些目標值得稱許，但這次的歸類行動依然引起許多爭議。肥胖雖然是許多疾病的風險因素，但胖子並非全都不健康。此外，把三分之一的美國人歸類為患者也很令人驚訝，把肥胖視為疾病可能代表它是難以改變的確定狀態。我們不該怪罪肥胖的人或將他們汙名化，但也需要尋求有同理心的方式進行預防體重過度增加和減重的協助。這些方法應該納入運動嗎？

假設不匹配是什麼？

如果不匹配現象源自基因和環境間的有害交互作用，而最近發生改變的是環境而非基因，那麼最好的案例莫過於肥胖了。儘管某些人具有容易肥胖的基因，但環境扮演的角色依然無庸置疑。肥胖在搜食族群中幾乎聞所未聞，幾個世代之前也比現在少很多，但現在全世界有將近二十億人過重甚至肥胖。儘管肥胖顯然是不匹配現象，但運動和肥胖間的關係仍有爭議。我們必須記住，肥胖和身體活動間的關聯是能量收支。我們處於攝取熱量大於消耗的**正能量收支**時，會把多餘熱量轉換成脂肪，儲存在脂肪細胞中。而我們處於消耗熱量大於攝取熱量的**負能量收支**時，就會燃燒一部分的脂肪。然而這個熱量進出方程式由荷爾蒙調節，荷爾蒙則受飲食和許多因素影響，包括心理社會壓力、內臟中的微生物，當然還有身體活動。

飲食顯然是肥胖的主要元凶，尤其是纖維素不足、糖又太多的加工食品，運動影響體重增加或減輕的效果則尚有爭議。許多專家和相關人士主張運動在減重中扮演的角色很不重要。反對以運動控制體重的說法中最常見的就是飲食攝取的熱量遠大於身體活動消耗的熱量，而且運動讓人更飢餓和疲勞，因此使我們在運動後為了補償而吃得更多和變成沙發懶蟲。步行三公里消耗的熱量大約比坐著多一百大卡，但步行後一杯清涼舒暢的可口可樂卻有一百四十大卡熱的量。然而研究指出，運動較多的人不一定會以吃得更多來彌補，而且當天其餘時間的活動量通常也不會減少。[5]說運動無法減重並不正確。應該說，運動減重比飲食減重慢得多、幅度也比較小。在一年的時間中，每天多走三公里可能減輕二．二公斤的體重。不過，運動一定有助於防止節食後的體重回彈，在防止體重增加中扮演的角色相當重要。[6]

無論我們怎麼變胖，肥胖的有害影響都毋庸置疑。脂肪細胞過多除了讓關節負擔過重和擾亂呼吸，還會製造過多荷爾蒙，改變新陳代謝。脂肪細胞膨脹時，白血球還會侵入，引發慢性低度發炎，破壞全身組織。膨脹的脂肪細胞大量堆積在器官內部和周圍時（稱為內臟脂肪、腹部脂肪或器官脂肪）格外有害，因為這些脂肪很容易與荷爾蒙產生反應，更直接影響血液。總而言之，肥胖，尤其是器官脂肪，是心臟病發和中風等心血管疾病、第二型糖尿病、某些癌症、退化性關節炎、氣喘、腎臟疾病和阿茲海默症的重要風險因素，在其他許多病症的生成和進展中也扮演重要角色。

身體活動有何幫助？

除了爭論身體活動對減重和防止體重增加有何幫助外，許多人爭論的另個重點是運動對於過重者或肥胖者是否有保護作用？「胖得健康」究竟可不可以？

有幾項觀察結果支持這個反對意見。一方面有幾十項研究指出，過重但運動的人比過重卻不運動的人更健康、壽命也較長。[7]另一方面，過重或肥胖者也並非全都會生病或早逝。[8]依據幾項研究，老年時稍顯福態的人（但不肥胖或明顯過重）通常活得更久一點，或許是因為他們的儲備能量較多，罹患肺炎等嚴重疾病時有助於存活。[9]表面上，這些觀察結果不會引起爭議。有多少人會覺得運動對任何體重的人都有益處、多出幾公斤不一定會讓人早點進墳墓，以及許多健康老年人（想想看英國女王伊莉莎白二世）稍有福態這些說法令人驚訝？

就我所知，「胖得很健康」成為爭議的原因，是它有時會用來證明只要經常運動，肥胖就不是問題。但其實這個說法不對。過重但經常運動且體態良好雖然可以降低慢性疾病的風險，但如果一定要在胖但體態良好或瘦卻體態不佳之間選擇，證據壓倒性地指出應該選擇瘦卻體態不佳。[10] 探討缺乏活動和體重分別造成影響的研究中，規模最大的行動是開始於一九七六年的護理師健康研究（Nurses' Health Study）。這項研究徵求十多萬名護理師提供生活和死亡經驗給哈佛大學研究人員，藉以追蹤護理師的生活習慣、健康和死亡狀況。這項研究的許多收穫當中，有一項是活動量較大的護理師的死亡率（每年死亡人數）比體重相同但缺乏活動的護理師低50%左右，而肥胖的護理師的死亡率比活動量相仿但精瘦的護理師高出90%。[11] 如果確實如此，則肥胖對死亡率的影響接近缺乏身體活動的兩倍之多。同時避開兩個風險因素時結果更棒：體態良好又精瘦的護理師的死亡率比體態不佳又肥胖的護理師低二·四倍。

總而言之，活動量大無法抵消肥胖造成的死亡風險，但即使肥胖，活動量大仍有助益。這個訊息相當重要，因為許多人很難減重但仍然運動。他們透過運動減少甚至消解肥胖的許多有害結果，例如慢性發炎等。

哪些運動和運動多少最好？

這一題很簡單：對肥胖而言，心肺運動比重訓好。後面將會提到，重訓有助於消解肥胖對新陳代謝的某些影響，但心肺運動預防和扭轉體重過重的效果更好。一項隨機對照試驗比較心肺運動和重訓對過重和肥胖成人的效果，發現只做重訓時，體脂幾乎沒有減少，但每週跑步十九公里，體脂卻可大幅減少，尤其是有害的器官脂肪。[12] 然而，心肺運動強度對減重的重要性還有待商榷。儘管每個人的反應不同，但高強度活動燃燒的能量通常多於低強度活動，但也很難長久持續，因此最後消耗的總能量有時反而較少。[13] 最重要的應該是累計量。每週步行一百五十分鐘應該不足以消減體重。

代謝症候群和第二型糖尿病

抱歉我想問一下，讀者當中有人喝過別人的尿嗎？這聽起來有點噁心，但古時候的醫師真的必須品嚐患者的尿。依據標準程序，醫師必須收集患者的「液態黃金」，檢查尿液的口味、顏色、氣味和黏稠度。醫師檢查尿液的許多項目或許無稽，但尿液的甜味則是例外。英國醫師湯瑪斯．威利斯（Thomas Willis）以尿液「像加了蜂蜜或糖一樣甜蜜」，發明了「糖尿病」（diabetes mellitus）這個詞，拉丁文的意思是「加了蜂蜜」。[14]

無論如何，醫師現在不用喝我們的尿了，但還是經常把血液送到檢驗室分析，還會測量我們的血壓、體重、身高和腰圍等。傳統上，只要有以下這些狀況中的大多數，就代表有代謝症候群：高血糖、高膽固醇、高血壓和大肚子。[15]這些狀況通常和脂肪肝和其他形式的肥胖一同出現，都是新陳代謝出現問題的徵兆。代謝症候群經常導致第二型糖尿病。

假設不匹配是什麼？

代謝症候群和第二型糖尿病都是顯而易見的不匹配狀況。這些狀況在狩獵採集者身上沒有出現過，在自給農民身上更是少見，直到近年來才變得普遍。[16]全世界有代謝症候群的成人多達20％至25％，這個數字相當驚人，而且這個比例未來幾十年內還會加倍。[17]代謝症候群是許多可怕病症的主要風險因素，包括心血管疾病、中風和失智症等，但典型代表是第二型糖尿病（又稱為成年型糖尿病）。第二型糖尿病（和第一型或妊娠糖尿病不同）[18]現在是全世界擴散最快的疾病，從一九七五年到二〇〇五年，盛行率提高到七倍以上。預估到二〇三〇年，第二型糖尿病患者將超過六億人。[19]

雖然尿液或血液中的糖分過高是第二型糖尿病的徵兆，但這種疾病的根本原因是胰島素阻抗。假設我們剛剛一口氣吃下十幾片西點餅乾，糖從餅乾進入血液，導致血糖值上升。由於糖太多會毒害細胞，所以過多的糖會刺激胰臟釋出胰島素，它的基本功能是促使身體儲存能量。胰島素進行許多作用時，指揮脂肪和肌肉細胞表面的特殊分子把糖從血液運送到這些細胞當中，用於儲存或燃燒。然而，代謝症候群使得這些細胞中的胰島素受體無法和胰島素結合（這種現象稱為阻抗），因而導致第二型糖尿病。這時會開始出現惡性循環。胰島素無法和胰島素受體結合下，葡萄糖運輸分子便無法從血液取得糖。當血液中的糖分增加時，腦部焦急地指揮胰臟製造更多胰島素，但效果越來越差，導致血糖值越來越高，症狀包括經常口渴和排尿、噁心、皮膚刺痛和腳部腫脹。最後胰臟因工作過度而衰竭，必須依靠注射胰島素維持生命。

如同其他不匹配疾病一樣，可能提高第二型糖尿病罹患機率的基因很多，但糖尿病的主要環境觸發因素，是現代西方工業化生活方式造成的過度正能量收支，包括肥胖、飲食不良、壓力和缺乏身體活動等。需一再強調的是膨脹的脂肪細胞過多，將導致發炎和三酸甘油酯過高，造成胰島素阻抗，使問題變本加厲，肝臟和其他器官尤其如此。飲食不良可能導致肥胖，使血液含有大量糖和脂肪。壓力使皮質醇升高，進而釋出血糖，導致器官脂肪堆積以及發炎。最後同樣重要的是，持續久坐不動導致血液中糖和脂肪增加，無法抑制發炎，造成代謝症候群。

身體活動有何幫助？

罹患第二型糖尿病會提高死亡風險，有些狀況提高幅度不大，某些狀況幅度相當大，但都能藉助藥物、飲食和運動治療。藥物雖有幫助，但不一定是必要的。飲食和運動有時能讓身體自己治癒糖尿病。在一次相當戲劇化的測試中，十位罹患第二型糖尿病的澳洲原住民回復高活動量的狩獵採集生活後，只花了七週，糖尿病就不藥而癒。[20]

身體活動有助於預防和治療第二型糖尿病的機制已被研究得相當透徹。從最基本來說，運動（搭配飲食）可改善代謝症候群的所有狀況，包括器官脂肪過多、高血壓，以及血糖、血脂和膽固醇過高等。此外，運動還能降低發炎和消解壓力的許多有害影響。最重要的是，運動可還原失效的胰島素受體，讓肌肉細胞製造更多輸送分子，輸送更多血液中的糖分，進而逆轉胰島素阻抗。[21]這個效果類似於疏通水溝和打通水管。運動能同時改善血糖的製造、運輸和使用過程，喚醒原本無法吸收血糖分子的肌肉細胞，使它開始吸收血糖，效果可能高達五十倍之多。沒有一種藥物有這麼大的效果。

哪些運動和運動多少最好？

身體活動不是代謝症候群和第二型糖尿病的唯一原因，所以單靠運動來治療是不夠的。不過以中量到大量的運動來輔助飲食和藥物的效果非常好。要求患者每週步行一百五十分鐘或以下的中等運動量的臨床實驗效果不佳，讓醫師和患者都很失望。[22]不過要求每週進行超過一百五十分鐘中等強度運動的試驗還滿成功的。[23]在一項頗受注目的研究中，丹麥研究人員把第二型糖尿病患者隨機分成兩組，兩組都收到關於健康飲食的建議，但其中一組每週必須做五到六次的有氧運動，每次三十到六十分鐘，再加上每週二到三次的重量訓練。一年之後，運動組有半數已不需服用糖尿病藥物，還有20%可以減藥。此外，他們運動得越多，復原的正常機能也越多。相反地，節食者只有四分之一可以減藥，有40%儘管受到良好的標準醫療照護，藥物依然必須增加。[24]如同我們一再看到的，有運動比不運動來得好，而且運動越多越好。

而在運動種類方面，代謝症候群和第二型糖尿病都與長期正能量收支關係密切，所以心肺運動是大多數治療計畫的基礎。不過，如果覺得每天在跑步機上奔跑很難受，那麼知道我們可以結合多種運動，甚至應該這麼做，可能會讓人振奮一點。高強度間歇心肺運動對扭轉代謝症候群格外迅速有效。[25]許多研究還發現，重訓還原肌肉胰島素感度、降低血壓和改善膽固醇值的效果也很好。[26]有項精巧的研究指出，不同種類的運動組合似乎是最好的處方。[27]

心血管疾病

依照機率看，我們最有可能死於某種心血管疾病。幸運的是，從傑若米・莫瑞斯博士（Jeremy Morris）的開創性研究之後，已有明確證據證明生活方式降低風險的效果有多宏大。莫瑞斯博士生於一九一〇年，在英國格拉斯哥的貧民窟長大，後來成為醫師，於二戰期間服役於英國皇家陸軍醫療部隊。戰爭結束後，他遷居倫敦，開始好奇心臟病發為什麼越來越常見。依據莫瑞斯表示，一九四六年時我們對這種疾病幾乎一無所知：「沒有文獻，真的是太棒了！我們可以到英國皇家醫學會圖書館看文獻，然後喝杯茶。」[28]他到太平間和醫院蒐集資料後，發現倫敦著名的雙層巴士司機心臟病發的頻率高於在階梯和走道上上下下、負責收票的售票員。他覺得很好奇，因此著手進行大規模研究。在一九五三年發表的兩篇文筆優美的論文中，他指出經常久坐的司機的心臟病發率高達售票員的兩倍。[29]莫瑞斯還指出，整天坐在辦公室裡的郵局職員心臟病發機率也是走遍倫敦大街小巷、投遞信件的郵差的兩倍。他的研究結果證實並進一步解釋身體運動不足對血管有何影響以及原因所在，就像不良飲食、吸菸、長期壓力和其他環境狀況一樣。

假設不匹配是什麼？

心臟實際上是個肌肉幫浦，與複雜的血管網相連。心血管疾病雖然有好幾種，但病因幾乎都是血管或幫浦發生問題。這些問題大多起自血管，通常是把血液從心臟輸送到全身各個角落的動脈。動脈就像大樓裡的水管，很容易附著不該有的沉積物。這種動脈粥樣硬化（atherosclerosis）狀況一開始是斑塊（黏稠的脂肪、膽固醇和鈣混合物）附著在動脈內壁。不過這些斑塊不會只像水管汙垢一樣積聚在動脈裡，而是動態的，會變化、長大、移動，有時還會破裂。高血壓和刺激動脈內壁的壞膽固醇會造成損傷，促使動脈中的白血球啟動發炎反應，因而形成斑塊。斑塊是白血球為了修復損傷，製造出一種泡沫狀物質，吸收膽固醇和其他物質後硬化所致。斑塊積聚時，動脈逐漸變硬、變窄，有時會妨礙血液流向組織和器官，並使血壓進一步升高。有個可能危害生命的狀況是斑塊完全阻塞動脈，或是脫離血管壁跑到其他地方、阻塞較小的動脈。這種狀況發生時，組織因為血液供應中斷

（稱為局部缺血）而壞死。此外，斑塊可能造成血管壁膨脹、脆弱和腫脹（動脈瘤）或撕裂（破裂），往往導致大量出血。

動脈阻塞和破裂在身體任何位置都會造成問題，但最容易出問題的地方是供應血液給心肌、細小的冠狀動脈。冠狀動脈阻塞造成的心臟病發可能傷害心肌，導致血液推送效率低落或引發電擾動，可能使心臟完全停擺。另外一群容易出問題的動脈位於腦部，被血栓阻塞或破裂出血時可能造成中風。此外，容易出問題的地方還有視網膜、腎臟、胃和腸。冠狀動脈疾病最嚴重的結果是心臟病發，即使幸運存活下來，心臟也會變得衰弱，推送血液效率降低，導致心臟衰竭。心律不整也經常造成問題和死亡，心臟也可能因為感染、先天缺陷、藥物和結構不良而損傷。但動脈粥狀硬化目前仍是排名第一的殺手，高血壓則是緊跟在後的第二名。

高血壓這種無聲無息的病症持續對心臟、動脈和許多器官施加壓力。心臟每天跳動至少十萬次，推送五公升的血液流過總長數千公里的動脈，動脈承受每次壓送而產生壓力。我們運動時，血壓短暫升高，使得心臟的腔室隨之適應，方法通常是變得更壯、更大和更有彈性，以便每次跳動能推送更多血液。[30]同樣重要的是，動脈也會隨之適應、降低血壓，方法通常是擴張、增生和維持彈性。[31]然而，當血壓長期居高不下時，心臟會為了保護自己而使肌肉壁變厚。增厚的肌肉壁會變硬並結痂，最後使心臟衰弱，因此造成惡性循環。心臟推送血液的能力降低，我們更難運動和控制高血壓。心臟越來越衰弱，血壓逐漸升高，最後衰竭的心臟無法支撐或維持正常血壓，死亡便隨之而來。

冠狀動脈疾病歷史相當悠久，連木乃伊都診斷出這種狀況。[32]但針對非工業化族群進行的研究提出有力證據，證明冠狀動脈疾病和高血壓大多是演化不匹配現象。雖然許多醫學教科書告訴醫師，血壓隨年齡升高是正常的，但我們從一九七〇年代開始就知道，對於桑族和哈札族等狩獵採集族群而言，這個說法並不正確。[33] 七十歲桑族狩獵採集者的平均血壓是一二〇／六七，和二十歲時沒有差別。許多自給農耕族群同樣一輩子血壓都不高。我和同事羅伯・謝夫（Rob Shave）、艾隆・巴吉許（Aaron Baggish）測量一百多名年齡不等的塔烏馬拉農民的各項資料，發現十多歲和八十多歲的血壓沒有差別。[34] 依據這個概念，工業化族群只要飲食合宜和維持活動量，老年時血壓同樣可以維持正常。[35]

適中的血壓加上標準膽固醇值，讓活動量大的非工業族群避免罹患冠狀動脈疾病。希勒德・卡普蘭（Hillard Kaplan）、麥可・葛文（Michael Gurven）等人檢視七百多名亞馬遜河流域搜食農耕者奇瑪內族的中老年人，發現即使年紀最大的人，冠狀動脈也完全沒有威脅健康的斑塊。[36] 可以想見，這些族群工業化並改變生活方式後，冠狀動脈疾病和高血壓的發生率將會大幅提高。[37] 近一百二十年來，冠狀動脈疾病爆炸性成長超過兩倍半，成為全世界排名第一的死因。[38] 在莫瑞斯開創性的倫敦巴士售票員研究首先指出方向之後，冠狀動脈疾病毫無疑問成為基本上可預防的不匹配現象，原因包含以往很少見的幾個風險因素：高膽固醇、高血壓以及慢性發炎。[39] 反過來說，這些疾病徵兆受基因影響，但大多源自我們一再看到的幾個互相關聯的行為風險因素：吸菸、飲食不良、壓力以及缺乏活動。

身體活動有何幫助？

二〇一八年，極受愛戴的波士頓馬拉松賽事總監戴夫・麥吉利夫瑞（Dave McGillivray）接受成功的三重心臟繞道手術，以避免隨時可能發生的心臟病發。戴夫雖然跑過幾百場馬拉松，大多為慈善而跑，但他承認他幾十年來吃了無數垃圾食物。跟菲克斯一樣，他的心臟病證明身體活動確實無法抵消不良飲食的影響。話又說回來，戴夫要不是活動量這麼大，可能早就死了。

為了探討身體活動如何有助於預防心血管疾病但無法完全避免，我們先回頭看看問題的根本原因，也是關係錯綜複雜的三個因素：高膽固醇、高血壓和發炎。

膽固醇。膽固醇檢查通常會測定血液中三種分子的含量。第一種是低密度脂蛋白（LDL），通常稱為壞膽固醇。我們的肝臟製造這種類似氣球的分子，用來把脂肪和膽固醇送到血液中，但某些低密度脂蛋白會滲入血管壁，尤其是血壓較高的時候。這些侵入物質造成發炎反應、產生斑塊。第二種膽固醇稱為高密度脂蛋白（HDL），有時稱為好膽固醇，原因是這類分子會清除低密度脂蛋白並送回肝臟。第三種稱為三酸甘油酯，是血液中自由漂浮的脂肪分子，也是代謝症候群的指標。為了長話短說，含有大量糖和飽和脂肪的飲食導致心血管疾病的原因，是它使生成斑塊的低密度脂蛋白增加。相反地，身體活動有助於預防心血管疾病的原因則是降低三酸甘油酯、提高高密度脂蛋白值，以及小幅度減少低密度脂蛋白。

血壓。血壓值包含兩個數字，較大的數字（收縮壓）是心臟腔室推送血液到身體各處時克服的壓力。較小的數字（舒張壓）是心臟腔室充滿血液時承受的壓力。傳統上，高血壓的標準是數字超過一三〇／九〇或一四〇／九〇。血壓高於這個數字就需要擔心，因為高血壓會持續破壞血管壁，使動脈更容易被生成斑塊的低密度脂蛋白侵入。我們已經知道，斑塊一旦開始形成，血壓就會升高，可能刺激更多斑塊生成。長期高血壓也會增加心臟壓力，使心臟異常增大和衰弱。身體活動可促使更多血液在血管中流動得更快，刺激身體各處生成新動脈，有助於讓現有動脈保持柔軟，防止高血壓。

發炎。斑塊不是無中生有，而是白血球為了應付低密度脂蛋白造成的發炎和高血壓而生成。慢性發炎也會提高我們因為高膽固醇和高血壓而生成斑塊的機率。[40] 此外，前面我們已經知道，發炎源自肥胖、垃圾食物、酒精攝取過多和吸菸等因素，但身體活動可降低發炎程度。

哪些運動和運動多少最好？

有些人繼承了容易罹患心血管疾病的基因，但不代表命運就此確定。許多人都知道要預防高血壓、冠狀動脈疾病和其他問題，必須先戒菸、避免攝取太多含有大量糖、飽和脂肪和鹽的加工食品。身體活動同樣不可或缺，因為心血管系統並沒有演化出在需求不高時仍能提升能力和自我維護。因此缺乏活動會使我們容易罹患高血壓和心臟病。

許多人都知道心肺運動對心血管系統最好。長時間有氧運動使心臟必須推送大量血液到體內各處，激發維持血壓正常和心臟健康的有益反應。此外，心肺運動還能對抗心血管疾病的其他風險因素，尤其是發炎和膽固醇過高。[41] 因此，心肺適能是心血管疾病風險的重要預測因素，最有效的加強方式是有氧運動。

一項涵括近一萬名男性的大規模研究發現，心肺適能優良者的心血管疾病風險比不佳者低四倍以上，心肺適能提升後，風險可降低一半。[42] 心肺運動不僅能預防疾病，還有助於治療。患有高血壓、膽固醇值過高或嚴重冠狀動脈疾病的人每週做一百五十分鐘以上身體活動，可以獲得中等效益。活動量加大，效益也更大。[43] 前面我們已知，短時間高強度心肺運動的效果和時間較長的低強度心肺運動相同甚至更大。[44]

心肺運動當然能提升和強化心血管系統，但重訓也能改善膽固醇值（提高高密度脂蛋白和降低低密度脂蛋白）和降低安靜血壓（不過效果沒有心肺運動那麼好）。[45] 儘管如此，只做重訓對心血管系統的保護效果顯然沒有只做心肺運動那麼好。[46] 我和同事謝夫和巴吉許曾經提出，這個保護作用可能源自心血管系統權衡適應重訓和心肺運動兩種相反挑戰的能力。[47] 某些專業運動員，例如只做耐力訓練的長跑選手，血壓較低、心臟較大又富彈性，比較擅於推送大量血液，但不擅於承受舉起重物的強大壓力。相反地，美式足球線鋒等阻力運動員，則擁有較厚較硬的心臟，能承受強大壓力，但較不擅於應付心肺運動時的龐大血液量。因此，只做重訓而不做心肺運動的運動員罹患長期高血壓和心血管疾病的風險和久坐不動的人相同。芬蘭一項大規模研究也反映了這個風險。這項研究中涵括了所有曾參加一九二〇至一九六五年奧運的運動員。越野滑雪選手等耐力型運動員的心臟病發風險竟比一般芬蘭人低三分之二，而舉重和角力等爆發力型選手則比一般人高三分之一。[48]所以結論是：重訓沒有不好，但不要捨棄心肺運動。

呼吸道感染和其他傳染病

二〇二〇年三月我編輯這本書時，一九一八年西班牙流感以來最嚴重的流行病COVID-19席捲全球，造成無數人染病、許多人死亡，讓全世界陷入經濟危機。這種病毒嚴厲地提醒我們，傳染病從未停止對人類健康造成深遠又可怖的威脅。雖然感染COVID-19的人大多只有輕度到中度症狀，但致命程度依然比流感等大多數呼吸道病毒感染高出許多倍。依據美國疾病管制與預防中心指出，美國每年通常約有五萬人死於流感，大多數是年長者。愛滋病、肝炎和肺結核等其他傳染病每年在全世界奪取的生命也不在少數。

讀者或許會覺得好奇，有什麼身體活動會跟呼吸道感染（RTI）有關。在COVID-19等疫情期間，衛生官員會要求我們經常徹底洗手、保持社交距離、咳嗽時用手肘遮掩口鼻，最奇怪的則是避免摸自己臉部。這些合理的基本措施能有效防止病毒傳播。其他證實有效的重要對策，包括讓免疫系統知道如何防範特定病毒，以及抗病毒藥物等。最後但往往被忽略的輔助防護方法是加強免疫系統。就這方面而言，規律的身體活動雖不是萬靈丹，但或許有幫助。

假設不匹配是什麼？

病毒、細菌和其他病原體不斷演化，以便侵入我們的身體、躲避免疫系統，同時不斷複製本身，使得我們打噴嚏、咳嗽或以其他方式散播出去感染其他人。而我們的免疫系統也在不斷演化，對抗這些病原體。這個演化武器競賽已持續了幾億年之久，但自從農業問世開始，人類就使自己更容易受到霍亂、天花和呼吸道感染等人傳人疾病的危害。狩獵採集者群居規模小、人口密度低，而且居住在沒有農耕動物的臨時營地，但農業問世和其後的工業化，使人類永久居住在村莊、城鎮和城市中，人口密度極高，而且經常和農耕動物和老鼠等其他物種聲息相聞。更糟的是，大多數城鎮和城市相當晚近才建造下水道和淨水水源，世界上許多地方的公衛狀況依然不佳。傳染病原體在擁擠又不衛生的環境中恣意活動，但人類的免疫系統從未遭遇過這些病原體，所以它們從其他物種傳給人類時格外危險。因此，雖然狩獵採集者也會感染各種傳染病，但COVID-19這類高度傳染性流行病，有一部分可說是文明造成的不匹配現象，所以保持社交距離和經常洗手是對抗這類流行病的重要方法。[49]

長期缺乏身體活動可能也是免疫系統的部分不匹配現象。長久以來一直有人擔憂跑馬拉松這類過度耗費體力的身體活動可能影響免疫系統，但有好幾項證據指出，規律的中等強度身體活動可降低感染呼吸道感染等某些傳染病的風險。[50] 此外，運動顯然還能減緩年齡漸長時免疫系統退化的速率。[51] 但運動不是特效藥。免疫系統包含許多不同部分，這些部分通常運作得十分協調，但偶爾會彼此衝突。從過敏和狼瘡等自體免疫疾病便可得知，在某些少見的特殊狀況下，原本用來保護我們的免疫反應會轉而攻擊我們的身體。此外，病原體也不斷演化出新方法來躲過免疫系統的防衛。

另外，目前我們也不清楚，缺乏活動除了對整體健康和壓力狀態（我們已知壓力能抑制免疫系統）的一般性負面影響之外，為什麼對免疫系統而言可能是不匹配現象？有個可能原因是進入灌木叢打獵和採集，使人類祖先更容易遭遇病原體，所以免疫系統受演化影響，在我們活動量大時提高警戒來加強防禦。另一個可能解釋出自人體運用熱量時十分小氣。從我們對抗感冒時的疲倦便可得知，免疫系統消耗的能量通常相當大。因此，我們的免疫系統或許因為演化影響而在需求較低時降低警戒。狩獵採集者和大多數工業化人類不同，需求較低的時間可能是身體活動較少、因此較不容易接觸病原體的時間。

身體活動有何幫助？

身體活動如何降低呼吸道感染等某些傳染性疾病的風險，以及可以降低到什麼程度，其實很難測定。要解決這個問題，有個方法是比較不同身體活動量的個體感染呼吸道疾病和其他傳染病的比率。整體說來，這類研究的結果不錯，但不足以稱為好消息。在一項研究中，研究人員隨機指定西雅圖地區一百一十五名缺乏運動的女性，在未來一年內繼續維持缺乏活動或每週走路五次，每次四十五分鐘。這兩組起初沒什麼不同，但六個月後，規律步行組的呼吸道疾病感染率只有一半到三分之一。[52]為了檢驗體重的影響，研究人員還要求一百多名女性在呼吸道感染最常見的冬季每週走路五次，每次四十五分鐘，為期十二週。規律步行的女性無論體重如何，感染呼吸道疾病的日數都只有一半左右。[53]壓力也會抑制免疫機能，所以另一項研究追蹤一千多名瑞典人四個月，蒐集運動量、壓力和呼吸道感染次數等資料。與四體不動的瑞典人相比，中度和激烈運動者感染呼吸道疾病的比例分別低了15%和18%，自覺承受壓力的人降低幅度更大。[54]最後，一項涵括超過十萬名護理師（其中三分之二是女性）的研究，依據吸菸與否、體重、酒精攝取量、性別和年齡進行標準化後，發現身體活動量和肺炎風險之間呈現逆劑量反應關係，活動量最高和最低的女性（男性則否）相差超過30%。[55]儘管這些發現令人振奮，但並非所有研究都指出運動者的呼吸道感染率較低，部分原因是這類試驗很難進行。[56]我們還需要更多研究長時間追蹤大量研究對象，並且精確地診斷感染發生，同時測定身體活動量和壓力等風險因素。儘管需要更嚴謹的研究，才能進一步檢驗和量化運動對抵抗傳染病有多少幫助，但也沒有證據指出中度運動可能增加任何風險。

另一個研究方法，是以實驗測試免疫系統不同部分對各種身體活動和劑量的反應。最簡單的測試方法，是在運動前後抽取人類或實驗動物的血液或唾液樣本，測定白血球、抗體和其他免疫系統物質的濃度。這類研究的限制是它只測定免疫系統的活動，而不是臨床結果，但通常發現規律中度運動者對抗感染細胞基準值較高，低度運動者則略低於高強度長時間激烈運動。[57]在一項精細的實驗中，十三名年輕男性踩室內單車踩到筋疲力盡後分成兩組，一組禁止繼續運動，另一組則每天以中等強度踩半小時單車，為期兩個月。兩個月後，兩組都接受相同的疲累踩踏測驗。兩個月中等強度運動使運動者的白血球值提高，但激烈運動卻造成反效果，尤其是在缺乏運動者身上。[58] 這些研究指出，中等強度運動後免疫活動提升，但激烈運動後白血球數量反而減少，因此形成運動劑量和免疫機能間呈現J形關係的假說。[59] 依據這個概念，長期缺乏身體活動會抑制免疫力，中等強度運動可促進免疫系統，而極大量身體活動會短暫影響免疫機能，從而提高感染機率，尤其是體態不佳者。[60]

認為全程鐵人三項這類長時間激烈身體活動，將造成感染「空窗期」的常見說法符合常理，但還需要進一步研究，確定多少運動量才算太多以及原因所在。讀者如果認為白血球和抗體是對抗強敵的士兵，那麼它們的分布應該比血液中的數量更重要。有幾項研究同樣支持這個監控假說。更重要的是，規律身體活動不僅能增加白血球數量，顯然還會把血液中某些細胞優先分配到最需要的地方，包括脆弱又有黏液的呼吸道和腸子內壁。[61] 此外，重新分配數量最大的細胞中，有些是對抗病毒效力最強的細胞（包括自然殺手細胞和具細胞毒性的T細胞）。[62] 比較四體不動和活動量大者接受疫苗注射的研究發現，運動有助於更迅速、更有效地生成抗體。[63] 重要的是，年長者也有這種運動強化疫苗效果現象。的確，雖然年長者的感染率通常較高、復原較慢，而且對疫苗的反應較小，但規律身體活動顯然可減緩免疫機能衰老。[64]

總而言之，規律的中等強度身體活動顯然能提升免疫系統能力，但運動多少效果最好，以及對哪些傳染病有效，我們目前仍所知甚少。需要一再強調的是，免疫系統十分複雜多樣，它要對抗的惡意病原體也是如此。因此要量化某個人的免疫系統對抗特定傳染病（也包括COVID-19在內）的效果，也受到人類彼此差異、微生物以及身體活動量等許多因素影響。此外，我們也沒辦法進行對照實驗，測定免疫系統協助人類抵擋致命疾病的能力。由於物種免疫系統和對手的差異，要把小鼠等實驗室動物的免疫機能研究結果擴展到人類身上也十分困難。儘管如此，在一項值得注意且不可能在人類身上進行的研究中，研究人員把可能致命的流感病毒放入小鼠體內，並迫使牠們在症狀出現前運動三天。中度運動（每天以中等速度運動二十至三十分鐘）的小鼠存活比例高達82%，缺乏活動的小鼠只有43%存活，而每天運動兩小時半的小鼠只有30%存活。[65]對這些小鼠而言，少量運動比不運動來得好，但運動太多可能致命，更加凸顯出對抗嚴重感染時，休息非常重要。

哪些運動和運動多少最好？

探討身體活動對免疫系統有何影響的研究幾乎全都以心肺運動為對象，而研究重訓的少數研究也發現效果極小或為零（但也沒有害處）。[66]目前我們還不清楚的是劑量。如同身體活動的許多效益一樣，對免疫機能的許多方面而言，有運動比不運動來得好，但運動多少算是太多，以及運動到什麼程度將會短暫抑制免疫系統，則還需要進一步研究。第十二章曾經提到，目前對這個問題的共識是「開窗」假說。因為免疫系統全力戰鬥時需要大量能量，所以激烈運動可能會減少分配給對抗入侵病原體的能量。然而免疫監控假說卻認為，激烈運動可把需要的細胞優先分配到最能發揮功效的地方。我們還需要進一步研究，尤其是影響每個個體和疾病的因素相當多。不過可以確定的是，中等強度運動通常利大於弊，但如果要對抗嚴重感染，免疫系統必須取得足夠的能量，這時就非常不建議高強度運動。

慢性肌肉骨骼病症

年齡對肌肉、骨骼和關節格外嚴苛。有幸進入老年的銀髮族中，因為肌少症（sarcopenia）、骨質疏鬆症（osteoporosis）和退化性關節炎（osteoarthritis）三大虛弱症狀而失能者不在少數。肌肉衰弱使年長者爬樓梯、搬運日用品、行走和進行從椅子上站起等日常活動更加辛苦。骨骼流失導致脊椎疼痛塌陷和骨折，使人無法活動。最可怕的狀況是起床等看來平常的動作造成股骨頸骨折。髖部骨折可能使某些年長者臥床不起，容易因為缺乏活動而出現血栓和肺炎等可能致命的併發症，因而導致死亡。[67] 最後，關節炎造成的劇烈關節疼痛削弱了移動能力，導致進一步的身體障礙，加快老化過程，使得老年人無法自理生活，有時更導致孤立和憂鬱。幸運的是，從演化人類學觀點得知，老化不一定會危害肌肉、骨骼和關節以及原因所在。

假設不匹配是什麼？

某些老年虛弱無法避免，但有證據指出老化造成的骨骼肌肉疾病有部分是不匹配現象。握力測驗已經指出，狩獵採集者年齡漸長時，肌力衰退幅度小於同齡的西方人。[68]雖然我們沒有確實估計狩獵採集者罹患骨質疏鬆症的比例，但世界各地的骨質和骨折研究指出，後工業國家的骨質疏鬆症罹患率大幅攀升。[69]現在，骨質疏鬆症的終生風險是女性40%至50%、男性13%至22%，每年在已開發國家中造成的骨折病例超過一千萬宗。[70]最後，我和同事伊恩・華勒斯（Ian Wallace）研究兩千五百多名去世時超過五十歲者的骨骼，發現退化性關節炎的歷史長達數百萬年（連尼安德塔人都有病例），但二次大戰以後，給定年齡罹患這種疾病的機率提高到兩倍以上。[71]現在，美國成人診斷罹患骨質疏鬆症的比例超過25%，最常見的部位是膝部。[72]

一如往常，我們承襲的基因是影響肌少症、骨質疏鬆症和退化性關節炎罹患機率的因素，但我們的基因在近幾個世代內沒有改變，所以這些不匹配現象的元凶一定是環境改變。現代加工飲食和肥胖應該是主要原因，但從肌肉和骨骼的基本功能看來，可想見的是缺乏身體活動也有關係。不過運動的預防效益對每種疾病各不相同。

身體活動有何幫助？

受運動幫助最大的顯然是肌少症。由於肌肉耗能較多（單單維持肌肉就需要總熱量的五分之一）[73]，所以這是能量分配「用進廢退」原則的典型例證。我們對肌肉需求較大，尤其是有阻力的收縮時，將會啟動增大肌纖維以及修復和維持肌肉細胞的基因。肌肉一旦停止使用，就會開始萎縮。因此雖然老化會影響荷爾蒙值和神經特質，導致肌力降低在所難免，但維持身體活動量可扭轉這些改變。對現在的退休人士而言，維持活動量是自己的選擇，但狩獵採集者祖先的長者沒有其他選擇，必須每天行走、搬運、挖掘和攀爬。事實上，我們已經知道，年長的狩獵採集者祖父母的活動量通常比年輕父母更大。幸運的是，維持身體活動和扭轉肌肉萎縮的機制在年齡漸長時依然有效，尤其是產生阻力的負重工作。即使超過八十歲，也能在健身房裡強化肌肉。[74]

骨質疏鬆症是比較複雜的用進廢退疾病，運動只有部分預防效果。許多人誤會骨骼沒有生命，跟支撐大樓結構的鋼梁差不多。事實上，骨骼是動態組織。我們一生最初二、三十年逐漸加強骨架，其後骨質和骨密度慢慢流失，每年往往多達1%。[75]這樣的流失不一定會造成骨質疏鬆症，因為骨骼在正常狀況下不會過於脆弱，足以應付緩慢的流失。然而，如果年輕時的最大骨質不足，或是年齡漸長時流失過快，就會罹患骨質疏鬆症。[76]骨骼不夠堅固時，脊椎會塌陷、腰部會受傷，骨盆也會碎裂。因此，避免骨質疏鬆症的其中一個方法就是在年輕時盡量加強骨質，以便應付後來的流失。另一個方法則是降低年齡漸長時的骨質流失率。與年齡有關的流失在男女身上都會發生，但女性在更年期後防止骨質再吸收的雌激素減少，因此更加嚴重。[77]營養充足雖然有助於年輕人發育強壯的骨骼並防止年長者骨質再吸收，尤其是鈣和維生素D，但身體活動對骨骼施加的力也同樣重要。尤其，讓骨架承受重量的活動，在我們年輕時可促使骨骼生長細胞強化骨骼，年齡漸長時則可防止骨質吸收細胞弱化骨骼。[78]因此，一生持續做重訓有助於防止這種疾病。退化性關節炎這種疾病神祕難解，我們對它所知極少，但工業化國家有許多年長者因它困擾不已。退化性關節炎通常隨同關節軟骨磨損一起發生，所以許多患者和醫師認為它是老化耗損的結果，但這看法其實並不正確。跑步等對關節反覆施加強大負載的身體活動，不會提高退化性關節炎的罹患率，有時還有預防效果。[79]的確，如果身體活動是個問題，這種疾病在活動量更少的現代世界中應該會變得少見，而不是更常見。現在這種疾病隨老化而更加普遍，其實是因為關節內的發炎現象侵蝕軟骨。這類發炎現象有時源於意外造成半月板損傷或韌帶拉傷。但大多數病例似乎是受肥胖引起的發炎影響，也可能是身體缺乏活動。[80]

哪些運動和運動多少最好？

肌肉、骨骼和關節的主要功能是發出力和承受力，所以通常需要承受強大的力量來維持和修護。肌肉、骨骼和關節的疾病發生率，與任何運動都沒有單純劑量的反應關係，但我們可以提出一些概略原則。

各種身體活動對肌肉都有益，但肌肉對於使它們強力收縮但長度不變（等長收縮）或拉長（離心收縮）的負重活動反應最為明顯。要預防肌少症，請做重量訓練。

骨骼也需要負重運動施加大小和速率充足的力量，藉以活化骨骼細胞。這類力有些來自跑者的身體接觸地面時的迅速衝擊，但肌肉產生的力通常最大。[81]因此，跳躍、奔跑和舉重等對骨骼施加強大負載的活動，對於生長和維持強壯骨架的效果，優於游泳或滑步機等低衝擊活動。[82]

身體活動應該也可遏止軟骨退化，但各種運動協助預防退化性關節炎的機制和效果還不清楚。身體活動的最大效益應該是預防和減少肥胖，進而降低發炎以及異常高壓。[83]步行甚至跑步等活動造成的規律負載，或許也能提升關節內軟骨的質與量。[84]最後，運動可強化關節周圍的肌肉，降低肌肉因為異常負載（如扭轉膝部）造成的損傷，尤其是重訓。[85]不過一切事物都需要權衡。雖然身體活動通常有助於預防退化性關節炎，但有些活動（尤其是下坡滑雪等比較新奇的運動）可能使關節更容易受到嚴重傷害，從而提高罹患退化性關節炎的風險。

癌症

癌症是我覺得最可怕的疾病。癌症是全世界排名第二的死因（比例高達四分之一），就像細胞俄羅斯輪盤，隨時都會發動攻擊，對象大多是五十歲以上的人。近幾十年來，醫療科學在瞭解和治療各種癌症方面已有長足進展，但確診往往仍然等於宣判死刑。令人驚奇的新療法或許很快就會發明出來，但現在我們必須更注意的是預防癌症發生。預防方法不只包含運動，還有認知這種疾病是演化的嚴重失常。

假設不匹配是什麼？

癌症不是單一疾病，而是細胞在體內以變形的非天擇方式彼此競爭的統稱。[86]我們可以把人體視為巨大的生態系，包含兩百多種不同的細胞，總數接近四十兆個。一般說來，這些細胞即使可能隨機突變，也能彼此合作得相當和諧，幾乎全然無害。然而，細胞偶爾會發生足以擾亂運作的突變，而且這類突變有極少數可能促使細胞彼此競爭。這類突變發生時，細胞會轉變成惡性。這時它會失控地分裂，在全身各處遊走，並且肆無忌憚地消耗能量。如果免疫系統沒有很快消滅這些癌細胞，它們就會侵襲器官、擾亂器官功能，讓其他細胞無法取得營養。最常見的癌症發生在生殖器官、腸子、皮膚、肺部以及骨髓，原因是這些組織中的細胞經常分裂，而且容易接觸到輻射線、毒素和荷爾蒙等外在作用，影響它們分裂或突變的機率。

世界上只要有多細胞生物，癌症就會存在。只要有更多人活到老年，而且有機會發生有害突變，癌症發生率就一定會居高不下。然而某些癌症可能是部分不匹配現象。沒有現代化醫院的精密科學器材，很難診斷出癌症，但足以證明狩獵採集者和非工業化族群罹患癌症比率較低的證據也不多。[87]工業化族群以往也是如此。一八四二年，義大利維洛納一所醫院的主任醫師多梅尼科．里戈尼—史特恩（Domenico Rigoni-Stern）發表這所醫院的癌症罹患率估計數字，指出一七六〇年到一八三九年的十五萬零六百七十三個死亡病例中，大約有1％死於癌症。[88]即使考慮到醫師無法診斷出許多種癌症，而且當時人類的平均壽命短得多，這個數字也比現在的癌症罹患率低十倍以上。[89]此外，無論任何地方，許多癌症的罹患率都在上升。舉例來說，英國的乳癌罹患率從一九二一年到二〇〇四年提高了一倍。[90]依據一項令人擔憂的估計數字，二〇四〇年時全世界每年將有二千七百五十萬個癌症新病例，比二〇一八年高出62%。[91]

癌症短期之內不會消失，所以我們不只必須找出更好的對抗方法，還必須預防或控制它。幸運的是對某幾種癌症而言，身體活動也是其中一種預防方法。

身體活動有何幫助？

我知道我這類人通常很像跳針的唱片一樣講個不停。一再重申身體活動的健康效益，往往也會減損這些訊息的影響力。不過請不要對癌症抱持這種想法，因為運動的抗癌潛力常被低估，我們對它的瞭解也還不足。

我們先從證據開始。探討身體活動和癌症關聯的研究很多，其中有許多相當優秀。有一項分析蒐羅取自六項前瞻性研究的資料，總共追蹤超過六十五萬名年長者，時間超過十年。[92]在十一萬六千多個死亡病例中，有25%死於癌症。研究人員觀察各種身體活動量和癌症罹患率之間的關係（已依據性別、年齡、吸菸與否、酒精攝取和教育程度進行標準化），發現有明顯的劑量反應關係。與缺乏運動者相比，輕度運動者的癌症罹患率低了13%至20%，中度運動者更低了25%至30%。其他分析結果大致相仿，其中有一項研究涵括對象超過一百四十萬人。[93]乳癌和大腸癌受運動影響最大。依據一項估計，每週做三到四小時中度運動，可使女性罹患乳癌的風險降低30％至40％，無論男女罹患大腸癌的風險則可降低40％至50％。[94]

目前我們還不完全瞭解身體活動如何協助避免癌症以及原因所在，但從演化觀點預測，這些機制似乎與能量有關。無論整個人或體內的一個細胞，只要是生物就需要能量。天擇有利於取得能量並盡可能把能量花費在繁殖上的人類。同樣地，促成癌症發生的天擇也有利於盡可能取得能量、並把能量花費在製造更多自身副本的惡性細胞上。大量身體活動使得癌細胞難以取得能量的途徑至少有四種。

一、生殖荷爾蒙。能量花費在身體活動就不可能花費在繁殖上，這個權衡由雌激素等生殖荷爾蒙所決定。中度運動量女性製造的荷爾蒙剛好足以應付繁衍所需，缺乏活動女性的身體則會自然地把更多能量分配給繁衍，因此製造的雌激素量會高出25％。[95]雌激素等生殖荷爾蒙促使乳房組織進行細胞分裂，所以缺乏活動將提高罹患乳癌的風險，運動則有降低風險的效果。此外，雌激素值及乳癌罹患率也會隨肥胖和懷孕次數減少而提高。[96]

二、糖。有些癌細胞愛吃糖。事實上，許多癌細胞偏好直接由糖取得能量，因為糖不需要氧就能燃燒。因此，代謝症候群造成的高血糖與癌症罹患率提高有關。[97]所以運動能讓癌細胞難以輕易取得能量，有助於預防和對抗癌症。此外，高強度運動能抑制無氧糖代謝，所以極度激烈的運動或許對預防和對抗某些癌症格外有效。[98]

三、發炎。發炎經常隨同長期正能量收支和肥胖一起出現，是許多癌症的風險因素。我們已經知道，發炎可導致各種細胞損傷，其中有些與可能導致癌症的突變有關。[99] 因此，身體活動直接或間接有助於預防或降低發炎程度，進而間接對抗癌症。

四、抗氧化物和免疫機能。身體活動可激發身體把能量花費在修復和維護系統、消除運動造成的損傷上。其中一個投資就是製造抗氧化物。這些清理分子可中和活性極大的原子，這類原子可能導致許多種損傷，其中也包括可能形成癌症的突變。[100] 此外，非極端程度的運動可強化免疫系統，免疫系統在對抗癌症時相當重要。有一項頗具前景的發現是激烈運動可大幅強化自然殺手細胞（NK）的效果。自然殺手細胞是免疫系統辨識和摧毀癌細胞的主要武器。[101]

哪些運動和運動多少最好？

這個問題目前研究極少，而且癌症種類非常多，每個人的狀況也不一樣，所以很難回答。中度到激烈運動和阻力運動已證明可降低罹患某些癌症的風險，尤其是大腸癌和乳癌。劑量提高通常可進一步降低罹患率。此外，運動或許也有助於患者接受癌症治療。[102]

阿茲海默症

我祖母的短期記憶開始退化時，我們都以為是因為照顧生病的祖父壓力太大。但我祖父去世後，祖母的思想繼續緩慢穩定地退化，記憶慢慢喪失。她起先記不得東西放在哪裡、剛剛跟誰講過話，以及午餐吃了什麼。接下來隨著阿茲海默症惡化，她開始認不得家人和朋友，也記不得基本單字和人生重大事件。最後，她的現在和過去感完全喪失，彷彿這種疾病偷走了她的思想，只留下她的軀殼。

假設不匹配是什麼？

阿茲海默症這種疾病相當複雜又所知甚少，一定有部分是演化不匹配現象。針對非工業化族群進行的失智症研究不多，但依據預期壽命進行標準化的保守流行病學研究指出，工業化族群罹患阿茲海默症的比率是非工業族群的二十倍之多，[103]而且越來越普遍：二十一世紀前半，這種疾病的全世界普及率預計將提高到四倍。[104]單單基因無法解釋這樣的流行。

儘管我們現在已經相當瞭解阿茲海默症的症狀和進展，但還不清楚它的病因。最常見的理論是阿茲海默症源自斑塊和纏結阻塞了腦部表面附近的神經細胞（神經元），使得細胞無法獲得營養，就像毛髮堵塞水管一樣。[105]然而，即使處理掉這些斑塊和纏結，似乎也無法逆轉或預防這種疾病，而且許多有斑塊和纏結的年長者並未罹患阿茲海默症。[106]越來越多新證據指出，阿茲海默症是發炎性自體免疫疾病，起先影響的是腦中的星狀膠細胞（astrocyte）。總數多達數十億的星狀膠細胞，通常能調節和保護神經元和神經元連結，必要時星狀膠細胞也會製造類似毒素的化學物質，防止腦部感染。依據這理論，阿茲海默症的病因是星狀膠細胞在腦部未遭到感染時製造這類毒素，因此攻擊腦細胞。[107]

有項演化解釋和初步支持出自亞馬遜河流域搜食農耕者奇馬內族研究（請記住這個族群沒有人罹患冠狀動脈疾病）。西方人如果具有兩個ApoE4 基因（負責輸送血液中脂肪的蛋白質），老年時罹患阿茲海默症的機率將高出三到十五倍，但具有相同ApoE4基因的奇馬內族長者如果遭到多次感染，認知表現受損的機率卻比較低。[108] 因此，阿茲海默症或許是衛生假說（hygiene hypothesis）這個演化現象的例證。依據這個假說，腦細胞表現的ApoE4基因或許在很早以前受演化影響而在傳染病流行時協助保護腦部。現在有些人類生活在極度乾淨、沒有細菌和小蟲的環境中，反而有較高機率遭到以往保護我們的免疫機制攻擊（衛生假說也有助於解釋過敏和其他自體免疫疾病罹患率提高的原因）[109]。

身體活動有何幫助？

無論造成阿茲海默症的原因是什麼，讀者若擔憂得到這種疾病就該運動。現在還沒有開發出有效的藥物來治療阿茲海默症，藉由益智遊戲保持思路清晰，有助於防止失智的證據也很不明確。[110] 運動目前仍是已知最有效的預防和治療方法。而且運動的效果相當優異。針對十六項前瞻性研究、涵括對象超過十六萬人的分析發現，中等強度身體活動可使罹患阿茲海默症的風險降低45%。[111] 強度更大的活動可能使風險進一步降低。[112] 身體活動也能降低阿茲海默症患者的認知和身體退化速率。[113]

身體活動如何協助預防和治療阿茲海默症，目前所知甚少，但有證據指出幾個相關機制。最受支持的機制是，身體活動可促使腦部製造一種效力強大的分子，稱為腦源性神經營養因子（BDNF），持續時間長、同時也較激烈的活動效果更佳。腦源性神經營養因子起初的目的是協助哺乳類動物在身體活動期間取得能量，後來開始在腦中扮演其他角色。[114]腦源性神經營養因子是腦部的生長促進物質，能滋養和產生新的腦細胞，尤其是在記憶相關區域。但演化並未使人類能持續四體不動，所以人類也沒有演化出身體活動以外的其他機制來製造大量的腦源性神經營養因子。這是典型的不匹配現象，缺乏運動使我們缺乏腦源性神經營養因子，但腦源性神經營養因子已證實能增進記憶和認知以及維持神經元健康，維持神經元健康顯然有助於預防阿茲海默症。[115]一項前瞻性研究追蹤兩千多名對象數十年，發現腦源性神經營養因子量最高的女性罹患阿茲海默症的風險是腦源性神經營養因子量最低者的一半。[116]腦源性神經營養因子可協助星狀膠細胞維護腦細胞和腦細胞連結，所以運動產生的腦源性神經營養因子量增加，或許有助於預防星狀膠細胞造成的損傷，這類損傷可能就是阿茲海默症的病因。[117]此外，身體活動或許也能增加供應腦部的血液、抑制發炎，以及降低氧化壓力的損害程度，從而降低罹患阿茲海默症的風險。[118]鼠類經常在轉輪上奔跑，牠們腦中產生的斑塊和纏結較少，與阿茲海默症有關的發炎程度也較低。[119]

哪些運動和運動多少最好？

許多證據指出，身體活動應該是降低罹患阿茲海默症風險的最佳方法，但該做哪種運動和運動多少效果最佳目前所知甚少。針對十九項研究進行的分析發現，有氧身體活動效益最佳，但其他回顧則支持綜合有氧運動、重訓和改善平衡與協調的運動。[120] 此外，證明運動強度和罹病風險兼有劑量反應關係的證據相當少。[121]

心理問題：憂鬱症和焦慮症

運動對任何疾病都不是萬靈丹，尤其是心理方面的疾病，但即使有運動恐懼症的人，也承認生理和心理健康有若干關聯，這個概念最常見和最有力的表達方式是羅馬詩人尤維納利斯（Juvenal）的名言：「健全的心靈寓於健全的身體。」[122] 但以運動治療心理疾病相當少見。二〇一八年一項研究發現，只有20%的醫師提供運動處方給焦慮症或憂鬱症患者。[123] 在某種程度上，這個態度反映出療法和藥物近年來的非凡進步協助了數百萬人。但我們是否應該進一步探討和運用生理和心理健康間的關聯？這個題目很大，所以我們暫且只聚焦在兩種常見的心理疾病：憂鬱症和焦慮症。

假設不匹配是什麼？

罹患癌症或心臟病的人只是一部分人，但每個人都偶爾會感到焦慮或憂鬱。雖然每天的情緒起伏是人生的正常現象，但不該把它跟憂鬱症和焦慮症混為一談。焦慮症和憂鬱症是完全不同的嚴重臨床症候群，某些時期的盛行率高達五分之一。憂鬱症有許多形式，包含重度憂鬱症（major depressive disorder）在內。重度憂鬱症的定義是超過兩週的極度悲傷、對以往喜歡的活動失去興趣、胃口和睡眠改變、無法集中注意力、自尊降低，以及人生失去目標。憂鬱症和悲傷不同，往往持續很久，特徵是自我價值感降低和罪惡感。焦慮症也有好幾種形式，某些焦慮症會造成特定的懼怕（例如害怕在群眾面前講話或暴力行為）。一般焦慮症包括長期嚴重憂慮不特定的威脅，但這些威脅都是潛在但非實際威脅。憂鬱症和焦慮症都是失能和死亡的重大原因。

我們在瞭解憂鬱症和焦慮症方面已有相當大的進展，但蘭道夫・內斯（Randolph Nesse）等人曾經提出，把這些疾病視為適應行為出現問題的演化觀點，或許有助於解釋人類為何這麼容易罹患這類疾病，以及這類疾病為何如此多變。[124] 恐懼顯然是一種適應行為，能讓我們避開毒蛇或被陌生人攻擊等各種威脅。然而在焦慮症中，這些正常焦慮變得不理性又失控。同樣地，因為感到沮喪和頹廢而不想從事不可能成功的行為，例如跟可能打死我們的對手打架，或是向不喜歡我們的對象求愛，或許也是適應行為。不過在憂鬱症中，這些低落情緒永遠會轉向針對我們自己，而不是外在事物。這類適應機制如何以及為何成為病態，目前仍所知甚少。它們和各種疾病一樣牽涉到基因和許多複雜環境因素間的交互作用。但演化觀點能提醒我們仔細觀察環境扮演的重要角色：這些疾病是否可能也是不匹配疾病？人類容易罹患這類疾病的原因，是不是現在的環境因素對身體活動需求較少，而人類沒有透過演化適應這些因素？

評估這個假說的第一步，是檢驗憂鬱症和焦慮症在現代西方社會中是否比較常見。從古代記述可以得知，這些疾病其實不是新問題。看看先知以利亞的絕望：「自己在曠野走了一日的路程，來到一棵羅騰樹下，就坐在那裡求死，說：耶和華啊，罷了，求你取我的性命，因為我不勝於我的列祖。」（列王紀上十九章四節）不過，我們沒有可靠的長期資料，尤其是非西方國家的資料，而且比較不同文化的診斷也因為語言、脈絡、看法和信仰不同而更加複雜。知道這些警訊後，某些但不是所有研究指出，社會處於現代化階段時，憂鬱症和焦慮症發生率有升高趨勢。[125]此外，在美國和其他已開發國家，憂鬱症和焦慮症的罹患率近年來持續升高，蔓延狀況在年輕族群中尤其令人憂心。心理學家珍．特溫格（Jean Twenge）分析了七十年來針對美國近八萬名大學生和高中生進行的意見調查，發現二〇〇七年時年輕族群罹患憂鬱症等嚴重心理疾病的比率，是一九三八年時同年齡層的六到八倍。[126]在二〇〇九年到二〇一七年間，十二到十三歲青少年的憂鬱症罹患率提高47％，十四到十七歲的罹患率則提高超過60％。[127]

由於大眾對這兩種疾病的認識和歸類也在改變，所以對心理疾病罹患率上升的趨勢存疑也有道理。不過沒有人不同意這些疾病變得更普遍，而且受迅速改變的社會和實體環境影響極大。我們的老祖先從未接觸過社群媒體和二十四小時全天的新聞放送，肥胖或四體不動當然更不用說。這些改變並非都是憂鬱症、焦慮症或其他心理健康問題的原因，但無論是為自己或是為他人，我們都應該探討可以改變的環境因素，是否確實是大眾罹患這類疾病機率提高的原因，進而協助預防或治療這些疾病。不出所料地，不少證據指向身體缺乏活動可能有關。

身體活動有何幫助？

如果對生理與心理健康間的關聯有所懷疑，可以參考一下這件事：一項涵括對象超過一百萬名美國人的分析指出，規律運動者有心理健康問題的比率，比相同性別、年齡、教育程度和收入但缺乏活動的人低12％至23％。[128]另外還有幾十項更聚焦的優秀分析證實（其中許多是前瞻性隨機對照研究），運動有助於預防和治療憂鬱症，也適用於廣泛性焦慮症但效果略低。[129]不可否認地，運動不是仙丹，但最常用來治療的藥物和心理治療同樣也不是仙丹。事實上，針對許多實驗進行的大規模分析發現，運動的效果與藥物和心理治療相仿、甚至更好。[130]但身體活動還有其他效益，所以很難理解為什麼沒有更多心理臨床醫師和患者把運動列入治療方法當中。

運動如何減輕憂鬱症和焦慮症還不清楚，而且我們必須記住，身體活動的某些效益可能源自我們的生理機能對缺乏活動適應不佳。在這方面，運動有療效或許只是因為持續缺乏活動會提高罹患心理疾病的機率。雖然因果關係很難確定，但以下是幾個可能的機制，其中有些是我們耳熟能詳的機制。

首先，身體活動對腦部有許多直接影響，其中一個是讓腦部充滿改變情緒的化學物質。[131]提醒一下，運動可提升腦中輸送分子的活動，尤其是多巴胺、血清素和正腎上腺素（norepinephrine）。這些神經傳導物質可產生獎勵、幸福、清醒感以及記憶強化。SSRI等用於治療憂鬱症和焦慮症的藥物，大多能操縱這些神經傳導物質的量。[132]此外，運動還能增加麩胺酸和GABA等其他神經傳導物質，憂鬱和焦慮的人經常缺少這些物質。運動可產生的其他情緒提升分子，包括腦內啡和內生性大麻等內生性類鴉片，這些分子能消除疼痛及產生正向情緒。[133]最後還有一點，請記住身體活動可提升腦源性神經營養因子的量和其他有助於維持腦部機能的生長因素。總而言之，規律身體活動可改變腦部化學組成，強化電活動以及改善腦部結構。[134]在其他差異方面，身體活動量較大的人，腦部記憶區較大、細胞較多，血液供應也比較充足。這些演化上正常的特徵或許能降低罹患疾病的機率。

運動帶給心理健康的其他可能效益多樣又多變。我們先前已經知道，規律身體活動可降低我們對壓力情境的整體反應，防止長期皮質醇值過高，因為皮質醇對腦部有害。[135]此外，規律身體活動還能改善睡眠、讓人走到戶外，加入社交團體，讓我們跳脫令人困擾的負面想法並做些正面的事。總而言之，運動能提升信心和自己有能力達成目標的信念（自我效能）。這些效果都有助於治療。

哪些運動和運動多少最好？

無論運動透過什麼機制強化腦部（這些機制繁多又各不相同），絕大多數人都不會不相信運動有助於預防和治療心理疾病。沒錯，運動只是影響腦部和心理的眾多因素之一，也不是治百病的萬靈丹。此外，運動也不能代替其他有效療法，但世界上大多數地區無法取得心理治療和藥物，而且接受抗憂鬱治療的患者只有50％好轉。[136]即使這些統計數字不算亮眼，依然需要有更多人體認到，身體缺乏活動是不匹配現象，有時可能提高罹患許多種心理疾病的機率，包括失智症、憂鬱症和焦慮症。依據相同的理由，運動也有益於其他神經和認知疾病，包括注意力不足過動症和帕金森症等。運動更已證實能顯著微幅改善記憶、注意廣度和數學與閱讀能力等各方面認知。[137]

然而，我們對有益於腦部的運動量和劑量還不清楚。如果想提高腦部BDNF量以預防疾病，心肺運動似乎比重量訓練來得有效，尤其是高強度訓練。[138]如果要治療憂鬱症和其他情緒疾病，由於研究結果差異很大，因此在劑量和種類上難以達成明確結論。有些研究發現，自己決定的運動劑量比特定處方劑量有效。有些研究則指出，高強度運動的效益優於中等強度。也有些研究發現，低強度、中強度和高強度運動，對情緒、幸福和憂鬱症的效果沒有差別。[139]大多數研究集中在有氧運動，但比較重訓和心肺運動的少數研究多半發現兩者效果相等。[140]更多研究將可提供更清晰的指導原則，但有一點相當明確：為了心理健康，請動起來。

後記

二〇一九年，我再度跟學生和同事一起開車，沿著那條蜿蜒滑溜的路，前往本書開頭提到位於肯亞西部的佩加聚落，但這次我沒帶跑步機。就大多數方面而言，這個聚落跟十年前我第一次造訪時沒什麼改變。我每天看到女性背著大捆木柴、頭頂裝水的黃色大塑膠桶。我們經過崎嶇山坡上的小片田地時，男男女女正彎著腰鋤土和收割玉米和小米，完全靠雙手，沒有任何機器輔助。到處都有小孩在走路和奔跑、上學和放學、照料牛羊，還有處理其他家庭雜務。除了孩子下課時間在塵土飛揚的操場上用一團塑膠袋做成的球來踢足球，我看不到任何人在做類似運動的事。

但如果深入瞭解，佩加的狀況已經開始改變。現在有電線輸送電力到聚落的某些地點。泥土路已稍微改善。念高中的學生增加。大多數學童現已穿上拖鞋，不打赤腳。幾個人有了行動電話。工業革命還沒來到佩加（不過也不遠了），但隨著肯亞持續改變，正沿著道路從附近的埃爾多雷斯慢慢接近。到某個時候，現代化將帶來管路系統、車輛、牽引機和其他節省勞力的設備。在這些東西來到後，佩加的人必須為了自己的健康而做些沒必要的選擇性身體活動，也就是運動。他們甚至可能會使用跑步機。不過，大多數人很可能不會常常運動。

這樣的逃避可以理解，因為本書一開始就提到，從演化觀點看，運動基本上就是奇怪又反常的行為。我希望讀者讀過這十三章後仍然同意這個說法。說到底，運動儘管有諸多助益，仍然必須克服我們內心深處自然的本能。所以我們不該怪罪和恥笑不想出力的人，而應該彼此協助、起而運動。但近幾十年來已經證實，單單只把運動醫療化和商品化不會成功，而應該把運動視為一種教育，使它變得好玩、社交化、感覺值得這麼做，以及讓人願意投入。

尋找新策略來鼓勵和促進運動，應該是大家共同的要務，不只是彼此協助，也要協助整個群體。身體活動具有廣泛的集體效益，一開始不一定顯著，往往要等到缺乏活動的後果出現時才看得出益處。的確，我為這本書做最後潤飾時，COVID-19疫情正席捲全世界，造成數千萬人染病，許多人喪命。目前我們還沒有充足的資料足以說明身體活動是否能協助任何人預防這種傳染病或效果如何，但每個人都知道運動通常有益健康，所以這次疫情促使我和許多鄰居為了生理和心理健康而運動。這些維持活動量的努力都會帶來良性集體影響，因為這次疫情格外明確地凸顯出來，在健康方面沒有人是局外人，每個人的福祉彼此相連。

這讓我想到最後一點。研究和撰寫這本書讓我相信，使用身體的哲學和運用人生的哲學同樣重要。我們都只有一次機會好好享有人生，不希望在結束時後悔沒有好好運用這一生，包括沒有妥善使用自己的身體。順從內心深處的古老本能、逃避身體活動帶來的不適，將提高更快衰老和更早去世的機率，而且更容易罹患許多疾病和令人失能的慢性病。此外，我們也將失去體態良好帶來的生理和心理活力。沒錯，運動不是保證健康長壽的仙丹，不運動也可能享有還算健康的生活和夠長的壽命。但拜人類的演化所賜，一生持續身體活動可大幅提高健康活到七十歲以上的機率。

所以我在寒冷淒清的早晨對運動感到苦惱，勉力走出門跑步時，我會提醒自己的大腦，儘管它通常認為身體其他部分的功能是帶著它四處遊走，但演化賦予它的功能其實是建議身體何時以及如何移動。幸運的是，這些建議可以歸結成幾個簡單明瞭的原則，就是使運動變得必要又好玩。心肺運動占大部分，也要做些重訓。有運動總比不運動好。年齡漸長也要堅持運動下去。

致謝

我要感謝的人很多，很擔心有所疏漏。我深深感謝家人、朋友、同事和學生看過這本書的全部或大部分內容，提出意見、批評和其他回饋。當然，我最感謝我最棒最好的太太譚雅，她讀完全書，細心編輯。此外，她也耐心地忍受我長年著迷於身體活動，撰寫本書和做相關研究當然更不在話下。我也非常感謝我的同事和跑友巴吉許，他不只看過每一章的初稿，而且在無數次清晨跑步時跟我討論書中的許多概念。儘管他投注許多心力，我還是保留了幾個分號。另外我還需要感謝幾個人，他們看過這本書的全部或大部分，提出許多寶貴的意見，包括：Manuel DomínguezRodrigo、Alan Garber、Henry Gee、Steven Heymsfield、Eleanor Lieberman、Chris MacDonald、Barbara Natterson-Horowitz和Tom Tippett。以下幾位看過某幾章並提供資料和其他見解，我也十分感謝，包括：Steve Austad、Paul Barriera、Bradley Cardinal、Mark Haykowsky、Nicholas Holowka、Carole Hooven、Tim Kistner、Mickey Mahaffey、Samuel Osher、Kieran O'Sullivan、Herman Pontzer、David Raichlen、Craig Rodgers、Ben Sibson、Jerome Siegel、Bo Waggoner、Ian Wallace、Peter Weyand以及Richard Wrangham。

我還要感謝其他許多人透過科學合作、在現場和實驗室提供協助、討論、電子郵件和其他方式協助本書。以下依字母順序為：Brian Addison、Coren Apicella、Meir Barak、Francis Berenbaum、Claude Bouchard、Dennis Bramble、Henrik Bunge、Ambrose Burfoot、Eamon Callison、Terence Capellini、Rachel Carmody、David Carrasco、David Carrier、Eric Castillo、Silvino Cubesare、Adam Daoud、Irene Davis、Sarah DeLeon、Maureen Devlin、Pierre D'Hemecourt、Peter Ellison、Carolyn Eng、David Felson、Paul Gompers、Michael Gurven、Brian Hare、Kristen Hawkes、Erin Hecht、Joe Henrich、Kim Hill、Dorothy Hintze, Michael Hintze、Jenny Hoffman、Mikko Ijäs、Josphine Jemutai、Joice Jepkirui、Mette Yun Johansen、Yana Kamberov、Erwan Le Corre、Kristi Lewton、Louis Liebenberg、Claire Lo、Zarin Machanda、Huian Mathre、Chris McDougall、Dave McGillivray、Jordan Metzl、Thomas Milani、Randolph Nesse、Lena Nordin、Robert Ojiambo、Paul Okutoyi、Erik Otarola-Castillo、Bente Pedersen、David Pilbeam、Steven Pinker、Yannis Pitsiladis、Mary Prendergast、Arnulfo Quimare、Michael Rainbow、Humberto Ramos Fernandez、Alonso Ramos Vaca、David Reich、Neil Roach、Campbell Rolian, Maryellen Ruvolo、Bob Sallis、Meshack Sang、Lee Saxby、Rob Shave、Freddy Sichting、Timothy Sigei、Martin Surbeck、Cliff Tabin、Adam Tenforde、Victoria Tobolsky、Ben Trumble、Madhu Venkadesan、Anna Warrener、William Werbel、Katherine Whitcome、Brian Wood、Gabriela Yañez、Andrew Yegian、and Katherine Zink。

我還要感謝在肯亞的佩加、科布喬伊和埃爾多雷特、坦尚尼亞埃亞西湖和墨西哥塔拉烏馬拉山提供協助、住宿和幫忙的學生、老師等所有人。尤其要感謝Manuel Domínguez-Rodrigo提供很棒的住處，讓我在馬德里思考和寫作，撰寫這本書的一部分。

我非常感謝我的經紀人Max Brockman，他從這本書只有概念到撰寫完成時，經常提出明智的意見和支持。此外，我也十分感謝編輯Erroll McDonald，他對這本書的高標準和遠見協助我寫得更好。我還要感謝Laura Stickney和Rowan Cope在編輯方面的協助和熱情。

最後但同樣重要的是，我要感謝我的父母親。我小時候不知道有個透過跑步敲開健身房門戶的英勇母親多有啟發性，還有我的母親和父親都經常跑步，每年夏天帶我去過無數次爬山旅行，有時整個夏天都在外面，是件多麼幸運的事。我一向不擅運動，但由於我的父母親，我從小到大一直覺得維持身體活動量必要、正常又好玩。

hippocampal function and increases BDNF in the serum of young adult males, *Physiology and Behavio*r 104:934-41; Schmolesky, M. T., Webb, D. L., and Hansen, R. A. (2013), The effects of aerobic exercise intensity and duration on levels of brain-derived neurotrophic factor in healthy men, *Journal of Sports Science and Medicine* 12:502-11; Saucedo-Marquez, C. M., et al. (2015), High-intensity interval training evokes larger serum BDNF levels compared with intense continuous exercise, *Journal of Applied Physiology* 119:1363-73.

139. Ekkekakis, P. (2009), *Let them roam free? Physiological and psychological evidence for the potential of self-selected exercise intensity in public health, Sports Medicine* 39:857-88; Jung, M. E., Bourne, J. E., and Little, J. P. (2014), Where does HIT fit? An examination of the affective response to highintensity intervals in comparison to continuous moderate- and continuous vigorous-intensity exercise in the exercise intensity-affect continuum, *PLOS ONE* 9:e114541; Meyer, J. D., et al. (2016), Influence of exercise intensity for improving depressed mood in depression: A dose-response study, *Behavioral Therapy* 47:527-37.

140. Stathopoulou et al. (2006), *Exercise interventions for mental health; Pedersen and Saltin* (2015), Exercise as medicine—evidence for prescribing exercise as therapy in 26 different chronic diseases.

stress-related disorders: A meta-analysis, *Psychiatry Research* 249:102-8; Schuch, F. B., et al. (2016), Exercise as a treatment for depression: A meta-analysis adjusting for publication bias, *Journal of Psychiatric Research* 77:42-51; Josefsson, T., Lindwall, M., and Archer, T. (2014), Physical exercise intervention in depressive disorders: Meta-analysis and systematic review, *Scandinavian Journal of Medicine and Science in Sports* 24:259-72; Wegner, M., et al. (2014), Effects of exercise on anxiety and depression disorders: Review of meta-analyses and neurobiological mechanisms, *CNS and Neurological Disorders—Drug Targets* 13:1002-14; Asmundson, G. J., et al. (2013), Let's get physical: A contemporary review of the anxiolytic effects of exercise for anxiety and its disorders, *Depression and Anxiety* 30:362-73; Mammen, G., and Falkner, G. (2013), Physical activity and the prevention of depression: A systematic review of prospective studies, *American Journal of Preventive Medicine* 45:649-57; Stathopoulou, G., et al. (2006), Exercise interventions for mental health: A quantitative and qualitative review, *Clinical Psychology: Science and Practice* 13:179-93.

130. 關於運動和其他治療的比較，請參閱Cooney, G. M., et al. (2013), Exercise for depression, *Cochrane Database Systematic Reviews* CD004366.
131. Lin, T. W., and Kuo, Y. M. (2013), Exercise benefits brain function: The monoamine connection, *Brain Science* 3:39-53.
132. Maddock, R. J., et al. (2016), Acute modulation of cortical glutamate and GABA content by physical activity, *Journal of Neuroscience* 36:2449-57.
133. Meyer, J. D., et al. (2019), Serum endocannabinoid and mood changes after exercise in major depressive disorder, *Medicine and Science in Sports and Exercise* 51:1909-17.
134. Thomas, A. G., et al. (2012), The effects of aerobic activity on brain structure, Frontiers in Psychology 3:86; Schulkin, J. (2016), Evolutionary basis of human running and its impact on neural function, *Frontiers in Systems Neuroscience* 10:59.
135. Duclos, M., and Tabarin, A. (2016), Exercise and the hypothalamo-pituitaryadrenal axis, *Frontiers in Hormone Research* 47:12-26.
136. Machado, M., et al. (2006), Remission, dropouts, and adverse drug reaction rates in major depressive disorder: A meta-analysis of head-to-head trials, *Current Medical Research Opinion* 22:1825-37.
137. Hillman, C. H., Erickson, K. I., and Kramer, A. F. (2008), Be smart, exercise your heart: Exercise effects on brain and cognition, *Nature Reviews Neuroscience* 9:58-65; Raichlen, D. A., and Alexander, G. E. (2017), Adaptive capacity: An evolutionary neuroscience model linking exercise, cognition, and brain health, *Trends in Neuroscience* 40:408-21.
138. Knaepen, K., et al. (2010), Neuroplasticity—exercise-induced response of peripheral brain-derived neurotrophic factor: A systematic review of experimental studies in human subjects, *Sports Medicine* 40:765-801; Griffin, É. W., et al. (2011), Aerobic exercise improves

(2015), *Protective effects of physical exercise in Alzheimer's disease and Parkinson's disease.*

121. Buchman et al. (2012), *Total daily physical activity and the risk of AD and cognitive decline in older adults.*
122. 尤維納利斯這位經常對羅馬公民發脾氣的詩人寫的其實是「我們應該祈求健全的心靈寓於健全的身體」，出自《諷刺》（*Satires*）10.356-64。如果讀過整個段落，就會知道他的意思是羅馬人不該祈求長壽，而該祈求勇氣和堅持等美德。隨時間過去，這句話已脫離原本的脈絡，意義也轉變成健全的心理出自健全的身體。尤維納利斯或許認為身體活動很重要，但我覺得他應該不會高興自己的作品被竄改。
123. Farris, S. G., et al. (2018), Anxiety and Depression Association of America Conference 2018, Abstract S1-094, 345R, and 315R; see also Melville, N. A. (2018), Few psychiatrists recommend exercise for anxiety disorders, *Medscape*, April 10, 2018, www.medscape.com.
124. Nesse, R. M. (2019), *Good Reasons for Bad Feelings: Insights from the Frontiers of Evolutionary Psychiatry* (New York: Dutton).
125. Kessler, R. C., et al. (2007), Lifetime prevalence and age-of-onset distributions of mental disorders in the World Health Organization's World Mental Health Survey Initiative, *World Psychiatry* 6:168-76; Ruscio, A. M., et al. (2017), Cross-sectional comparison of the epidemiology of DSM-5 generalized anxiety disorder across the globe, *JAMA Psychiatry* 74:465-75; Colla, J., et al. (2006), Depression and modernization: A cross-cultural study of women, *Social Psychiatry and Psychiatric Epidemiology* 41:271-79; Vega, W. A., et al. (2004), 12-month prevalence of DSM-III-R psychiatric disorders among Mexican Americans: Nativity, social assimilation, and age determinants, *Journal of Nervous and Mental Disease* 192:532; Lee, S., et al. (2007), Lifetime prevalence and inter-cohort variation in DSM-IV disorders in metropolitan China, *Psychological Medicine* 37:61-71.
126. Twenge, J. M., et al. (2010), Birth cohort increases in psychopathology among young Americans, 1938-2007: A cross-temporal meta-analysis of the MMPI, *Clinical Psychology Review* 30:145-54.
127. Twenge, J. M., et al. (2019), Age, period, and cohort trends in mood disorder indicators and suicide-related outcomes in a nationally representative dataset, 2005-2017, *Journal of Abnormal Psychology* 128:185-99.
128. Chekroud, S. R., et al. (2018), Association between physical exercise and mental health in 1.2 million individuals in the USA between 2011 and 2015: A cross-sectional study, *Lancet Psychiatry* 5:739-47.
129. 相關研究有好幾百項，以下是幾項新近的綜合分析：Morres, I. D., et al. (2019), Aerobic exercise for adult patients with major depressive disorder in mental health services: A systematic review and meta-analysis, *Depression and Anxiety* 36:39-53; Stubbs, B., et al. (2017), An examination of the anxiolytic effects of exercise for people with anxiety and

膽固醇的斑塊在腦中形成。相關說明請參閱Carter, D. B. (2005), The interaction of amyloid-ß with ApoE, *Subcellular Biochemistry* 38:255-72.

109. 如需進一步資訊，請參閱Rook, G. A. W. (2019), *The Hygiene Hypothesis and Darwinian Medicine* (Basel: Birkhäuser).
110. Stojanoski, B., et al. (2018), Targeted training: Converging evidence against the transferable benefits of online brain training on cognitive function, *Neuropsychologia* 117:541; *National Academies of Sciences, Engineering, and Medicine* (2017), *Preventing Cognitive Decline and Dementia: A Way Forward* (Washington, D.C.: National Academies Press).
111. Hamer, M., and Chida, Y. (2009), Physical activity and risk of neurodegenerative disease: A systematic review of prospective evidence, *Psychological Medicine* 39:3-11.
112. Buchman, A. S., et al. (2012), Total daily physical activity and the risk of AD and cognitive decline in older adults, *Neurology* 78:1323-29.
113. Forbes, D., et al. (2013), Exercise programs for people with dementia, *Cochrane Database Systematic Reviews* 12:CD006489.
114. 詳細的相關說明請參閱Raichlen, D. A., and Polk, J. D. (2013), Linking brains and brawn: Exercise and the evolution of human neurobiology, *Proceedings of the Royal Society B: Biological Science* 280:20122250.
115. Choi, S. H., et al. (2018), Combined adult neurogenesis and BDNF mimic exercise effects on cognition in an Alzheimer's mouse model, *Science* 361:eaan8821.
116. Weinstein, G., et al. (2014), Serum brain-derived neurotrophic factor and the risk for dementia: The Framingham Heart Study, *JAMA Neurology* 71:55-61.
117. Giuffrida, M. L., Copani, A., and Rizzarelli, E. (2018), A promising connection between BDNF and Alzheimer's disease, *Aging* 10:1791-92.
118. Paillard, T., Rolland, Y., and de Souto Barreto, P. (2015), Protective effects of physical exercise in Alzheimer's disease and Parkinson's disease: A narrative review, *Journal of Clinical Neurology* 11:212-19.
119. Adlard, P. A., et al. (2005), Voluntary exercise decreases amyloid load in a transgenic model of Alzheimer's disease, *Journal of Neuroscience* 25:4217-21; Um, H. S., et al. (2008), Exercise training acts as a therapeutic strategy for reduction of the pathogenic phenotypes for Alzheimer's disease in an NSE/APPsw-transgenic model, *International Journal of Molecular Medicine* 22:529-39; Belarbi, K., et al. (2011), Beneficial effects of exercise in a transgenic mouse model of Alzheimer's disease-like Tau pathology, *Neurobiology of Disease* 43:486-94; Leem, Y. H., et al. (2011), Chronic exercise ameliorates the neuroinflammation in mice carrying NSE/htau23, *Biochemical and Biophysical Research Communications* 406:359-65.
120. Panza, G. A., et al. (2018), Can exercise improve cognitive symptoms of Alzheimer's Disease?, *Journal of the American Geriatrics Society* 66:487-95; Paillard, Rolland, and de Souto Barreto

14:2413-18; McTiernan, A. (2008), Mechanisms linking physical activity with cancer, *Nature Reviews Cancer* 8:205-11.

98. San-Millán, I., and Brooks, G. A. (2017), Reexamining cancer metabolism: Lactate production for carcinogenesis could be the purpose and explanation of the Warburg Effect, *Carcinogenesis* 38:119-33; Moore et al. (2016), *Association of leisure-time physical activity with risk of 26 types of cancer in 1.44 million adults.*
99. Coussens, L. M., and Werb, Z. (2002), Inflammation and cancer, *Nature* 420:860-67.
100. Jakobisiak, M., Lasek, W., and Golab, J. (2003), *Natural mechanisms protecting against cancer, Immunology Letters* 90:103-22.
101. Bigley, A. B., and Simpson, R. J. (2015), NK cells and exercise: Implications for cancer immunotherapy and survivorship, *Discoveries in Medicine* 19:433-45.
102. 相關說明請參閱Brown, J. C., et al. (2012), Cancer, physical activity, and exercise, *Comprehensive Physiology* 2:2775-809; Pedersen, B. K., and Saltin, B. (2015), Exercise as medicine—evidence for prescribing exercise as therapy in 26 different chronic diseases, Scandinavian Journal of Medicine and Science in Sports 25:S1-S72; *Stamatakis*, E., et al. (2018), Does strength-promoting exercise confer unique health benefits? A pooled analysis of data on 11 population cohorts with all-cause, cancer, and cardiovascular mortality endpoints, *American Journal of Epidemiology* 187:1102-12.
103. Smith, M., Atkin, A., and Cutler, C. (2017), An age old problem? Estimating the impact of dementia on past human populations, *Journal of Aging and Health* 29:68-98.
104. Brookmeyer, R., et al. (2007), Forecasting the global burden of Alzheimer's disease, *Alzheimer's and Dementia* 3:186-91.
105. Selkoe, D. J. (1997), Alzheimer's disease: From genes to pathogenesis, *American Journal of Psychiatry* 5:1198; Niedermeyer, E. (2006), Alzheimer disease: Caused by primary deficiency of the cerebral blood flow, *Clinical EEG Neuroscience* 5:175-77.
106. Baker-Nigh, A., et al. (2015), Neuronal amyloid-β accumulation within cholinergic basal forebrain in ageing and Alzheimer's disease, *Brain* 138:1722-37.
107. Shi, Y., et al. (2017), ApoE4 markedly exacerbates tau-mediated neurodegeneration in a mouse model of tauopathy, *Nature* 549:523-27. 另一個可能與星狀膠細胞有關的有趣假說是睡眠不足可能影響斑塊清除等維護機能，進而提高罹患阿茲海默症的機率。請參閱Neese, R. M., Finch, C. E., and Nunn, C. L. (2017), Does selection for short sleep duration explain human vulnerability to Alzheimer's disease?, *Evolution in Medicine and Public Health* 2017:39-46.
108. Trumble, B. C., et al. (2017), Apolipoprotein E4 is associated with improved cognitive function in Amazonian forager-horticulturalists with a high parasite burden, *FASEB Journal* 31:1508-15. 順帶一提，ApoE4基因與肝臟合成膽固醇有關，但似乎也會影響富含

B., et al. (1994), Women's reproductive cancers in evolutionary context, *Quarterly Review of Biology* 69:353-67; Friborg, J. T., and Melby, M. (2008), Cancer patterns in Inuit populations, *Lancet Oncology* 9:892-900; Kelly, J., et al. (2008), Cancer among the circumpolar Inuit, 1989-2003: II. Patterns and trends, *International Journal of Circumpolar Health* 67:408-20; David, A. R., and Zimmerman, M. R. (2010), Cancer: An old disease, a new disease, or something in between?, *Nature Reviews Cancer* 10:728-33.

88. Rigoni-Stern, D. A. (1842), Fatti statistici relativi alle malattie cancerose, *Giornale per Servire ai Progressi della Patologia e della Terapeutica* 2:507-17.
89. Greaves, M. (2001), *Cancer: The Evolutionary Legacy* (Oxford: Oxford University Press).
90. Cancer Incidence Data, Office for National Statistics and Welsh Cancer Incidence and Surveillance Unit (WCISU), www.statistics.gov.uk and www.wcisu.wales.nhs.uk.
91. Ferlay, J., et al. (2018), Estimating the global cancer incidence and mortality in 2018: GLOBOCAN sources and methods, *International Journal of Cancer* 144:1941-53.
92. Arem, H., et al. (2015), Leisure time physical activity and mortality: A detailed pooled analysis of the dose-response relationship, *JAMA Internal Medicine* 175:959-67.
93. Kyu, H. H., et al. (2016), Physical activity and risk of breast cancer, colon cancer, diabetes, ischemic heart disease, and ischemic stroke events: Systematic review and dose-response meta-analysis for the Global Burden of Disease Study, *British Medical Journal* 354:3857; Li, T., et al. (2016), The doseresponse effect of physical activity on cancer mortality: Findings from 71 prospective cohort studies, *British Journal of Sports Medicine* 50:339-45; Friedenreich, C. M., et al. (2016), Physical activity and cancer outcomes: A precision medicine approach, *Clinical Cancer Research* 22:4766-75; Moore, S. C., et al. (2016), Association of leisure-time physical activity with risk of 26 types of cancer in 1.44 million adults, *JAMA Internal Medicine* 176:816-25.
94. Friedenreich, C. M., and Orenstein, M. R. (2002), Physical activity and cancer prevention: Etiologic evidence and biological mechanisms, *Journal of Nutrition* 132:3456S-3464S. 關於全面性說明，請參閱section F of Physical Activity Guidelines Advisory Committee (2018), *2018 Physical Activity Guidelines Advisory Committee Scientific Report* (Washington, D.C.: U.S. Department of Health and Human Services).
95. Jasienska, G., et al. (2006), Habitual physical activity and estradiol levels in women of reproductive age, *European Journal of Cancer Prevention* 15:439-45.
96. Eaton et al. (1994), *Women's reproductive cancers in evolutionary context;* Morimoto, L. M., et al. (2002), Obesity, body size, and risk of postmenopausal breast cancer: The Women's Health Initiative (United States), *Cancer Causes and Control 1*3:741-51.
97. Il'yasova, D., et al. (2005), Circulating levels of inflammatory markers and cancer risk in the health aging and body composition cohort, *Cancer Epidemiology Biomarkers and Prevention*

77. 男性比較少有這個問題，因為骨細胞中的酵素能把睪固酮轉化成雌激素，因此防止骨骼流失。然而睪固酮減少時也會影響男性的骨骼。

78. Kannus, P., et al. (2005), Non-pharmacological means to prevent fractures among older adults, Annals of Medicine 37:303-10; Rubin, C. T., Rubin, J., and Judex, S. (2013), Exercise and the prevention of osteoporosis, in *Primer on the Metabolic Bone Diseases and Disorders of Mineral Metabolism*, ed. C. J. Rosen (Hoboken, N.J.: Wiley), 396-402.

79. Chakravarty, E. F., et al. (2008), Long distance running and knee osteoarthritis: A prospective study, *American Journal of Preventive Medicine* 35:133-38.

80. Berenbaum, F., et al. (2018), Modern-day environmental factors in the pathogenesis of osteoarthritis, *Nature Reviews Rheumatology* 14:674-81.

81. Shelburne, K. B., Torry, M. R., and Pandy, M. G. (2006), Contributions of muscles, ligaments, and the ground-reaction force to tibiofemoral joint loading during normal gait, *Journal of Orthopedic Research* 24:1983-90.

82. Karlsson, K. M., and Rosengren, B. E. (2012), Physical activity as a strategy to reduce the risk of osteoporosis and fragility fractures, *International Journal of Endocrinology and Metabolism* 10:527-36.

83. Felson, D. T., et al. (1988), Obesity and knee osteoarthritis: The Framingham Study, *Annals of Internal Medicine* 109:18-24; Wluka, A. E., Lombard, C. B., and Cicuttini, F. M. (2013), Tackling obesity in knee osteoarthritis, *Nature Reviews Rheumatology* 9:225-35; Leong, D. J., and Sun, H. B. (2014), Mechanical loading: Potential preventive and therapeutic strategy for osteoarthritis, *Journal of the American Academy of Orthopedic Surgery* 22:465-66.

84. Kiviranta, I., et al. (1988), Moderate running exercise augments glycosaminoglycans and thickness of articular cartilage in the knee joint of young beagle dogs, *Journal of Orthopedic Research* 6:188-95; Säämänen, A. M., et al. (1988), Running exercise as a modulatory of proteoglycan matrix in the articular cartilage of young rabbits, *International Journal of Sports Medicine* 9:127-33; Wallace, I. J., et al. (2019), Physical inactivity and knee osteoarthritis in guinea pigs, *Osteoarthritis and Cartilage* 27:1721-28; Urquhart, D. M., et al. (2008), Factors that may mediate the relationship between physical activity and the risk for developing knee osteoarthritis, Arthritis Research and Therapy 10:203; Semanik, P., Chang, R. W., and Dunlop, D. D. (2012), Aerobic activity in prevention and symptom control of osteoarthritis, *Physical Medicine and Rehabilitation* 4:S37-S44.

85. Gao, Y., et al. (2018), Muscle atrophy induced by mechanical unloading: Mechanisms and potential countermeasures, *Frontiers in Physiology* 9:235.

86. See Aktipis, A. (2020), *The Cheating Cell: How Evolution Helps Us Understand and Treat Cancer* (Princeton, N.J.: Princeton University Press).

87. Stefansson, V. (1960), *Cancer: Disease of Civilization?* (New York: Hill and Wang); Eaton, S.

Brain, *Behavior and Immunity* 19:377-80.

66. Raso, V., et al. (2007), Effect of resistance training on immunological parameters of healthy elderly women, *Medicine and Science in Sports and Exercise* 39:2152-59.
67. Hannan, E. L., et al. (2001), Mortality and locomotion 6 months after hospitalization for hip fracture: Risk factors and risk-adjusted hospital outcomes, *Journal of the American Medical Association* 285:2736-42.
68. Blurton-Jones, N., and Marlowe, F. W. (2002), Selection for delayed maturity: Does it take 20 years to learn to hunt and gather?, *Human Nature* 13:199-238; Walker, R., and Hill, K. (2003), Modeling growth and senescence in physical performance among the Aché of eastern Paraguay, *American Journal of Physical Anthropology* 15:196-208; Apicella, C. L. (2014), Upper-body strength predicts hunting reputation and reproductive success in Hadza huntergatherers, *Evolution and Human Behavior* 35:508-18.
69. Cauley, J. A., et al. (2014), Geographic and ethnic disparities in osteoporotic fractures, *Nature Reviews Endocrinology* 10:338-51.
70. Johnell, O., and Kanis, J. (2005), Epidemiology of osteoporotic fractures, *Osteoporosis International* 16:S3-S7; Johnell, O., and Kanis, J. A. (2006), An estimate of the worldwide prevalence and disability associated with osteoporotic fractures, *Osteoporosis International* 17:1726-33; Wright, N. C., et al. (2014), The recent prevalence of osteoporosis and low bone mass in the United States based on bone mineral density at the femoral neck or lumbar spine, *Journal of Bone and Mineral Research* 29:2520-26.
71. Wallace, I. J., et al. (2017), Knee osteoarthritis has doubled in prevalence since the mid-20th century, *Proceedings of the National Academy of Sciences USA* 14:9332-36.
72. Hootman, J. M., et al. (2016), Updated projected prevalence of self-reported doctor-diagnosed arthritis and arthritis-attributable activity limitation among US adults, 2015-2040, *Arthritis and Rheumatology* 68:1582-87.
73. Zurlo, F., et al. (1990), Skeletal muscle metabolism is a major determinant of resting energy expenditure, *Journal of Clinical Investigation* 86:1423-27.
74. 有個值得注意的例子是美國最高法院大法官露絲・貝德・金斯柏格（Ruth Bader Ginsburg）。她八十多歲時仍經常上健身房鍛鍊身體。請參閱Johnson, B. (2017), *The RBG Workout: How She Stays Strong ... and You Can Too!* (Boston: Houghton Mifflin Harcourt).
75. Pearson, O. M., and Lieberman, D. E. (2004), The aging of Wolff's "law": Ontogeny and responses to mechanical loading in cortical bone, *Yearbook of Physical Anthropology* 47:63-99.
76. Hernandez, C. J., Beaupre, G. S., and Carter, D. R. (2003), A theoretical analysis of the relative influences of peak BMD, age-related bone loss, and menopause on the development of osteoporosis, *Osteoporosis International* 14:843-47.

57. Kakanis, M. W., et al. (2010), The open window of susceptibility to infection after acute exercise in healthy young male elite athletes, *Exercise Immunology Review* 16:119-37; Peake, J. M., et al. (2017), Recovery of the immune system after exercise, *Journal of Applied Physiology* 122:1077-87.
58. 在這個狀況下，測得的白血球是嗜中性白血球，主要防範細菌感染，請參閱Syu, G. D., et al. (2012), Differential effects of acute and chronic exercise on human neutrophil functions, *Medicine and Science in Sports and Exercise* 44:1021-27.
59. Shinkai, S., et al. (1992), Acute exercise and immune function. Relationship between lymphocyte activity and changes in subset counts. *International Journal of Sports Medicine* 13:452-61; Kakanis, M. W., et al. (2010), The open window of susceptibility to infection after acute exercise in healthy young male elite athletes. *Exercise Immunology Review* 16:119-37.
60. Nieman, D. C. (1994), Exercise, infection, and immunity, *International Journal of Sports Medicine* 15:S131-41.
61. Kruger, K., and Mooren, F. C. (2007), T cell homing and exercise, *Exercise Immunology Review* 13:37-54.
62. Kruger, K., et al. (2008), Exercise-induced redistribution of T lymphocytes is regulated by adrenergic mechanisms, *Brain, Behavior and Immunity* 22:324-38; Bigley, A. B., et al. (2014), Acute exercise preferentially redeploys NK-cells with a highly differentiated phenotype and augments cytotoxicity against lymphoma and multiple myeloma target cells, *Brain, Behavior and Immunity* 39:160-71; Bigley, A. B., et al. (2015), Acute exercise preferentially redeploys NK-cells with a highly differentiated phenotype and augments cytotoxicity against lymphoma and multiple myeloma target cells. Part II: Impact of latent cytomegalovirus infection and catecholamine sensitivity, Brain, *Behavior and Immunity* 49:59-65.
63. Kohut, M. L., et al. (2004), Moderate exercise improves antibody response to influenza immunization in older adults. *Vaccine* 22:2298-306; Smith, T. P., et al. (2004), Influence of age and physical activity on the primary in vivo antibody and T cell-mediated responses in men, *Journal of Applied Physiology* 97:491-98; Schuler, P. B., et al. (2003), Effect of physical activity on the production of specific antibody in response to the 1998-99 influenza virus vaccine in older adults, *Journal of Sports Medicine and Physical Fitness* 43:404; de Araujo, A. L., et al. (2015), Elderly men with moderate and intense training lifestyle present sustained higher antibody responses to influenza vaccine, *Age* 37:105.
64. Montecino-Rodriguez, E., et al. (2013), Causes, consequences, and reversal of immune system aging, *Journal of Clinical Investigation* 123:958-65; Campbell, J. P., and Turner, J. E. (2018), Debunking the myth of exercise-induced immune suppression: Redefining the impact of exercise on immunological health across the lifespan, *Frontiers in Immunology* 9:648.
65. Lowder, T., et al. (2005), Moderate exercise protects mice from death due to influenza virus,

47. Shave et al. (2019), *Selection of endurance capabilities and the trade-off between pressure and volume in the evolution of the human heart.*
48. 芬蘭很適合進行這類研究，因為這裡無論收入多少都能獲得醫療照護、沒有必要任何人都不能住院，而且每個人都有紀錄。因此這項研究選擇所有曾於一九二〇年到一九六五年間參加過奧運或其他世界錦標賽的男性運動員，與數千名缺乏活動的對照組，藉以觀察銀髮族過往運動紀錄對住院次數和日數的影響。這項分析依吸菸和個人是否停止運動等因素進行標準化。結果指出耐力運動員因為循環系統疾病、癌症和呼吸系統疾病住院的機率大約是缺乏活動對照組的一半，心臟病發機率則低了三分之二。相反地，爆發力競技運動員罹患循環系統疾病、癌症和呼吸系統疾病的機率比缺乏活動對照組低30%到40%，心臟病發機率則反而高了三分之一。整體而言，耐力運動員不僅活得較久，患病狀態也最短。請參閱Kujala, U. M., et al. (1996), Hospital care in later life among former world-class Finnish athletes, *Journal of the American Medical Association* 276:216-20. See also Keskimäki, I., and Arro, S. (1991), Accuracy of data on diagnosis, procedures, and accidents in the Finnish hospital discharge register, *International Journal of Health Sciences* 2:15-21.
49. 相關說明請參閱Diamond, J. (1997), Guns, Germs and Steel: The Fates of Human Societies (New York: W. W. Norton); and Barnes, E. (2005), *Diseases and Human Evolution* (Albuquerque, N.M.: University of New Mexico Press).
50. Warburton, D. E. R., and Bredin, S. S. D. (2017), Health benefits of physical activity: A systematic review of current systematic reviews, *Current Opinions in Cardiology* 32:541-56; Kostka, T., et al. (2000), The symptomatology of upper respiratory tract infections and exercise in elderly people, *Medicine and Science in Sports and Exercise* 32:46-51; Baik, I., et al. (2000), A prospective study of age and lifestyle factors in relation to communityacquired pneumonia in US men and women, *Archives of Internal Medicine* 160:3082-88.
51. Simpson, R. J., et al. (2012), Exercise and the aging immune system, *Ageing Research Reviews* 11:404-20.
52. Chubak, J., et al. (2006), Moderate-intensity exercise reduces the incidence of colds among postmenopausal women, *American Journal of Medicine* 119:937-42.
53. Nieman, D. C., et al. (1998), Immune response to exercise training and or energy restriction in obese women, *Medicine and Science in Sports and Exercise* 30:679-86.
54. Fondell, E., et al. (2011), Physical activity, stress, and self-reported upper respiratory tract infection, *Medicine and Science in Sports and Exercise* 43:272-79.
55. Baik, I., et al. (2000), A prospective study of age and lifestyle factors in relation to community-acquired pneumonia in US men and women, *Archives of Internal Medicine* 160:3082-88.
56. Grande, A. J., et al. (2015), Exercise versus no exercise for the occurrence, severity, and duration of acute respiratory infections, *Cochrane Database Systematic Reviews* CD010596.

37. Popkin, B. M. (2015), Nutrition transition and the global diabetes epidemic, *Current Diabetes Reports* 15:64.
38. Jones, D. S., Podolsky, S. H., and Greene, J. A. (2012), The burden of disease and the changing task of medicine, *New England Journal of Medicine* 366:2333-38.
39. Koenig, W., et al. (1999), C-reactive protein, a sensitive marker of inflammation, predicts future risk of coronary heart disease in initially healthy middle-aged men: Results from the MONICA (Monitoring Trends and Determinants in Cardiovascular Disease) Augsburg Cohort Study, 1984 to 1992, *Circulation* 99:237-42; Fryar, C. D., Chen, T., and Li, X. (2012), *Prevalence of Uncontrolled Risk Factors for Cardiovascular Disease: United States, 1999-2010, National Center for Health Statistics Data Brief, No. 103* (Hyattsville, Md.: U.S. Department of Health and Human Services).
40. 最常見的概括慢性發炎度量是C反應蛋白（CRP）分子。CRP值過高是獨立風險因素，加上高膽固醇和高血壓將提高罹患心臟病的機率。請參閱Steyers, C. M., 3rd, and Miller, F. J., Jr. (2014), Endothelial dysfunction in chronic inflammatory diseases, *International Journal of Molecular Sciences* 15:11324-49.
41. Lavie, C. J., et al. (2015), Exercise and the cardiovascular system: Clinical science and cardiovascular outcomes, *Circulation Research* 117:207-19.
42. Blair, S. N., et al. (1995), Changes in physical fitness and all-cause mortality: A prospective study of healthy and unhealthy men, *Journal of the American Medical Association* 273:1093-98.
43. Wasfy, M. M., and Baggish, A. L. (2016), Exercise dosage in clinical practice, *Circulation* 133:2297-313.
44. Marceau, M., et al. (1993), Effects of different training intensities on 24-hour blood pressure in hypertensive subjects, *Circulation* 88:2803-11; Tjønna, A. E., et al. (2008), Aerobic interval training versus continuous moderate exercise as a treatment for the metabolic syndrome: A pilot study, *Circulation* 118:346-54; Molmen-Hansen, H. E., et al. (2012), Aerobic interval training reduces blood pressure and improves myocardial function in hypertensive patients, *European Journal of Preventive Cardiology* 19:151-60.
45. Braith, R. W., and Stewart, K. J. (2006), Resistance exercise training: Its role in the prevention of cardiovascular disease, *Circulation* 113:2642-50.
46. Miyachi, M. (2013), Effects of resistance training on arterial stiffness: A meta-analysis, *British Journal of Sports Medicine* 47:393-96; Kraschnewski, J. L., et al. (2016), Is strength training associated with mortality benefits? A 15 year cohort study of US older adults, *Preventive Medicine* 87:121-27; Dankel, S. J., Loenneke, J. P., and Loprinzi, P. D. (2016), Dose-dependent association between muscle-strengthening activities and all-cause mortality: Prospective cohort study among a national sample of adults in the USA, *Archives of Cardiovascular Disease* 109:626-33.

model of insulin resistance (HOMA-IR) in adults with type 2 diabetes, *Journal of Medicine and Physical Fitness* 54:203-9; Sjöros, T. J., et al. (2018), Increased insulin-stimulated glucose uptake in both leg and arm muscles after sprint interval and moderate intensity training in subjects with type 2 diabetes or prediabetes, *Scandinavian Journal of Medicine and Science in Sports* 28:77-87.

26. Strasser, B., Siebert, U., and Schobersberger, W. (2010), Resistance training in the treatment of the metabolic syndrome: A systematic review and meta-analysis of the effect of resistance training on metabolic clustering in patients with abnormal glucose metabolism, *Sports Medicine* 40:397-415; Yang, Z., et al. (2014), Resistance exercise versus aerobic exercise for type 2 diabetes: A systematic review and meta-analysis, *Sports Medicine* 44:487-99.
27. Church, T. S., et al. (2010), Effects of aerobic and resistance training on hemoglobin A1c levels in patients with type 2 diabetes: A randomized controlled trial, *Journal of the American Medical Association* 304:2253-62.
28. Smith, G. D. (2004), A conversation with Jerry Morris, *Epidemiology* 15:770-73.
29. Morris, J. N., et al. (1953), Coronary heart-disease and physical activity of work, *Lancet* 265:1053-57 and 1111-20.
30. Baggish, A. L., et al. (2008), Training-specific changes in cardiac structure and function: A prospective and longitudinal assessment of competitive athletes, *Journal of Applied Physiology* 104:1121-28.
31. Green, D. J., et al. (2017), Vascular adaptation to exercise in humans: Role of hemodynamic stimuli, *Physiology Reviews* 97:495-528.
32. Thompson, R. C., et al. (2013), Atherosclerosis across 4000 years of human history: The Horus study of four ancient populations, *Lancet* 381:1211-22.
33. Truswell, A. S., et al. (1972), Blood pressures of !Kung bushmen in northern Botswana, *American Heart Journal* 84:5-12; Raichlen, D. A., et al. (2017), Physical activity patterns and biomarkers of cardiovascular disease risk in hunter-gatherers, *American Journal of Human Biology* 29:e22919.
34. Shave, R. E., et al. (2019), Selection of endurance capabilities and the tradeoff between pressure and volume in the evolution of the human heart, *Proceedings of the National Academy of Sciences USA* 116:19905-10.
35. Liu, J., et al. (2014), Effects of cardiorespiratory fitness on blood pressure trajectory with aging in a cohort of healthy men, *Journal of the American College of Cardiology* 64:1245-53; Gonzales, J. U. (2016), Do older adults with higher daily ambulatory activity have lower central blood pressure?, *Aging Clinical and Experimental Research* 28:965-71.
36. Kaplan, H., et al. (2017), Coronary atherosclerosis in indigenous South American Tsimane: A cross-sectional cohort study, *Lancet* 389:1730-39.

胞。妊娠糖尿病發生於某些懷孕過程晚期，原因為胎兒和母親交互作用異常。

19. Smyth, S., and Heron, A. (2006), Diabetes and obesity: The twin epidemics, *Nature Medicine* 12:75-80; Whiting, D. R., et al. (2011), IDF Diabetes Atlas: Global estimates of the prevalence of diabetes for 2011 and 2030, *Diabetes Research and Clinical Practice* 94:311-21.
20. O'Dea, K. (1984), Marked improvement in carbohydrate and lipid metabolism in diabetic Australian aborigines after temporary reversion to traditional lifestyle, *Diabetes* 33:596-603.
21. Sylow, L., et al. (2017), Exercise-stimulated glucose uptake—regulation and implications for glycaemic control, *Nature Reviews Endocrinology* 13:133-48.
22. Boule, N. G., et al. (2003), Meta-analysis of the effect of structured exercise training on cardiorespiratory fitness in type 2 diabetes mellitus, *Diabetologia* 46:1071-81; Vancea, D. M., et al. (2009), Effect of frequency of physical exercise on glycemic control and body composition in type 2 diabetic patients, *Arquivos Brasileiros de Cardiologia* 92:23-30; Balducci, S., et al. (2010), Effect of an intensive exercise intervention strategy on modifiable cardiovascular risk factors in subjects with type 2 diabetes mellitus: A randomized controlled trial: The Italian Diabetes and Exercise Study (IDES), *Archives of Internal Medicine* 170:1794-803.
23. Sriwijitkamol, A., et al. (2006), Reduced skeletal muscle inhibitor of kappaB beta content is associated with insulin resistance in subjects with type 2 diabetes: Reversal by exercise training, *Diabetes* 55:760-67; Di Loreto, C., et al. (2005), Make your diabetic patients walk: Long-term impact of different amounts of physical activity on type 2 diabetes, *Diabetes Care* 28:1295-302; Umpierre, D., et al. (2011), Physical activity advice only or structured exercise training and association with HbA1c levels in type 2 diabetes: A systematic review and meta-analysis, *Journal of the American Medical* Association 305:1790-99; Umpierre, D., et al. (2013), Volume of supervised exercise training impacts glycaemic control in patients with type 2 diabetes: A systematic review with meta-regression analysis, *Diabetologia* 56:242-51; McInnes, N., et al. (2017), Piloting a remission strategy in type 2 diabetes: Results of a randomized controlled trial, *Journal of Clinical Endocrinology and Metabolism* 102:1596-605.
24. Johansen, M. Y., et al. (2017), Effect of an intensive lifestyle intervention on glycemic control in patients with type 2 diabetes: A randomized clinical trial, *Journal of the American Medical Association* 318:637-46; Reid-Larsen, M., et al. (2019), Type 2 diabetes remission 1year after an intensive lifestyle intervention: A secondary analysis of a randomized clinical trial, *Diabetes Obesity and Metabolism* 21:2257-66.
25. Little, J. P., et al. (2014), Low-volume high-intensity interval training reduces hyperglycemia and increases muscle mitochondrial capacity in patients with type 2 diabetes, *Journal of Applied Physiology* 111:1554-60; Shaban, N., Kenno, K. A., and Milne, K. J. (2014), The effects of a 2 week modified high intensity interval training program on the homeostatic

The obesity paradox, *Nature Reviews Endocrinology* 11:55-62; Oktay, A. A., et al. (2017), The interaction of cardiorespiratory fitness with obesity and the obesity paradox in cardiovascular disease, *Progress in Cardiovascular Disease* 60:30-44.

9. Childers, D. K., and Allison, D. B. (2010), The "obesity paradox": A parsimonious explanation for relations among obesity, mortality rate, and aging?, *International Journal of Obesity* 34:1231-38; Flegal, K. M., et al. (2013), Association of all-cause mortality with overweight and obesity using standard body mass index categories: A systematic review and meta-analysis, *Journal of the American Medical Association* 309:71-82.
10. Fogelholm, M. (2010), Physical activity, fitness, and fatness: Relations to mortality, morbidity, and disease risk factors: A systematic review, *Obesity Review* 11:202-21.
11. Hu, F. B., et al. (2004), Adiposity as compared with physical activity in predicting mortality among women, *New England Journal of Medicine* 351:2694-703.別忘了這些數字可能遮掩大型流行病學研究本身在詮釋方面就有的困難。有個問題是測量誤差，自稱運動的誤差往往大於體重。這代表運動效果的估計值偏差可能更大和過度低估。此外，肥胖和運動彼此為負相關，所以肥胖可能受運動效果影響。最後，我們計算肥胖估計影響的方式也因為輕微過重和高度肥胖之間的巨大差異而更加複雜。
12. Slentz, C. A., et al. (2011), Effects of aerobic vs. resistance training on visceral and liver fat stores, liver enzymes, and insulin resistance by HOMA in overweight adults from STRRIDE AT/RT, *American Journal of Physiology: Endocrinology and Metabolism* 301:E1033-E1039; Willis, L. H., et al. (2012), Effects of aerobic and/or resistance training on body mass and fat mass in overweight or obese adults, *Journal of Applied Physiology* 113:1831-37.
13. Türk, Y., et al. (2017), High intensity training in obesity: A meta-analysis, *Obesity Science and Practice* 3:258-71; Carey, D. G. (2009), Quantifying differences in the "fat burning" zone and the aerobic zone: Implications for training, *Journal of Strength and Conditioning Research* 23:2090-95.
14. Gordon, R. (1994), *The Alarming History of Medicine: Amusing Anecdotes from Hippocrates to Heart Transplants* (New York: St. Martin's).
15. 以下是二〇一八年的標準（注：此為美國標準）：男性腰圍大於四十英吋，女性腰圍大於三十五英吋。三酸甘油酯超過每公合一百五十毫克（150 mg/dL）、高密度脂蛋白膽固醇（HDL）男性低於40 mg/dL、女性低於50 mg/dL。飯前血糖高於100 mg/dL，收縮壓高於130 mmHg及/或舒張壓高於85 mmHg。
16. 關於全面性的說明，請參閱Bray, G. A. (2007), *The Metabolic Syndrome and Obesity* (New York: Springer).
17. O'Neill, S., and O'Driscoll, L. (2015), Metabolic syndrome: A closer look at the growing epidemic and its associated pathologies, *Obesity Review* 16:1-12.
18. 第一型糖尿病又稱為幼發型糖尿病，原因為免疫系統破壞胰臟中合成胰島素的細

exercise and time-trial performance, *Journal of Applied Physiology* 100:2041-47.

38. MacInnis, M. J., and Gibala, M. J. (2017), Physiological adaptations to interval training and the role of exercise intensity, *Journal of Physiology* 595:2915-30.
39. 重量訓練和高強度心肺運動結合的常見方法是循環訓練（circuit training）。雖然循環訓練的有氧比例比傳統舉重方式高，但很少讓心率超過最大心率的50%。請參閱Monteiro, A. G., et al. (2008), Acute physiological responses to different circuit training protocols, *Journal of Sports Medicine and Physical Fitness* 48:438-42.
40. Physical Activity Guidelines Advisory Committee (2018), 2018 Physical Activity Guidelines Advisory Committee Scientific Report.
41. 關於詳細說明，請參閱Pate, R. R. (1995), Physical activity and health: Doseresponse issues, *Research Quarterly for Exercise and Sport* 66:313-17.

第十三章　運動和疾病

1. Gross, J. (1984), James F. Fixx dies jogging; author on running was 52, *New York Times,* July 22, 1984, www.nytimes.com.
2. Cooper, K. H. (1985), *Running Without Fear: How to Reduce the Risk of Heart Attack and Sudden Death During Aerobic Exercise* (New York: M. Evans).
3. Lieberman, D. E. (2013), *The Story of the Human Body: Evolution, Health, and Disease* (New York: Pantheon).
4. BMI雖然廣受採用但有許多問題，包括沒有清楚界定脂肪和肌肉質量。腰圍或更好的腰圍與身高比都是比較好的器官內臟脂肪測定方式。儘管如此，BMI精確判定體脂肪比率的正確率仍然有82%。請參閱Dybala, M. P., Brady, M. J., and Hara, M. (2019), Disparity in adiposity among adults with normal body mass index and waist-to-height ratio, *iScience* 21:612-23.
5. Thomas, D. M., et al. (2012), Why do individuals not lose more weight from an exercise intervention at a defined dose? An energy balance analysis, *Obesity Review* 13:835-47; Gomersall, S. R., et al. (2016), Testing the activitystat hypothesis: A randomised controlled trial, *BMC Public Health* 16:900; Liguori, G., et al. (2017), Impact of prescribed exercise on physical activity compensation in young adults, *Journal of Strength and Conditioning Research* 31:503-8.
6. Donnelly, J. E., et al. (2009), Appropriate physical activity intervention strategies for weight loss and prevention of weight regain for adults, *Medicine and Science in Sports and Exercise* 41:459-71.
7. Barry, V. W., et al. (2014), Fitness vs. fatness on all-cause mortality: A metaanalysis, *Progress in Cardiovascular Disease* 56:382-90.
8. Lavie, C. J., De Schutter, A., and Milani, R. V. (2015), Healthy obese versus unhealthy lean:

prognostic relevance of coronary atherosclerosis in marathon runners, *European Heart Journal* 29:1903-10.

26. Baggish, A. L., and Levine, B. D. (2017), Coronary artery calcification among endurance athletes: "Hearts of Stone," *Circulation* 136:149-51; Merghani, A., et al. (2017), Prevalence of subclinical coronary artery disease in masters endurance athletes with a low atherosclerotic risk profile, *Circulation* 136:126-37; Aengevaeren, V. L., et al. (2017), Relationship between lifelong exercise volume and coronary atherosclerosis in athletes, *Circulation* 136:138-48.
27. DeFina, L. F., et al. (2019), Association of all-cause and cardiovascular mortality with high levels of physical activity and concurrent coronary artery calcification, *JAMA Cardiology* 4:174-81.
28. Rao, P., Hutter, A. M., Jr., and Baggish, A. L. (2018), The limits of cardiac performance: Can too much exercise damage the heart?, *American Journal of Medicine* 131:1279-84.
29. Siscovick, D. S., et al. (1984), The incidence of primary cardiac arrest during vigorous exercise, *New England Journal of Medicine* 311:874-77; Thompson, P. D., et al. (1982), Incidence of death during jogging in Rhode Island from 1975 through 1980, *Journal of the American Medical Association* 247:2535-38.
30. Albert, C. M., et al. (2000), Triggering of sudden death from cardiac causes by vigorous exertion, *New England Journal of Medicine* 343:1355-61; Kim, J. H., et al. (2012), Race Associated Cardiac Arrest Event Registry (RACER) study group: Cardiac arrest during long-distance running races, *New England Journal of Medicine* 366:130-40.
31. Gensel, L. (2005), The medical world of Benjamin Franklin, *Journal of the Royal Society of Medicine* 98:534-38.
32. History of Hoover-ball, Herbert Hoover Presidential Library and Museum, hoover.archives.gov.
33. Black, J. (2013), *Making the American Body: The Remarkable Saga of the Men and Women Whose Feats, Feuds, and Passions Shaped Fitness History* (Lincoln: University of Nebraska Press).
34. 標準的最大心率簡單估算公式是二二〇減去年齡，但這個估計值通常不夠正確，尤其是體態極佳和年長者。
35. 可以上網觀看這個鏡頭：archive.org/details/huntersfilmpart2（記得也要看第一部份archive.org/details/huntersfilmpart1）。
36. 關於訓練方法的趣味說明，請參閱Wilt, F., ed. (1973), How They Train, vol. 2, *Long Distances*, 2nd ed. (Mountain View, Calif.: Tafnews Press).
37. Burgomaster, K. A., et al. (2005), Six sessions of sprint interval training increases muscle oxidative potential and cycle endurance capacity in humans, *Journal of Applied Physiology* 98:1985-90; Burgomaster, K. A., Heigenhauser, G. J., and Gibala, M. J. (2006), Effect of short-term sprint interval training on human skeletal muscle carbohydrate metabolism during

16. Peters, E. M., and Bateman, E. D. (1983), Ultramarathon running and upper respiratory tract infections: An epidemiological survey, *South African Medical Journal* 64:582-84; Nieman, D. C., et al. (1990), Infectious episodes in runners before and after the Los Angeles Marathon, *Journal of Sports Medicine and Physical Fitness* 30:316-28.
17. Pedersen, B. K., and Ullum, H. (1994), NK cell response to physical activity: Possible mechanisms of action. *Medicine and Science in Sports and Exercise* 26:140-46; Shek, P. N., et al. (1995), Strenuous exercise and immunological changes: A multiple-time-point analysis of leukocyte subsets, CD4/CD8 ratio, immunoglobulin production and NK cell response, *International Journal of Sports Medicine* 16:466-74; Kakanis, M. W., et al. (2010), The open window of susceptibility to infection after acute exercise in healthy young male elite athletes, Exercise Immunology Review 16:119-37; Peake, J. M., et al. (2017), Recovery of the immune system after exercise, *Journal of Applied Physiology* 122:1077-87.
18. 關於全面性的說明，請參閱Campbell, J. P., and Turner, J. E. (2018), Debunking the myth of exercise-induced immune suppression: Redefining the impact of exercise on immunological health across the lifespan, *Frontiers in Immunology* 9:648.
19. Dhabhar, F. S. (2014), Effects of stress on immune function: The good, the bad, and the beautiful, *Immunology Research* 58:193-210; Bigley, A. B., et al. (2014), Acute exercise preferentially redeploys NK-cells with a highly differentiated phenotype and augments cytotoxicity against lymphoma and multiple myeloma target cells, *Brain, Behavior, and Immunity* 39:160-71.
20. Campbell, J. P., and Turner, J. E. (2018), *Debunking the myth of exerciseinduced immune suppression.*
21. Lowder, T., et al. (2005), Moderate exercise protects mice from death due to influenza virus, *Brain, Behavior and Immunity* 19:377-80.
22. Wilson, M., et al. (2011), Diverse patterns of myocardial fibrosis in lifelong, veteran endurance athletes, *Journal of Applied Physiology* 110:1622-26; La Gerche, A., et al. (2012), Exercise-induced right ventricular dysfunction and structural remodelling in endurance athletes, *European Heart Journal* 33:998-1006; La Gerche, A., and Heidbuchel, H. (2014), Can intensive exercise harm the heart? You can get too much of a good thing, *Circulation* 130:992-1002.
23. 運動過少也是心房震顫的風險因素，請參閱Elliott, A. D., et al. (2017), The role of exercise in atrial fibrillation prevention and promotion: Finding optimal ranges for health, *Heart Rhythm* 14:1713-20.
24. 貝福特在《跑者世界》一篇文章中提到他看醫生和他的反應。Burfoot, A. (2016), I running, Runner's World, Sept. 27, 2016, www.runnersworld.com.
25. Möhlenkamp, S., et al. (2008), Running: The risk of coronary events: Prevalence and

other lifestyle characteristics with mortality among men, *New England Journal of Medicine* 328:538-45.

6. Pate, R. R. (1995), Physical activity and public health: A recommendation from the Centers for Disease Control and Prevention and the American College of Sports Medicine, *Journal of the American Medical Association* 273:402-7; Physical activity and cardiovascular health: NIH Consensus Development Panel on Physical Activity and Cardiovascular Health (1996), *Journal of the American Medical Association* 276:241-46; U.S. Department of Health and Human Services (1996), *Physical Activity and Health: A Report of the Surgeon General* (Atlanta: U.S. Department of Health and Human Services, Centers for Disease Control and Prevention, National Center for Chronic Disease Prevention and Health Promotion).
7. Physical Activity Guidelines Advisory Committee (2018), *2018 Physical Activity Guidelines Advisory Committee Scientific Report*. Check the report out for yourself at www.hhs.gov.
8. 代謝當量（MET）把劑量化為活動一小時消耗的熱量與靜坐一小時消耗的熱量（1 MET，大約為每小時一大卡）的比值。傳統上，靜態活動的定義是低於1.5 MET，輕度活動是1.5到3.0 MET，中度活動是3到6 MET，激烈活動是大於6 MET。
9. Wasfy, M. M., and Baggish, A. L. (2016), Exercise dosage in clinical practice, *Circulation* 133:2297-313. See also Physical Activity Guidelines Advisory Committee (2008), P*hysical Activity Guidelines Advisory Committee Report* (Washington, D.C.: U.S. Department of Health and Human Services).
10. Schnohr, P., et al. (2015), Dose of jogging and long-term mortality: The Copenhagen City Heart Study, *Journal of the American College of Cardiology* 65:411-19.
11. Kujala, U. M., et al. (1996), Hospital care in later life among former worldclass Finnish athletes, *Journal of the American Medical Association* 276:216-20; Kujala, U. M., Sarna, S., and Kaprio, J. (2003), Use of medications and dietary supplements in later years among male former top-level athletes, *Archives of Internal Medicine* 163:1064-68; Garatachea, N., et al. (2014), Elite athletes live longer than the general population: A meta-analysis, Mayo Clinic Proceedings 89:1195-200; Levine, B. D. (2014), Can intensive exercise harm the heart? The benefits of competitive endurance training for cardiovascular structure and function, *Circulation* 130:987-91.
12. Lee, D. C., et al. (2014), Leisure-time running reduces all-cause and cardiovascular mortality risk, *Journal of the American College of Cardiology* 64:472-81.
13. Arem, H., et al. (2015), Leisure time physical activity and mortality: A detailed pooled analysis of the dose-response relationship, *JAMA Internal Medicine* 175:959-67.
14. Wasfy and Baggish (2016), *Exercise dosage in clinical practice.*
15. Cowles, W. N. (2018), Fatigue as a contributory cause of pneumonia, *Boston Medical and Surgical Journal* 179:555-56.

Quality college and university instructional physical activity programs contribute to mens sana in corpore sano, "the good life," and healthy societies, *Quest* 69:531-41.

44. Sparling, P. B., and Snow, T. K. (2002), Physical activity patterns in recent college alumni, *Research Quarterly for Exercise and Sport* 73:200-205.
45. Kim, M., and Cardinal, B. J. (2019), Differences in university students' motivation between a required and an elective physical activity education policy, *Journal of American College Health* 67:207-14; Cardinal, Yan, and Cardinal (2013), Negative experiences in physical education and sport; Ladwig, Vazou, and Ekkekakis (2018), "My best memory is when I was done with it."
46. 認為學生缺乏時間或資源從事活動的說法，在住校型的文理學院尤其不具說服力，因為這類學校的大學部學生通常不用煮飯、清掃、購物或通勤。舉例來說，在哈佛大學，學生周圍有許多世界級的健身設備，又生活在美麗的校園裡，查爾斯河穿越其中，有很多路可以雙向散步、騎單車和跑步。
47. Loprinzi, P. S., and Kane, V. J. (2015), Exercise and cognitive function: A randomized controlled trial examining acute exercise and free-living physical activity and sedentary effects, *Mayo Clinic Proceedings* 90:450-60.

第十二章　做什麼運動？做多少運動？

1. World Health Organization (2010), *Global Recommendations on Physical Activity for Health* (Geneva: World Health Organization); Eckel, R. H., et al. (2014), AHA/ACC guideline on lifestyle management to reduce cardiovascular risk: A report of the American College of Cardiology/American Heart Association Task Force on Practice Guidelines, *Circulation* 129:S76-S99; Eckel, R. H., et al. (2014), AHA/ACC guideline on lifestyle management to reduce cardiovascular risk: A report of the American College of Cardiology/American Heart Association Task Force on Practice Guidelines, Journal of the American College of Cardiology 63:2960-84; Physical Activity Guidelines Advisory Committee (2018), *2018 Physical Activity Guidelines Advisory Committee Scientific Report* (Washington, D.C.: U.S. Department of Health and Human Services).
2. LaLanneisms, jacklalanne.com.
3. Lee, I. M., and Paffenbarger, R. S., Jr. (1998), Life is sweet: Candy consumption and longevity, *British Medical Journal* 317:1683-84. In the Competing Interests disclosure section of the paper, Paffenbarger and his co-author, I-Min Lee, wrote, "The authors admit to a decided weakness for chocolate and confess to an average consumption of one bar a day each."
4. Paffenbarger, R. S., Jr. (1986), Physical activity, all-cause mortality, and longevity of college alumni, *New England Journal of Medicine* 314:605-13.
5. Paffenbarger, R. S., Jr., et al. (1993), The association of changes in physicalactivity level and

www-nrd.nhtsa.dot.gov.

30. Carlson, S. A., et al. (2018), Percentage of deaths associated with inadequate physical activity in the United States, *Prevention of Chronic Disease* 15:170354.
31. Lee, I. M., et al. (2012), Effect of physical inactivity on major noncommunicable diseases worldwide: An analysis of burden of disease and life expectancy, *Lancet* 380:219-29.
32. ReportLinker Insight (2017), Out of shape? Americans turn to exercise to get fit, *Report Linker,* May 31, 2017, www.reportlinker.com.
33. Lightfoot, J. T., et al. (2018), Biological/genetic regulation of physical activity level: Consensus from GenBioPAC, *Medicine and Science in Sports and Exercise* 50:863-73.
34. Thaler and Sunstein (2009), *Nudge.*
35. The Child and Adolescent Health Measurement Initiative (CAHMI), *2016 National Survey of Children's Health, Data Resource Center for Child and Adolescent Health.*
36. Katzmarzyk, P. T., et al. (2016), Results from the United States of America's 2016 report card on physical activity for children and youth, *Journal of Physical Activity and Health* 13:S307-S313; National Center for Health Statistics (2006), *National Health and Nutrition Examination Survey* (Hyattsville, Md.: U.S. Department of Health and Human Services, CDC, National Center for Health Statistics); Centers for Disease Control and Prevention (2015), *2015 High School Youth Risk Behavior Surveillance System* (Atlanta: U.S. Department of Health and Human Services).
37. World Health Organization, *Global Health Observatory (GHO) data,* Prevalence of insufficient physical activity, www.who.int.
38. U.S. Department of Health and Human Services (2018), *Physical Activity Guidelines for Children and Adolescents,* health.gov.
39. Hollis, J. L., et al. (2016), A systematic review and meta-analysis of moderateto-vigorous physical activity levels in elementary school physical education lessons, *Preventive Medicine* 86:34-54.
40. Cardinal (2017), *Beyond the gym.*
41. Kocian, L. (2011), *Uphill push,* Boston Globe, Oct. 20, 2011, archive.boston.com.
42. Rasberry, C. N., et al. (2011), The association between school-based physical activity, including physical education, and academic performance: A systematic review of the literature, *Preventive Medicine* 52:S10-S20.
43. Mechikoff, R. A., and Estes, S. G. (2006), *A History and Philosophy of Sport and Physical Education: From Ancient Civilizations to the Modern World,* 4th ed. (Boston: McGraw-Hill); Cardinal, B. J., Sorensen, S. D., and Cardinal, M. K. (2012), Historical perspective and current status of the physical education graduation requirement at American 4-year colleges and universities, *Research Quarterly for Exercise and Sport* 83:503-12; Cardinal, B. J. (2017),

17. Vecchio, L. M., et al. (2018), *The neuroprotective effects of exercise: Maintaining a healthy brain throughout aging, Brain Plasticity* 4:17-52.
18. Knab, A. M., and Lightfoot, J. T. (2010), Does the difference between physically active and couch potato lie in the dopamine system?, *International Journal of Biological Science* 6:133-50; Kravitz, A. V., O'Neal, T. J., and Friend, D. M. (2016), Do dopaminergic impairments underlie physical inactivity in people with obesity?, *Frontiers in Human Neuroscience* 10:514.
19. Nogueira, A., et al. (2018), Exercise addiction in practitioners of endurance sports: A literature review, *Frontiers in Psychology* 9:1484.
20. Young, S. N. (2007), How to increase serotonin in the brain without taking drugs, *Journal of Psychiatry and Neuroscience* 32:394-99; Lerch-Haner, J. K., et al. (2008), Serotonergic transcriptional programming determines maternal behavior and offspring survival, *Nature Neuroscience* 11:1001-3.
21. Babyak, M., et al. (2000), Exercise treatment for major depression: Maintenance of therapeutic benefit at 10 months, *Psychosomatic Medicine* 62:633-38.
22. 最廣為人知的內生性鴉片是β腦內啡，但還包括腦啡（enkephalin）和強啡肽（dynorphin）。
23. Schwarz, L., and Kindermann, W. (1992), Changes in beta-endorphin levels in response to aerobic and anaerobic exercise, *Sports Medicine* 13:25-36.
24. Dietrich, A., and McDaniel, W. F. (2004), Endocannabinoids and exercise, *British Journal of Sports Medicine* 38:536-41.
25. Hicks, S. D., et al. (2018), The transcriptional signature of a runner's high, *Medicine and Science in Sports and Exercise* 51:970-78.
26. 一般說來，我們由耐力訓練獲得的樂趣大於高強度練習，但差異相當大。請參閱Ekkekakis, P., Parfitt, G., and Petruzzello, S. J. (2011), The pleasure and displeasure people feel when they exercise at different intensities: Decennial update and progress towards a tripartite rationale for exercise intensity prescription, *Sports Medicine* 41:641-71; Oliveira, B. R., et al. (2013), Continuous and high-intensity interval training: Which promotes higher pleasure?, *PLOS ONE* 8:e79965.
27. 很多人會請教練，但現在幾乎沒有外部評鑑的標準「教練」資格。請務必當個明智的消費者，聘請有效果、有經驗，並且過往紀錄良好的教練。
28. 不過其實通常不夠。大家都知道兒童每週至少應該活動三百分鐘，但全世界的平均值是小學一百零三分鐘，中學一百分鐘。請參閱*North Western Counties Physical Education Association (2014), World-Wide Survey of School Physical Education: Final Report* (Paris: UNESCO), unesdoc.unesco.org.
29. 關於安全帶的資料，請參閱Glassbrenner, D. (2012), *Estimating the Lives Saved by Safety Belts and Air Bags* (Washington, D.C.: National Highway Traffic Safety Administration),

Kahneman, D. (2011), *Thinking, Fast and Slow* (New York: Farrar, Straus and Giroux).

7. 有幾項研究找出與逃避身體活動有關的基因。這些基因也可能使實驗室小鼠不愛在籠子裡的滾輪上跑步。儘管如此，目前仍找不到共同基因（也可能不存在）能解釋人類不愛活動的差異或只能解釋一小部分，而且這些基因的遺傳性隨年齡大幅改變，不同環境間也有差異。這些發現顯示這些基因和環境間有我們所知甚少的強大交互作用。我認為具有這些基因的舊石器時代人類很不愛活動，而且這些基因現在已不再具有決定性。請參閱Lightfoot, J. T., et al. (2018), Biological/genetic regulation of physical activity level: Consensus from GenBioPAC, *Medicine and Science in Sports and Exercise* 50:863-73.
8. 關於數百份研究的全面性審閱，請參閱part F, chapter 11 of Physical Activity Guidelines Advisory Committee (2018), *2018 Physical Activity Guidelines Advisory Committee Scientific Report.*
9. Elley, C. R., et al. (2003), Effectiveness of counselling patients on physical activity in general practice: Cluster randomised controlled trial, *British Medical Journal* 326:793.
10. Hillsdon, M., Foster, C., and Thorogood, M. (2005), Interventions for promoting physical activity, *Cochrane Database Systematic Reviews* CD003180; Müller-Riemenschneider, F., et al. (2008), Long-term effectiveness of interventions promoting physical activity: A systematic review, *Preventive Medicine* 47:354-68.
11. Physical Activity Guidelines Advisory Committee (2018), *2018 Physical Activity Guidelines Advisory Committee Scientific Report.* 證據摘要位於part F, chapter 11的線上補充資料，網址：health.gov.
12. Bauman, A. E., et al. (2012), Correlates of physical activity: Why are some people physically active and others are not?, *Lancet* 380:258-71.
13. 許多研究發現身體活動量和社經地位成反比。有一項優秀研究是Trost, S. G., et al. (2002), Correlates of adults' participation in physical activity: Review and update, *Medicine and Science in Sports and Exercise* 34:1996-2001. 關於指出差異幾乎完全在於休閒時間身體活動的資料，請參閱Stalsberg, R., and Pedersen, A. V. (2018), Are differences in physical activity across socioeconomic groups associated with choice of physical activity variables to report?, *International Journal of Environmental Research and Public Health* 15:922.
14. Marlowe, F. W. (2010), *The Hadza: Hunter-Gatherers of Tanzania* (Berkeley: University of California Press).
15. Christakis, N. (2019), *Blueprint: The Evolutionary Origins of a Good Society* (New York: Little, Brown Spark).
16. 全面性說明，請參閱Basso, J. C., and Susuki, W. A. (2017), *The effects of acute exercise on mood, cognition, neurophysiology, and neurochemical pathways: A review, Brain Plasticity* 2:127-52.

樣久，應該會很有意思。這類實驗即使合乎倫理也不可能實行，因為黑猩猩缺乏很多人類對耐力的適應作用。黑猩猩沒辦法像狩獵採集者那樣日復一日做那麼多工作，因為牠會過熱和疲勞。這或許有助於解釋黑猩猩為什麼血壓較高，而且經常死於心臟病，和許多（但不是全部）缺乏活動的人類一樣。請參閱Shave, R. E., et al. (2019), Selection of endurance capabilities and the trade-off between pressure and volume in the evolution of the human heart, *Proceedings of the National Academy of Sciences USA* 116:19905-10.

67. Paffenbarger, R. S., Jr., et al. (1993), The association of changes in physical activity level and other lifestyle characteristics with mortality among men, *New England Journal of Medicine* 328:538-45; Blair et al. (1995), Changes in physical fitness and all-cause mortality; Sui, X., et al. (2007), Estimated functional capacity predicts mortality in older adults, *Journal of the American Geriatrics Society* 55:1940-47.

第十一章　要動還是不動：該怎麼運動

1. Physical Activity Guidelines Advisory Committee (2018), *2018 Physical Activity Guidelines Advisory Committee Scientific Report* (Washington, D.C.: U.S. Department of Health and Human Services).
2. 更精確地說，這些年輕人長大後，體育的樂趣將變得更多變，因為教師素質、霸凌和經驗等因素有時會強化刻板印象階級。請參閱Cardinal, B. J. (2017), Beyond the gym: There is more to physical education than meets the eye, *Journal of Physical Education, Recreation, and Dance* 88:3-5; Cardinal, B. J., et al. (2014), Obesity bias in the gym: An under-recognized social justice, diversity, and inclusivity issue, *Journal of Physical Education, Recreation, and Dance* 85:3-6; Cardinal, B. J., Yan, Z., and Cardinal, M. K. (2013), Negative experiences in physical education and sport: How much do they affect physical activity participation later in life?, *Journal of Physical Education, Recreation, and Dance* 84:49-53; Ladwig, M. A., Vazou, S., and Ekkekakis, P. (2018), "My best memory is when I was done with it": PE memories are associated with adult sedentary behavior, *Translational Journal of the ACSM* 3:119-29.
3. 令人困惑的是，網球選手比約恩・柏格已不經營這家公司，但這家公司依然把他的名字打在所有產品上。
4. Thaler, R. H., and Sunstein, C. R. (2009), *Nudge: Improving Decisions About Health, Wealth, and Happiness*, 2nd ed. (New York: Penguin).
5. 關於西方人這種現象的說明，請參閱McElroy, M. (2002), *Resistance to Exercise: A Social Analysis of Inactivity* (Champaign, Ill.: Human Kinetics).
6. 延後長期效益以獲取短期效益的傾向稱為時間折價（temporal discounting）。經濟學家和心理學家已指出這是一種共同行為，使人做出不理性的決定。請參閱

33:321-65. See also Truswell, A. S., and Hansen, J. D. L. (1976), *Medical research among the !Kung, in Kalahari Hunter-Gatherers*, ed. R. B. Lee and I. DeVore (Cambridge, Mass.: Harvard University Press), 167-94; Gurven, M., et al. (2017), The Tsimane health and life history project: Integrating anthropology and biomedicine, *Evolutionary Anthropology* 26:54-73; Eaton, S. B., Konner, M. J., and Shostak, M. (1988), Stone agers in the fast lane: Chronic degenerative diseases in evolutionary perspective, *American Journal of Medicine* 84:739-49; Eaton, S. B., et al. (1994), Women's reproductive cancers in evolutionary context, *Quarterly Review of Biology* 69:353-67.

56. *U.S. Department of Health and Human Services, Centers for Disease Control, Health, United States,* 2016, table 19, pp. 128-31, www.cdc.gov.
57. Kochanek, K. D., et al. (2017), *Mortality in the United States, 2016, NCHS Data Brief,* No. 293, Dec. 2017, www.cdc.gov.
58. Lieberman, D. E. (2013), *The Story of the Human Body: Evolution, Health, and Disease* (New York: Pantheon).
59. Vita, A. J., et al. (1998), Aging, health risks, and cumulative disability, *New England Journal of Medicine* 338:1035-41.
60. Mokdad, A., et al. (2004), Actual causes of death in the United States, 2000, *Journal of the American Medical Association* 291:1238-45.
61. 相關說明請參閱Chodzko-Zajko, W. J., et al. (2009), American College of Sports Medicine position stand: Exercise and physical activity for older adults, *Medicine and Science in Sports and Exercise* 41:1510-30.
62. Crimmins, E. M., and Beltrán-Sánchez, H. (2011), Mortality and morbidity trends: Is there compression of morbidity?, *Journals of Gerontology* 66:75-86; Cutler, D. M. (2004), *Your Money or Your Life: Strong Medicine for America's Health Care System* (New York: Oxford University Press).
63. Altman, Doctor's assessment of whether Donald Trump's health is "excellent."
64. Herskind, A. M., et al. (1996), The heritability of human longevity: A population-based study of 2872 Danish twin pairs born 1870-1900, *Human Genetics* 97:319-23; Ljungquist, B., et al. (1998), The effect of genetic factors for longevity: A comparison of identical and fraternal twins in the Swedish Twin Registry, *Journals of Gerontology Series A: Biological Sciences and Medical Sciences* 53:M441-M446; Barzilai, N., et al. (2012), The place of genetics in ageing research, *Nature Reviews Genetics* 13:589-94.
65. Khera, A. V., et al. (2018), Genome-wide polygenic scores for common diseases identify individuals with risk equivalent to monogenic mutations, *Nature Genetics* 50:1219-24.
66. 如果讓黑猩猩做一些在人類身上能延後衰老的耐力身體活動，例如每天走路很多公里和很多小時，再加上跑步等其他中等強度活動，看能不能讓黑猩猩活得像人類一

physical activity and health?, *American Journal of Clinical Nutrition* 72:637S-646S.

47. 激效作用（Hormesis）是高劑量時可能有害的物質如果少量使用，可能產生有益的反應。這種現象（希臘文意為「迅速渴望」）曾引起許多爭議，當然也因而形成許多詐騙手段。激效作用支持者喜歡引用尼采「凡殺不死我的，必使我更強大」這句名言，但千萬不要隨便採納尼采的醫療建議。輻射、番木鱉鹼和蓖麻毒蛋白即使少量也一樣有害。
48. 這類藥物包括提高肌肉細胞對胰島素敏感度的二甲雙胍（metformin）、增加代謝相關酵素的白藜蘆醇（resveratrol）、活化製造更多粒線體的路徑的AICAR-AMPK，以及促進骨骼生長以及把白脂肪轉換為棕脂肪的荷爾蒙鳶尾素（irisin）。
49. Pauling, L. C. (1987), *How to Live Longer and Feel Better* (New York: Avon).
50. B jelakovic, G., et al. (2007), Mortality in randomized trials of antioxidant supplements for primary and secondary prevention: Systematic review and meta-analysis, *Journal of the American Medical Association* 297:842-57.
51. Ristow, M., et al. (2009), Antioxidants prevent health-promoting effects of physical exercise in humans, *Proceedings of the National Academy of Sciences USA* 106:8665-70.
52. Akerstrom, T. C., et al. (2009), Glucose ingestion during endurance training in men attenuates expression of myokine receptor, *Experimental Physiology* 94:1124-31.
53. 關於江湖術士和真實科學家試圖延長生命的最新狀況，請參閱Gifford, W. (2014), *Spring Chicken: Stay Young Forever* (or Die Trying) (New York: Grand Central Publishing).
54. 間歇性斷食的相關說明請參閱De Cabo, R., and Mattson, M. P. (2019), Effects of intermittent fasting on health, aging, and disease, *New England Journal of Medicine* 381:2541-51. 請注意間歇性斷食是短時間限制熱量攝取，與長時間限制熱量攝取不同。長時間熱量攝取造成的壓力確實能延長實驗小鼠的壽命，但沒有明確證據證明它對人類或其他靈長類有幫助。柯爾曼等人發表於二〇〇九年的威斯康辛州獼猴長期研究報告經常被引用。研究中指出限制熱量攝取確實有益，但這項研究有瑕疵，因為「對照組」獼猴可以吃不健康的美式食物，含糖量很高的猴餅想吃多少就吃多少，因此代謝性疾病罹患率相當高，而限制熱量攝取的猴子吃的食物量比較正常。因此限制熱量攝取的猴子當然比較健康，活得也比較久。馬蒂森等人在美國國家老年研究所（National Institute on Aging）進行長達二十三年、發表於二〇一二年的研究爭論和駁斥了這個結果。這項研究的對照組猴子攝取比較健康正常的食物，與攝取低熱量食物的猴子比較，發現限制熱量攝取不會明顯延長壽命。請參閱Colman, R. J., et al. (2009), Caloric restriction delays disease onset and mortality in rhesus monkeys, *Science* 325:201-4; Mattison, J. A., et al. (2012), Impact of caloric restriction on health and survival in rhesus monkeys from the NIA study, *Nature* 489:318-21.
55. 關於全面性調查（包含參考資料），請參閱Gurven, M., and Kaplan, H. (2007), Hunter-gatherer longevity: Cross-cultural perspectives, *Population and Development Review*

36. 端粒變短導致衰老目前仍有爭議。人類出生時，每個端粒的長度大約是一萬個鹼基對，但三十五歲時縮短25%，六十五歲時縮短65%。有些研究認為端粒縮短與罹患疾病風險提高有關，但有些研究不認為。此外雖然運動有助於使端粒增長（透過端粒酶酵素作用），但癌症也會如此。請參閱Haycock, P. C., et al. (2014), Leucocyte telomere length and risk of cardiovascular disease: Systematic review and meta-analysis, *British Medical Journal* 349:g4227; Mather, K. A., et al. (2011), Is telomere length a biomarker of aging? A review, *Journals of Gerontology Series A: Biological Sciences and Medical Sciences* 66:202-13; Ludlow, A. T., et al. (2008), Relationship between physical activity level, telomere length, and telomerase activity, *Medicine and Science in Sports and Exercise* 40:1764-71.
37. Thomas, M., and Forbes, J. (2010), *The Maillard Reaction: Interface Between Aging, Nutrition, and Metabolism* (Cambridge, U.K.: Royal Society of Chemistry).
38. Kirkwood, T. B. L., and Austad, S. N. (2000), Why do we age?, *Nature* 408:233-38.
39. 事實上，有些生物學家認為選擇可能在我們年齡漸長時反向作用，因為基因在生命中不同階段有不同的效果。由於拮抗基因多效性（antagonistic pleiotropy）這種現象，年輕時協助我們生存和繁衍的基因，在我們老化時可能轉而有害。有個著名的極端例子是有個突變在生命早期可增進免疫機能，但在中年時可能導致亨丁頓舞蹈症（一種致命的腦部退化病變）。請參閱Williams, G. C. (1957), Pleiotropy, natural selection, and the evolution of senescence, *Evolution* 11:398-411; Eskenazi, B. R., Wilson-Rich, N. S., and Starks, P. T. (2007), A Darwinian approach to Huntington's disease: Subtle health benefits of a neurological disorder, *Medical Hypotheses* 69:1183-89; Carter, A. J., and Nguyen, A. Q. (2011), Antagonistic pleiotropy as a widespread mechanism for the maintenance of polymorphic disease alleles, *BMC Medical Genetics* 12:160.
40. Saltin, B., et al. (1968), Response to exercise after bed rest and after training, *Circulation* 38 (supplement 5): 1-78.
41. McGuire, D. K., et al. (2001), A 30-year follow-up of the Dallas Bedrest and Training Study: I. Effect of age on the cardiovascular response to exercise, *Circulation* 104:1350-57.
42. Ekelund, U., et al. (2019), Dose-response associations between accelerometry measured physical activity and sedentary time and all cause mortality: Systematic review and harmonised meta-analysis, *British Medical Journal* 366:14570.
43. 關於這許多過程的摘要（太多所以無法完整說明），請參閱Foreman, J. (2020), *Exercise Is Medicine: How Physical Activity Boosts Health and Slows Aging* (New York: Oxford University Press).
44. LaForgia, J., Withers, R. T., and Gore, C. J. (2006), Effects of exercise intensity and duration on the excess post-exercise oxygen consumption, *Journal of Sports Science* 24:1247-64.
45. Pedersen, B. K. (2013), Muscle as a secretory organ, *Comprehensive Physiology* 3:1337-62.
46. Clarkson, P. M., and Thompson, H. S. (2000), Antioxidants: What role do they play in

26. 回答有興趣的讀者：依據聯合國的資料，全世界超過百歲以上的人超過三十萬人。UNDESA (2011), *World Population Prospects: The 2010 Revision* (New York: United Nations), www.unfpa.org.
27. Finch, C. E. (1990), *Longevity, Senescence, and the Genome* (Chicago: University of Chicago Press).
28. Butler, P. G., et al. (2013), Variability of marine climate on the North Icelandic Shelf in a 1357-year proxy archive based on growth increments in the bivalve Arctica islandica, Palaeogeography, *Palaeoclimatology, Palaeoecology* 373:141-51.
29. Hood, D. A., et al. (2011), Mechanisms of exercise-induced mitochondrial biogenesis in skeletal muscle: Implications for health and disease, *Comprehensive Physiology* 1:1119-34; Cobb, L. J., et al. (2016), Naturally occurring mitochondrial-derived peptides are age-dependent regulators of apoptosis, insulin sensitivity, and inflammatory markers, *Aging* 8:796-808.
30. Gianni, P., et al. (2004), Oxidative stress and the mitochondrial theory of aging in human skeletal muscle, *Experimental Gerontology* 39:1391-400; Crane, J. D., et al. (2010), The effect of aging on human skeletal muscle mitochondrial and intramyocellular lipid ultrastructure, *Journals of Gerontology Series A: Biological Sciences and Medical Sciences* 65:119-28; Bratic, A., and Larsson, N. G. (2013), The role of mitochondria in aging, *Journal of Clinical Investigation* 123:951-57.
31. 我們所有細胞的基因組都相同，所以要讓皮膚細胞改變功能，變成神經元或肌肉細胞，必須進行表觀遺傳修飾。有些表觀遺傳修飾似乎可傳給下一代，因此成為非基因遺傳。
32. Horvath, S. (2013), DNA methylation age of human tissues and cell types, Genome Biology 14:R115; Gibbs, W. W. (2014), Biomarkers and ageing: The clock-watcher, *Nature* 508:168-70.
33. Marioni, R. E., et al. (2015), DNA methylation age of blood predicts all-cause mortality in later life, *Genome Biology* 16:25; Perna, L., et al. (2016), Epigenetic age acceleration predicts cancer, cardiovascular, and all-cause mortality in a German case cohort, *Clinical Epigenetics* 8:64; Christiansen, L., et al. (2016), DNA methylation age is associated with mortality in a longitudinal Danish twin study, *Aging Cell* 15:149-54.
34. He, C., et al. (2012), Exercise-induced BCL2-regulated autophagy is required for muscle glucose homeostasis, *Nature* 481:511-15.
35. 這個機制格外神奇，因為哺乳動物標靶雷帕黴素（mTOR）這種蛋白質能感知胺基酸和促進生長。一般說來，低mTOR值與長壽有關，因此成為延長壽命的研究目標，但運動似乎可使mTOR有益地短時間增加。請參閱Efeyan, A., Comb, W. C., and Sabatini, D. M. (2015), Nutrient sensing mechanisms and pathways, *Nature* 517:302-10.

16. 狩獵採集者的壽命何時達到現代水準，其實很難記錄，但有證據指出人類在舊石器時代晚期活得比較久，而舊石器時代晚期的年代是四萬到五萬年前。請參閱Caspari, R., and Lee, S. H. (2003), Older age becomes common late in human evolution, *Proceedings of the National Academy of Sciences USA* 101:10895-900.
17. 我們無意貶低祖母的重要性，但也應該指出祖父同樣有價值。有個相關假設是具體化資本假說（embodied capital hypothesis）。依據這個概念，長壽的附加選擇優勢是年長者傳授給年輕世代或代替他們運用的知識和技能。請參閱 Kaplan et al. (2000), *Theory of human life history evolution.*
18. Hawkes, K., O'Connell, J. F., and Blurton Jones, N. G. (1997), Hadza women's time allocation, offspring provisioning, and the evolution of long postmenopausal life spans. *Current Anthropology* 38:551-77.
19. Marlowe, F. W. (2010), The Hadza: Hunter-Gatherers of Tanzania (Berkeley: University of California Press), 160. See also Pontzer, H., et al. (2015), Energy expenditure and activity among Hadza hunter-gatherers, *American Journal of Human Biology* 27:628-37.
20. 哈札人女性行走距離的樣本規模太小，因此不算可靠，但哈札年長女性應該比年輕母親少20%，資料依據：Pontzer et al. (2015), Energy expenditure and activity among Hadza hunter-gatherers. Data on Hadza energy expenditure: Raichlen, D. A., et al. (2017), Physical activity patterns and biomarkers of cardiovascular disease risk in hunter-gatherers, *American Journal of Human Biology* 29:e22919. For data on U.S. women, see TudorLocke, C., et al. (2013), Normative steps/day values for older adults: NHANES 2005-2006, *Journals of Gerontology Series A: Biological Sciences and Medical Sciences* 68:1426-32; Tudor-Locke, C., Johnson, W. D., and Katzmarzyk, P. T. (2009), Accelerometer-determined steps per day in US adults, *Medicine and Science in Sports and Exercise* 41:1384-91; Tudor-Locke, C., et al. (2012), Peak stepping cadence in free-living adults: 2005-2006 NHANES, *Journal of Physical Activity and Health* 9:1125-29.
21. Raichlen et al. (2017), *Physical activity patterns and biomarkers of cardiovascular disease risk in hunter-gatherers.*
22. Studenski, S., et al. (2011), Gait speed and survival in older adults, *Journal of the American Medical Association* 305:50-58.
23. Himann, J. E., et al. (1988), Age-related changes in speed of walking, *Medicine and Science in Sports and Exercise* 20:161-66.
24. Pontzer et al. (2015), *Energy expenditure and activity among Hadza hunter-gatherers.*
25. Walker, R., and Hill, K. (2003), Modeling growth and senescence in physical performance among the Aché of eastern Paraguay, *American Journal of Physical Anthropology* 15:196-208; Blurton-Jones, N., and Marlowe, F. W. (2002), Selection for delayed maturity: Does it take 20 years to learn to hunt and gather?, *Human Nature* 13:199-238.

第十章　耐力與老化：高活動量祖父母和高耗能修復假說

1. 關於人類試圖長生不死的歷史，請參閱Haycock, D. B. (2008), *Mortal Coil: A Short History of Living Longer* (New Haven, Conn.: Yale University Press).
2. Hippocrates, *Hippocrates*, trans. W. H. S. Jones (1953) (London: William Heinemann).
3. Kranish, N., and Fisher, M. (2017), *Trump Revealed: The Definitive Biography of the 45th President* (New York: Scribner).
4. Altman, L. K. (2016), A doctor's assessment of whether Donald Trump's health is "excellent," *New York Times*, Sept. 18, 2016, www.nytimes.com.
5. Ritchie, D. (2016), *The Stubborn Scotsman—Don Ritchie: World Record Holding Ultra Distance Runner* (Nottingham, U.K.: DB).
6. Trump Golf Count, www.trumpgolfcount.com.
7. Blair, S. N., et al. (1989), Physical fitness and all-cause mortality: A prospective study of healthy men and women, *Journal of the American Medical Association* 262:2395-401.
8. 這些數字是「相對風險」，不只以吸菸和飲酒的影響進行標準化，也以高膽固醇和高血壓標準化，而這些因素本身也受身體活動影響。所以運動的效益其實應該更高。請參閱Blair, S. N., et al. (1995), Changes in physical fitness and all-cause mortality: A prospective study of healthy and unhealthy men, *Journal of the American Medical Association* 273:1093-98.
9. Willis, B. L., et al. (2012), Midlife fitness and the development of chronic conditions in later life, *Archives of Internal Medicine* 172:1333-40.
10. Muller, M. N., and Wrangham, R. W. (2014), Mortality rates among Kanyawara chimpanzees, *Journal of Human Evolution* 66:107-14; Wood, B. M., et al. (2017), Favorable ecological circumstances promote life expectancy in chimpanzees similar to that of human hunter-gatherers, *Journal of Human Evolution* 105:41-56.
11. Medawar, P. B. (1952), *An Unsolved Problem of Biology* (London: H. K. Lewis).
12. Kaplan, H., et al. (2000), A theory of human life history evolution: Diet, intelligence, and longevity, *Evolutionary Anthropology* 9:156-85.
13. Hawkes, K., et al. (1997), Hadza women's time allocation, offspring provisioning, and the evolution of long postmenopausal life spans, *Current Anthropology* 38:551-77; Meehan, B. (1982), *Shell Bed to Shell Midden* (Canberra: Australian Institute of Aboriginal Studies); Hurtado, A. M., and Hill, K. (1987), *Early dry season subsistence strategy of the Cuiva Foragers of Venezuela, Human Ecology* 15:163-87.
14. Gurven, M., and Kaplan, H. (2007), Hunter-gatherer longevity: Crosscultural perspectives, *Population and Development Review* 33:321-65.
15. Kim, P. S., Coxworth, J. E., and Hawkes, K. (2012), Increased longevity evolves from grandmothering, *Proceedings of the Royal Society B* 279:4880-84.

and Science in Sports and Exercise 46:1578-87.

51. Henrich, J. (2017), *The Secret of Our Success: How Culture Is Driving Human Evolution, Domesticating Our Species, and Making Us Smarter* (Princeton, N.J.: Princeton University Press).
52. 如需進一步資訊，請參閱Lieberman, D. E., et al. (2015), Effects of stride frequency and foot position at landing on braking force, hip torque, impact peak force, and the metabolic cost of running in humans, *Journal of Experimental Biology* 218:3406-14; Cavanagh, P. R., and Kram, R. (1989), Stride length in distance running: Velocity, body dimensions, and added mass effects, *Medicine and Science in Sports and Exercise* 21:467-79; Heiderscheit, B. C., et al. (2011), Effects of step rate manipulation on joint mechanics during running, *Medicine and Science in Sports and Exercise* 43:296-302; Almeida, M. O., Davis, I. S., Lopes, A. D. (2015), Biomechanical differences of foot-strike patterns during running: A systematic review with meta-analysis, *Journal of Orthopedic and Sports Physical Therapy* 45:738-55.
53. Lieberman, D. E. (2014), Strike type variation among Tarahumara Indians in minimal sandals versus conventional running shoes, *Journal of Sport and Health Science* 3:86-94; Lieberman, D. E., et al. (2015), Variation in foot strike patterns among habitually barefoot and shod runners in Kenya, *PLOS ONE* 10:e0131354.
54. Holowka, N. B., et al. (2019), Foot callus thickness does not trade off protection for tactile sensitivity during walking, *Nature* 571:261-64.
55. Thomas, E. M. (1989), *The Harmless People* (New York: Vintage).
56. Marshall, L. J. (1976), *The !Kung of Nyae Nyae* (Cambridge, Mass.: Harvard University Press); Marshall, L. J. (1999), *Nyae Nyae !Kung Beliefs and Rites* (Cambridge, Mass.: Peabody Museum of Archaeology and Ethnology, Harvard University).
57. Marlowe, F. W. (2010), *The Hadza: Hunter-Gatherers of Tanzania* (Berkeley: University of California Press).
58. Pintado Cortina, A. P. (2012), *Los hijos de Riosi y Riablo: Fiestas grandes y resistencia cultural en una comunidad tarahumara de la barranca* (Mexico: Instituto Nacional de Antropología e Historia).
59. Lumholtz, C. (1905), *Unknown Mexico* (London: Macmillan), 558.
60. Mullan, J. (2014), *The Ball in the Novels of Jane Austen,* British Library, London, www.bl.uk.
61. Dietrich, A. (2006), *Transient hypofrontality as a mechanism for the psychological effects of exercise, Psychiatry Research* 145:79-83; Raichlen, D. A., et al. (2012), Wired to run: Exercise-induced endocannabinoid signaling in humans and cursorial mammals with implications for the "runner's high," *Journal of Experimental Biology* 215:1331-36; Liebenberg, L. (2013), *The Origin of Science: On the Evolutionary Roots of Science and Its Implications for Self Education and Citizen Science* (Cape Town: CyberTracker).

populations of runners? A systematic review and metaanalysis, *Sports Medicine* 45:1143-61.

42. Daoud, A. I., et al. (2012), Foot strike and injury rates in endurance runners: A retrospective study, *Medicine and Science in Sports and Exercise* 44:1325-34.
43. Buist, I., et al. (2010), Predictors of running-related injuries in novice runners enrolled in a systematic training program: A prospective cohort study, *American Journal of Sports Medicine* 38:273-80.
44. Alentorn-Geli, E., et al. (2017), The association of recreational and competitive running with hip and knee osteoarthritis: A systematic review and metaanalysis, *Journal of Orthopaedic and Sports Physical Therapy* 47:373-90; Miller, R. H. (2017), Joint loading in runners does not initiate knee osteoarthritis, *Exercise and Sport Sciences Reviews* 45:87-95.
45. Wallace, I. J., et al. (2017), Knee osteoarthritis has doubled in prevalence since the mid-20th century, *Proceedings of the National Academy of Sciences USA* 114:9332-36.
46. 老實說，唯一檢驗過這個規則的研究發現它並未降低受傷率。進一步研究仍有必要。請參閱Buist, I., et al. (2008), No effect of a graded training program on the number of running-related injuries in novice runners: A randomized controlled trial, American *Journal of Sports Medicine* 36:33-39.
47. Ferber, R., et al. (2015), Strengthening of the hip and core versus knee muscles for the treatment of patellofemoral pain: A multicenter randomized controlled trial, *Journal of Athletic Training* 50:366-77.
48. Dierks, T. A., et al. (2008), Proximal and distal influences on hip and knee kinematics in runners with patellofemoral pain during a prolonged run, *Journal of Orthopedic and Sports Physical Therapy* 38:448-56.
49. Nigg, B. M., et al. (2015), Running shoes and running injuries: Mythbusting and a proposal for two new paradigms: "Preferred movement path" and "comfort filter," *British Journal of Sports Medicine* 49:1290-94; Nigg, B. M., et al. (2017), The preferred movement path paradigm: Influence of running shoes on joint movement, *Medicine and Science in Sports and Exercise* 49:1641-48.
50. 這個假說的相反看法包括有證據指出，許多人儘管已經穿著舒適的鞋子跑步，但還是受傷。此外，如果世界上有真正自然的跑步方法和鞋子，應該就是赤腳了。還有，沒有證據指出一個人的習慣步態就是最佳步態，尤其是就避免傷害而言。游泳或摔角都有更好的方法，跑步為什麼不會有更好的方法？最重要的是，演化觀點告訴我們，我們做任何事都有取捨，跑步也不例外。舉例來說，就跑姿而言，研究指出以拇指球著地對膝蓋的壓力較小，但對腳踝壓力較大。請參閱Kulmala, J. P., et al. (2013), Forefoot strikers exhibit lower running-induced knee loading than rearfoot strikers, *Medicine and Science in Sports and Exercise* 45:2306-13; Stearne, S. M., et al. (2014), Joint kinetics in rearfoot versus forefoot running: Implications of switching technique, *Medicine*

的生動範例。在這本書的第一百零一到一百零二頁，妮薩描述她年輕時如何追逐扭角條紋羚：

後來有一天，我已經長得相當大，我跟幾個朋友和弟弟離開村子，走進灌木叢。我們正在走路時，我看到沙子裡有小扭角條紋羚的腳印，我大聲喊道：「大家注意！過來這裡！來看扭角條紋羚的腳印。」其他人過來，我們都看著這些腳印。我們開始順著腳印走，過了一會兒，我們看到一隻小扭角條紋羚安靜地躺在草上，睡得非常熟，我跳起來想抓住牠，牠大聲叫著「嗯…嗯…」我沒抓好，牠立刻就跑掉了。我們都在後面追，一直跑一直跑。但我跑得很快，他們都落在後面，只有我一個人，用盡全力追牠。最後我抓到了牠，壓制住之後殺了牠……我把那頭動物拿給表弟，讓他背著。在回去的路上，另一個女孩看見一隻小岩羚，跟哥哥一起去追牠。他們追上了，最後牠哥哥殺了那頭岩羚。當天我們帶了很多肉回到村子，大家都有很多肉可吃。

接著在第九十三頁，妮薩描述她如何撿取食物：

我記得還有一次，我最先注意到有一隻剛被獅子咬死的牛羚，躺在灌木叢裡。我跟媽媽剛採集完食物，走在路上，她朝某個方向走，我在一小段距離之外。這時我看到那頭牛羚……

她在牛羚旁邊守著，我跑回去，但我們已經很深入蒙剛果樹林，所以我很快就累了。我停下來休息，然後站起來繼續跑，沿著我們的腳印，跑一陣子休息一下，最後我總算回到村子。

當時很熱，大家都在樹蔭下休息…爸爸和哥哥，還有村子裡所有的人都跟著我（回去找那頭牛羚）。我們到達之後，他們剝下皮，把肉切成一條條，用樹枝帶回村子。

38. Lieberman, D. E., et al. (2010), Foot strike patterns and collision forces in habitually barefoot versus shod runners, *Nature* 463:531-35.
39. van Gent, R. N., et al. (2007), Incidence and determinants of lower extremity running injuries in long distance runners: A systematic review, *British Journal of Sports Medicine* 41:469-80.
40. 可以引用的研究太多，以下是幾項簡述證據的研究：van Mechelen, W. (1992), Running injuries: A review of the epidemiological literature, *Sports Medicine* 14:320-35; Rauh, M. J., et al. (2006), Epidemiology of musculoskeletal injuries among high school cross-country runners, *American Journal of Epidemiology* 163:151-59; van Gent et al. (2007), Incidence and determinants of lower extremity running injuries in long distance runners; Tenforde, A. S., et al. (2011), Overuse injuries in high school runners: Lifetime prevalence and prevention strategies, *Physical Medicine and Rehabilitation* 3:125-31; Videbæk, S., et al. (2015), Incidence of runningrelated injuries per 1000 h of running in different types of runners: A systematic review and meta-analysis, *Sports Medicine* 45:1017-26.
41. Kluitenberg, B., et al. (2015), What are the differences in injury proportions between different

scavenging debate, in *Deconstructing Olduvai: A Taphonomic Study of the Bed I Sites*, ed. M. Domínguez Rodrigo (Dordrecht, Netherlands: Springer), 11-22.

26. Lombard, M. (2005), Evidence of hunting and hafting during the Middle Stone Age at Sibidu Cave, KwaZulu-Natal, South Africa: A multianalytical approach, *Journal of Human Evolution* 48:279-300; Wilkins, J., et al. (2012), Evidence for early hafted hunting technology, *Science* 338:942-46.
27. 關於非洲，請參閱Schapera, I. (1930), *The Khoisan Peoples of South Africa: Bushmen and Hottentots* (London: Routledge and Kegan Paul); Heinz, H. J., and Lee, M. (1978), *Namkwa: Life Among the Bushmen* (London: Jonathan Cape). 關於亞洲，請參閱Shah, H. M. (1900), *Aboriginal Tribes of India and Pakistan: The Bhils and Kolhis* (Karachi: Mashoor Offset Press). 關於澳洲，請參閱Sollas, W. J. (1924), *Ancient Hunters, and Their Modern Representatives* (New York: Macmillan); McCarthy, F. D. (1957), Australian Aborigines: Their Life and Culture (Melbourne: Colorgravure); Tindale, N. B. (1974), *Aboriginal Tribes of Australia: Their Terrain, Environmental Controls, Distribution, Limits, and Proper Names* (Berkeley: University of California Press); Bliege-Bird, R., and Bird, D. (2008), Why women hunt: Risk and contemporary foraging in a western desert aboriginal community, *Current Anthropology* 49:655-93. 關於美洲，請參閱 Lowie, R. H. (1924), Notes on Shoshonean ethnography, Anthropological Papers of the American Museum of Natural History 20:185-314; Kroeber, A. L. (1925), *Handbook of the Indians of California* (Washington, D.C.: Bureau of American Ethnology); Nabokov, P. (1981), *Indian Running: Native American History and Tradition* (Santa Fe, N.M.: Ancient City Press).
28. Liebenberg, L. (2006), Persistence hunting by modern hunter-gatherers, *Current Anthropology* 47:1017-25.
29. Lieberman, D. E., et al. (2020), Running in Tarahumara (Rarámuri) culture, *Current Anthropology* 6 (forthcoming).
30. Liebenberg, L. (1990), *The Art of Tracking: The Origin of Science* (Cape Town: David Philip).
31. Ijäs, M. (2017), *Fragments of the Hunt: Persistence Hunting, Tracking, and Prehistoric Art* (Helsinki: Aalto University Press).
32. 在塔拉烏馬拉人中，這類狩獵通常花費二到六小時，距離約為十二到三十六公里。
33. Tindale (1974), *Aboriginal Tribes of Australia*, 106.
34. Kraske, R. (2005), Marooned: The Strange but True Adventures of Alexander Selkirk, *the Real Robinson Crusoe* (New York: Clarion Books).
35. Nabokov (1981), Indian Running; Lieberman et al. (2020), *Running in Tarahumara* (Rarámuri) culture.
36. Burfoot, A. (2016), *First Ladies of Running* (New York: Rodale).
37. 瑪喬麗・蕭斯塔克記述桑族女性人生經歷的《妮薩》（*Nisa*）中有個關於女性奔跑

Comprehensive Physiology 5:99-117.

17. Shave, R. E., et al. (2019), Selection of endurance capabilities and the tradeoff between pressure and volume in the evolution of the human heart, *Proceedings of the National Academy of Sciences USA* 116:19905-10. See also Hellsten, Y., and Nyberg, M. (2015), Cardiovascular adaptations to exercise training, *Comprehensive Physiology* 6:1-32.
18. Lieberman, D. E. (2011), *The Evolution of the Human Head* (Cambridge, Mass.: Harvard University Press).
19. O'Neill, M. C., et al. (2017), Chimpanzee super strength and human skeletal muscle evolution, *Proceedings of the National Academy of Sciences USA* 114:7343-48.
20. Ama, P. F., et al. (1986), Skeletal muscle characteristics in sedentary black and Caucasian males, *Journal of Applied Physiology* 61:1758-61; Hamel, P., et al. (1986), Heredity and muscle adaptation to endurance training, *Medicine and Science in Sports and Exercise* 18:690-96.
21. Lieberman, D. E. (2006), The human gluteus maximus and its role in running, *Journal of Experimental Biology* 209:2143-55.
22. 奔跑時每一步的騰空階段中，我們的兩條腿朝相反方向交錯而過，使身體像船一樣左右搖晃。手臂朝腿的反方向擺動時，可以抵消一部分角動量，而且因為手臂比腿輕很多，所以我們也會旋轉軀幹。手臂擺動加上軀幹旋轉可協助我們直線奔跑，但人類奔跑時必須讓軀幹旋轉而不影響髖部和頭部，背部僵直的猿類就做不到這點。請參閱Hinrichs, R. N. (1990), Upper extremity function in distance running, in *Biomechanics of Distance Running*, ed. P. R. Cavanagh (Champaign, Ill.: Human Kinetics), 107-33; Thompson, N. E., et al. (2015), Surprising trunk rotational capabilities in chimpanzees and implications for bipedal walking proficiency in early hominins, *Nature Communications* 6:8416.
23. 狗或馬奔跑時會彎曲和延伸接近水平的頸部，讓頭部和飛彈一樣穩定。這些調整可協助眼睛聚焦在前方的獵物或障礙物等物體。雙足行走的人類頸部垂直，像彈力棒一樣上下彈跳，無法防止頭部也跟著上下跳動。因此人類奔跑時，身體每次著地，會有頭部向前點而手臂向下落的傾向。然而這兩者都不會動，因為在腳接觸地面之前，我們會啟動肩膀上一條很細的肌肉。這條肌肉透過沿頭骨後方中線的組織（頸韌帶）連結手臂和頭部。腳每次著地前啟動這條肌肉，讓手臂和頭部保持不動。人類和猿類相比，我們的內耳有非常靈敏的平衡器官，協助感應和克服各種搖晃問題。請參閱Lieberman (2011), *Evolution of the Human Head.*
24. O'Connell, J. F., Hawkes, K., and Blurton-Jones, N. G. (1988), Hadza scavenging: Implications for Plio-Pleistocene hominid subsistence, *Current Anthropology* 29:356-63.
25. Braun, D. R., et al. (2010), Early hominin diet included diverse terrestrial and aquatic animals 1.95 Ma in East Turkana, Kenya, *Proceedings of the National Academy of Sciences* 107:10002-7; Egeland, C. P. M., Domínguez-Rodrigo, M., and Barba, M. (2011), The hunting-versus-

breathing in mammals, *Science* 219:251-56.

4. Bramble, D. M., and Lieberman, D. E. (2004), Endurance running and the evolution of Homo, *Nature* 432:345-52.
5. 騎馬愛好者都知道，慢跑其實就是慢速的疾馳（就定義上說來，它是三拍的步態，而疾馳是四拍，但兩者都和兩拍的快走不同）。
6. Alexander, R. M., Jayes, A. S., and Ker, R. F. (1980), Estimates of energy cost for quadrupedal running gaits, *Journal of Zoology* 190:155-92; Heglund, N. C., and Taylor, C. R. (1988), Speed, stride frequency, and energy cost per stride: How do they change with body size and gait?, *Journal of Experimental Biology* 138:301-18; Hoyt, D. F., and Taylor, C. R. (1981), Gait and the energetics of locomotion in horses, Nature 292:239-40; Minetti, A. E. (2003), Physiology: Efficiency of equine express postal systems, *Nature* 426:785-86.
7. 長途騎馬的最佳建議速度是中等快走，小馬大約每小時八到十公里，成馬大約每小時十到十三公里。相比之下，世界級馬拉松選手只花兩小時出頭就完賽，速度是每小時二十一公里。業餘跑者如果以三個半小時完賽，這個速度很了不起但不算快，每小時只有十二公里。Loving, N. S. (1997), *Go the Distance: The Complete Resource for Endurance Horses* (North Pomfret, Vt.: Trafalgar Press). See also Tips and hints for endurance riding, Old Dominion Equestrian Endurance Organization, www.olddominionrides.org.
8. Holekamp, K. E., Boydston, E. E., and Smale, E. (2000), Group travel in social carnivores, in *On the Move: How and Why Animals Travel in Groups*, ed. S. Boinski and P. Garber (Chicago: University of Chicago Press), 587-627; Pennycuick, C. J. (1979), Energy costs of locomotion and the concept of "foraging radius," in *Serengeti: Dynamics of an Ecosystem*, ed. A. R. E. Sinclair and M. Norton-Griffiths (Chicago: University of Chicago Press), 164-84.
9. Dill, D. B., Bock, A. V., and Edwards, H. T. (1933), Mechanism for dissipating heat in man and dog, *American Journal of Physiology* 104:36-43.
10. Number of marathon finishers in the United States from 2004 to 2016, Statista, www.statista.com.
11. Rubenson, J., et al. (2007), Reappraisal of the comparative cost of human locomotion using gait-specific allometric analyses, *Journal of Experimental Biology* 210:3513-24.
12. Alexander, R. M., et al. (1979), Allometry of the limb bones of mammals from shrews (Sorex) to elephant (Loxodonta), *Journal of Zoology* 3:305-14.
13. Ker, R. F., et al. (1987), The spring in the arch of the human foot, *Nature* 325:147-49.
14. Bramble, D. M., and Jenkins, F. A. J., Jr. (1993), Mammalian locomotorrespiratory integration: Implications for diaphragmatic and pulmonary design, *Science* 262:235-40.
15. Kamberov, Y. G., et al. (2018), Comparative evidence for the independent evolution of hair and sweat gland traits in primates, *Journal of Human Evolution* 125:99-105.
16. Lieberman, D. E. (2015), Human locomotion and heat loss: An evolutionary perspective,

C. J. (2006), Effects of exercise intensity and duration on the excess post-exercise oxygen consumption, *Journal of Sports Science* 24:1247-64.

49. Donnelly, J. E., et al. (2009), Appropriate physical activity intervention strategies for weight loss and prevention of weight regain for adults, *Medicine and Science in Sports and Exercise* 41:459-71.
50. Pavlou, K. N., Krey, Z., and Steffee, W. P. (1989), Exercise as an adjunct to weight loss and maintenance in moderately obese subjects, *American Journal of Clinical Nutrition* 49:1115-23.
51. Andersen, R. E., et al. (1999), Effects of lifestyle activity vs structured aerobic exercise in obese women: A randomized trial, *Journal of the American Medical Association* 281:335-40; Jakicic, J. M., et al. (1999), Effects of intermittent exercise and use of home exercise equipment on adherence, weight loss, and fitness in overweight women: A randomized trial, *Journal of the American Medical Association* 282:1554-60; Jakicic, J. M., et al. (2003), Effect of exercise duration and intensity on weight loss in overweight, sedentary women: A randomized trial, *Journal of the American Medical Association* 290:1323-30.
52. Tudor-Locke, C. (2003), *Manpo-Kei: The Art and Science of Step Counting: How to Be Naturally Active and Lose Weight* (Vancouver, B.C.: Trafford).
53. Butte, N. F., and King, J. C. (2005), Energy requirements during pregnancy and lactation, *Public Health and Nutrition* 8:1010-27.
54. 流傳甚廣的水猿假說（AAH）認為人類受演化影響而游泳。水猿假說的支持者指出沒有毛髮、鼻孔朝下和皮下脂肪等特徵，是人類祖先在天擇作用下涉水、跳水和游泳的證據，但這些特徵解釋成其他機能的適應行為其實更好。關於這個理論和相關批評，請參閱Gee, H. (2015), *The Accidental Species: Misunderstandings of Human Evolution* (Chicago: University of Chicago Press). 此外我也想批評一下，認為人類擅長游泳相當可笑。即使是最會游泳的人，游起來也緩慢、效率低，而且跟水獺、海豹和河狸等已適應游泳的哺乳類動物相比還是不夠靈活。我們走路比世界游泳冠軍還快，而且花費的能量只有五分之一。最後，全世界我最不想下水游泳的地方應該就是滿是鱷魚的非洲湖泊和河流。請參閱Di Prampero, P. E. (1986), The energy cost of human locomotion on land and in water, *International Journal of Sports Medicine* 7:55-72.

第九章　跑步與跳舞：從一條腿跳到另一條腿

1. Carrier, D. R. (1984), The energetic paradox of human running and hominid evolution, *Current Anthropology* 25:483-95.
2. Taylor, C. R., Schmidt-Nielsen, K., and Raab, J. L. (1970), Scaling of energetic cost of running to body size in mammals, *American Journal of Physiology* 219:1104-7.
3. 布倫伯是凱瑞爾念大學時的導師，後來在鹽湖城成為同事。他們曾發表過關於人類跑步時呼吸的重要研究。請參閱Bramble, D. M., and Carrier, D. R. (1983), Running and

38. 相關說明請參閱Thomas et al. (2012), *Why do individuals not lose more weight from an exercise intervention at a defined dose?* 關於半程馬拉松研究，請參閱Westerterp, K. R., et al. (1992), Long-term effect of physical activity on energy balance and body composition, British *Journal of Nutrition* 68:21-30.

39. Foster, G. D., et al. (1997), What is a reasonable weight loss? Patients' expectations and evaluations of obesity treatment outcomes, *Journal of Consulting and Clinical Psychology* 65:79-85; Linde, J. A., et al. (2012), Are unrealistic weight loss goals associated with outcomes for overweight women?, *Obesity* 12:569-76.

40. Raichlen, D. A., et al. (2017), Physical activity patterns and biomarkers of cardiovascular disease risk in hunter-gatherers, *American Journal of Human Biology* 29:e22919.

41. 從二〇一三年第四季到二〇一八年第二季，美國人平均每週花費在看直播電視的時間。Statista, www.statista.com.

42. Flack, K. D., et al. (2018), Energy compensation in response to aerobic exercise training in overweight adults, *American Journal of Physiology: Regulatory, Integrative, and Comparative Physiology* 315:R619-R626.

43. Ross, R., et al. (2000), Reduction in obesity and related comorbid conditions after diet-induced weight loss or exercise-induced weight loss in men, *Annals of Internal Medicine* 133:92-103.

44. Pontzer, H., et al. (2012), Hunter-gatherer energetics and human obesity, *PLOS ONE* 7:e40503.

45. Pontzer, H., et al. (2016), Constrained total energy expenditure and metabolic adaptation to physical activity in adult humans, *Current Biology* 26:410-17.

46. 類似現象可能發生在嚴重肥胖者藉助節食和運動減去大量體重，因而基礎代謝率降低時。不過必須注意的是，這類補償性降低不一定會出現在沒那麼極端的節食者身上。比較以下兩項研究中的例證 Ross et al. (2000), *Reduction in obesity and related comorbid conditions after diet-induced weight loss or exercise-induced weight loss in men*; and Johannsen, D. L., et al. (2012), Metabolic slowing with massive weight loss despite preservation of fat-free mass, *Journal of Clinical Endocrinology and Metabolism* 97:2489-96.

47. 這個估計數字來自身體活動量（PAL），也就是能量總消耗除以代謝率。依據已發表的資料，哈札人男女性的身體活動量分別是二・〇三和一・七八，西方人男女性分別是一・四八和一・六六。資料來源：Pontzer et al. (2012), Hunter-gatherer energetics and human obesity; Pontzer, H., et al. (2016), Metabolic acceleration and the evolution of human brain size and life history, *Nature* 533:390-92.

48. 這類代謝率提升稱為運動後過攝氧量（EPOC），但通常需要中強度到高強度運動才有效果。請參閱Speakman, J. R., and Selman, C. (2003), Physical activity and metabolic rate, *Proceedings of the Nutrition Society* 62:621-34; LaForgia, J., Withers, R. T., and Gore,

of Clinical Nutrition 6:542-46. 關於更仔細的分析，請參閱Hall, K. D., et al. (2011), Quantification of the effect of energy imbalance on bodyweight, *Lancet* 378:826-37.

32. 燃脂區間的概念是我們運動得越激烈，燃燒能量越多，但這些能量大部份是碳水化合物（糖原）。靜坐時，我們只會燃燒脂肪，但消耗量相當少。我們走路、慢跑、奔跑、再衝刺時，燃燒的能量較多，但強度越大時，糖原燃燒的比例也越大，到最大能力時，我們只燃燒糖原。因此燃脂區間是燃燒脂肪和糖原大約相同的低中度活動。但這個說法其實是想像的，因為每個人燃燒較低比例但最大量脂肪的中度活動個別差異很大。此外，運動時間也很重要，請參閱Carey, D. G. (2009), Quantifying differences in the "fat burning" zone and the aerobic zone: Implications for training, *Journal of Strength and Conditioning Research* 23:2090-95.
33. 就定義上說來，劑量是每週每公斤零、四、八和十二大卡。Swift, D. L., et al. (2014), The role of exercise and physical activity in weight loss and maintenance, *Progress in Cardiovascular Disease* 56:441-47; Ross, R., and Janssen, I. (2001), Physical activity, total and regional obesity: Dose-response considerations, *Medicine and Science in Sports and Exercise* 33:S521-S527; Morss, G. M., et al. (2004), Dose Response to Exercise in Women aged 45-75 yr (DREW): Design and rationale, *Medicine and Science in Sports and Exercise* 36:336-44.
34. Kraus, W. E., et al. (2002), Effects of the amount and intensity of exercise on plasma lipoproteins, *New England Journal of Medicine* 347:1483-92; Sigal, R. J., et al. (2007), Effects of aerobic training, resistance training, or both on glycemic control in type 2 diabetes, *Annals of Internal Medicine* 147:357-69; Church, T. S., et al. (2010), Exercise without weight loss does not reduce C-reactive protein: The INFLAME study, *Medicine and Science in Sports and Exercise* 42:708-16.
35. Ellison, P. T. (2001), *On Fertile Ground: A Natural History of Human Reproduction* (Cambridge, Mass.: Harvard University Press).
36. Church, T. S., et al. (2009), Changes in weight, waist circumference, and compensatory responses with different doses of exercise among sedentary, overweight postmenopausal women, *PLOS ONE* 4:e4515.
37. Thomas, D. M., et al. (2012), Why do individuals not lose more weight from an exercise intervention at a defined dose? An energy balance analysis, *Obesity Review* 13:835-47. See also Gomersall, S. R., et al. (2013), The ActivityStat hypothesis: The concept, the evidence, and the methodologies, *Sports Medicine* 43:135-49; Willis, E. A., et al. (2014), Nonexercise energy expenditure and physical activity in the Midwest Exercise Trial 2, *Medicine and Science in Sports and Exercise* 46:2286-94; Gomersall, S. R., et al. (2016), Testing the activitystat hypothesis: A randomised controlled trial, *BMC Public Health* 16:900; Liguori, G., et al. (2017), Impact of prescribed exercise on physical activity compensation in young adults, *Journal of Strength and Conditioning Research* 31:503-8.

人類的二・一五倍，因此跑一場馬拉松需要花費約兩千六百大卡。

21. Huang, T. W., and Kuo, A. D. (2014), Mechanics and energetics of load carriage during human walking, *Journal of Experimental Biology* 217:605-13.
22. Maloiy, G. M., et al. (1986), Energetic cost of carrying loads: Have African women discovered an economic way?, *Nature* 319:668-69; Heglund, N. C., et al. (1995), Energy-saving gait mechanics with head-supported loads, *Nature* 375:52-54; Lloyd, R., et al. (2010), Comparison of the physiological consequences of head-loading and back-loading for African and European women, *European Journal of Applied Physiology* 109:607-16.
23. Bastien, G. J., et al. (2005), Energetics of load carrying in Nepalese porters, *Science* 308:1755; Minetti, A., Formenti, F., and Ardigò, L. (2006), Himalayan porter's specialization: Metabolic power, economy, efficiency, and skill, *Proceedings of the Royal Society* B 273:2791-97.
24. Castillo, E. R., et al. (2014), Effects of pole compliance and step frequency on the biomechanics and economy of pole carrying during human walking, *Journal of Applied Physiology* 117:507-17.
25. Knapik, J., Harman, E., and Reynolds, K. (1996), Load carriage using packs: A review of physiological, biomechanical, and medical aspects, *Applied Ergonomics* 27:207-16; Stuempfle, K. J., Drury, D. G., and Wilson, A. L. (2004), Effect of load position on physiological and perceptual responses during load carriage with an internal frame backpack, *Ergonomics* 47:784-89; Abe, D., Muraki, S., and Yasukouchi, A. (2008), Ergonomic effects of load carriage on the upper and lower back on metabolic energy cost of walking, *Applied Ergonomics* 39:392-98.
26. Petersen, A. M., Leet, T. L., and Brownson, R. C. (2005), Correlates of physical activity among pregnant women in the United States, *Medicine and Science in Sports and Exercise* 37:1748-53.
27. Shostak, M. (1981), *Nisa: The Life and Words of a !Kung Woman* (New York: Vintage). Quotation is from page 178.
28. Whitcome, K. K., Shapiro, L. J., and Lieberman, D. E. (2007), Fetal load and the evolution of lumbar lordosis in bipedal hominins, *Nature* 450:1075-78.
29. Wall-Scheffler, C. M., Geiger, K., and Steudel-Numbers, K. L. (2007), Infant carrying: The role of increased locomotor costs in early tool development, *American Journal of Physical Anthropology* 133:841-46; Watson, J. C., et al. (2008), The energetic costs of load-carrying and the evolution of bipedalism, *Journal of Human Evolution* 54:675-83; Junqueira, L. D., et al. (2015), Effects of transporting an infant on the posture of women during walking and standing still, *Gait and Posture* 41:841-46.
30. Hall, C., et al. (2004), Energy expenditure of walking and running: Comparison with prediction equations, *Medicine and Science in Sports and Exercise* 36:2128-34.
31. Wishnofsky, M. (1958), Caloric equivalents of gained or lost weight, American Journal

14. 有兩個理由可以相信這個失落的環節很接近以指節行走的黑猩猩，但有時也會爬樹。第一個理由是，人類和黑猩猩彼此相似的程度高於兩者與大猩猩間相似的程度。但黑猩猩和大猩猩在許多方面極為相似（尤其是依據體型差異進行校正後），包括以指節行走的奇怪移動方式。除非黑猩猩和大猩猩之間所有相似點（包括指節行走）都是分別演化形成（在統計上是不可能的），否則牠們最近的共同祖先一定非常像黑猩猩（也可能是大猩猩但機率較低，因為體型很大的猿類很少見）。第二個理由是，早期人類化石除了是兩足行走外，許多特徵都最像黑猩猩。關於詳細評論，請參閱Pilbeam, D. R., and Lieberman, D. E. (2017), Reconstructing the last common ancestor of humans and chimpanzees, in *Chimpanzees and Human Evolution,* ed. M. N. Muller, R. W. Wrangham, and D. R. Pilbeam (Cambridge, Mass.: Harvard University Press), 22-141.
15. Taylor, C. R., and Rowntree, V. J. (1973), Running on two or four legs: Which consumes more energy?, *Science* 179:186-87.
16. Sockol, M. D., Pontzer, H., and Raichlen, D. A. (2007), Chimpanzee locomotor energetics and the origin of human bipedalism, *Proceedings of the National Academy of Sciences USA* 104:12265-69.
17. 關於黑猩猩的資料，請參閱Pontzer, H., Raichlen, D. A., and Sockol, M. D. (2009), The metabolic cost of walking in humans, chimpanzees, and early hominins, *Journal of Human Evolution* 56:43-54. 關於其他動物的資料，請參閱Rubenson, J., et al. (2007), Reappraisal of the comparative cost of human locomotion using gait-specific allometric analyses, *Journal of Experimental Biology* 210:3513-24.
18. 猿類也必須花費額外能量穩定前傾的軀幹和永遠拱起的肩膀。狗類等一般四足動物的肩膀位於身體兩側，猿類的肩膀位置則比背部高，這有助於攀爬，但需要花費更多肌力維持穩定。請參閱Larson, S. G., and Stern, J. T., Jr. (1987), EMG of chimpanzee shoulder muscles during knuckle-walking: Problems of terrestrial locomotion in a suspensory adapted primate, *Journal of Zoology* 212:629-55.
19. 我說的狀況當然是假設，但有三種最古老的人屬化石證據支持，分別是七百萬年前的查德沙赫人（Sahelanthropus）、七百萬年前的圖根原人（Orrorin），以及五百八十萬年到四百三十萬年前的根源基盤人（Ardipithecus）。這幾種人屬都以兩足行走，但其他方面看來非常像猿類，尤其是黑猩猩。不過也請記住，直立姿勢或許有餵食、搬運甚至打鬥等其他方面的效益，但對我而言最合理的還是節省能量。畢竟，黑猩猩和大猩猩能直立搬運物品，但花費的能量是人類的三倍之多。如需瞭解進一步細節，請參閱Pilbeam and Lieberman (2017), *Reconstructing the last common ancestor of humans and chimpanzees.*
20. 回答對計算過程有興趣的讀者：我的體重是六十八公斤，人類行走的平均成本是每公斤〇・〇八毫升氧，一公升氧可產生五大卡，黑猩猩行走時每公斤體重的成本是

gatherers and human evolution, *Evolutionary Anthropology* 14:54-67.

3. Althoff, T., et al. (2017), Large-scale physical activity data reveal worldwide activity inequality, *Nature* 547:336-39.
4. Palinski-Wade, E. (2015), *Walking the Weight Off for Dummies* (Hoboken, N.J.: John Wiley and Sons).
5. Tudor-Locke, C., and Bassett, D. R., Jr. (2004), How many steps/day are enough? Preliminary pedometer indices for public health, *Sports Medicine* 34:1-8. Quotation from page 1.
6. Cloud, J. (2009), The myth about exercise, *Time*, Aug. 9, 2009.
7. 就絕對時間而言，人類開始行走的時間晚於大多數動物，但這個延遲和人類只以兩條腿而非四條腿走路沒有關係。除了斑馬等極易被土狼和獅子吃掉，所以出生不到一天就能行走的四足動物之外，大多數動物開始行走的年齡主要取決於腦部完成發育的時間。獼猴等腦部較小的靈長類動物兩個月大時開始走路，腦部較大的黑猩猩需要六個月左右才能開始行走，依據人類腦部發育狀況，人類要到一歲才能開始行走。請參閱Garwicz, M., Christensson, M., and Psouni, E. (2011), A unifying model for timing of walking onset in humans and other mammals, *Proceedings of the National Academy of Sciences USA* 106:21889-93.
8. Donelan, J. M., Kram, R., and Kuo, A. D. (2002), Mechanical work for step-to-step transitions is a major determinant of the metabolic cost of human walking, *Journal of Experimental Biology* 205:3717-27; Marsh, R. L., et al. (2004), Partitioning the energetics of walking and running: Swinging the limbs is expensive, *Science* 303:80-83.
9. Biewener, A. A., and Patek, S. N. (2018), *Animal Locomotion*, 2nd ed. (Oxford: Oxford University Press).
10. Thompson, N. E., et al. (2015), Surprising trunk rotational capabilities in chimpanzees and implications for bipedal walking proficiency in early hominins, *Nature Communications* 6:8416.
11. Holowka, N. B., et al. (2019), Foot callus thickness does not trade off protection for tactile sensitivity during walking, *Nature* 571:261-64.
12. Tan, U. (2005), Unertan syndrome quadrupedality, primitive language, and severe mental retardation: A new theory on the evolution of human mind, *NeuroQuantology* 4:250-55; Ozcelik, T., et al. (2008), Mutations in the very low-density lipoprotein receptor VLDLR cause cerebellar hypoplasia and quadrupedal locomotion in humans, *Proceedings of the National Academy of Sciences USA* 105:4232-36.
13. Türkmen, S., et al. (2009), CA8 mutations cause a novel syndrome characterized by ataxia and mild mental retardation with predisposition to quadrupedal gait, *PLOS Genetics* 5:e1000487; Shapiro, L. J., et al. (2014), Human quadrupeds, primate quadrupedalism, and Uner Tan syndrome, *PLOS ONE* 9:e101758.

mass measured by magnetic resonance imaging and its distribution in young Japanese adults, *British Journal of Sports Medicine* 37:436-40.

67. Boehm, C. H. (1999), *Hierarchy in the Forest: The Evolution of Egalitarian Behavior* (Cambridge, Mass.: Harvard University Press).
68. Fagen, R. M. (1981), *Animal Play Behavior* (New York: Oxford University Press); Palagi, E., et al. (2004), Immediate and delayed benefits of play behaviour: New evidence from chimpanzees (Pan troglodytes), *Ethology* 110:949-62; Nunes, S., et al. (2004), Functions and consequences of play behaviour in juvenile Belding's ground squirrels, *Animal Behaviour* 68:27-37.
69. Fagen (1981), *Animal Play Behavior*; Pellis, S. M., Pellis, V. C., and Bell, H. C. (2010), The function of play in the development of the social brain, *American Journal of Play* 2:278-96.
70. Poliakoff, M. B. (1987), *Combat Sports in the Ancient World: Competition, Violence, and Culture* (New Haven, Conn.: Yale University Press); McComb, D. G. (2004), *Sport in World History* (New York: Taylor and Francis).
71. Homer, *The Iliad*, trans. Robert Fagles (1990) (New York: Penguin), bk. 23, lines 818-19.
72. 關於狩獵和打鬥在小規模社會中對繁衍成功影響的資料，請參閱Marlowe, F. W. (2001), Male contribution to diet and female reproductive success among foragers, *Current Anthropology* 42:755-59; Smith, E. A. (2004), Why do good hunters have higher reproductive success?, *Human Nature* 15:343-64; Gurven, M., and von Rueden, C. (2006), Hunting, social status, and biological fitness, *Biodemography and Social Biology* 53:81-99; Apicella, C. L. (2014), Upper-body strength predicts hunting reputation and reproductive success in Hadza hunter-gatherers, *Evolution and Human Behavior* 35:508-18; Glowacki, L., and Wrangham, R. W. (2015), Warfare and reproductive success in a tribal population, *Proceedings of the National Academy of Sciences USA* 112:348-53.關於運動員和繁衍成功之間關聯的研究，請參閱De Block, A., and Dewitte, S. (2009), Darwinism and the cultural evolution of sports, *Perspectives in Biology and Medicine* 52:1-16; Puts, D. A. (2010), Beauty and the beast: Mechanisms of sexual selection in humans, *Evolution and Human Behavior* 31:157-75; Lombardo, M. P. (2012), On the evolution of sport, *Evolutionary Psychology* 10:1-28.
73. Rousseau, J. J., Émile, trans. *Allan Bloom* (New York: Basic Books), 119.
74. Harvard Athletics Mission Statement, www.gocrimson.com.

第八章　步行：一定要走的路

1. Spottiswoode, C. N., Begg, K. S., and Begg, C. M. (2016), Reciprocal signaling in honeyguide-human mutualism, *Science* 353:387-89.
2. 精確地說，平均每日行進距離是狩獵採集者男性為十四．一公里，女性為九．五公里，但這些距離不包括在營區內和周圍走的好幾千步。Marlowe, F. W. (2005), Hunter-

humans, *Nature* 531:500-503. 55. Keeley, L. H., and Toth, N. (1981), Microwear polishes on early stone tools from Koobi Fora, Kenya, *Nature* 293:464-65.

56. Wilkins, J., et al. (2012), Evidence for early hafted hunting technology, *Science* 338:942-46; Wilkins, J., Schoville, B. J., and Brown, K. S. (2014), An experimental investigation of the functional hypothesis and evolutionary advantage of stone-tipped spears, *PLOS ONE* 9:e104514.

57. Churchill, S. E. (2014), *Thin on the Ground: Neanderthal Biology, Archeology, and Ecology* (Ames, Iowa: John Wiley & Sons); Gaudzinski-Windheuser, S., et al. (2018), Evidence for close-range hunting by last interglacial Neanderthals, *Nature Ecology and Evolution* 2:1087-92. See also Berger, T. D., and Trinkaus, E. (1995), Patterns of trauma among the Neandertals, *Journal of Archaeological Science* 22:841-52.

58. Goodall, J. (1986), *The Chimpanzees of Gombe: Patterns of Behavior* (Cambridge, Mass.: Harvard University Press); Westergaard, G. C., et al. (2000), A comparative study of aimed throwing by monkeys and humans, *Neuropsychologia* 38:1511-17.

59. Fleisig, G. S., et al. (1995), Kinetics of baseball pitching with implications about injury mechanisms, *American Journal of Sports Medicine* 23:233-39; Hirashima, M., et al. (2002), Sequential muscle activity and its functional role in the upper extremity and trunk during overarm throwing, *Journal of Sports Science* 20:301-10.

60. Roach, N. T., and Lieberman, D. E. (2014), Upper body contributions to power generation during rapid, overhand throwing in humans, *Journal of Experimental Biology* 217:2139-49.

61. Pappas, A. M., Zawacki, R. M., and Sullivan, T. J. (1985), Biomechanics of baseball pitching: A preliminary report, *American Journal of Sports Medicine* 13:216-22.

62. Roach, N. T., et al. (2013), Elastic energy storage in the shoulder and the evolution of high-speed throwing in Homo, *Nature* 498:483-86.

63. Brown, K. S., et al. (2012), An early and enduring advanced technology originating 71,000 years ago in South Africa, *Nature* 491:590-93; Shea (2016), *Tools in Human Evolution.*

64. Henrich, J. (2017), *The Secret of Our Success: How Culture Is Driving Human Evolution, Domesticating Our Species, and Making Us Smarter* (Princeton, N.J.: Princeton University Press).

65. Wrangham, R. W. (2009), *Catching Fire: How Cooking Made Us Human* (New York: Basic Books).

66. Fuller, N. J., Laskey, M. A., and Elia, M. (1992), Assessment of the composition of major body regions by dual-energy X-ray absorptiometry (DEXA), with special reference to limb muscle mass, *Clinical Physiology* 12:253-66; Gallagher, D., et al. (1997), Appendicular skeletal muscle mass: Effects of age, gender, and ethnicity, *Journal of Applied Physiology* 83:229-39; Abe, T., Kearns, C. F., and Fukunaga, T. (2003), Sex differences in whole body skeletal muscle

of the hominid lineage?, *Journal of Experimental Biology* 216:2361-62; Nickle, D. C., and Goncharoff, L. M. (2013), Human fist evolution: A critique, *Journal of Experimental Biology* 216:2359-60.

46. Briffa, M., et al. (2013), *Analysis of contest data, in Animal Contests*, ed. I. C. W. Hardy and M. Briffa (Cambridge, U.K.: Cambridge University Press), 47-85; Kanehisa, H., et al. (1998), Body composition and isokinetic strength of professional sumo wrestlers, *European Journal of Applied Physiology and Occupational Physiology* 77:352-59; García-Pallarés, J., et al. (2011), Stronger wrestlers more likely to win: Physical fitness factors to predict male Olympic wrestling performance, *European Journal of Applied Physiology* 111:1747-58.
47. Briffa, M., and Lane, S. M. (2017), The role of skill in animal contests: A neglected component of fighting ability, *Proceedings of the Royal Society B* 284:20171596.
48. 完整說明請參閱Green, T. A. (2001), *Martial Arts of the World* (Santa Barbara, Calif.: ABC-CLIO).
49. 生物學家把這些特徵量化成擁有潛力的資源。請參閱Parker, G. A. (1974), Assessment strategy and the evolution of animal conflicts, *Journal of Theoretical Biology* 47:223-43.
50. Sell, A., et al. (2009), Human adaptations for the visual assessment of strength and fighting ability from the body and face, *Proceedings of the Royal Society* B 276:575-84; Kasumovic, M. M., Blake, K., and Denson, T. F. (2017), Using knowledge from human research to improve understanding of contest theory and contest dynamics, *Proceedings of the Royal Society B* 284:2182.
51. 這兩位演員顯然原本要花好幾天時間，拍攝五分鐘的印第安那瓊斯的鞭子對決殺手的刀。但哈里遜福特當時拉肚子，所以問導演史蒂芬史匹柏是不是可以直接開槍就好。
52. Pruetz, J. D. (2015), New evidence on the tool-assisted hunting exhibited by chimpanzees (Pan troglodytes verus) in a savannah habitat at Fongoli, *Senegal, Royal Society Open Science* 2:140507.
53. Harmand, S., et al. (2015), 3.3-million-year-old stone tools from Lomekwi 3, West Turkana, Kenya, *Nature* 521:310-15; McPherron, S., et al. (2010), Evidence for stone-tool-assisted consumption of animal tissues before 3.39 million years ago at Dikika, Ethiopia, *Nature* 466:857-60; Semaw, S., et al. (1997), 2.5-million-year-old stone tools from Gona, Ethiopia, *Nature* 385:333-36; Toth, N., Schick, K., and Semaw, S. (2009), The Oldowan: The tool making of early hominins and chimpanzees compared, *Annual Review of Anthropology* 38:289-305.
54. Shea, J. J. (2016), *Tools in Human Evolution: Behavioral Differences Among Technological Primates* (Cambridge, U.K.: Cambridge University Press); Zink, K. D., and Lieberman, D. E. (2016), Impact of meat and Lower Palaeolithic food processing techniques on chewing in

bonobos: A comparison with chimpanzees in relation to social system, *Behaviour* 140:683-96; McIntyre, M. H., et al. (2009), Bonobos have a more human-like second-to-fourth finger length ratio (2D: 4D) than chimpanzees: A hypothesized indication of lower prenatal androgens, *Journal of Human Evolution* 56:361-65; Wobber, V., et al. (2010), Differential changes in steroid hormones before competition in bonobos and chimpanzees, *Proceedings of the National Academy of Sciences USA* 107:12457-62; Wobber, V., et al. (2013), Different ontogenetic patterns of testosterone production reflect divergent male reproductive strategies in chimpanzees and bonobos, *Physiology and Behavior* 116-17:44-53; Stimpson, C. D., et al. (2016), Differential serotonergic innervation of the amygdala in bonobos and chimpanzees, *Social Cognitive and Affective Neuroscience* 11:413-22.

39. Lieberman, D. E., et al. (2007), A geometric morphometric analysis of heterochrony in the cranium of chimpanzees and bonobos, *Journal of Human Evolution* 52:647-62; Shea, B. T. (1983), Paedomorphosis and neoteny in the pygmy chimpanzee, *Science* 222:521-22.
40. 相關說明請參閱Wrangham (2019), *Goodness Paradox.*
41. Lee (1979), *The !Kung San.*
42. 除了其他理由，這件事可以解釋美國參議員為什麼在開議時不允許攜帶武器。一九〇二年參議員約翰・麥克勞林（John McLaurin）譴責南卡羅萊納州參議員班・提爾曼（Ben Tillman）「刻意、惡意和蓄意說謊」。提爾曼立刻朝麥克勞林的臉頰打了一拳，引發當場幾十名參議員打成一團。想像一下如果提爾曼當時帶著槍會是什麼狀況。
43. 疊音縮略專家表示，他們的研究領域源自英國探險家理查・伯頓（Richard Burton）。他於一八八四年出版經典著作《刀劍之書》（*The Book of the Sword*⊠。這本民族誌中關於打鬥的敘述多到無法列出，但包括Chagnon, N. A. (2013), *Noble Savages: My Life Among Two Dangerous Tribes—the Yanomamo and the Anthropologists* (New York: Simon & Schuster); Daly, M., and Wilson, M. (1999), An evolutionary psychological perspective on homicide, in *Homicide: A Sourcebook of Social Research*, ed. M. D. Smith and M. A. Zahn (Thousand Oaks, Calif.: Sage), 58-71.
44. Shepherd, J. P., et al. (1990), Pattern, severity, and aetiology of injuries in victims of assault, *Journal of the Royal Society of Medicine* 83:75-78; Brink, O., Vesterby, A., and Jensen, J. (1998), Pattern of injuries due to interpersonal violence, *Injury* 29:705-9.
45. 這些假說一直被激烈主張是「想當然爾」的說法，因為人類的臉部和手一定也因為其他功能而受選擇影響，例如使用工具、講話和咀嚼等。請參閱Morgan, M. H., and Carrier, D. R. (2013), Protective buttressing of the human fist and the evolution of hominin hands, *Journal of Experimental Biology* 216:236-44; Carrier, D. R., and Morgan, M. H. (2015), Protective buttressing of the hominin face, *Biological Reviews* 90:330-46; King, R. (2013), Fists of fury: At what point did human fists part company with the rest

30. Illner, K., et al. (2000), Metabolically active components of fat free mass and resting energy expenditure in nonobese adults, *American Journal of Physiology* 278:E308-E315; Lassek, W. D., and Gaulin, S. J. C. (2009), Costs and benefits of fat-free muscle mass in men: Relationship to mating success, dietary requirements, and native immunity, *Evolution and Human Behavior* 30:322-28.

31. Malina, R. M., and Bouchard, C. (1991), *Growth, Maturation, and Physical Activity* (Champaign, Ill.: Human Kinetics); Bribiescas, R. G. (2006), *Men: Evolutionary and Life History* (Cambridge, Mass.: Harvard University Press).

32. Watson, D. M. (1998), *Kangaroos at play: Play behaviour in the Macropodoidea, in Animal Play: Evolutionary, Comparative, and Ecological Perspectives*, ed. M. Beckoff and J. A. Byers (Cambridge, U.K.: Cambridge University Press), 61-95.

33. Cieri, R. L., et al. (2014), Craniofacial feminization, social tolerance, and the origins of behavioral modernity, *Current Anthropology* 55:419-33.

34. Barrett, R. L., and Harris, E. F. (1993), Anabolic steroids and cranio-facial growth in the rat, *Angle Orthodontist* 63:289-98; Verdonck, A., et al. (1999), Effect of low-dose testosterone treatment on craniofacial growth in boys with delayed puberty, *European Journal of Orthodontics* 21:137-43; Penton-Voak, I. S., and Chen, J. Y. (2004), High salivary testosterone is linked to masculine male facial appearance in humans, *Evolution and Human Behavior* 25:229-41; Schaefer, K., et al. (2005), Visualizing facial shape regression upon 2nd to 4th digit ratio and testosterone, *Collegium Anthropologicum* 29:415-19. 巨大的眉骨也可能源自生長激素過量，生長激素由腦下垂體製造，但我們可以排除早期人類眉骨龐大的原因是生長激素過多，因為這種荷爾蒙對全身各處都有作用，會造成巨人症，此外還會導致身材高大，尤其是手腳特別大。

35. Shuey, D. L., Sadler, T. W., and Lauder, J. M. (1992), Serotonin as a regulator of craniofacial morphogenesis: Site specific malformations following exposure to serotonin uptake inhibitors, *Teratology* 46:367-78; Pirinen, S. (1995), Endocrine regulation of craniofacial growth, *Acta Odontologica Scandinavica* 53:179-85; Byrd, K. E., and Sheskin, T. A. (2001), Effects of post-natal serotonin levels on craniofacial complex, *Journal of Dental Research* 80:1730-35.

36. 其他荷爾蒙改變或許還包括皮質醇減少和神經傳導物質血清素增加。請參閱 Dugatkin, L., and Trut, L. (2017), *How to Tame a Fox* (and Build a Dog) (Chicago: University of Chicago Press).

37. Wilson, M. L., et al. (2014), Lethal aggression in Pan is better explained by adaptive strategies than human impacts, *Nature* 513:414-17.

38. Hare, B., Wobber, V., and Wrangham, R. W. (2012), The self-domestication hypothesis: Evolution of bonobo psychology is due to selection against aggression, *Animal Behaviour* 83:573-85. See also Sannen, A., et al. (2003), Urinary testosterone metabolite levels in

and Work in a Foraging Society (Cambridge, U.K.: Cambridge University Press); Keeley, L. H. (1996), *War Before Civilization* (New York: Oxford University Press); Wrangham and Peterson (1996), *Demonic Males*; Boehm, C. (1999), *Hierarchy in the Forest* (Cambridge, Mass.: Harvard University Press); Gighlieri, M. (1999), *The Dark Side of Man: Tracing the Origins of Male Violence* (Reading, Mass.: Perseus Books); Allen and Jones (2014), *Violence and Warfare Among Hunter-Gatherers.*

17. Darwin, C. R. (1871), *The Descent of Man and Selection in Relation to Sex* (London: J. Murray).
18. Dart, R. A. (1953), The predatory transition from ape to man, *International Anthropological and Linguistic Review* 1:201-17.
19. Ardrey, R. (1961), *African Genesis: A Personal Investigation into the Animal Origins and Nature of Man* (New York: Atheneum Press).
20. Vrba, E. (1975), Some evidence of the chronology and palaeoecology of Sterkfontein, Swartkrans, and Kromdraai from the fossil Bovidae, *Nature* 254:301-4; Brain, C. K. (1981), *The Hunters of the Hunted: An Introduction to African Cave Taphonomy* (Chicago: University of Chicago Press).
21. Lovejoy, C. O. (1981), The origin of man, *Science* 211:341-50.
22. Lovejoy, C. O. (2009), Rccxamining human origins in light of Ardipithecusramidus, *Science* 326:74e1-74e8.
23. Grabowski, M., et al. (2015), Body mass estimates of hominin fossils and the evolution of human body size, *Journal of Human Evolution* 85:75-93.
24. Smith, R. J., and Jungers, W. L. (1997), Body mass in comparative primatology, *Journal of Human Evolution* 32:523-59.
25. 擁有近似武器的龐大犬齒也有助於雄性打鬥，但體型異型最可能是雄性間競爭的原因。請參閱Plavcan, J. M. (2012), Sexual size dimorphism, canine dimorphism, and male-male competition in primates: Where do humans fit in?, *Human Nature* 23:45-67; Plavcan, J. M. (2000), Inferring social behavior from sexual dimorphism in the fossil record, *Journal of Human Evolution* 39:327-44.
26. Grabowski et al. (2015), *Body mass estimates of hominin fossils and the evolution of human body size.*
27. Keeley (1996), *War Before Civilization.*
28. Kaplan, H., et al. (2000), A theory of human life history evolution: Diet, intelligence, and longevity, *Evolutionary Anthropology* 9:156-85.
29. Isaac, G. L. (1978), The food-sharing behavior of protohuman hominids, *Scientific American* 238:90-108; Tanner, N. M., and Zilhman, A. (1976), Women in evolution: Innovation and selection in human origins, *Signs* 1:585-608.

in chimpanzees and humans, *Primates* 47:14-26.

3. 延續這個邏輯，打鬥可能對演化產生重大影響，但可能每隔幾個世代才會發生一次。我這輩子從未激烈打鬥過，並不代表我的身體未曾受過強烈的天擇影響。天擇曾經作用在我那些打鬥過的祖先身上。假如他們沒有打贏而是打輸，或許就沒有我了。此外，我們的身體有許多遺傳而來的特徵，這些特徵無論是否有益於我們，都是幾百萬年來慢慢形成。
4. Oates, J. C. (1987), On boxing, *Ontario Review.*
5. Lystad, R. P., Kobi, G., and Wilson, J. (2014), The epidemiology of injuries in mixed martial arts: A systematic review and meta-analysis, *Orthopaedic Journal of Sports Medicine* 2:2325967113518492.
6. 關於這個理論的清晰說明，請參閱Fry, D. R. (2006), *The Human Potential for Peace: An Anthropological Challenge to Assumptions About War and Violence* (Oxford: Oxford University Press); Hrdy, S. B. (2009), *Mothers and Others: The Evolutionary Origins of Mutual Understanding* (Cambridge, Mass.: Harvard University Press); van Schaik, C. P. (2016), *The Primate Origins of Human Nature* (Hoboken, N.J.: Wiley and Sons).
7. Allen, M. W., and Jones, T. L. (2014), *Violence and Warfare Among HunterGatherers* (London: Taylor and Francis).
8. Daly, M., and Wilson, M. (1988), *Homicide* (New Brunswick, N.J.: Transaction); Wrangham and Peterson (1996), *Demonic Males.*
9. Pinker, S. (2011), *The Better Angels of Our Nature: Why Violence Has Declined* (New York: Penguin).
10. Wrangham, R. W. (2019), *The Goodness Paradox: The Strange Relationship Between Goodness and Violence in Human Evolution* (New York: Pantheon).
11. Morganteen, J. (2009), Victim's face mauled in Stamford chimpanzee attack, *Stamford Advocate,* Feb. 18, 2009; Newman, A., and O'Connor, A. (2009), Woman mauled by chimp is still in critical condition, *New York Times,* Feb. 18, 2009.
12. Churchill, S. E., et al. (2009), Shanidar 3 Neandertal rib puncture wound and paleolithic weaponry, *Journal of Human Evolution* 57:163-78; Murphy, W. A., Jr., et al. (2003), *The iceman: Discovery and imaging, Radiology* 226:614-29.
13. Lahr, M. M., et al. (2016), Inter-group violence among early Holocene huntergatherers of West Turkana, Kenya, *Nature* 529:394-98.
14. 這個遺址有些爭議，請參閱Stojanowski, C. M., et al. (2016), Contesting the massacre at Nataruk, *Nature* 539:E8-E11, and the reply by Lahr and colleagues.
15. Thomas, E. M. (1986), *The Harmless People*, 2nd ed. (New York: Vintage).
16. 土地退化，被迫遷移和酒精在某些狩獵採集者社會造成廣泛的社會問題，但比這些問題更嚴重的暴力證據說明，請參閱Lee, R. B. (1979), *The !Kung San: Men, Women,*

52. Jette, A., and Branch, L. (1981), The Framingham Disability Study: II. Physical disability among the aging, *American Journal of Public Health* 71:1211-16.
53. Walker and Hill (2003), *Modeling growth and senescence in physical performance among the Aché of eastern Paraguay*; Blurton-Jones and Marlowe(2002), *Selection for delayed maturity*; Apicella, C. L. (2014), Upper-body strength predicts hunting reputation and reproductive success in Hadza hunter-gatherers, *Evolution and Human Behavior* 35:508-18.
54. Beaudart, C., et al. (2017), Nutrition and physical activity in the prevention and treatment of sarcopenia: Systematic review, *Osteoporosis International* 28:1817-33; Lozano- Montoya, I. (2017), Nonpharmacological interventions to treat physical frailty and sarcopenia in older patients: A systematic overview—the SENATOR Project ONTOP Series, *Clinical Interventions in Aging* 12:721-40.
55. Fiatarone, M. A., et al. (1990), High-intensity strength training in nonagenarians: Effects on skeletal muscle, *Journal of the American Medical Association* 263:3029-34.
56. Donges, C. E., and Duffeld, R. (2012), Effects of resistance or aerobic exercise training on total and regional body composition in sedentary overweight middle-aged adults, *Applied Physiology, Nutrition, and Metabolism* 37:499-509; Mann, S., Beedie, C., and Jimenez, A. (2014), Differential effects of aerobic exercise, resistance training, and combined exercise modalities on cholesterol and the lipid profile: Review, synthesis, and recommendations, *Sports Medicine* 44:211-21.
57. Phillips, S. M., et al. (1997), Mixed muscle protein synthesis and breakdown after resistance exercise in humans, *American Journal of Physiology* 273:E99-E107; McBride, J. M. (2016), Biomechanics of resistance exercise, in Haff and Triplett, *Essentials of Strength Training and Conditioning*, 19-42.
58. 關於蝙蝠俠訓練方式的科學原理，請參閱Zehr, E. P. (2008), *Becoming Batman: The Possibility of a Superhero* (Baltimore: Johns Hopkins University Press).
59. Haskell, W. L., et al. (2007), Physical activity and public health: Updated recommendation for adults from the American College of Sports Medicine and the American Heart Association, *Medicine and Science in Sports and Exercise* 39:1423-34; Nelson, M.;E., et al. (2007), Physical activity and public health in older adults: Recommendation from the American College of Sports Medicine and the American Heart Association, *Medicine and Science in Sports and Exercise* 39:1435-45.

第七章　打鬥與運動競技：從利牙到美式足球

1. Wrangham, R. W., and Peterson, D. (1996), *Demonic Males: Apes and the Origins of Human Violence* (Boston: Houghton Mifflin).
2. Wrangham, R. W., Wilson, M. L., and Muller, M. N. (2006), Comparative rates of violence

Does exercise- induced muscle damage play a role in skeletal muscle hypertrophy?, *Journal of Strength and Conditioning Research* 26:1441-53.

42. MacDougall, J. D., et al. (1984), Muscle fiber number in biceps brachii in bodybuilders and control subjects, *Journal of Applied Physiology: Respiratory, Environmental, and Exercise Physiology* 57:1399-403.
43. MacDougall, J. D., et al. (1977), Biochemical adaptation of human skeletal muscle to heavy resistance training and immobilization, *Journal of Applied Physiology: Respiratory, Environmental, and Exercise Physiology* 43:700-703; Damas, F., Libardi, C. A., and Ugrinowitsch, C. (2018), The development of skeletal muscle hypertrophy through resistance training: The role of muscle damage and muscle protein synthesis, *European Journal of Applied Physiology* 118:485-500.
44. French, D. (2016), *Adaptations to anaerobic training programs, in Essentials of Strength Training and Conditioning*, 4th ed., ed. G. G. Haff and N. T. Triplett (Champaign, Ill.: Human Kinetics), 87-113.
45. Rana, S. R., et al. (2008), Comparison of early phase adaptations for traditional strength and endurance, and low velocity resistance training programs in college-aged women, *Journal of Strength and Conditioning Research* 22:119-27.
46. Tinker, D. B., Harlow, H. J., and Beck, T. D. (1998), Protein use and musclefiber changes in free- ranging, hibernating black bears, *Physiological Zoology* 71:414-24; Hershey, J. D., et al. (2008), Minimal seasonal alterations in the skeletal muscle of captive brown bears, *Physiological and Biochemical Zoology* 81:138-47.
47. Evans, W. J. (2010), Skeletal muscle loss: Cachexia, sarcopenia, and inactivity, *American Journal of Clinical Nutrition* 91:1123S-1127S.
48. de Boer, M. D., et al. (2007), Time course of muscular, neural, and tendinous adaptations to 23 day unilateral lower-limb suspension in young men, *Journal of Physiology* 583:1079-91.
49. LeBlanc, A., et al. (1985), Muscle volume, MRI relaxation times (T2), and body composition after spaceflight, *Journal of Applied Physiology* 89:2158-64; Edgerton, V. R., et al. (1995), Human fiber size and enzymatic properties after 5 and 11 days of spaceflight, *Journal of Applied Physiology* 78:1733-39; Akima, H., et al. (2000), Effect of short-duration spaceflight on thigh and leg muscle volume, *Medicine and Science in Sports and Exercise* 32:1743-47.
50. Akima, H., et al. (2001), Muscle function in 164 men and women aged 20-84 yr., *Medicine and Science in Sports and Exercise* 33:220-26; Purves-Smith, F.;M., Sgarioto, N., and Hepple, R.T. (2014), Fiber typing in aging muscle, *Exercise Sport Science Reviews* 42:45-52.
51. Dodds, R. M., et al. (2014), Grip strength across the life course: Normative data from twelve British studies, *PLOS ONE* 9:e113637; Dodds, R. M., et al. (2016), Global variation in grip strength: A systematic review and metaanalysis of normative data, *Age and Ageing* 45:209-16.

in a Foraging Society (Cambridge, U.K.: Cambridge University Press); Kramer, K. L. (2011), The evolution of human parental care and recruitment of juvenile help, *Trends in Ecology and Evolution* 26:533-40; Kramer, K. L. (2005), *Maya Children: Helpers at the Farm* (Cambridge, Mass.: Harvard University Press).

32. 骨骼可因負重而變粗，但臉部上半從沒有承載過很大的重量，即使嚼很硬的食物也是如此。所以使臉部骨骼變得格外粗大只有一種途徑，就是荷爾蒙。有可能是生長激素，但這種荷爾蒙也會導致巨人症，所以當然不適用於矮壯的尼安德塔人。生長激素也不會加大肌肉質量。請參閱Lange, K. H. (2002), GH administration changes myosin heavy chain isoforms in skeletal muscle but does not augment muscle strength or hypertrophy, either alone or combined with resistance exercise training in healthy elderly men, *Journal of Clinical Endocrinology and Metabolism* 87:513-23.
33. Penton-Voak, I. S., and Chen, J. Y. (2004), High salivary testosterone is linked to masculine male facial appearance in humans, *Evolution and Human Behavior* 25:229-41; Verdonck, A. M., et al. (1999), Effect of low-dose testosterone treatment on craniofacial growth in boys with delayed puberty, *European Journal of Orthodontics* 21:137-43.
34. Cieri, R. L., et al. (2014), Craniofacial feminization, social tolerance, and the origins of behavioral modernity, *Current Anthropology* 55:419-43.
35. Bhasin, S., et al. (1996), The effects of supraphysiologic doses of testosterone on muscle size and strength in normal men, *New England Journal of Medicine* 335:1-7.
36. Fox, P. (2016), Teen girl uses "crazy strength" to lift burning car of dad, *USA Today*, Jan. 12, 2016, www.usatoday.com.
37. Walker, A. (2008), The strength of great apes and the speed of humans, *Current Anthropology* 50:229-34.
38. Haykowsky, M. J., et al. (2001), Left ventricular wall stress during leg-press exercise performed with a brief Valsalva maneuver, *Chest* 119:150-54.
39. 必須透過多種動作產生的力有一項效益，是肌肉拉長或收縮時必須更努力工作。神經促使肌肉啟動時，肌凝蛋白分子的頭部會反覆抓住肌動蛋白微絲，翹起、放開、接著再次抓住，就像在比賽拔河一樣。雖然任何時刻都有幾百萬個肌凝蛋白頭在反覆做這個動作，但肌肉長度決定它能發出多少力來抵抗反方向的承載。肌肉在接近靜止長度下等長收縮時發出的力最大。肌肉縮短時，微絲彼此重疊，因此減少肌凝蛋白頭拉扯肌動蛋白微絲的機會。肌肉拉長時，微絲重疊部分減少，肌凝蛋白頭抓住肌動蛋白微絲的機會也會減少。
40. 關於不錯的評論，請參閱Herzog, W., et al. (2008), Mysteries of muscle contraction, *Journal of Applied Biomechanics* 24:1-13.
41. Fridén, J., and Lieber, R. L. (1992), Structural and mechanical basis of exercise-induced muscle injury, *Medicine and Science in Sports and Exercise* 24:521-30; Schoenfeld, B. J. (2012),

20. Paul du Chaillu (1867), *Stories of the Gorilla Country* (New York: Harper).
21. Peterson, D., and Goodall, J. (2000), *Visions of Caliban: On Chimpanzees and People* (Athens: University of Georgia Press).
22. Wrangham, R. W., and Peterson, D. (1996), *Demonic Males: Apes and the Origins of Human Violence* (Boston: Houghton MiAin).
23. Bauman, J. E. (1923), The strength of the chimpanzee and orang, *Scientific Monthly* 16:432-39; Bauman, J. E. (1926), Observations on the strength of the chimpanzee and its implications, *Journal of Mammalogy* 7:1-9.
24. Finch, G. (1943), The bodily strength of chimpanzees, *Journal of Mammalogy* 24:224-28.
25. Edwards, W. E. (1965), *Study of Monkey, Ape, and Human Morphology and Physiology Relating to Strength and Endurance Phase IX: The Strength Testing of Five Chimpanzee and Seven Human Subjects* (Fort Belvoir, Va.: Defense Technical Information Center).
26. Scholz, M. N., et al. (2006), Vertical jumping performance of bonobo (Pan paniscus) suggests superior muscle properties, *Proceedings of the Royal Society B: Biological Sciences* 273:2177-84.
27. 這兩個物種間肌肉結構的主要差異是黑猩猩的快縮肌纖維比例較高，因此產生的力量更大，肌纖維也比較長，所以每單位力產生的速度較快，結果就是力量和爆發力都比較大。請參閱O'Neill, M. C., et al. (2017), Chimpanzee super strength and human skeletal muscle evolution, *Proceedings of the National Academy of Sciences, USA* 114:7343-48.
28. 關於對尼安德塔人的看法的歷史，請參閱Trinkaus, E., and Shipman, P. (1993), *The Neanderthals: Changing the Image of Mankind* (New York: Alfred;A. Knopf).
29. King, W. (1864), The reputed fossil man of the Neanderthal, *Quarterly Journal of Science* 1:88-97. 引文出自第九十六頁。
30. 在因紐特人中，男性體脂肪率約為12%至15%，女性為19%至26%。請參閱Churchill, S. E. (2014), *Thin on the Ground: Neanderthal Biology, Archeology, and Ecology* (Ames, Iowa: John Wiley & Sons).
31. 一項經典研究指出，職業網球選手用來打出幾百萬球的執拍手，往往比只用來拋球的手粗三分之一。肌肉產生的力是骨骼必須抵抗的主要力，所以可以推斷尼安德塔人等古代人應該非常強壯。然而這個推論有個問題，就是運動對骨骼的影響沒有對肌肉那麼簡單。如果我明年在健身房鍛鍊上半身一整年，我的二頭肌和三頭肌會明顯變壯，但我的手臂骨骼變粗的程度幾乎看不出來。骨骼和肌肉不同，使骨骼長大的主要因素是負重，而且只限於年輕時。因此，如果尼安德塔人等原始人比較強壯和活動量較大，以至於骨骼比較粗，那麼他們成年前的活動量一定超級大。這點相當令人費解，因為現代狩獵採集者的小孩據說做事不算多，比在農場長大的小孩少得多。請參閱Pearson, O. M., and Lieberman, D. E. (2004), The aging of Wolf's "law": Ontogeny and responses of mechanical loading to cortical bone, *Yearbook of Physical Anthropology* 29:63-99; Lee, R. B. (1979), *The !Kung San: Men, Women, and Work*

Manifesto: Living Wild in the Manmade World (New York: Harmony Books).

11. Ratey, J. J., and Manning, R. (2014), *Go Wild: Free Your Body and Mind from the Affictions of Civilization* (New York: Little, Brown), 8.
12. Marlowe, F. W. (2010), T*he Hadza: Hunter-Gatherers of Tanzania* (Berkeley: University of California Press); Hiernaux, J., and Hartong, D. B. (1980), Physical measurements of the Hadza, *Annals of Human Biology* 7:339-46.
13. 哈札人男性平均握力為三十三公斤，女性平均握力為二十一公斤。Mathiowetz, V., et al. (1985), Grip and pinch strength: Normative data for adults, *Archives of Physical Medicine and Rehabilitation* 66:69-74; Günther, C. M., et al. (2008), Grip strength in healthy Caucasian adults: Reference values, *Journal of Hand Surgery of America* 33:558-65; Leyk, D., et al. (2007), Hand-grip strength of young men, women, and highly trained female athletes, *European Journal of Applied Physiology* 99:415-21.
14. Walker, R., and Hill, K. (2003), Modeling growth and senescence in physical performance among the Aché of eastern Paraguay, *American Journal of Human Biology* 15:196-208.
15. Blurton-Jones, N., and Marlowe, F. W. (2002), Selection for delayed maturity: Does it take 20 years to learn to hunt and gather?, *Human Nature* 13:199-238.
16. Evans, W. J. (1995), Effects of exercise on body composition and functional capacity of the elderly, *Journals of Gerontology Series A: Biological Sciences and Medical Sciences* 50:147-50; Phillips, S. M. (2007), Resistance exercise: Good for more than just Grandma and Grandpa's muscles, *Applied Physiology, Nutrition, and Metabolism* 32:1198-205.
17. Spenst, L. F., Martin, A. D., and Drinkwater, D. T. (1993), Muscle mass of competitive male athletes, *Journal of Sports Science* 11:3-8.
18. 有些肌肉發達的男女認為需要攝取大量蛋白質，供應他們不斷生長的健壯肌肉。然而細心研究發現，重訓愛好者增加的肌肉質量需要的蛋白質只比長跑選手等耐力運動員多20%左右。明顯地，體重九十公斤的健美愛好者，每天攝取蛋白質如果超過一百一十三到一百四十一公克，效益相當小。此外，身體也無法儲存多出的蛋白質，而必須把它分解後排出。因此攝取過多蛋白質可能造成許多問題，尤其是對腎臟而言。請參閱Lemon, P. W., et al. (1992), Protein requirements and muscle mass/strength changes during intensive training in novice bodybuilders, *Journal of Applied Physiology* 73:767-75; Phillips, S. M. (2004), Protein requirements and supplementation in strength sports, *Nutrition* 20:689-95; Hoffman, J. R., et al. (2006), Effect of protein intake on strength, body composition, and endocrine changes in strength/power athletes, *Journal of the International Society of Sports Nutrition* 3:12-18; Pesta, D. H., and Samuel, V. T. (2014), A high-protein diet for reducing body fat: *Mechanisms and possible caveats, Nutrition and Metabolism* 11:53.
19. 關於梠謝呂的生平和影響的進一步細節，請參閱Conniff, R. (2011), *The Species Seekers: Heroes, Fools, and the Mad Pursuit of Life on Earth* (New York: W. W. Norton).

動，所以反應最大。請參閱Gorassini, Y. S. B. (2002), Intrinsic activation of human motoneurons: Reduction of motor unit recruitment thresholds by repeated contractions, *Journal of Neurophysiology* 87:1859-66. See also Abe, T., Kumagai, K., and Brechue, W.F. (2000), Fascicle length of leg muscles is greater in sprinters than distance runners, *Medicine and Science in Sports and Exercise* 32:1125-29; Andersen, J. L., and Aargaard, P. (2010), Effects of strength training on muscle fiber types and size; consequences for athletes training for high-intensity sport, *Scandinavian Journal of Medicine and Science in Sports* 20(S2): 32-38.

54. MacInnis, M. J., and Gibala, M. J. (2017), Physiological adaptations to interval training and the role of exercise intensity, *Journal of Physiology* 595:2915-30.

第六章　肌力：從肌肉發達到骨瘦如柴

1. Obituary of Charles Atlas, *New York Times*, Dec. 24, 1972, 40.
2. 這些細節大多數來自Gaines, C. (1982), *Yours in Perfect Manhood: Charles Atlas* (New York: Simon & Schuster).
3. 關於美國身體文化史，建議閱讀Black, J. (2013), *Making the American Body* (Lincoln: University of Nebraska Press).
4. Eaton, S. B., Shostak, M., and Konner, M. (1988), *The Paleolithic Prescription: A Program of Diet and Exercise and a Design for Living* (New York: Harper & Row).
5. 原始人飲食是羅倫・寇狄恩（Loren Cordain）的註冊商標。
6. 原始人飲食要吃大量的肉（當然是草飼肉）、蔬菜和水果，並且避免吃乳製品、穀類、豆類和原始人時代沒有的現代食物。這種飲食除了對原始人實際吃的東西有所誤解，最大的問題是誤認古代人的飲食一定健康。天擇只在乎繁衍成功，所以人類在演化的影響下，攝取食物時只在乎促進繁衍，而不是健康。狩獵採集者和原始人飲食者吃的紅肉等許多食物，對健康都有可疑的影響，而且現代食物也並非全都不健康。如需進一步瞭解，請參閱Lieberman, D. E. (2013), *The Story of the Human Body: Evolution, Health, and Disease* (New York: Pantheon). Also, Zuk, M. (2013), *Paleofantasy: What Evolution Really Tells Us About Sex, Diet, and How We Live* (New York: W. W. Norton).
7. Le Corre, E. (2019), *The Practice of Natural Movement: Reclaim Power, Health, and Freedom* (Las Vegas, Nev.: Victory Belt).
8. Sisson, M. (2012), *The New Primal Blueprint: Reprogram Your Genes for E!ortless Weight Loss, Vibrant Health, and Boundless Energy*, 2nd ed. (Oxnard, Calif.: Primal Blueprint), 46-50.
9. Truswell, A. S., and Hanson, J. D. L. (1976), Medical research among the !Kung, in *Kalahari Hunter-Gatherers: Studies of the !Kung San and Their Neighbors*, ed. R. B. Lee and I. Devore (Cambridge, Mass.: Harvard University Press), 166-94. The quotation is from page 170.
10. O'Keefe, J. H., et al. (2011), Exercise like a hunter-gatherer: A prescription for organic physical fitness, *Progress in Cardiovascular Diseases* 53:471-79; Durant, J. (2013), *The Paleo*

endurance and activity metabolism in lizards, *American Journal of Physiology* 252:R439-R449; Garland, T. (1988), Genetic basis of activity metabolism: I. Inheritance of speed, stamina, and antipredator displays in the garter snake Thamnophis sirtalis, *Evolution* 42:335-50; Schaffer, H. B., Austin, C. C., and Huey, R. B. (1989), The consequences of metamorphosis on salamander (Ambystoma) locomotor performance, *Physiological Zoology* 64:212-31.

48. 伊蓮・摩根（Elaine Morgan）一九八二年的書籍《水猿》（*The Aquatic Ape: A Theory of Human Evolution*）使人類演化出游泳能力的概念廣為流傳。儘管受到許多科學家批評，這個偽科學概念在網路上仍相當流行，通常偽裝成陰謀論。雖然淡水和海洋資源在人類演化中有時相當重要，但能證明人類因天擇而擅於游泳的證據很少，而且鼻孔朝下等許多所謂的游泳適應作用，都已經證明並非如此。關於這些特徵，還有許多驗證更清楚、更讓人信服的適應假說。此外，即使是奧運游泳選手，也沒辦法游得非常快或非常好。海獅或海豚可以游到每小時四十公里，但人類連每小時十公里都游不到。如需進一步資訊，請參閱Langdon, J. H. (1997), Umbrella hypotheses and parsimony in human evolution: A critique of the Aquatic Ape Hypothesis, *Journal of Human Evolution* 33:479-94; Gee, H. (2013), *The Accidental Species: Misunderstandings of Human Evolution* (Chicago: University of Chicago Press).

49. Apicella, C. L. (2014), Upper-body strength predicts hunting reputation and reproductive success in Hadza hunter-gatherers, *Evolution and Human Behavior* 35:508-18; Walker, R., and Hill, K. (2003), Modeling growth and senescence in physical performance among the Aché of eastern Paraguay, *American Journal of Human Biology* 15:196-208.

50. 這是因為肌肉拉長時，肌小節拉長，因此肌凝蛋白和肌動蛋白間的重疊部分減少。在這種延長狀態下，肌肉比較難以出力，因此必須工作得更賣力。

51. Staron, R. S. (1991), Strength and skeletal muscle adaptations in heavyresistance-trained women after detraining and retraining, *Journal of Applied Physiology* 70:631-40; Staron, R. S., et al. (1994), Skeletal muscle adaptations during early phase of heavy-resistance training in men and women, *Journal of Applied Physiology* 76:1247-55; Häkkinen, K., et al. (1998), Changes in muscle morphology, electromyographic activity, and force production characteristics during progressive strength training in young and older men, *Journals of Gerontology Series A: Biological Sciences and Medical Sciences* 53:B415-B423.

52. Handsfield et al. (2017), Adding muscle where you need it.

53. Seynnes, O. R., de Boer, M., and Narici, M. V. (2007), Early skeletal muscle hypertrophy and architectural changes in response to high-intensity resistance training, *Journal of Applied Physiology* 102:368-73. 這個現象稱為大小法則（size principle）。肌肉接受命令發出力量時，會先啟動較小的慢縮（I型）肌纖維，再啟動較大較有力的快縮（II型）肌纖維。由於舉起很大的重量等最大出力必須用到所有肌纖維，所以所有肌纖維都會反應，但隨著動作不斷重複，力量較大的第二型肌纖維比較容易啟

應很強的人（高反應者）身上，產生影響的基因似乎不同。請參閱Bouchard, C., et al. (2011), Genomic predictors of the maximal O_2 uptake response to standardized exercise training programs, *Journal of Applied Physiology* 110:1160-70.

36. 關於不錯的相關評論，請參閱Epstein, D. (2013), *The Sports Gene: Inside the Science of Extraordinary Athletic Performance* (New York: Current Books).
37. Yang, N., et al. (2003), ACTN3 genotype is associated with human elite athletic performance, *American Journal of Human Genetics* 73:627-31; Berman, Y., and North, K. N. (2010), A gene for speed: The emerging role of alphaactinin-3 in muscle metabolism, *Physiology* 25:250-59.
38. Moran, C. N., et al. (2007), Association analysis of the ACTN3 R577X polymorphism and complex quantitative body composition and performance phenotypes in adolescent Greeks, *European Journal of Human Genetics* 15:88-93.
39. Pitsiladis, Y., et al. (2013), Genomics of elite sporting performance: What little we know and necessary advances, *British Journal of Sports Medicine* 47:550-55; Tucker, R., Santos-Concejero, J., and Collins, M. (2013), The genetic basis for elite running performance, *British Journal of Sports Medicine* 47:545-49.
40. Bray, M. S., et al. (2009), The human gene map for performance and healthrelated fitness phenotypes: The 2006-2007 update, *Medicine and Science in Sports and Exercise* 41:35-73; Guth, L. M., and Roth, S. M. (2013), Genetic influence on athletic performance, *Current Opinions in Pediatrics* 25:653-58.
41. Simoneau, J. A., and Bouchard, C. (1995), Genetic determinism of fiber type proportion in human skeletal muscle, *FASEB Journal* 9:1091-95.
42. Ama, P. F., et al. (1986), Skeletal muscle characteristics in sedentary black and Caucasian males, *Journal of Applied Physiology* 61:1758-61.
43. Wood, A. R., et al. (2014), Defining the role of common variation in the genomic and biological architecture of adult human height, *Nature Genetics* 46:1173-86.
44. Price, A. (2014), Year of the Dunk: A Modest Defiance of Gravity (New York: Crown).
45. Carling, C., et al. (2016), Match-to-match variability in high-speed running activity in a professional soccer team, *Journal of Sports Science* 34:2215-23.
46. Van Damme, R., et al. (2002), Performance constraints in decathletes, *Nature* 415:755-56. 另一個例子是有一項研究測定澳洲職業足球選手的一般運動能力，發現一千五百公尺跑步等耐力幾乎不會影響選手跳遠等爆發力。請參閱Wilson, R. S. (2014), Does individual quality mask the detection of performance trade-offs? A test using analyses of human physical performance, *Journal of Experimental Biology* 217:545-51.
47. Wilson, R. S., James, R. S., and Van Damme, R. (2002), Trade-offs between speed and endurance in the frog Xenopus laevis: A multi-level approach, *Journal of Experimental Biology* 205:1145-52; Garland, T., and Else, P. L. (1987), Seasonal, sexual, and individual variation in

Blackwell), 14-27.

24. 這個限制也是第九章的主題。它受基因以及訓練方式等環境因素影響相當大。
25. 精確地說，我們消耗的腺苷三磷酸約有20%來自立即但有限的肌酸磷酸，大約50%來自短期糖分解，只有30%左右來自長期有氧能量系統。請參閱Bogdanis et al. (1995), *Recovery of power output and muscle metabolites following 30s of maximal sprint cycling in man.*
26. Steinmetz, P. R. H., et al. (2012), Independent evolution of striated muscles in cnidarians and bilaterians, *Nature* 482:231-34.
27. 細微絲稱為肌動蛋白（actin），粗微絲稱為肌凝蛋白（myosin），肌凝蛋白上拉扯肌動蛋白微絲的部份稱為肌凝蛋白頭（myosin head）。腺苷三磷酸和肌凝蛋白頭結合時，可使肌小節縮短僅六奈米，大約相當於一張紙的厚度。大肌肉通常含有至少一百萬條肌纖維，而每條肌纖維具有約五千個肌小節，肌肉裡的幾十億個肌小節一起收縮，燃燒數十億個ATP，產生很大的力量。有趣的是，肌凝蛋白頭與肌動蛋白結合時不需要ATP，但ATP可使每個肌凝蛋白頭抓住和釋放肌動蛋白。因此，死亡後ATP耗盡，沒有ATP讓肌凝蛋白頭放開肌動蛋白，使肌肉進入死後僵直狀態。
28. 這種紅色必須染色或煮熟才看得出來，原因是肌紅蛋白比例較高。肌紅蛋白是血液中類似血紅素的蛋白質，作用是把肌細胞中的氧輸送到粒線體。消耗大量氧能量的肌肉需要的肌紅蛋白量，大於依靠糖分解運作的肌肉。
29. McArdle, W. D., Katch, F. I., and Katch, V. L. (2000), *Essentials of Exercise Physiology,* 2nd ed. (Baltimore: Lippincott Williams & Wilkins).
30. Costill, D. L. (1976), Skeletal muscle enzymes and fiber composition in male and female track athletes, *Journal of Applied Physiology* 40:149-54.
31. Zierath, J. R., and Hawley, J. A. (2004), Skeletal muscle fiber type: Influence on contractile and metabolic properties, *PLOS Biology* 2:e348.
32. Handsfield, G. G., et al. (2017), Adding muscle where you need it: Nonuniform hypertrophy patterns in elite sprinters, *Scandinavian Journal of Medicine and Science in Sports* 27:1050-60.
33. Van De Graaff, K. M. (1977), Motor units and fiber types of primary ankle extensors of the skunk (Mephitis mephitis), *Journal of Neurophysiology* 40:1424-31; Rodríguez-Barbudo, M. V., et al. (1984), Histochemical and morphometric examination of the cranial tibial muscle of dogs with varying aptitudes (greyhound, German shepherd, and fox terrier), *Zentralblatt für Veterinarmedizin: Reihe C* 13:300-312; Williams, T. M., et al. (1997), Skeletal muscle histology and biochemistry of an elite sprinter, the African cheetah, *Journal of Comprehensive Physiology* B 167:527-35.
34. Costa, A. M., et al. (2012), Genetic inheritance effects on endurance and muscle strength: An update, *Sports Medicine* 42:449-58.
35. 有趣的是，在最大攝氧量（VO_2 max）對訓練反應不明顯的人（不反應者）和反

13. Weyand, P. G., Lin, J. E., and Bundle, M. W. (2006), Sprint performanceduration relationships are set by the fractional duration of external force application, *American Journal of Physiology: Regulatory, Integrative, and Comparative Physiology* 290:R758-R765; Weyand, P. G., et al. (2010), The biological limits to running speed are imposed from the ground up, *Journal of Applied Physiology* 108:950-61; Bundle, M. W., and Weyand, P. G. (2012), Sprint exercise performance: Does metabolic power matter?, *Exercise Sports Science Reviews* 40:174-82.
14. 我們也能分解蛋白質當成能量來源，但這種方式少見得多，而且只會出現在脂肪和糖的來源短缺時。此外，讀者可能會想知道，腺苷二磷酸（ADP）有時可以分解成腺苷單磷酸（AMP），釋出更多能量。不過這種狀況更少發生。
15. Gillen, C. M. (2014), *The Hidden Mechanics of Exercise* (Cambridge, Mass.: Harvard University Press).
16. See McArdle, W. D., Katch, F. I., and Katch, V. L. (2007), *Exercise Physiology: Energy, Nutrition, and Human Performance* (Philadelphia: Lippincott Williams & Wilkins), 143; Gastin, P. B. (2001), Energy system interaction and relative contribution during maximal exercise, *Sports Medicine Journal* 10:725-41.
17. 這個過程通常非常緩慢，但肌細胞能供應一種酵素（肌酸磷酸激酶），使這個轉換過程加快五百倍。
18. Boobis, L., Williams, C., and Wootton, S. (1982), Human muscle metabolism during brief maximal exercise, *Journal of Physiology* 338:21-22; Nevill, M. E., et al. (1989), Effect of training on muscle metabolism during treadmill sprinting, *Journal of Applied Physiology* 67:2376-82. 請留意高強度訓練和攝取肉類等富含肌酸的食物可提高這些儲存，但幅度有限。請參閱Koch, A. J., Pereira, R., and Machado, M. (2014), The creatine kinase response to resistance training, *Journal of Musculoskeletal and Neuronal Interactions* 14:68-77.
19. 精確地說，糖分解過程包含十個步驟，每個糖分子需要消耗兩個腺苷三磷酸（ATP），產生四個腺苷三磷酸，因此淨增加兩個腺苷三磷酸。
20. Bogdanis, G. C., et al. (1995), Recovery of power output and muscle metabolites following 30s of maximal sprint cycling in man, *Journal of Physiology* 482:467-80.
21. Mazzeo, R. S., et al. (1986), Disposal of blood [1-13C] lactate in humans during rest and exercise, *Journal of Applied Physiology* 60:232-41; Robergs, R. A., Ghiasvand, F., and Parker, D. (2004), Biochemistry of exercise-induced metabolic acidosis, *American Journal of Physiology: Regulatory, Integrative, and Comparative Physiology* 287:R502-R516.
22. 這個過程又稱為檸檬酸循環，並包含另一個步驟，稱為氧化磷酸化（oxidative phosphorylation），但我為了簡化而把這兩個過程合併起來。
23. Maughan, R. J. (2000), Physiology and biochemistry of middle distance and long distance running, in *Handbook of Sports Science and Medicine: Running, ed. J. A. Hawley* (Oxford:

and impala, *Nature* 554:183-88.

9. 轉彎讓跑者必須施加側向力，讓身體轉往其他方向，因此使速度大幅降低。轉彎也會使動物變得較不穩定，因為動物要轉向兩側，必須把腳放到側面，而不是質量中心下方。這兩方面都很不利於人類。第一，人類奔跑時，同一時間只有一隻腳接觸地面，比四足動物容易跌倒。四足動物同一時間至少有兩隻腳接觸地面，位於內側的腳可協助支撐身體。此外人類也缺乏抓地力。現在的運動員藉助有釘或刺的鞋子，獵豹則有龐大又可縮起的爪子，作用與鞋釘相同，在改變方向時提供抓地力。請參閱Jindrich, D. L., Besier, T. F., and Lloyd, D. G. (2006), A hypothesis for the function of braking forces during running turns, *Journal of Biomechanics* 39:1611-20.
10. Rubenson, J., et al. (2004), Gait selection in the ostrich: Mechanical and metabolic characteristics of walking and running with and without an aerial phase, *Proceedings of the Royal Society B: Biological Science* 271:1091-99. Humans versus ostriches: Jindrich, D. L., et al. (2007), Mechanics of cutting maneuvers by ostriches (Struthio camelus), *Journal of Experimental Biology* 210:1378-90. 回答讀者的疑問：暴龍跑得可能不快，新估算結果指出牠的最大時速是二十公里左右。請參閱Sellers, W. I., et al. (2017), Investigating the running abilities of Tyrannosaurus rex using stress-constrained multibody dynamic analysis, *Peer J* 5:e3420.
11. Gambaryan, P., and Hardin, H. (1974), *How Mammals Run: Anatomical Adaptations* (New York: Wiley); Galis, F., et al. (2014), Fast running restricts evolutionary change of the vertebral column in mammals, *Proceedings of the National Academy of Sciences* USA 111:11401-6.
12. 請參閱Castillo, E. R., and Lieberman, D. E. (2018), Shock attenuation in the human lumbar spine during walking and running, *Journal of Experimental Biology* 221:jeb177949. 這裡我一直把焦點放在雙足行走在能量方面的缺點，但直立還會導致許多其他問題，其中之一是我們的頭部會劇烈搖晃。人類奔跑時，頭部會上下彈跳，但狗或馬疾馳時，即使身體其他部分都在動，頭部依然不動如山。四足動物的頭部就像裝在身體上的飛彈一樣。這種可以比擬飛彈的穩定性對奔跑而言十分重要，因為穩定眼球、防止動物視覺模糊的反射動作不夠迅速，無法克服快速位移。實驗結果指出，頭部轉動過快時，動物（包括人類）的眼睛無法有效聚焦在物體上，包括前方的障礙物。因此，頭部彈跳過度對於奔跑而言可能會有危險。四足動物解決這個問題的方式，是胸部前方到頭部後方有比較水平的頸部。由於有這個懸臂結構，動物的身體降低或抬高時就會相對抬高或降低頸部，以維持頭部穩定。有些動物更進一步，添加極富彈性的結構（頸韌帶），如此被動地穩定頭部，而不需要肌肉做太多工作。然而人類跑步時就像彈力棒，因為我們的頸部細短又垂直，並連接頭骨底部中央。雖然我們演化出一些特殊機制來防止頭部過度甩動，但無法防止頭部上下彈跳。如需進一步資訊，請參閱Lieberman, D. E.(2011), *The Evolution of the Human Head* (Cambridge, Mass.: Harvard University Press)第九章。

66. Chong, Fryer, and Gu (2013), *Prescription sleep aid use among adults.*
67. Kripke, D. F., Langer, R. D., and Kline, L. E. (2012), Hypnotics' association with mortality or cancer: A matched cohort study, *BMJ Open* 2:e000850.
68. Kripke, D. F. (2016), Hypnotic drug risks of mortality, infection, depression, and cancer: But lack of benefit, F1000 Research 5:918.
69. Huedo-Medina, T. B., et al. (2012), Effectiveness of non-benzodiazepine hypnotics in treatment of adult insomnia: Meta-analysis of data submitted to the Food and Drug Administration, *British Medical Journal* 345:e8343.
70. The quotation appears in Huffington (2016), *Sleep Revolution*, 48.
71. Buysse, D. J. (2014), Sleep health: Can we define it? Does it matter?, *Sleep* 37:9-17.
72. 更進一步說來，睡眠也包含一些身體活動，因為睡著的人每個晚上通常會翻身約一小時，以便防止太少活動造成的褥瘡和其他問題。此外，還有幾種病態性的夢遊身體活動，包括夢行和不寧腿症候群等。

第五章　速度：不是烏龜也不是兔子

1. Bourliere, F. (1964), *The Natural History of Mammals*, 3rd ed. (New York: Alfred A. Knopf).
2. 一般公牛奔跑時每小時可達三十五公里，大多數沒受過訓練但體態良好的人類時速是二十四公里。菁英短跑選手可以跑到和公牛一樣快。
3. Fiske-Harrison, A., et al. (2014), *Fiesta: How to Survive the Bulls of Pamplona* (London: Mephisto Press).
4. Salo, A. L., et al. (2010), Elite sprinting: Are athletes individually step frequency or step length reliant?, *Medicine and Science in Sport and Exercise* 43:1055-62.
5. 依據短跑專家彼得．韋恩德（Peter Weyand）指出，波特的最大步頻是每秒二．一到二．二步，略低於其他短跑選手。其他選手可達到每秒二．三到二．四步，更矮的短跑選手往往達到每秒二．五步。
6. Garland, T., Jr. (1983), The relation between maximal running speed and body mass in terrestrial mammals, *Journal of Zoology* 199:157-70.
7. 在一項著名的實驗中，哈佛大學生物學家理查．泰勒（C. Richard Taylor）宣稱獵豹的驚人高速只能維持四分鐘，接下來就會過熱而必須停下。然而這次實驗室實驗讓獵豹在遠低於最高速度下奔跑（想像一下讓跑步機以那麼快的速度運作，上面還有一隻危險又速度極快的掠食者會是什麼狀況）。而在南非進行的精細研究在野生獵豹身上裝置溫度計，發現牠們早在過熱前就停止奔跑。請參閱Hetem, R. S., et al. (2013), Cheetah do not abandon hunts because they overheat, *Biology Letters* 9:20130472; Taylor, C. R., and Rowntree, V. J. (1973), Temperature regulation and heat balance in running cheetahs: A strategy for sprinters?, *American Journal of Physiology* 224:848-51.
8. Wilson, A. M., et al. (2018), Biomechanics of predator-prey arms race in lion, zebra, cheetah,

cardiorespiratory fitness and odds of incident sleep complaints, *Medicine and Science in Sports and Exercise* 47:960-66; Dolezal, B. A., et al. (2017), Interrelationship between sleep and exercise: A systematic review, *Advances in Preventive Medicine* 2017:1364387.

56. Loprinzi, P. D., and Cardinal, B. J. (2011), Association between objectivelymeasured physical activity and sleep, *NHANES* 2005-2006, *Mental Health and Physical Activity* 4:65-69.

57. Fowler, P. M., et al. (2017), Greater effect of east versus west travel on jet lag, sleep, and team sport performance, *Medicine and Science* in *Sports and Exercise* 49:2548-61.

58. Gao, B., et al. (2019), Lack of sleep and sports injuries in adolescents: A systematic review and meta- analysis, *Journal of Pediatric Orthopedics* 39:e324-e333.

59. Hartescu, I., Morgan, K., and Stevinson, C. D. (2015), Increased physical activity improves sleep and mood outcomes in inactive people with insomnia: A randomized controlled trial, *Journal of Sleep Research* 24:526-34; Hartescu, I., and Morgan, K. (2019), Regular physical activity and insomnia: An international perspective, *Journal of Sleep Research* 28:e12745; Inoue, S., et al. (2013), Does habitual physical activity prevent insomnia? A cross-sectional Lieb_9781524746988_all_3p_r1.z.indd and longitudinal study of elderly Japanese, *Journal of Aging and Physical Activity* 21:119-39; Skarpsno, E. S., et al. (2018), Objectively measured occupational and leisure-time physical activity: Cross-sectional associations with sleep problems, *Scandinavian Journal of Work and Environmental Health* 44:202-11.

60. 關於壓力以及它對人體許多由皮質醇調節的影響，請參閱Sapolsky, R. M. (2004), *Why Zebras Don't Get Ulcers: An Updated Guide to Stress, Stress-Related Diseases, and Coping*, 3rd ed. (San Francisco: W;H. Freeman)

61. 失眠症的定義是即使在理想環境下也持續難以入睡或維持睡眠狀態。請參閱Leproult, R., et al. (1997), Sleep loss results in an elevation of cortisol levels the next evening, *Sleep* 20:865-70; Spiegel, K., Leproult, R., and Van Cauter, E. (1999), Impact of sleep debt on metabolic and endocrine function, *Lancet* 354:1435-39; Ohayon, M. M., et al.(2010), Using di5culty resuming sleep to define nocturnal awakenings, *Sleep Medicine* 11:236-41.

62. Spiegel, K., et al. (2004), Sleep curtailment in healthy young men is associated with decreased leptin levels: Elevated ghrelin levels and increased hunger and appetite, *Annals of Internal Medicine* 141:846-50.

63. Vgontzas, A. N., et al. (2004), Adverse effects of modest sleep restriction on sleepiness, performance, and inflammatory cytokines, *Journal of Clinical Endocrinology and Metabolism* 89:2119-26.

64. Shi, T., et al. (2019), Does insomnia predict a high risk of cancer? A systematic review and meta- analysis of cohort studies, *Journal of Sleep Research* 2019:e12876.

65. Colrain, I. M., Nicholas, C. L., and Baker, F. C. (2014), Alcohol and the sleeping brain, *Handbook of Clinical Neurology* 125:415-31.

co-sleeping, in Glaskin and Chenhall, *Sleep Around the World*, 113-32.

45. Ferber, R. (1986), *Solve Your Child's Sleep Problems* (New York: Fireside Books).
46. McKenna, J. J., Ball, H. L., and Gettler, L. T. (2007), Mother-infant cosleeping, breastfeeding, and sudden infant death syndrome: What biological anthropology has discovered about normal infant sleep and pediatric sleep medicine, *Yearbook of Physical Anthropology* 45:133-61.
47. McKenna, J. J., and McDade, T. (2006), Why babies should never sleep alone: A review of the co-sleeping controversy in relation to SIDS, bedsharing, and breast feeding, *Paediatric Respiratory Reviews* 6:134-52; Fleming, P., Blair, P., and McKenna, J. J. (2006), New knowledge, new insights, new recommendations, *Archives of Diseases in Childhood* 91:799-801.
48. 關於可診斷的失眠症，請參閱Ohayon, M. M., and Reynolds, C. F., III (2009), Epidemiological and clinical relevance of insomnia diagnosis algorithms according to the Diagnostic and Statistical Manual of Disorders (DSM-IV) and the International Classification of Sleep Disorders (ICSD), *Sleep Medicine* 10:952-60. 關於自稱的失眠，請參閱Centers for Disease Control and Prevention, 1 in 3 adults don't get enough sleep, press release, Feb. 18, 2016, www.cdc.gov.
49. Mai, E., and Buysse, D. J. (2008), Insomnia: Prevalence, impact, pathogenesis, differential diagnosis, and evaluation, *Sleep Medicine Clinics* 3:167-74.
50. Chong, Y., Fryer, C. D., and Gu, Q. (2013), Prescription sleep aid use among adults: United States, 2005-2010, *National Center for Health Statistics Data Brief* 127:1-8.
51. Borbély, A. A. (1982), A two process model of sleep regulation, *Human Neurobiology* 1:195-204.
52. Czeisler, C. A., et al. (1999), Stability, precision, and near-24-hour period of the human circadian pacemaker, *Science* 284:2177-81.
53. 沒錯，這句話參考了《哈利波特》，請參閱McNamara, P., and Auerbach, S. (2010), Evolutionary medicine of sleep disorders: Toward a science of sleep duration, in McNamara, Barton, and Nunn, *Evolution of Sleep*, 107-22.
54. Murphy, P. J., and Campbell, S. S. (1997), Nighttime drop in body temperature: A physiological trigger for sleep onset?, *Sleep* 20:505-11; Uchida, S., et al. (2012), Exercise effects on sleep physiology, *Frontiers in Neurology* 3:48; Youngstedt, S. D. (2005), Effects of exercise on sleep, *Clinics in Sports Medicine* 24:355-65.
55. Kubitz, K. A., et al. (1996), The effects of acute and chronic exercise on sleep: A meta-analytic review, *Sports Medicine* 21:277-91; Youngstedt, S. D., O'Connor, P. J., and Dishman, R. K. (1997), The effects of acute exercise on sleep: A quantitative synthesis, *Sleep* 20:203-14; Singh, N. A., Clements, K. M., and Fiatarone, M. A. (1997), A randomized controlled trial of the effect of exercise on sleep, *Sleep* 20:95-101; Dishman, R. K., et al. (2015), Decline in

York Health Study, *American Journal of Epidemiology* 168:1353-64.

32. Lopez-Minguez, J., et al. (2015), Circadian system heritability as assessed by wrist temperature: A twin study, *Chronobiology International* 32:71-80; Jones, S. E., et al. (2019), Genome-wide association analyses of chronotype in 697,828 individuals provides insights into circadian rhythms, *Nature Communications* 10:343.
33. Ekirch, A. R. (2005), *At Day's Close: Night in Times Past* (New York: W. W. Norton).
34. Samson et al. (2017), *Segmented sleep in a nonelectric, small-scale agricultural society in Madagascar*; Worthman, C. M. (2002), After dark: The evolutionary ecology of human sleep, in *Perspectives in Evolutionary Medicine*, ed. W. R. Trevathan, E. O. Smith, and J. J. McKenna (Oxford: Oxford University Press), 291-313; Worthman, C. M., and Melby, M. K. (2002), Towards a comparative developmental ecology of human sleep, in *Adolescent Sleep Patterns: Biological, Social, and Psychological Influences*, ed. M. A. Carskadon (Cambridge, U.K.: Cambridge University Press), 69-117.
35. Randler, C. (2014), Sleep, sleep timing, and chronotype in animal behaviour, *Behaviour* 94:161-66.
36. 不過這項研究需要再做一次，因為睡著的人每個晚上通常會移動大約一小時，因此看起來像醒著。請參閱Samson, D. R., et al. (2017), Chronotype variation drives night-time sentinel-like behaviour in hunter-gatherers, *Proceedings of the Royal Society of Science B: Biological Science* 28:20170967.
37. Snyder, F. (1966), Toward an evolutionary theory of dreaming, *American Journal of Psychiatry* 123:121-36; Nunn, C. L., Samson, D. R., and Krystal, A. D. (2016), Shining evolutionary light on human sleep and sleep disorders, *Evolutionary Medicine and Public Health* 2016:227-43.
38. Van Meijl, T. (2013), Maori collective sleeping as cultural resistance, in *Sleep Around the World: Anthropological Perspectives*, ed. K. Glaskin and R. Chenhall (London: Palgrave Macmillan), 133-49.
39. Lohmann, R. I. (2013), Sleeping among the Asabano: Surprises in intimacy and sociality at the margins of consciousness, in *Glaskin and Chenhall, Sleep Around the World*, 21-44; Musharbash, Y. (2013), Embodied meaning: Sleeping arrangements in Central Australia, in ibid., 45-60.
40. Worthman and Melby (2002), *Towards a comparative developmental ecology of human sleep.*
41. Reiss, B. (2017), *Wild Nights: How Taming Sleep Created Our Restless World* (New York: Basic Books).
42. Ekirch (2005), *At Day's Close.*
43. Worthman (2008), *After dark.*
44. Alexeyeff, K. (2013), Sleeping safe: Perceptions of risk and value in Western and Pacific infant

(2014), Sleep duration, quality, and timing and their associations with age in a community without electricity in Haiti, *American Journal of Human Biology* 26:80-86; Samson, D. R., et al. (2017), Segmented sleep in a nonelectric, small-scale agricultural society in Madagascar, *American Journal of Human Biology* 29:e22979.

27. 不過與這些發現相反的是，有人比較以往是搜食者的兩個阿根廷托巴族族群，發現在冬季，沒有電的聚落成員睡眠時間比有電的聚落長一小時以上。請參閱 de la Iglesia, H. O., et al. (2015), Access to electric light is associated with shorter sleep duration in a traditionally hunter- gatherer community, *Journal of Biological Rhythms* 30:342-50.
28. Youngstedt, S. D., et al. (2016), Has adult sleep duration declined over the last 50+ years?, *Sleep Medicine Reviews* 28:69-85.
29. 睡眠專家馬修・沃克（Matthew Walker）在暢銷書《為什麼要睡覺》中排除了這些資料，宣稱即使測定值正確，狩獵採集者應該也會睡得更多。他以他們的預期壽命為五十八歲和罹患傳染病的機率當成證據，認為如果他們睡得更多，這兩者應該都會改善。然而這些批評是有問題的。如果他以高嬰兒死亡率進行校正，大多數狩獵採集者可以活到七十歲以上，罹患傳染病的機率實際上則遠低於缺乏現代化醫療的農民和工業化人類。沃克同時也錯誤地指出狩獵採集者壓力很大，因此缺乏睡眠，原因是他們缺乏熱量。關於狩獵採集者預期壽命和死亡原因，請參閱Gurven, M., and Kaplan, H. (2007), Longevity among hunter- gatherers: A cross-cultural examination, *Population and Development Review* 33:321-65.
30. Kripke, D.; F., et al. (2002), Mortality associated with sleep duration and insomnia, *Archives of General Psychiatry* 59:131-36. The study was actually a follow-up to a 1964 study that received little attention: Hammond, E. C. (1964), Some preliminary findings on physical complaints from a prospective study of 1,064,004 men and women, *American Journal of Public Health* 54:11-23.
31. Tamakoshi, A., and Ohno, Y. (2004), Self- reported sleep duration as a predictor of all-cause mortality: Results from the JACC study, Japan, *Sleep* 27:51-54; Youngstedt, S. D., and Kripke, D. F. (2004), Long sleep and mortality: Rationale for sleep restriction, *Sleep Medicine Reviews* 8:159-74; Bliwise, D. L., and Young, T. B. (2007), The parable of parabola: What the U-shaped curve can and cannot tell us about sleep, *Sleep* 30:1614-15; Ferrie, J. E., et al. (2007), A prospective study of change in sleep duration; associations with mortality in the Whitehall II cohort, *Sleep* 30:1659-66; Hublin, C., et al. (2007), Sleep and mortality: A population-based 22-year follow-up study, *Sleep* 30:1245-53; Shankar, A., et al. (2008), Sleep duration and coronary heart disease mortality among Chinese adults in Singapore: A population-based cohort study, *American Journal of Epidemiology* 168:1367-73; Stranges, S., et al. (2008), Correlates of short and long sleep duration: A cross-cultural comparison between the United Kingdom and the United States: The Whitehall II study and the Western New

Vehicle Crashes Involving Drowsy Drivers, United States, 2009-2013 (Washington, D.C.: AAA Foundation for Tra5c Safety).

19. Mascetti, G. G. (2016), Unihemispheric sleep and asymmetrical sleep: Behavioral, neurophysiological, and functional perspectives, *Nature and Science of Sleep* 8:221-38.
20. Capellini (2010), Ecological constraints on mammalian sleep architecture.
21. 老實說，我們不確定黑猩猩在這段時間睡了多久。請參閱Samson, D., and Nunn, C. L. (2015), Sleep intensity and the evolution of human cognition, *Evolutionary Anthropology* 24:225-37.
22. Ford, E. S., Cunningham, T. J., and Croft, J. B. (2015), Trends in self-reported sleep duration among US adults from 1985 to 2012, *Sleep* 38:829-32; Groeger, J. A., Zijlstra, F. R. H., and Dijk, D. J. (2004), Sleep quantity, sleep diffculties, and their perceived consequences in a representative sample of some 2000 British adults, *Journal of Sleep Research* 13:359-71; Luckhaupt, S. E., Tak, S., and Calvert, G. M. (2010), The prevalence of short sleep duration by industry and occupation in the National Health Interview Survey, *Sleep* 33:149-59; Ram, S., et al. (2010), Prevalence and impact of sleep disorders and sleep habits in the United States, *Sleep and Breathing* 14:63-70. Note that worldwide the percentage of people who report not getting the minimum of seven to eight hours they supposedly require is slightly lower, about one in four. See Soldatos et al. (2005), *How do individuals sleep around the world?*
23. 一項研究比較六百多人的自稱和以感測器測定的睡眠時間，自稱睡六個半小時的人其實只睡五小時，自稱睡七個半小時的人其實只睡了七小時。請參閱Lauderdale, D. S., et al. (2008), Self-reported and measured sleep duration: How similar are they?, *Epidemiology* 19:838-45.
24. Lauderdale, D. S., et al. (2006), Objectively measured sleep characteristics among early-middle-aged adults: The CARDIA study, *American Journal of Epidemiology* 164:5-16; Blackwell, T., et al. (2011), Factors that may influence the classification of sleep- wake by wrist actigraphy: The MrOS Sleep Study, *Journal of Clinical Sleep Medicine* 7:357-67; Natale, V., et al. (2014), The role of actigraphy in the assessment of primary insomnia: A retrospective study, *Sleep Medicine* 15:111-15; Lehnkering, H., and Siegmund, R. (2007), Influence of chronotype, season, and sex of subject on sleep behavior of young adults, *Chronobiology International* 24:875-88; Robillard, R., et al. (2014), Sleep-wake cycle in young and older persons with a lifetime history of mood disorders, *PLOS ONE* 9:e87763; Heeren, M., et al. (2014), Active at night, sleepy all day: Sleep disturbances in patients with hepatitis C virus infection, *Journal of Hepatology* 60:732-40.
25. 請參閱Walker (2017), *Why We Sleep*.
26. Evans, D.; S., et al. (2011), Habitual sleep/wake patterns in the Old Order Amish: Heritability and association with non-genetic factors, *Sleep* 34:661-69; Knutson, K. L.

5. 關於一項同類實驗的精彩記述，請參閱Boese, A. (2007), *Elephants on Acid, and Other Bizarre Experiments* (New York: Harvest Books).
6. Sharma, S., and Kavuru, M. (2010), Sleep and metabolism: An overview, *International Journal of Endocrinology* 2010:270832; Van Cauter, E., and Copinschi, G. (2000), Interrelationships between growth hormone and sleep, *Growth Hormone and IGF Research* 10:S57-S62.
7. Capellini, I., et al. (2010), Ecological constraints on mammalian sleep architecture, in *The Evolution of Sleep: Phylogenetic and Functional Perspectives,* ed. P. McNamara, R. A. Barton, and C. L. Nunn (Cambridge, U.K.: Cambridge University Press), 12-33.
8. Schacter, D. L. (2001), *The Seven Sins of Memory: How the Mind Forgets and Remembers* (Boston: Houghton MiAin).
9. 舉例來說，斑馬就必須記得射殺牠姐妹的是人類，而不是姐妹吃的草、那人穿的上衣的顏色，或是當天是否豔陽高照。
10. Stickgold, R., and Walker, M. P. (2013), Sleep-dependent memory triage: Evolving generalization through selective processing, *Nature Neuroscience* 16:139-45.
11. 雖然睡眠有助於儲存和整理記憶，但這能解釋我們的睡眠時間嗎？我淋浴淋得比較久、外出走路，或以其他方式放鬆時也在想事情，而且也不確定睡得比較多就能讓記憶力更好。大象是腦部最大的陸生動物，也是最聰明的動物之一，在自然界每天只睡兩小時，但沒那麼聰明的棕蝠每天睡二十小時。請參閱Gravett, N., et al. (2017), Inactivity/sleep in two wild free-roaming African elephant matriarchs—does large body size make elephants the shortest mammalian sleepers?, *PLOS ONE* 12:e0171903.
12. 傷害最大的是自由基。自由基是具有不成對電子的分子，很容易與其他分子產生反應，造成各種細胞損傷。
13. Mander, B. A., et al. (2015), β-amyloid disrupts human NREM slow waves and related hippocampus- dependent memory consolidation, *Nature Neuroscience* 18:1051-57.
14. 體內主要能量儲備位置是與三個磷酸鹽結合的腺苷酸，稱為腺苷三磷酸（ATP）。腺苷三磷酸分解時釋出能量，當腺苷酸分子慢慢積聚在腦部，會使我們昏昏欲睡。咖啡因能和腦中原本與腺苷酸結合的受體互相結合，封鎖受體原本的功能，因此讓我們保持清醒。
15. 腦中充滿腦脊髓液，讓血液無法接觸腦細胞。這是因為神經元直接接觸血液會遭到破壞（中風就是這類狀況）。此外，血腦障壁使血液無法直接接觸腦部，藉以防止血液中的感染物質和毒素進入腦部。
16. Xie, L., et al. (2013), Sleep drives metabolite clearance from the adult brain, *Science* 342:373-77.
17. Suntsova, N., et al. (2002), Sleep-waking discharge patterns of median preoptic nucleus neurons in rats, *Journal of Physiology* 543:666-77.
18. *American Automobile Association Foundation for Traffic Safety* (2014), Prevalence of Motor

pain, *Occupational Medicine* 61:541-48.

70. Driessen, M. T., et al. (2010), The effectiveness of physical and organizational ergonomic interventions on low back pain and neck pain: A systematic review, *Occupational and Environmental Medicine* 67:277-85; O'Sullivan, K., et al. (2012), The effect of dynamic sitting on the prevention and management of low back pain and low back discomfort: A systematic review, *Ergonomics* 55:898-908; O'Keeffe, M., et al. (2013), Specific flexion-related low back pain and sitting: Comparison of seated discomfort on two different chairs, *Ergonomics* 56:650-58; O'Keeffe, M., et al. (2016), Comparative effectiveness of conservative interventions for nonspecific chronic spinal pain: Physical, behavioral/psychologically informed, or combined? A systematic review and meta-analysis, *Journal of Pain* 17:755-74.
71. Lahad, A. (1994), The effectiveness of four interventions for the prevention of low back pain, *Journal of the American Medical Association* 272:1286-91; Tveito, T. H., Hysing, M., and Eriksen, H. R. (2004), Low back pain interventions at the workplace: A systematic literature review, *Occupational Medicine* 54:3-13; van Poppel, M. N., Hooftman, W. E., and Koes, B. W. (2004), An update of a systematic review of controlled clinical trials on the primary prevention of back pain at the workplace, *Occupational Medicine* 54:345-52; Bigos, S. J., et al. (2009), High-quality controlled trials on preventing episodes of back problems: Systematic literature review in working- age adults, *Spine Journal* 9:147-68; Moon, H. J., et al. (2013), Effect of lumbar stabilization and dynamic lumbar strengthening exercises in patients with chronic low back pain, *Annals of Rehabilitative Medicine* 37:110-17; Steele, J., et al. (2013), A randomized controlled trial of limited range of motion lumbar extension exercise in chronic low back pain, *Spine* 38:1245-52; Lee, J. S., and Kang, S. J. (2016), The effects of strength exercise and walking on lumbar function, pain level, and body composition in chronic back pain patients, *Journal of Exercise Rehabilitation* 12:463-70.

第四章　睡眠：壓力為什麼妨礙休息？

1. Woolf, V. (1925), *The Common Reader* (London: Hogarth Press).
2. Lockley, S. W., and Foster, R. G. (2012), *Sleep: A Very Short Introduction* (New York: Oxford University Press).
3. Soldatos, C. R., et al. (2005), How do individuals sleep around the world? Results from a single-day survey in ten countries, *Sleep Medicine* 6:5-13.
4. 關於兩則流傳頗廣，許多人讀過的記述，請參閱Huffington, A. (2016), *The Sleep Revolution: Transforming Your Life One Night at a Time* (New York: Harmony Books); Walker, M. (2017), *Why We Sleep: Unlocking the Power of Sleep and Dreams* (New York: Simon & Schuster). 關於缺乏睡眠產生影響的資料，請參閱Mitler, M. M., et al. (1988), Catastrophes, sleep, and public policy: Consensus report, *Sleep* 11:100-109.

Rehabilitation Medicine, Supplement, 3:91-108.

65. O'Sullivan, K., et al. (2012), What do physiotherapists consider to be the best sitting spinal posture?, *Manual Therapy* 17:432-37; O'Sullivan, K., et al. (2013), Perceptions of sitting posture among members of the community, both with and without non-specific chronic low back pain, *Manual Therapy* 18:551-56.
66. Hewes, G. (1953), Worldwide distribution of certain postural habits, *American Anthropologist* 57:231-44.
67. 一九七〇年代，研究人員在受試者的背部插上許多針，測量各種姿勢對脊椎中各椎間盤造成的壓力。這些痛苦的實驗發現，坐著使下背部椎間盤的壓力增加到三倍，下背部打直的駝背姿勢產生的壓力更大，也會使下背部組織緊繃，很可能導致退化和疼痛。新科技讓研究人員得以在脊椎上裝置更精確的微型感測器但不造成傷害。結果指出以往的測量值太過誇大。坐著和站立產生的壓力都很低，不大可能造成傷害。此外，有數十項實驗證實，許多專家推薦的所謂理想坐姿，也就是下背部有曲線的直立坐姿，其實會提高肌肉活動量，同時增加脊椎負擔。關於以往的研究，請參閱Andersson, B. J., et al. (1975), The sitting posture: An electromyographic and discometric study, *Orthopedic Clinics of North America* 6:105-20; Nachemson, A., and Morris, J. (1964), In vivo measurements of intradiscal pressure. Discometry, a method for the determination of pressure in the lower lumbar discs. Lumbar discometry. Lumbar intradiscal pressure measurements in vivo, *Journal of Bone and Joint Surgery of America* 46:1077-92; Andersson, B. J., and Ortengren, R. (1974), Lumbar disc pressure and myoelectric back muscle activity during sitting. II. Studies on an office chair, *Scandinavian Journal of Rehabilitative Medicine* 6:115-21. 更新研究見 Claus, A., et al. (2008), Sitting versus standing: Does the intradiscal pressure cause disc degeneration or low back pain?, *Journal of Electromyography and Kinesiology* 18:550-58; Carcone, S. M., and Keir, P. J. (2007), Effects of backrest design on biomechanics and comfort during seated work, *Applied Ergonomics* 38:755-64; Lander, C., et al. (1987), The Balans chair and its semi-kneeling position: An ergonomic comparison with the conventional sitting position, *Spine* 12:269-72; Curran, M., et al. (2015), Does using a chair backrest or reducing seated hip flexion influence trunk muscle activity and discomfort? A systematic review, *Human Factors* 57:1115-48.
68. Christensen, S. T., and Hartvigsen, J. (2008), Spinal curves and health: A systematic critical review of the epidemiological literature dealing with associations between sagittal spinal curves and health, *Journal of Manipulative and Physiological Therapeutics* 31:690-714; Roffey, D. M., et al. (2010), Causal assessment of awkward occupational postures and low back pain: Results of a systematic review, *Spine Journal 10*:89-99.
69. Roffey et al. (2010), Causal assessment of awkward occupational postures and low back pain; Kwon, B. K., et al. (2011), Systematic review: Occupational physical activity and low back

55. Ravussin, E., et al. (1986), Determinants of 24-hour energy expenditure in man: Methods and results using a respiratory chamber, *Journal of Clinical Investigation* 78:1568-78.

56. Koepp, G. A., Moore, G. K., and Levine, J. A. (2016), Chair-based fidgeting and energy expenditure, *BMJ Open Sport and Exercise Medicine* 2:e000152; Morishima, T. (2016), Prolonged sitting-induced leg endothelial dysfunction is prevented by fidgeting, *American Journal of Physiology: Heart and Circulatory Physiology* 311:H177-82.

57. Hagger-Johnson, G., et al. (2016), Sitting time, fidgeting, and all-cause mortality in the UK Women's Cohort Study, *American Journal of Preventive Medicine* 50:154-60.

58. 以下幾項搜食社會研究可以支持這些數字：巴拉圭阿奇族每天坐三・四到七・五小時；委內瑞拉希威族每天坐四到六小時；桑族每天坐六・六小時左右；哈札人每天至少坐六・六小時。Hill, K. R., et al. (1985), Men's time allocation to subsistence work among the Aché of eastern Paraguay, *Human Ecology* 13:29-47; Hurtado, A. M., and Hill, K. R. (1987), Early dry season subsistence ecology of Cuiva (Hiwi) foragers of Venezuela, *Human Ecology* 15:163-87; Leonard, W. R., and Robertson, M. L. (1997), Comparative primate energetics and hominid evolution, *American Journal of Physical Anthropology* 102:265-81; Raichlen et al. (2017), *Physical activity patterns and biomarkers of cardiovascular disease risk in hunter-gatherers.*

59. Raichlen, D. A., et al. (2020), Sitting, squatting, and the evolutionary biology of human inactivity, *Proceedings of the National Academy of Sciences* USA 117:7115-7121.

60. Møller, S. V., et al. (2016), Multi-wave cohort study of sedentary work and risk of ischemic heart disease, *Scandinavian Journal of Work and Environmental Health* 42:43-51.

61. Hayashi, R., et al. (2016), Occupational physical activity in relation to risk of cardiovascular mortality: The Japan Collaborative Cohort Study for Evaluation for Cancer Risk (JACC Study), *Preventive Medicine* 89:286-91.

62. van Uffelen et al. (2010), *Occupational sitting and health risks.*

63. Pynt, J., and Higgs, J. (2010*), A History of Seatin*g, 3000 BC to 2000 AD: Function Versus Aesthetics (Amherst, N.Y.: Cambria Press).

64. 艾克布倫主張，坐下時維持腰部曲線的最佳方法是使用腰靠，腰靠底部接近垂直，用以支撐下背部，接著向後彎曲，防止上半身向前彎，形成難看的駝背。這個「艾克布倫曲線」的進一步改良包括椅面略微傾斜，用以支撐大腿下方，扶手讓我們更容易站起合作下，椅面平均高度是距離四十六公分，並有適當軟墊。請參閱 Åkerblom, B. (1948), *Standing and Sitting Posture: With Special Reference to the Construction of Chairs* (Stockholm: A. B. Nordiska Bokhandeln). See also Andersson, B. J., et al. (1975), The sitting posture: An electromyographic and discometric study, *Orthopedic Clinics of North America* 6:105-20; Andersson, G. B. J., Jonsson, B., and Ortengren, R. (1974), Myoelectric activity in individual lumbar erector spinae muscles in sitting, *Scandinavian Journal of*

44. Whitfield, G., Kelly, G. P., and Kohl, H. W. (2014), Sedentary and active: Self-reported sitting time among marathon and half-marathon participants, *Journal of Physical Activity and Health* 11:165-72.
45. Greer, A. E., et al. (2015), The effects of sedentary behavior on metabolic syndrome independent of physical activity and cardiorespiratory fitness, *Journal of Physical Activity and Health* 12:68-73.
46. Matthews, C. E., et al. (2012), Amount of time spent in sedentary behaviors and cause-specific mortality in US adults, *American Journal of Clinical Nutrition* 95:437-45.
47. 我們以取自四百多萬人的資料進行的研究估計，每天坐兩小時，罹患大腸癌風險提高8%，某些其他癌症也是如此。Schmid, D., and Leitzmann, M. D. (2014), Television viewing and time spent sedentary in relation to cancer risk: A meta-analysis, *Journal of the National Cancer Institute* 106:dju098.
48. Healy, G. N., et al. (2011), Sedentary time and cardio-metabolic biomarkers in US adults: NHANES 2003-06, *European Heart Journa*l 32:590-97.
49. Diaz, K. M., et al. (2017), Patterns of sedentary behavior and mortality in U.S. middle-aged and older adults: A national cohort study, *Annals of Internal Medicine* 167:465-75.
50. van Uffelen, J. G., et al. (2010), Occupational sitting and health risks: A systematic review, *American Journal of Preventive Medicine* 39:379-88.
51. Latouche, C., et al. (2013), Effects of breaking up prolonged sitting on skeletal muscle gene expression, *Journal of Applied Physiology* 14:453-56; Hamilton, M. T., Hamilton, D. G., and Zderic, T. W. (2014), Sedentary behavior as a mediator of type 2 diabetes, *Medicine and Sports Science* 60:11-26; Grøntved, A., and Hu, F. B. (2011), Television viewing and risk of type 2 diabetes, cardiovascular disease, and all-cause mortality: A meta-analysis, *Journal of the American Medical Association* 305:2448-55.
52. Healy et al. (2011), *Sedentary time and cardio- metabolic biomarkers in US adults*; Dunstan, D. W., et al. (2012), Breaking up prolonged sitting reduces postprandial glucose and insulin responses, *Diabetes Care* 35:976-83; Peddie, M. C. (2013), Breaking prolonged sitting reduces postprandial glycemia in healthy, normal-weight adults: A randomized crossover trial, *American Journal of Clinical Nutrition* 98:358-66; Duvivier, B. M. F. M., et al. (2013), Minimal intensity physical activity (standing and walking) of longer duration improves insulin action and plasma lipids more than shorter periods of moderate to vigorous exercise (cycling) in sedentary subjects when energy expenditure is comparable, *PLOS ONE* 8:e55542.
53. Takahashi, M. (2015), Effects of breaking sitting by standing and acute exercise on postprandial oxidative stress, *Asian Journal of Sports Medicine* 6:e24902.
54. Ansari, M. T. (2005), Traveler's thrombosis: A systematic review, *Journal of Travel Medicine* 12:142-54.

36. Levine, J. A., Schleusner, S. J., and Jensen, M. D. (2000), Energy expenditure of nonexercise activity, *American Journal of Clinical Nutrition* 72:1451-54.
37. Olsen, R. H., et al. (2000), Metabolic responses to reduced daily steps in healthy nonexercising men, *Journal of the American Medical Association* 299:1261-63.
38. Homer, A. R., et al. (2017), Regular activity breaks combined with physical activity improve postprandial plasma triglyceride, nonesterified fatty acid, and insulin responses in healthy, normal weight adults: A randomized crossover trial, *Journal of Clinical Lipidology* 11:1268-79; Peddie, M. C., et al. (2013), Breaking prolonged sitting reduces postprandial glycemia in healthy, normal-weight adults: A randomized crossover trial, *American Journal of Clinical Nutrition* 98:358-66.
39. Boden, G. (2008), Obesity and free fatty acids (FFA), Endocrinology and Metabolism Clinics of North America 37:635-46; de Vries, M. A., et al. (2014), Postprandial inflammation: Targeting glucose and lipids, *Advances in Experimental Medical Biology* 824:161-70.
40. Bruunsgaard, H. (2005), *Physical activity and modulation of systemic low-level inflammation, Journal of Leukocyte Biology* 78:819-35; Pedersen, B.K., and Febbraio, M. A. (2008), Muscle as an endocrine organ: Focus on muscle-derived interleukin- 6, *Physiology Reviews* 88:1379-406; Pedersen, B. K., and Febbraio, M. A. (2012), Muscles, exercise, and obesity: Skeletal muscle as a secretory organ, *Nature Reviews Endocrinology* 8:457-65.
41. Petersen, A. M., and Pedersen, B. K. (2005), The anti-inflammatory effect of exercise, *Journal of Applied Physiology* 98:1154-62.
42. Fedewa, M. V., Hathaway, E. D., and Ward-Ritacco, C. L. (2017), Effect of exercise training on C reactive protein: A systematic review and meta-analysis of randomised and non-randomised controlled trials, *British Journal of Sports Medicine* 51:670-76; Petersen and Pedersen (2005), Anti-inflammatory effect of exercise.
43. 另一個有趣的低度發炎來源可能是環境過度衛生。以往所有人類成長環境都有許多塵土、細菌、小蟲和其他病原體，不停挑戰我們的免疫系統。人類學家湯姆．麥可戴德（Thom McDade）指出，在這類演化上「正常」的有菌環境中成長的人類，發炎免疫反應與在極度衛生環境中成長的人類不同。在有許多病原體的環境中成長的人類遭到感染時，發炎反應迅速強烈但時間很短。相反地，在有洗碗機、室內管路系統、漂白水和大量皂類環繞下極度衛生環境中生長的人類，免疫系統則不一樣。這類人遭到感染時，免疫反應通常緩慢溫和得多，時間也長得多。換句話說，如果環境太過衛生，尤其是年紀小的時候，可能使我們年齡漸長時更容易慢性發炎。如果坐得太多，就更容易發生持續低度發炎。如需瞭解進一步資訊，請參閱McDade, T. W., et al. (2013), Do environments in infancy moderate the association between stress and inflammation in adulthood? Initial evidence from a birth cohort in the *Philippines, Brain, Behavior, and Immunity* 31:23-30.

predicted maximal heart rate revisited, *Journal of the American College of Cardiology* 37:153-56. 關於以加速度計估算活動量，請參閱Freedson, P. S., Melanson, E., and Sirard, J. (1998), Calibration of the Computer Science and Applications Inc. accelerometer, *Medicine and Science in Sports and Exercise* 30:777-81; Matthews etffal. (2008), *Amount of time spent in sedentary behaviors in the United States*, 2003-2004.

28. Evenson, K. R., Wen, F., and Herring, A. H. (2016), Associations of accelerometry-assessed and self-reported physical activity and sedentary behavior with all- cause and cardiovascular mortality among US adults, *American Journal of Epidemiology* 184:621-32.

29. Raichlen et al. (2017), *Physical activity patterns and biomarkers of cardiovascular disease risk in hunter-gatherers.*

30. 非常感謝札林・馬占達博士（Zarin Machanda）收集這些數字。

31. Aggarwal, B. B., Krishnan, S., and Guha, S. (2011), *Inflammation, Lifestyle, and Chronic Diseases: The Silent Link* (Boca Raton, Fla.: CRC Press).

32. 舉例來說，有一本世界級暢銷書宣稱小麥和其他含有麩質的食物導致腦部發炎。但資料指出，除非本身有腹部疾病，否則攝取小麥（尤其是全麥）或其他穀類不會使身體（包括腦部）發炎，除非吃得太多而變得肥胖。如想參考經過同儕審查、有證據依據的可信研究，請參閱Lutsey, P. L., et al. (2007), Whole grain intake and its cross-sectional association with obesity, insulin resistance, inflammation, diabetes, and subclinical CVD: The MESA Study, *British Journal of Nutrition* 98:397-405; Lefevre, M., and Jonnalagadda, S. (2012), Effect of whole grains on markers of subclinical inflammation, *Nutrition Review* 70:387-96; Vitaglione, P., et al. (2015), Whole-grain wheat consumption reduces inflammation in a randomized controlled trial on overweight and obese subjects with unhealthy dietary and lifestyle behaviors: Role of polyphenols bound to cereal dietary fiber, *American Journal of Clinical Nutrition* 101:251-61; Ampatzoglou, A., et al. (2015), Increased whole grain consumption does not affect blood biochemistry, body composition, or gut microbiology in healthy, low- habitual whole grain consumers, *Journal of Nutrition* 145:215-21.

33. 關於脂肪細胞運作和導致發炎的易讀優秀評論，請參閱Tara, S. (2016), *The Secret Life of Fat: The Science Behind the Body's Least Understood Organ and What It Means for You* (New York: W. W. Norton).

34. Shen, W. (2009), Sexual dimorphism of adipose tissue distribution across the lifespan: A cross-sectional whole- body magnetic resonance imaging study, *Nutrition and Metabolism* 16:6-17; Hallgreen, C. E., and Hall, K. D. (2008), Allometric relationship between changes of visceral fat and total fat mass, I*nternational Journal of Obesity* 32:845-52.

35. Weisberg, S. P., et al. (2003), Obesity is associated with macrophage accumulation in adipose tissue, *Journal of Clinical Investigation* 112:1796-808.

Evenson, K. R., Buchner, D. M., and Morland, K. B. (2012), Objective measurement of physical activity and sedentary behavior among US adults aged 60 years or older, *Preventing Chronic Disease* 9:E26; Martin, K.;R. (2014), Changes in daily activity patterns with age in U.S. men and women: National Health and Nutrition Examination Survey 2003-04 and 2005-06, *Journal of the American Geriatric Society* 62:1263-71; Diaz, K.;M. (2017), Patterns of sedentary behavior and mortality in U.S. middle- aged and older adults: A national cohort study, *Annals of Internal Medicine* 167:465-75.

22. Ng, S. W., and Popkin, B. (2012), Time use and physical activity: A shift away from movement across the globe, *Obesity Review* 13:659-80.
23. Raichlen, D. A., et al. (2017), Physical activity patterns and biomarkers of cardiovascular disease risk in hunter-gatherers, *American Journal of Human Biology* 29:e22919.
24. Gurven, M., et al. (2013), Physical activity and modernization among Bolivian Amerindians, *PLOS ONE* 8:e55679.
25. Katzmarzyk, P. T., Leonard, W. R., and Crawford, M. H. (1994), Resting metabolic rate and daily energy expenditure among two indigenous Siberian populations, *American Journal of Human Biology* 6:719-30; Leonard, W. R., Galloway, V. A., and Ivakine, E. (1997), Underestimation of daily energy expenditure with the factorial method: Implications for anthropological research, *American Journal of Physical Anthropology* 103:443-54; Kashiwazaki, H., et al. (2009), Year-round high physical activity levels in agropastoralists of Bolivian Andes: Results from repeated measurements of DLW method in peak and slack seasons of agricultural activities, *American Journal of Human Biology* 21:337-45; Madimenos, F. C. (2011), Physical activity in an indigenous Ecuadorian forager-horticulturalist population as measured using accelerometry, *American Journal of Human Biology* 23:488-97; Christensen, D. L., et al. (2012), Cardiorespiratory fitness and physical activity in Luo, Kamba, and Maasai of rural Kenya, *American Journal of Human Biology* 24:723-29.
26. Raichlen, D.!A., et al. (2020), Sitting, squatting, and the evolutionary biology of human inactivity, *Proceedings of the National Academy of Sciences* USA 117:7115-7121.
27. 活動量分類取決於分類方法。有個標準慣例是以最大心率為依據：低於40%是沒有活動，40%至54%是輕度活動，55%至69是中度活動，70%至89%是激烈活動，超過90%是高強度活動。最大心率有時可以測量得知，但通常以年齡估算。常見的最大心率公式是220減去年齡，但對健康成人而言有個更好的公式是208－0.7×(年齡)。另一種分類方式的依據是以代謝當量（MET）測定氧的能量消耗，1 MET是坐著不動時的能量消耗率，通常是每分鐘每公斤體重三．五毫升氧氣。依據這個方法，靜止活動是1到1.5 MET，輕度活動是1.5到2.9 MET，中度活動是3到6 MET，激烈活動是大於6 MET。活動程度也可使用其他公式，以加速度計估算得知。如需知道最大心率測量方法，請參閱Tanaka, H., Monahan, K. D., and Seals, D. R. (2001), Age-

P. (1998), Cultural hazards in the transfer of ergonomics technology, *International Journal of Industrial Ergonomics* 22:397-404。關於直立人和尼安德塔人，請參閱Trinkaus, E. (1975), Squatting among the Neandertals: A problem in the behavioral interpretation of skeletal morphology, *Journal of Archaeological Science* 2:327-51; Pontzer, H., et al. (2010), Locomotor anatomy and biomechanics of the Dmanisi hominins, *Journal of Human Evolution* 58:492-504。關於早期現代人，請參閱Pearson, O. M., et al. (2008), A description of the Omo I postcranial skeleton, including newly discovered fossils, *Journal of Human Evolution* 55:421-37; Rightmire, G. P., et al. (2006), Human foot bones from Klasies River main site, South Africa, *Journal of Human Evolution* 50:96-103.

13. Mays, S. (1998), *The Archaeology of Human Bones* (London: Routledge); Boulle, E. (1998), Evolution of two human skeletal markers of the squatting position: A diachronic study from antiquity to the modern age, *American Journal of Physical Anthropology* 115:50-56.
14. Ekholm, J., et al. (1985), Load on knee joint and knee muscular activity during machine milking, *Ergonomics* 28:665-82; Eguchi, A. (2003), Influence of the difference in working postures during weeding on muscle activities of the lower back and the lower extremities, *Journal of Science Labour* 79:219-23; Nag et al. (1986), EMG analysis of sitting work postures in women; Miles-Chan, J. L., et al. (2014), Sitting comfortably versus lying down: Is there really a difference in energy expenditure?, *Clinical Nutrition* 33:175-78.
15. Castillo, E. R., et al. (2016), Physical fitness differences between rural and urban children from western Kenya, *American Journal of Human Biology* 128:514-23.
16. Mörl, F., and Bradl, I. (2013), Lumbar posture and muscular activity while sitting during office work, *Journal of Electromyography and Kinesiology* 23:362-68.
17. Rybcynski, W. (2016), *Now I Sit Me Down* (New York: Farrar, Straus and Giroux).
18. Aveling, J. H. (1879), *Posture in Gynecic and Obstetric Practice* (Philadelphia: Lindsay & Blakiston).
19. Prince, S. A., et al. (2008), A comparison of direct versus self-report measures for assessing physical activity in adults: A systematic review, *International Journal of Behavioral Nutrition and Physical Activity* 5:56-80.
20. 更精確地說，這個裝置是測定加速度，也就是垂直方向的速度改變率，通常也會測定左右和前後的加速度。作用力等於質量乘以加速度，所以加速度值可以用來估算移動身體時發出了多少力。當然，這種方式可能有問題。舉例來說，如果把加速度計戴在髖部，就無法測量騎自行車時的活動。
21. Matthews, C. E., et al. (2008), Amount of time spent in sedentary behaviors in the United States, 2003-2004, *American Journal of Epidemiology* 167:875-81; Tudor-Locke, C., et al. (2011), Time spent in physical activity and sedentary behaviors on the working day: *The American time use survey, Journal of Occupational and Environmental Medicine* 53:1382-87;

derived physical activity and sedentary time in the *general population, Mayo Clinic Proceedings* 89:1063-71; Matthews (2015), *Mortality benefits for replacing sitting time with different physical activities.*

5. 雖然網路上有很多計算程式提供有問題的數字，但也有許多完整研究測定了站著和坐著的代價。近年來的研究包括Júdice, P.;B., et al. (2016), What is the metabolic and energy cost of sitting, standing, and sit/stand transitions?, *European Journal of Applied Physiology* 116:263-73; Fountain, C. J., et al. (2016), Metabolic and energy cost of sitting, standing, and a novel sitting/stepping protocol in recreationally active college students, *International Journal of Exercise Science* 9:223-29; Mansoubi, M., et al. (2015), Energy expenditure during common sitting and standing tasks: Examining the 1.5 MET definition of sedentary behavior, *BMC Public Health* 15:516-23; Miles-Chan, J., et al. (2013), Heterogeneity in the energy cost of posture maintenance during standing relative to sitting, *PLOS ONE* 8:e65827.
6. 然而這些計算沒有考慮站得較多的人是否會吃得較多（只要每天一個蘋果）或是減少小動作補回來。
7. 鳥類站著消耗的能量比坐在地上時多16%至25%。請參閱van Kampen, M. (1976), Activity and energy expenditure in laying hens: 3. The energy cost of eating and posture, *Journal of Agricultural Science* 87:85-88; Tickle, P. G., Nudds, R. L., and Codd, J. R. (2012), Barnacle geese achieve significant energy savings by changing posture, *PLOS ONE* 7:e46950. 關於母牛和麋鹿，請參閱Vercoe, J.;E. (1973), The energy cost of standing and lying in adult cattle, *British Journal of Nutrition* 30:207-10; Renecker, L. A., and Hudson, R. J. (1985), The seasonal energy expenditures and thermoregulatory responses of moose, *Canadian Journal of Zoology* 64:322-27.
8. 猿類和蹲踞的人類由於姿勢使髖部和膝部彎曲，所以必須長時間收縮腿後肌和股四頭肌，才能避免倒在地上。請參閱Sockol, M. D., Raichlen, D. A., and Pontzer, H.(2007), Chimpanzee locomotor energetics and the origin of human bipedalism, *Proceedings of the National Academy of Sciences USA* 104:12265-69.
9. Winter, D. A. (1995), *Human balance and posture control during standing and walking, Gait and Posture* 3:193-214.
10. 狩獵採集者沒有家具，不是因為他們不具木工技能。他們不製作家具的原因其實是他們經常搬遷，每年通常多達七次，隨身攜帶所有物品。搬運成本遠大於家具的效益。農民定居在永久性居所之後，家具才開始變得普遍。
11. Hewes, G. (1953), Worldwide distribution of certain postural habits, *American Anthropologist* 57:231-44.
12. 如果想知道近年的人口數，請參閱Nag, P. K., et al. (1986), EMG analysis of sitting work postures in women, *Applied Ergonomics* 17:195-97; Gurr, K., Straker, L., and Moore,

21. Westerterp, K. R., and Speakman, J. R. (2008), Physical activity energy expenditure has not declined since the 1980s and matches energy expenditures of wild mammals, *International Journal of Obesity* 32:1256-63; Hayes M., et al. (2005), Low physical activity levels of modern Homo sapiens among free-ranging mammals, *International Journal of Obesity* 29:151-56.
22. Pontzer, H., et al. (2010), Metabolic adaptation for low energy throughput in orangutans, *Proceedings of the National Academy of Sciences USA* 107:14048-52.
23. Taylor, C. R., and Rowntree, V. J. (1973), Running on two or on four legs: Which consumes more energy?, *Science* 179:186-87; Pontzer, H., Raichlen, D. A., and Sockol, M. D. (2009), The metabolic cost of walking in humans, chimpanzees, and early hominins, *Journal of Human Evolution* 56:43-54.
24. Aiello, L. C., and Key, C. (2002), Energetic consequences of being a Homo erectus female, *American Journal of Human Biology* 14:551-65.
25. Wrangham, R. W. (2009), *Catching Fire: How Cooking Made Us Human* (New York: Basic Books).
26. Webb, O. J., et al. (2011), A statistical summary of mall- based stair-climbing intervention, *Journal of Physical Activity and Health* 8:558-65.
27. Rosenthal, R. J., et al. (2017), *Obesity in America, Surgery for Obesity and Related Disorders* 13:1643-50.

第三章　坐：吸菸的接班人？

1. Nash, O. (1940), *The Face Is Familiar* (Garden City, N.Y.: Garden City Publishing).
2. Levine, J. A. (2004), *Get Up! Why Your Chair Is Killing You and What You Can Do About It* (New York: St. Martin's Griffn). 為了驗證久坐的害處不遜於吸菸的說法，兩位加拿大醫師進行以下的簡單計算。依據他們的分析，身體缺少活動的患者，醫療花費平均比活動量大的人高三百美元，吸菸者的花費則高達不吸菸者的五倍，每年約為一千六百到一千八百美元。吸菸者平均每天吸十六支菸，所以這些數字指出，身體缺少活動的成本大約是每天三支菸，相當於每週一包。請參閱Khan, K., and Davis, J. (2010), A week of physical inactivity has similar health costs to smoking a packet of cigarettes, *British Journal of Sports Medicine* 44:345.
3. Rezende, L. F., et al. (2016), All-cause mortality attributable to sitting time: Analysis of 54 countries worldwide, *American Journal of Preventive Medicine* 51:253-63; Matthews, C. E. (2015), Mortality benefits for replacing sitting time with different physical activities, *Medicine and Science in Sports and Exercise* 47:1833-40. 如果需要反證，請參閱Pulsford, R.;M., et al. (2015), Associations of sitting behaviours with all-cause mortality over a 16- year follow-up: The Whitehall II study, *International Journal of Epidemiology* 44:1909-16.
4. Kulinski, J. P. (2014), Association between cardiorespiratory fitness and accelerometer-

樣：氫和氧可在我們排尿、呼吸和排汗時以水的形式排出，氧還可在我們呼出二氧化碳（CO_2）時排出人體。我們能精確地測定尿液中的2H和18O，所以只要知道數天內2H和18O殘留在尿液中的比例差異，就能算出我們呼出多少二氧化碳，進而精確計算出我們消耗多少能量。此外，我們也能透過這個方式算出不含脂肪的身體質量和進出身體的水量。

10. Pontzer, H., et al. (2012), Hunter-gatherer energetics and human obesity, *PLOS ONE* 7:e40503. 這篇論文提出基礎代謝率估計值，他們估計的安靜代謝率應該高了10%左右：女性一千一百六十九大卡，男性一千四百三十大卡。
11. 哈札男性和女性的平均體脂率分別為13%和21%，工業化男性和女性則分別為23%和38%。出處同上。
12. White, M. (2012), *Atrocities: The 100 Deadliest Episodes in Human History* (New York: W. W. Norton).
13. 輕鬆易讀的相關記述請參閱Tucker, T. (2006), *The Great Starvation Experiment: The Heroic Men Who Starved So That Millions Could Live* (New York: Free Press)。凱斯等人兩冊一套的專題著作也十分有趣：Keys, A., et al. (1950), *The Biology of Human Starvation* (Minneapolis: University of Minnesota Press)。
14. 志願受測者一開始平均脂肪量是九．八公斤（體重的14%）。飢餓期結束後，平均脂肪量是三公斤（體重的5.5%）。
15. Elia, M. (1992), *Organ and tissue contribution to metabolic rate, in Energy Metabolism: Tissue Determinants and Cellular Corollaries,* ed. J. M. Kinney and H. N. Ticker (New York: Raven Press), 61-77.
16. 二〇一五年一項實驗讓志願受測者接受相同的飢餓飲食，但時間僅有兩週，再以現代化技術測定器官縮小程度，產生可比較的結果。請參閱Müller, M. J., et al. (2015), Metabolic adaptation to caloric restriction and subsequent refeeding: The Minnesota Starvation Experiment revisited, *American Journal of Clinical Nutrition* 102:807-19.
17. 在科學領域，「理論」不是未經檢驗的概念（假說）。理論是我們對世界運作的理解，已經確立並經過驗證。天擇和重力和板塊構造等理論同樣正確。
18. Marlowe, F. C., and Berbesque, J. C. (2009), Tubers as fallback foods and their impact on Hadza hunter-gatherers, *American Journal of Physical Anthropology* 140:751-58.
19. 資料來自Pontzer et al. (2012), Hunter-gatherer energetics and human obesity; Pontzer, H., et al. (2016), Metabolic acceleration and the evolution of human brain size and life history, *Nature* 533:390-92.
20. 這些資料是以彭澤的每日能量消耗測定值和安靜及基礎代謝率估計值計算得出。依據一項研究，依據體型差異進行校正後，人類的基礎代謝率大約比黑猩猩高10%。請參閱Pontzer et al. (2016), *Metabolic acceleration and the evolution of human brain size and life history.*

Speed, and Endurance of the Human Body (Cambridge, Mass.: Powell Press).

30. Vankim, N. A., and Nelson, T. F. (2013), Vigorous physical activity, mental health, perceived stress, and socializing among college students, *American Journal of Health Promotion* 28:7-15.
31. Physical Activity Guidelines Advisory Committee (2018), *2018 Physical Activity Guidelines Advisory Committee Scientific Report* (Washington, D.C.: U.S. Department of Health and Human Services).
32. 如需其他參考資料以及關於估計數字的詳細資訊，請參閱第十三章。

第二章 不活動：懶惰的重要性

1. Harcourt, A. H., and Stewart, K. J. (2007), *Gorilla Society: Conflict, Compromise, and Cooperation Between the Sexes* (Hawthorne, N.Y.: Aldine de Gruyter).
2. Organ, C., et al. (2011), Phylogenetic rate shifts in feeding time during the evolution of Homo, *Proceedings of the National Academy of Sciences USA* 108:14555-59.
3. Goodall, J. (1986), *The Chimpanzees of Gombe: Patterns of Behavior* (Cambridge, Mass.: Harvard University Press); Pontzer, H., and Wrangham, R. W. (2004), Climbing and the daily energy cost of locomotion in wild chimpanzees: Implications for hominoid locomotor evolution, *Journal of Human Evolutio*n 46:317-35.
4. Pilbeam, D. R., and Lieberman, D. E. (2017), *Reconstructing the last common ancestor of chimpanzees and humans, in Chimpanzees and Human Evolution,* ed. M. N. Muller, R. W. Wrangham, and D. R. Pilbeam (Cambridge, Mass.: Harvard University Press), 22-141.
5. 我們每消耗一公升氧，身體可透過燃燒純碳水化合物得到五・一大卡，燃燒純脂肪可得到四・七大卡。我們呼出的氧與二氧化碳的比例代表我們消耗的脂肪與碳水化合物的比例。如果只燃燒碳水化合物，製造的二氧化碳會和氧一樣多，如果只燃燒脂肪，製造的二氧化碳會是氧的70%。大多數狀況下，我們會同時燃燒脂肪和碳水化合物，每消耗一公升氧平均可產生四・八大卡。
6. 大卡是一千卡（calorie），一卡是使一公克水升高攝氏一度的能量。本書依據食品標示規定，以大卡表示熱量。
7. Jones, W. P. T., and Schofield, E. C. (1990), *Human Energy Requirements: A Manual for Planners and Nutritionists* (Oxford: Oxford University Press).
8. 不好意思，用力思考一整天只能多消耗五十大卡，熱量大概相當於吃六顆花生米。請參閱Messier, C. (2004), Glucose improvement of memory: A review, *European Journal of Pharmacology* 490:33-57.
9. 以下是關於「雙標記水法」（doubly labeled water）的詳細解釋。大多數水分子H_2O由分子量為1的氫（1H，有一個質子）和分子量為16的氧（16O，有八個質子和八個中子）組成。我們也可使用「較重」的氫（2H，多一個中子）和氧（18O，多兩個中子）製造出無害的水。無論水中是哪種氫和氧，氫和氧排出人體的方式都不一

困難。

14. Raichlen, D. A., et al. (2017), Physical activity patterns and biomarkers of cardiovascular disease risk in hunter-gatherers, *American Journal of Human Biology* 29:e22919.
15. Marlowe (2010), Hadza; Pontzer, H., et al. (2015), Energy expenditure and activity among Hadza hunter-gatherers, *American Journal of Human Biology* 27:628-37.
16. Lee, R.;B. (1979), *The !Kung San: Men, Women, and Work in a Foraging Society* (Cambridge, U.K.: Cambridge University Press).
17. Hill, K., et al. (1985), Men's time allocation to subsistence work among the Aché of eastern Paraguay, *Human Ecology* 13:29-47; Hurtado, A.;M., and Hill, K.;R. (1987), Early dry season subsistence ecology of Cuiva (Hiwi) foragers of Venezuela, *Human Ecology* 15:163-87.
18. Gurven, M., et al. (2013), Physical activity and modernization among Bolivian Amerindians, *PLOS ONE* 8:e55679.
19. Kelly, R. L. (2013), *The Lifeways of Hunter-Gatherers: The Foraging Spectrum*, 2nd ed. (Cambridge, U.K.: Cambridge University Press).
20. James, W. P. T., and Schofield, E. C. (1990), *Human Energy Requirements: A Manual for Planners and Nutritionists* (Oxford: Oxford University Press).
21. Leonard, W. R. (2008), Lifestyle, diet, and disease: Comparative perspectives on the determinants of chronic health risks, in *Evolution, Health, and Disease*, ed. S. C. Stearns and J. C. Koella (New York: Oxford University Press), 265-76.
22. Speakman, J. (1997), Factors influencing the daily energy expenditure of small mammals, *Proceedings of the Nutrition Society* 56:1119-36.
23. Hays, M., et al. (2005), Low physical activity levels of Homo sapiens among free-ranging mammals, *International Journal of Obesity* 29:151-56.
24. Church, T. S., et al. (2011), Trends over 5 decades in U.S. occupation-related physical activity and their associations with obesity, *PLOS ONE* 6:e19657.
25. Meijer, J. H., and Robbers, Y. (2014), Wheel running in the wild, *Proceedings of the Royal Society* B 281:20140210.
26. Mechikoff, R. A. (2014), *A History and Philosophy of Sport and Physical Education: From Ancient Civilization to the Modern World* (New York: McGraw-Hill).
27. Rice, E. A., Hutchinson, J. L., and Lee, M. (1958), *A Brief History of Physical Education* (New York: Ronald Press); Nieman, D. C. (1990), *Fitness and Sports Medicine: An Introduction* (Palo Alto, Calif.: Bull).
28. 要進一步了解關於這個主題的精彩歷史，請參閱McKenzie, S. (2013), *Getting Physical: The Rise of Fitness Culture in America* (Lawrence: University Press of Kansas).
29. Sargent, D. A. (1900), The place for physical training in the school and college curriculum, *American Physical Education Review* 5:1-7; Sargent, D.;A. (1902), *Universal Test for Strength,*

人，但一般人所知大多來自麥杜格的《天生就會跑》。

2. 沒有人知道rarájipari比賽有多長的歷史，但這類傳統在美洲相當古老又普遍，甚至曾經出現在古代洞穴繪畫中。請參閱Nabokov, P. (1981), *Indian Running: Native American History and Tradition* (Santa Barbara, Calif.: Capra Press).
3. Letsinger, A.C., et al. (2019), Alleles associated with physical activity levels are estimated to be older than anatomically modern humans, *PLOS ONE* 14:e0216155.
4. Tucker, R., Santos-Concejero, J., and Collins, M. (2013), The genetic basis for elite running performance, B*ritish Journal of Sports Medicine* 47:545-49; Pitsiladis, Y., et al. (2013), Genomics of elite sporting performance: What little we know and necessary advances, *British Journal of Sports Medicine* 47:550-55.
5. 關於西方運動員面對這些挑戰的書籍，請參閱Hutchinson, A. (2018), *Endure: Mind, Body, and the Curiously Elastic Limits of Human Performance* (New York: William Morrow).
6. Lieberman, D. E., et al. (2020), Running in Tarahumara (Rarámuri) culture: Persistence hunting, footracing, dancing, work, and the fallacy of the athletic savage, *Current Anthropology* 6.
7. 關於這些令人不悅的運動員刻板印象相關說明，請參閱Coakley, J. (2015), *Sports in Society: Issues and Controversies*, 11th ed. (New York: McGraw- Hill).
8. 更糟的是，這些美國和歐洲人中有三分之二以上是大學生。Arnett, J. (2008), The neglected 95%: Why American psychology needs to become less American, *American Psychologist* 63:602-14.
9. Henrich, J., Heine, S.J., and Norenzayan, A. (2010), The weirdest people in the world?, *Behavioral and Brain Sciences* 33:61-83.
10. Schrire, C., ed. (1984), *Past and Present in Hunter Gatherer Studies* (Orlando, Fla.: Academic Press); Wilmsen, E.N. (1989), *Land Filled with Flies* (Chicago: University of Chicago Press).
11. 最全面性的書籍是Marlowe, F. W. (2010), *The Hadza: Hunter-Gatherers of Tanzania* (Berkeley: University of California Press). 另一本有許多漂亮照片的好書是Peterson, D., Baalow, R., and Cox, J. (2013), *Hadzabe: By the Light of a Million Fires* (Dar es Salaam, Tanzania: Mkuki na Nyota).
12. Schnorr, S.L., et al. (2014), Gut microbiome of the Hadza hunter-gatherers, *Nature Communications* 5:3654; Rampelli, S., et al. (2015), Metagenome sequencing of the Hadza hunter-gatherer gut microbiota, *Current Biology* 25:1682-93; Turroni, S., et al. (2016), Fecal metabolome of the Hadza hunter-gatherers: A host microbiome integrative view, *Scientific Reports* 6:32826.
13. 埃亞西湖（Lake Eyasi）是季節性鹹水湖，漫長的乾季時乾涸消失。有幾個依拉庫農民住在湖的北端，當地其他居民是達托加族，主要靠飼養牛羊為生。達托加人侵入哈札人的土地，他們的牛羊破壞自然棲地，趕走野生動物，使哈札人狩獵越來越

注釋

序

1. *Oxford English Dictionary* (2016).
2. Cregan-Reid, V. (2016), *Footnotes: How Running Makes Us Human* (London: Ebury Press).
3. 撒哈拉沙漠馬拉松，參考網址：www.marathondessables.com.
4. 不是我捏造的。這裡要向約翰・奧利佛（John Oliver）致敬，他曾在妙趣橫生的傑出科學新聞評論中提出這個例子： www.youtube.com/watch?v=0Rnq1NpHdmw. 這裡提到的論文是 Dolinsky, V. W., et al.(2012), "Improvements in skeletal muscle strength and cardiac function induced by resveratrol during exercise training contribute to enhanced exercise performance in rats," *Journal of Physiology* 590:2783-99。這項研究優秀又仔細，但可惜新聞報導大多沒提到研究對象是大鼠而非人類，也沒有如實報導這項研究的發現。
5. Physical Activity Guidelines Advisory Committee (2018), 2018 *Physical Activity Guidelines Advisory Committee Scientific Report* (Washington, D.C.: U.S. Department of Health and Human Services).
6. 這句經常被引用的話出自泰奧多西・杜布藍斯基（Theodosius Dobzhansky）。他退休後曾以這句話當成標題寫了一篇著名的文章：Dobzhansky, T. (1973), Nothing in biology makes sense except in the light of evolution, *American Biology Teacher* 35:125-29.

第一章　人類天生就會跑還是天生不愛動？

1. 就我所知，第一個提到塔拉烏馬拉族的西方人是美國探險家弗瑞德里克・施瓦特卡（Frederick Schwatka），於一八九三年出版《洞穴與懸崖住民之地》（*In the Land of Cave and Cliff Dwellers*）。後來還有挪威的卡爾・藍姆霍爾茲（Carl Lumholtz）。他一九〇二年的專題著作《不知道的墨西哥》（*Unknown Mexico*）令人驚奇地介紹了塔拉烏馬拉人以前的生活方式。一九三五年，人類學家班奈特（W. C. Bennett）和金格（R. M. Zingg）發表綜合專題著作《塔拉烏馬拉：墨西哥北部的印地安部落》（*The Tarahumara: An Indian Tribe of Northern Mexico*），現在仍是關於塔拉烏馬拉人的重要資料來源。幾十年來，其他書籍和《跑者世界》等雜誌經常提到塔拉烏馬拉

鷹之喙 02

天生不愛動：
自然史和演化如何破除現代人關於運動與健康的 12 個迷思
Exercised：Why Something We Never Evolved to Do Is Healthy and Rewarding

作　　者　丹尼爾・李伯曼 DANIEL E. LIEBERMAN
編　　者　甘錫安

總 編 輯　成怡夏
責任編輯　成怡夏
行銷企劃　蔡慧華
封面設計　莊謹銘
內頁排版　宸遠彩藝

出　　版　遠足文化事業股份有限公司 鷹出版
發　　行　遠足文化事業股份有限公司（讀書共和國出版集團）
　　　　　231 新北市新店區民權路 108 之 2 號 9 樓
電　　話　02-2218-1417
傳　　真　02-8661-1891
客服專線　0800-221-029

法律顧問　華洋法律事務所 蘇文生律師
印　　刷　成陽印刷股份有限公司

初　　版　2022 年 1 月
初版五刷　2024 年 1 月
定　　價　600 元

I S B N　9789860682151（紙本）
　　　　　9789860682175（EPUB）
　　　　　9789860682168（PDF）

國家圖書館出版品預行編目 (CIP) 資料

天生不愛動 : 自然史和演化如何破除現代人關於運動與健康的 12 個迷思 / 丹尼爾・李伯曼 (Daniel E. Lieberman) 作 ; 甘錫安譯 . -- 初版 . -- 新北市 : 遠足文化事業股份有限公司鷹出版 : 遠足文化事業股份有限公司發行 , 2022.01
　面； 公分
譯自 : Exercised : why something we never evolved to do is healthy and rewarding
ISBN 978-986-06821-5-1(平裝)
1. 運動　2. 體育　3. 歷史　4. 人類演化
528.909　　110019258